JN257689

牧畜世界の共生論理

カリモジョンとドドスの民族誌

波佐間　逸博
Itsuhiro Hazama

京都大学学術出版会

口絵1　平和会議の結果を受け、家畜キャンプを移動するよう演説する青年

口絵2　朝、囲いを出て放牧地へ向かう

口絵3　牛の首飾りを編む

口絵4　牧野の家畜を眺める少年たち

口絵５　ドドスの女性たち

口絵6　カリモジョンの家族

口絵7　山羊群の牧童

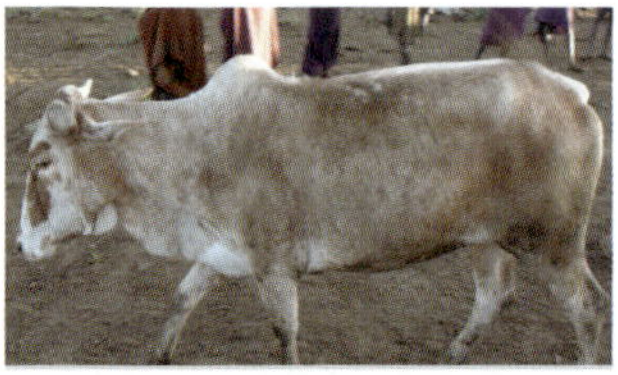
ngoria ngiro

linga ngiro

arengan

ngura kori

ese

口絵８
家畜の色や模様の例

meri cuba

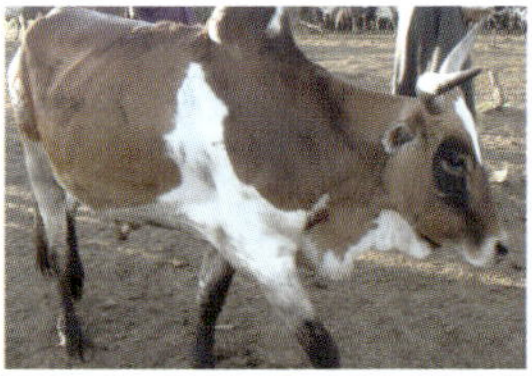
kapel mug

meri ngorok

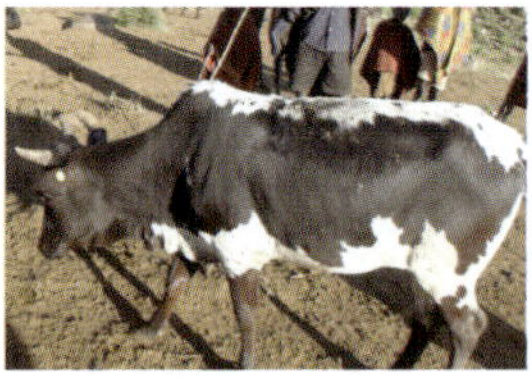
kol akau

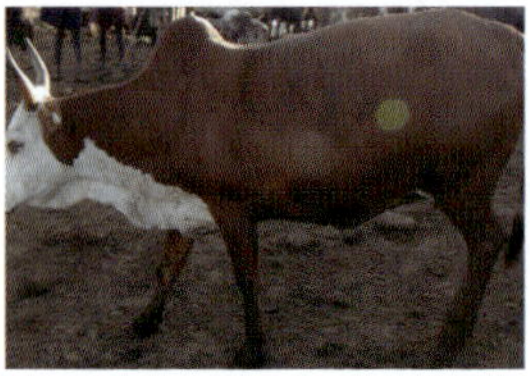
ngole toil arengan

komol

牧畜世界の共生論理◎目次

はじめに

▼社会的な共生

アフリカ大陸北東地域には、東リフトバレーに沿ってサバンナ帯の植生景観が広がり、そこで牛、山羊、羊、ラクダ、ロバなどの群居性の有蹄類と人びとが共存する生業が展開してきた。本書は、この裂谷の上部、ウガンダ共和国北東部に居を定め、牧畜を営んできた東ナイル系の民族、カリモジョン（Karimojong）とドドス（Dodoth）の人びとと家畜の共生関係を解きほぐし、それが牧畜民の生活論理の構成においてどのような役割を果たしているのかを明らかにする試みである。

近年、東アフリカ牧畜社会をめぐって重大な問いが投げかけられてきた。伝統的な牧畜はまだ成長しうるのか、それとも、牧畜民のやり方は現代社会において崩壊寸前のもろいものであって、持続可能な牧畜社会を取り戻すことはもう不可能なのか――根本的に異なるシステムの導入が必要とされているのか――という持続性に関わるクエスチョンである。たとえば、「アフリカの角」地域には今やあまりにも多くの牧畜民がいて、自然資源に生産性の向上が見られないことと相まって、持続できる生業システムを支えるじゅうぶんな家畜群は維持できないとする「牧畜の終焉」論が主張されている。この論者たちによると、「牧畜民の救済策」は生業牧畜に依存する人びとの数を大きく削減することである。つまり、新しい生業（たとえば灌漑農業や商業）を立ち上げ、可能な限り最も多くの人びとを、できるかぎり早急に牧畜経済から切り離すために、つまり、生業システムの根源的変容のためにあらゆる努力が尽くされるべきであるということだ。

もちろん東アフリカ乾燥地域では、くりかえし起こる大干ばつが地元の牧畜民にとって文字どおり生死をかけて乗り越えなければならない課題として立ちはだかってきたことは事実である。そこでは、干ばつや治安の悪化によって引き起こされた飢餓状態の中で、母親、とりわけ高齢の祖母がみずから進んで食物摂取を控えることで幼い子どもたちにミルクなどの食べ物をまわすといった、命がけのシェアリングが決行されている。栄養失調が母親たちや乳幼児にあらわれはじめるということに目を向けて、母子を「脆弱な層」ととらえ食物を配給することは、とても現実に即した尊い行為であると地元の人びとは心から感謝している。地域で発生した飢餓への対応策として実施された緊急の母子保健プログラムとつながることによって、なんとか命拾いした「重度の急性栄養失調」の乳児をわたしも知っている。しかしながら、このような救済の議論からは、アフリカの社会に接しみずからが依拠してきた自明の枠組みを異化するという、出会いや学びの姿勢がすっぽりと抜け落ちてしまっている。

牧畜という脈絡にこだわって考えてみよう。まず、「牧畜の終焉」論の視角からは、「人にとって直接には摂取できない植物資源を、血や乳や肉といった利用可能な形態に変換する山羊や牛の頭数がそろっている」というだけでは生業牧畜は成立しないという、いわずもがなの事実が認識の外に放り出されている。人間の側から対象である動物の資質を見て取って行為し、対象の側からの応答がなければ、つまり、人間が身ぶりを呈示し、特定のしかたで触れ、そしてときに声をあげて指示を出し、家畜が人間に近づいて乳を分泌し、移動方向や行動を修正するといったコミュニケーショナルなレベルでの感覚刺激を介した関係の技法がなくては、牧畜は成り立たないのである。近代社会における消費（者）優先主義的な世界観に慣れ親しんでいるわれわれにとって、「自然」ということばには、無配慮に資源を搾取する対象であるという人間中心的な見方が含意されていることがあまりにも多い。以下では、数量というマクロな観点から生業を把握する思考のチャンネルからおりてみよう。

他者との共生という視線から異種たちが織りなす日常世界の具体的な成り立ちに分け入っていく時、東アフリカにおける牧畜民の生活は生きた好例を差し出してくれる。具体的に見てみよう。まず、世界における牧畜を地域的に類型化して比較検討すると、東アフリカ牧畜社会は、家畜によって人びとの自給自足の生活が支えられているという傾向が際立っている。つまり、家畜や畜産物はもっぱら、食料や社会的交換財として社会の内部で利用されるのであり、市場交換の場に送り込むケースは稀である［佐藤 1984; Homewood 2008］。さまざまな性と成長段階の牧畜家畜を群れとして養い、その自律的な再生産のサイクルのうえに牧民の家族の生活が成り立っている暮らしの中で、群れの構成と家畜に対する人びとの態度には、個体が群れにとどまり続けることへの強いこだわりが刻まれている。たとえば、子を産むこともミルクを出すこともできなくなった年老いた個体でも、群れの中で余生を過ごすのは当然のこととみなされる。食欲は落ちてやせ細り、栄養不足によって視力を失い、採食することはもちろん、群れについていくことさえ困難となってもなお、価値のない邪魔ものなどとして見切りをつけられることはありえない。「老齢の牝牛」という表現には、幾多の病いと干ばつを生き抜いてきたことに対する感心と敬服が織り込まれていると指摘したのは、ケニア北西部のトゥルカナ（Turkana）で調査を続けている社会人類学者ヴィグディス・ブロッホ＝デューだが［Broch-Due 1999］、カリモジョンとドドスにおいては、牛が老衰による最期を迎えた時、その所有者の家族だけでなく、近隣の牧民も参集して特別な儀礼をおこなって、そのあっぱれな生涯を祝福するのである。

去勢の意味も独特である。一般的に言って近代畜産の管理方法が普及している地域においては、家畜を去勢する主要な目的は、消費や交換の対象としての食肉の価値を最大にする効果に求められる。去勢によって牡個体の肉づきが良くなることを狙う点では東アフリカの牧民もおなじである。だが、牧民は去勢を受けた牡（牛、山羊、羊）を群れにとどめる。去勢の背景には、脂肪を蓄えた個体が厳しい乾きの季節を生き延びるという生命の希求への知恵が働いているからであり、そこには去勢される個体を「食肉」に還元して対象化する眼はない。

家族が総出で毎日の放牧や給水、搾乳、病気やけがの治療などの家畜管理に関わることも、東アフリカ牧畜社会の特色と言ってよい。このため、家畜に関する知識は個人と個体との対面的なコンタクトや直接的な観察をつうじて形づくられるばかりでなく、生活関心を共有するほかの家族のメンバーとのやりとりをつうじても入力され、吟味され、洗練されながら蓄積されてゆく。これらの社会で人びとと家畜のあいだに、「人格化された（personalized）紐帯」とも表現されるような特別なアタッチメントが発達することになるのは、そのような家族の生活上の共同の関心と実践が群れに注がれているためだろう［Galaty 1989, 2014; Homewood 2008］。

例をあげよう。東アフリカ牧畜社会における多くの参与観察者は、牧民たちの家畜個体をめぐる記憶の精確さに驚嘆した経験をもっている。わたしはまず、カリモジョンとドドスの人びとの「財産」である家畜群の構成を調べるために、個体の「戸籍」を作成しようと一頭ずつの写真を撮影した。すると驚いたことに、水場や牛囲いの中、牧草地などのさまざまな状況で、牧童はわたしのカメラの前に牛や山羊を重複することなく連れてきて、撮影するようにと指示してくれた。しかも、その写真を使っていろいろ質問を投げかけるわけだが、そこでも驚きの連続だった。たとえば、家畜一頭一頭の違いを見分けるという、いわゆる個体識別をめぐっては、家畜の色と模様をあらわす語彙や、耳と角の形をあらわす語彙がそれぞれ約四〇あり、これらを組み合わせることで理論的には一〇〇〇頭以上を識別できるということがわかってきたのである。

家畜の姿形をあらわす語彙は、人びとの認識の細やかさを物語っているだけではない。家畜を表現する単語には、個体に呼びかける名前としての働きがある。たとえば、放牧中に迷子になりそうな山羊がいると、そのような山羊には牧童が群れに戻るように仕向けるために名前を呼んで方向づける。また、ミルクを搾るときには、群れの中に向かって母牛の名前を呼ぶ。すると、呼びかけられた母牛だけが声を出して、応答しながらこちらにやってくる。周りにいる牛は無関心であり反応しない。このように、人間だけでなく牛や山羊の側も、呼びかけられている対象を理解しているということがわかってきた。

さらに人びとは、自分が所有する群れの中のいくつものファミリーラインを頭の中にたくしこんでいる。二十代のドドスの男性に約二〇〇頭の山羊の群れの系統を質問したときには、彼は記憶だけをたよりに（わたしの調査地の人びとは通常の生活では文字をほとんど使わない）、母牝とその子山羊をうまれた順番に（死産のケースにも言及しながら）一息に語り終えたのだった。そのときに彼の中にインプットされていた、山羊のある家系の世代の深さは六世代であった。このように一頭ずつをたどるときに使われるラベルは、家畜の姿形をあらわす語彙であり、名前である。しかも人びとは、この牝牛にはどのような子があり、そのミルクでわたしの長男は育ったとか、自分の娘の結婚に際して新郎側からこの牡山羊を贈与されたなどと、ふと語り出す。人びとの生活記憶は、家畜個体やそのラベルをインデックスにして整理されているのである。このように牧畜民たちは家畜のその一頭一頭を、独自な姿形や行動特徴、系譜上の位置や経歴を有する存在として識別し、記憶している。そして、それぞれの個体は固有の言い回しによって指示され、名づけられ、呼びかけられる。そのような人間と家畜の社会的な共生関係のあり方は、「顔のない動物の群れ」という家畜にまつわるステレオ・タイプを背景にしてみると、東アフリカ牧畜社会に特有の家畜存在の姿であると言ってよい。

なるほど、人間にとって生業の対象である家畜は、栽培植物とともに一般に無名の存在である。近代的な工場式畜産場で「生産」された肉の消費者と接する時には、家畜は手や口に納まるサイズに切り刻まれた断片のパックになっている。完璧に商品化された「食材」を前に、その肉をささげた個体が、もともとは四肢で立ち、呼吸をし、感覚をもち、生きられる一つの身体だったことはほとんど想像できない。

そもそも家畜化（domestication）の主要な定義こそは、人間中心主義的なものになっている。つまり、ホモ・エコノミクスとしての主人（Human Master）が動物を自身の治める拠点（domus：「（人間の）家」）に引き入れ、経済利益を最大化するしかたでその生理と社会関係を支配するというものなのである。たとえば、極北におけるトナカイのドメスティケーション[1]を取りあげてきた社会人類学者であるティム・インゴールドは、「信頼から支配へ：人間と動物の関係のもうひとつの歴史」と題した論考において、次のように指摘している。動物が家畜化

1——ドメスティケーション（domestication）は、対象種が動物の場合には「家畜化」、植物の場合は「栽培化」と訳されることが多い。domusは「家」を意味し、そこに動植物を引き入れるという語義と取りうる。人間の領域（「家」）を中心に定め、行

される以前は、狩猟民はその獲物を同族のキョウダイとみなしており、信頼を共有していた。しかしいったん家畜として飼いならされると、動物は人間の主人の権威に従属し、マイノリティや奴隷としてとりあつかわれる支配と従属の関係に入ったというのである［Ingold 1994］。この指摘に先立って、作物学者のアンドレ＝ジョルジュ・オードリクールはドメスティケーション研究に先鞭をつける仕事を提出していたのだが、そこで彼は、西アジア・地中海地域の有畜・麦農耕地域での自然対象に対する始原的な関与の分析において、支配・収奪的関与姿勢の有無と、積極・直接／消極・間接の対立軸を打ち立てた［Haudricourt 1969］。インゴールドの指摘は、この分析におけるオードリクールの「没個性的な家畜」観を共有したものとなっていることがわかる。

しかし、このような個体としての動物の持ち味を顧みない人間中心主義はどこまでも特定の文化圏に特異なものでしかない。有蹄類自身のコミュニケーショナルなセンスや、同種・異種のあいだに切り結ぶ社会関係に委ねる形で日常の牧畜生活が編成されている牧畜社会では、家畜の能動性は統制の対象とはならないどころか、牧民が放牧している家畜との互酬的で相互依存的な関係と牧野の幸福な生の大切なソースとなっていると考えられるからである。カリモジョンとドドスの牧民たちは、人間と家畜の相互に能動的な対等性について素朴にしかし印象的に、以下のように口を揃えて語ってくれる。「もし牧民の家族が家畜たちを熱心に養うなら、今度は家畜の家族が牧民たちを養うことに努める」と。

北東ウガンダの牧畜社会における人間と牧畜家畜のあいだの社会的な共生関係は、人間中心の家畜観を相対化する、複雑で豊かな具体例を突きつけてくれる。たとえば、日々の放牧は、先にも触れたように有蹄類自身のコミュニケーショナルなセンスや、その自生的な種内・種間関係のうえに成り立っており、それは人間と家畜が生涯をつうじて密着して生活し、相互に重なっている共通のホームレンジに身をおくことと絡みあいながら可能になっているのである。本書ではまず、放牧や搾乳における牧畜民と家畜の関わりに焦点をあてる。そして、人と牛・山羊・羊のあいだで、それぞれの「種の自然特性」を越え出て提示されるオーラルな信号や身ぶりなどにもとづく関係の技法を記述する。そのうえで、人間と家畜の「親密性」が人びとの目的的な働きかけの結果としてではなく、[2]むしろ牛・山羊・羊のあらゆる個体が幼獣期には人びととともに眠り、人間の居留地をホームレンジとし、人間と家畜の双方の世代を越えて日常生活を共有することによって構成されていることを明らかにする。本書の第一のポイントは、この社会的な共生に関する記述をつうじて、日常の生活世界の基底をなす身体の直接経験において、牧畜民と共鳴しあう、家畜個体の「人格」を克明に見つめるところにある。

▼牧野のアクチュアリティ

東アフリカにおける人間と家畜の関係については、すでに先行研究の分厚い蓄積がある。たとえば、早くも一九四〇年に、エドワード・エヴァンズ＝プリチャードは、「牛への関心」と題した章の中で、旧スーダンのヌエル（Nuer）の人びとが牛群を構成している数百頭もの多彩な牛たち一頭ずつを識別しており、牛に

為対象として動植物をおくこととして規定されているのは、人間の側から、対象種の生理的、行動的な側面を、人間の便宜に資するように改変しているとみなしうることを反映している。そこで、動植物側からもまた、人間が彼らの次世代の存続にとって頼りになるパートナーであるがゆえに人間との関係を結んでいることは忘れられがちである［重田 2009］。

2――わたしたち人間と、人間ではない動物は別個の種であり、それぞれの進化の過程は大きく異なっている。それにもかかわらず、人間と有蹄類は種内および種間コミュニケーションの両方に従事し、社会的群居性の産物であるキューやジェスチャーに反応することができる。たとえばここで、放牧における身体的・音声的コミュニケーションに注目すると、牧夫と牧畜家畜のあいだの異種間のコミュニケーションは、人間による声の命令、警笛、指さしといった幅広い範囲に及んでいる。人間と動物の「親密性の束」［谷 1976］という文脈において相互的に練り上げられた声のサインという手段によって、人間は家畜の行動をコントロールできる。そこでは一方の種が信号を投げ、他方の種がそれを受け取って反応する。もし家畜が人間をどのように理解したらよいのかを知らない場合や、人間が家畜をどのように解釈すればよいのかを知らない場合には、全体のプロセスは作動しない。

ヨーロッパでみられる音声サインを教え込まれる羊は、群れの中から選抜された少数の特定個体である［谷 1976, 1997, 2010］。自室にとどめて餌をやり、特別に飼いならされることによって命令語を理解するようになる、この特別な個体と牧夫のあいだに特異的に認められる関係性を、谷泰は「親密性の束」と呼んだ［谷 1976］。それに対してカリモジョンとドドスの場合には、音声サインは一頭一頭すべての個体に対して使用されるし、群れの全体に対して集合的にも使用される。

まつわる詳細な類別体系を発達させていることを書いている。よく知られているように、この仕事は、牧畜社会に生きる人びとの倫理や観念などの意味づけを詳述することで社会のデザインを描ききったものであり、社会の自然科学的な法則を引き出すことに専心していた当時の人類学に、人文学的な転換をもたらすものとなった。そのため、その後、牧畜を営む人びとと家畜の共生文化に関する民族誌的記述が次々と提出されていった。そして、一九八〇年代までには、エチオピア、旧スーダン、ケニア、ウガンダ、タンザニアなどの東アフリカ地域におけるサバンナから砂漠まで広域に、牧畜民と家畜が織りなす世界が広がっていることがわかったのである。

今このような研究蓄積のうえに立って、新たに現代の北東ウガンダの牧畜社会での参与観察で知り得た事実をたよりにして、近代西洋において強調される二項対立にもとづく人間―動物の関係の歴史を、世界にともに主体的に参加する人間と動物の絡みあいのストーリーとして構成しなおすことには、同時代のアフリカを生きる人びとの生活世界にとってアクチュアルな意味が含まれている。それは、彼らの生活が近年、地域で一般に使用されている自動小銃を除去するために実施されている武装解除によって、大規模な暴力とその恐怖にさらされてきたことと関わっている。説明しよう。

東アフリカにおいて首都から遠く離れ、国家による治安を維持する作用がおよんでいるとは言えない辺境地域では、急激に進行するグローバリゼーションの中で、武装集団、テロリスト、犯罪集団といった「不可視」のグループが主体となって低強度紛争が生じてきた。このことを背景にして、もともと集権化された権威や行政組織を有していなかった牧畜社会は、国家法の効力が届きにくいうえに、安心安全にかかわる在来のシステムも劣化し、自由や人権に対する脅威となっているとみなされてきた。そして、国家的秩序の全域化をはかることによって地域を「正常」化するための介入が強引な（しばしば暴力的な）手法で繰り出されてきたのである。[3] 事実、北東ウガンダの牧畜民たちにとって、二一世紀の幕開けは新しい暴力の開始を告げるものだった。彼らの集落と放牧地の真ん中に陸軍の駐屯地が次々と建設され、容赦のない組織的軍事計画下での牧畜民たちに対する力づくの自動小銃刈りが実行されたからである。現在も続いているこの介入のあいだ、歩兵が人びとの住居を強制捜索したり、収容所では逮捕者に対する拷問がくりかえされた。さらに、牧畜民集団間の所有武器数の格差が広がり、銃を手離すことを強く拒んだ集団による家畜略奪も起こり、地元の牧畜民たちは、外部社会の手による武装解除介入によって、かえってみずからの生活が集合的暴力やその不安にさらされているのを目のあたりにしてきたのである。そして、このように深刻な問題を含んでいる介入が可能になる背景には、他者を支配する暴力的な牧畜民という偏見に満ちた観察眼の強力な影響があった［波佐間 2012］。

紛争理解モデルにおいて、人間社会における暴力性は、人間の生物性や社会性に埋め込まれた本質であるとみなされる根強い傾向がある。同時に、暴力はしばしば文化化の対象ともなる。「牧畜民における好戦性」というステレオ・タイプを、牧畜家畜管理の一方的で統制的なハズバンドリーのあり方に由来すると解釈する場合が典型的である。[4] つまり、動物の家畜化が人間と家畜のあいだに支配と従属の関係を生起させ、放牧群の管理は牧民の攻撃的な介入行動のうえに成り立っており、そのことによって、牧畜民は他者に対して攻撃的で支配的に振舞う文化を発達させているという観念が暗黙のうちに前提されるのである。この具体例は人類学研究にも確認できる。アフリカの牧畜に関してはこれまで、家畜が人間の攻撃的な支配を受けていると指摘されてきた［Lott and Hart 1977, 1979; Moritz 2008］。北カメルーンの牧畜民フルベ（Fulbe）における発達生態文化論を展開してい

3——一九七〇年代までは、東アフリカ牧畜社会における人類学研究では、家畜と人間が経済的、社会的、宗教的な面において強く結合している様相が強調されてきた。ところがそれ以降は、人間と家畜の関係の研究は、牧畜の存続を憂慮する生態学研究が主流となった。そしてまた牧畜民の攻撃性の凶悪化という説明もほぼ同時期、つまり、アフリカ・ペシミズムの台頭と同期して生じてきたのである。牧畜社会における家畜略奪を起点とするインセキュリティを問題視する潮流の出現については第5章を参照。

4——文化人類学者のビリンダ・ストレイトは、ケニアの東ナイル・マァ系牧畜民サンブル（Samburu）を好戦的と把握する文化本質主義がメディアをつうじて全世界に広がり、牧畜民への政治的暴力が黙認されていることに警鐘を鳴らした［Straight 2009］。彼女が見抜いている、外部社会が牧畜民に対して抱いている固定観念は、隣国ウガンダの牧畜社会に対する政治的有力者の発言の中にも見出すことができる。ここでは、現代の牧畜民に関する戦闘性は、「未開な戦士文化」の囚われ者としてのステレオ・タイプとテロリズムのイメージが混ぜ合わされながら更新されている［波佐間 2012］。

る人類学者のマーク・モリッツは、幼児期から青年期にかけて、日常的な生業活動への参加をつうじて攻撃的なパーソナリティが形成されると分析した。そこでは、牧畜的な日常を構成する具体的な活動として放牧が取り上げられ、牧民の家畜に対する支配性（dominance）が抽出されている。

放牧中の牛に対する統率行動を描写する部分でモリッツが引用している動物行動学者デイル・ロットとベンジャミン・ハート［Lott and Hart 1977, 1979］は、北部ナイジェリアにおけるフルベ社会での調査にもとづき、フルベが牛に対して優位であることと、隣接する農耕民との社会関係において攻撃者であり、優位者として振る舞うことを関連づけて論述している。彼らの主張では、牛の社会化の過程における威嚇によって牧畜民が牛より優位に立ち、怖れの対象である牧畜民の存在と行為をつうじて、放牧中の群れのまとまりの維持や移動の方向づけが可能となっているという。

しかし、このようなアフリカにおける牧畜に関する「理解」のしかた、つまり、人間と家畜に対する暴力的な支配を牧畜に由来させる解釈の様式それ自体が、文明の黎明としての、西アジアにおける牧畜の開始に由来する近代西洋の自己像の反射なのではないだろうか。

たしかに西洋では、人間が孤高の存在として、動物界を含む自然界から超出した「人間性」を獲得する契機は、家畜化にあると考えられてきた。一九世紀、近代西洋からの渡航者たちは、現地の狩猟民を劣った未開人と描写し、文明化された近代人を家畜に、現地の狩猟採集民を野生動物にたとえている［たとえば、Darwin 2011］。それは、狩猟民が資源を所有せず、対象動物の性と生殖の過程に介入することもないのに対して、ドメスティケーション（家畜化・栽培化）は人間たちに、みずからもその一員であったそのような自然との絡みあいから人間を分離することによって、自然を対象化し、領有することを可能にしたからである。中世農業技術史家のリン・ホワイトは、「人間は神に似ているがゆえに、自然の管理を委託するに値する」という旧約の創世記における神の言明に注目して、そこに「動植物界の中での技術知をもつ超越者」という、近代ヨーロッパ的自然・人間観が芽ばえていることを見いだしている［ホワイト 1999］。牧畜の開始は動物を人為の対象として群衆化するとともに、人間を自然界の統治者として開発したということである。

このことに関連して思い起こされるのは、野に生息していた有蹄類の動物が家畜として人間の生業のうえで重要な役割を果たすことになった〈牧畜〉家畜化（ドメスティケーション）をめぐる議論である。人類史のメルクマールである西アジアにおける牧畜の開始（＝牧畜家畜の誕生）は、近代的な支配と統治の社会理論を生み出す起点として位置づけられてきた。たとえば、西アジアおよびヨーロッパの文化研究においては、去勢や放牧などの管理技術を駆使する牧畜の生活実感から着想を得て、奴隷制や社会の監視・統制といった人間統治の方法が開発されたと論じられてきた。5

本書の記述をつうじて取り組むのは、この近代西洋的牧畜理解を越えて、牧畜家畜と牧畜民の生の遂行にとって互いが不可欠のパートナーとして認識し、相互性にもとづいて支えあうという関係の実相を展開することである。つまり、相互性にもとづいて養育するという牧畜民の欲求は、養育される他者の欲求の充足ともなるというように、自己と他者の欲求は互いに正のフィードバックの関係にある。しかも、人間と家畜をつなぐ個体のレベルでの直接的な交流と、牧畜民たちが個人として交渉しあう相互性にもとづいて築き上げられている世界の在り方に焦点をあてるとき、〈顔〉を持つ個別的な他者に徹底的に寄り添うというような、ある特定の類的な集合を

5——生態学的動物主義の立場をとるヴァル・プラムウッドは、非近代的な環境倫理の観点から人間と自然の二元論的感覚を批判している。それは、「本質的に人間が自然という残余の部分から脱身体化され、脱埋め込み化され、脱連続化されるので、自然と動物は倫理と文化の領域から締め出されて、精神のない身体とみなされる」［Plumwood 2004: 3］というものである。「自然という残余の部分（the rest of nature）」とは何か。西洋に基礎をもつ文化の体制としての人間と自然の二元論は、人間を、理性、精神、意識という分離された秩序の部分ととらえており、身体や動物、人間以前（the pre-human）から構成される秩序系から切断されていると感覚している［Plumwood 2004］。理性の領域にはわずかにしか参画しておらず、主として身体化や感情という動物的な領域に参画しているとみなされている女性や奴隷、エスニックな他者としての野蛮人は、下位の界面に生きる。「自然という残余の部分」とは、上位の人間が支配し、利用する対象としての生態資源や人的リソースを製造するイデオロギーの産物である。

示差特徴におうじて階層的にカテゴライズする近代西洋のメンタリティとは根源的に異質でダイナミックな、別様の他者関係への展望が開かれる。具体的に述べよう。

東アフリカ牧畜社会では、社会的存在としての自己を具現する家畜を喪失し獲得するレイディング（家畜略奪をめぐる武装紛争）が、ときに多くの牧畜民を集団間の争いに駆り立ててきた。ところが、「民族紛争」のただ中にありながらも、敵対する民族集団の枠を横断して個人間でモノを贈与交換し、隣人を自民族の攻撃から守るという事例が普通に見いだされる。そこでは、集団的カテゴリー間の輪郭に縛られるのではなく、その時々の特定個人の事情と、彼と対面する者の行為を接続しあうことが現実的なファクターとなっていて、ローカルな集団のあいだで発生する小規模な紛争が、民族間の全面戦争へとエスカレートすることが未然に回避されていると考えられるのである。本書のもうひとつのポイントは、このような「個体主義」と呼べるような個としての有り様へのこだわりが、種を越える形で他者との交渉を進める筋道に埋め込まれているという、牧畜社会が生活経験の中で独自に洗練させてきたトランススピーシーズな共生論理の実践性を、地元での集合的な暴力のコンテクストにおいて検討することである。ことばをかえて言えば、牧畜民たちが集合的暴力に対処する方法と、それらが創造され、活用されてきた社会的プロセスを、生業牧畜の実践が秩序回復において果たす社会的機能の側面から解明することである。

そもそも、先に述べたモリッツやロットとハートのいずれの研究でも、動物側の行動と人間の側の行動の連なりをきちんと追ってはいない。いや、彼らに限らず、日常の生業活動における人間と動物の相互関係に関する牧畜の自然誌は、これまでほとんど記述されてこなかった。この背景には、人間と人間ではない動物に関する学問領野が互いに分離したまま専門性を高めたことが挙げられる。たとえば、人間をめぐる科学を標榜する人文社会科学は、分析の対象を人間に定め、言語や歴史という人間に固有な領域において方法論を洗練させ、自己完結的な知のループの内部で特定の理解様式にもとづく人間像を生産してきた。他方で、「良き観察者とは、透明な観察者である」という理念を保持する動物行動学や動物心理学の研究者たちは、フィールドでの「ありのままの」

観察の結果について、人為が及ばないようにコントロールされた環境での実験を経なければ、系統だった結論への確実な根拠にはなりえないと敬遠してきた。この揺るぎのない学問分野の境界が北東ウガンダにおける暴力に関する説明モデルを生成することに関わっているのなら、なおさら、動物と人間を境界づける分断線の自明性を括弧に入れて、異種的な他者たちが共存する様相としての牧畜生活に接近することが、今まさに切実に求められている研究実践となってくるだろう。

特定の生物個体と、その運動や行為を媒介にして結びつく有機的・無機的他者が一体となって存在する生活環境を、棲み分け理論の提唱者であるとともに牧畜研究の先駆者でもある今西錦司［1949］は「生活の場」と呼んだ。それは、生活の中で主体的に働きかけあう、同種・異種の他者を含む自然全体の、混然一体となった世界である。本書では、自然に強く依存して生きる人びとと、人間に強く依存して生きる家畜が構成している牧畜という生活のランドスケープを、このような相互浸透的な関係世界のパースペクティブから展望し、東アフリカのサバンナに息づく牧畜世界の固有な共生論理を提示できればと思う。

第1章　牧畜世界への接近

1　東アフリカにおける牧畜の起源

インド洋北西部に向けてアフリカ大陸の北東部から海側に突出している陸地、いわゆる「アフリカの角」地域から、ヴィクトリア湖東南地域にかけて広がる乾燥した土地では、群居性の有蹄類と人びとの密接な関係のうえに、独自の文化がはぐくまれてきた。本書でおもに取り上げる、ウガンダ共和国北東部に居住する東ナイル系の民族集団、カリモジョンとドドスの人びともまた、東リフトバレーの上部を覆う湿性サバンナに居を定め、牛や山羊、羊と共存し、有用で複雑な牧畜世界を作りあげてきた。

四五〇〇年前、東アフリカにおいて牧畜家畜が初めて生業経済に統合された時代を指示するために、考古学者たちは「牧畜的新石器時代（Pastoral Neolithic）」という専門用語を一般に使用している。この用語であらわされる文化の考古学的な規定は、日常生活において牧畜家畜への物質的な依存がみられ、土器を使用し、後期石器時代を特徴づける鋭利な石器の制作技術を有しているというものである。東アフリカにおける牧畜や牧畜家畜の利用の発達は、狩猟採集、農耕、漁労とともに併存して営まれることが多く、生業への依存度は時代と地域に応じて変動し、牧畜への傾倒をさらに強めた集団が出現した場合でも、狩猟採集を営む別の集団と隣接して交換や婚姻をつうじて相互に関係づけられていたようだ。そうであるなら、東アフリカにおける牧畜文化の出現は、輪郭が明確な文化集団を形成することをうながしたというよりも、むしろ状況に応じて多様な生業を複雑に組み合わせつつ、他集団ともさまざまな社会的な共生関係を打ち立てて生きるチャンスを付け加えたというふうに解釈できる。北東アフリカから東アフリカにかけて、牧畜がどのように人びとに受け入れられていったのかを見てみよう。

東アフリカの牧畜の発達には、人口の移動という要因と、家畜の交換という要因が同時に働いていた。一万年前には、最初の牧畜家畜がサハラの東部、エジプト南部のナブタ・プラヤとビル・キセイバにて牛飼養の形態で導入されていた。[1] アフリカにおける動物考古学を専門とするヴェルル・リンセールは、ナブタ・プラヤとビル・キセイバの遺構が、北東アフリカだけでなくアフリカ大陸の歴史のうえで牧畜の開始を告げるものと考えている[Linseele 2010]。東アフリカのサバンナにおける牧畜の分布には、気候変動にともなう自然環境の変化が深く関わってきた。一万二〇〇〇年前から五五〇〇年前にかけての東アフリカは、現在よりもかなり湿潤な気候であったことが、エチオピアの複数の火口湖やリフトバレーにある湖の水位変動の復元によって明らかにされた。たとえば、地理学者であるカール・ブッツァーたちによると、この時代のケニアのトゥルカナ湖は比較的乾燥していた時期でさえも、現在より水位にして八〇メートル上回る水量をたたえていた[Butzer et al. 1972]。新石器時代の初期には、大陸の乾燥化にともなって砂漠が拡大するとともに、森林地域がサバンナへと移行した。具体的な乾燥の深まりについては、五五〇〇年前から三〇〇〇年前にかけての降雨量の減少が原因となり、ケニアのナイバシャ、ナクル、エレメンテイタなどのリフトバレー地域の湖などは完全に干上がってしまったことが、生態学者のリチャードソンたちの調査によってわかっている[Richardson and Richardson 1972]。

こうした乾燥化は、植物の集まりの形成に大きな影響をおよぼした。たとえば、ケニア国立博物館の研究員である植物学者ジョセフ・マイティマがおこなった、花粉分析にもとづく古環境変動に関する研究は、六〇〇〇年前のケニア中西部の中央リフトバレーに位置するナイバシャ地域において、森と低地の木々が減少しはじめるとともに、草原が広がっていったことを示唆している[Maitima 1991]。また人類学者のスタンリー・アンブローズとナンシー・サイケスは、土壌に含まれる炭素の同位体を分析し、標高二〇〇〇メートル前後のナイバシャの高原地帯において、当時のサバンナはおよそ七〇〇メートルも森を押し上げる形で拡大したことを明らかにしている［Ambrose and Sikes 1991］。

1――家畜牛の起源については現在では、一万一〇〇〇年前から一万年前にユーフラテス川上流および中流域で *Bos primigenius* が、そして九〇〇〇年前から四五〇〇年前には背中にコブのある *Bos indicus*（いわゆるゼブ牛）がパキスタンのバルーチスタンでそれぞれ独立に家畜化されたという多元説が受け入れられている。*Bos primigenius* についてはサハラ東部で独立に家畜化され、これこそは、アフリカで広く飼養されている家畜牛（*Bos taurus cf africanus*）の原牛であるという説が有力である［Marshall 2000］。今日サハラ以南のアフリカで広くみられる背中にコブのある牛（サンガ牛）は、*Bos taurus cf africanus* と *Bos indicus* のハイブリッド種として一八〇〇年前から八〇〇年前に東アフリカにおいて登場し、やがて北、西、南へと分布を広げていった。ヘルムート・エプスタインは、ゼブ牛（zebu）をコブの形状で二種類（「ムネノコブ」"thoracic-humped"と「クビムネコブ」"cervico-thoracic humped"）に分けたが、その区別はかならずしも明確にはつけられない［Epstein 1971］。ロナン・ロフタスとパトリック・カニングハムは、コブを細かく区別するのではなく、その有無という、もっと単純な事実に注目して、ゼボイド（zeboid：「ゼブ zeb」＋「のような oid」）という語を使っている［Loftus and Cunningham 2000］。これは、アフリカに最初に導入されたゼブ牛と、在来のコブなし牛とのハイブリッドであるサンガ牛（Sanga cattle）も含むように、ひろくゼブ牛に類似した牛をさす概念である。

コブなし牛とゼボイドはアフリカにおいて一二〇の系統が分布し、その多くが古代起源である。チャド湖のクルウシ（Kuru cattle）は、トリパノソーマに対する耐性をもつことで知られている、アフリカ大陸で最古の系統である長角牛のンダマウシ（N'Dama cattle）と分子生物学的な大きな差はないが、コブなしであるものの、ゼボイドと交雑した遺伝的な証拠が確認されている。東アフリカでは、アンコーレ・サンガウシが特徴的に長い角をもっている。三〇〇〇年前から二〇〇〇年前のケニアの遺構から見出された牛は *Bos indicus* ではないかと推測する説もかつては有力であったが、現在認められているのは、それはアフリカ起源の *Bos taurus cf africanus* ないし *Bos primigenius* であったという説である［Marshall 2000］。*Bos indicus* が東アフリカにもたらされたルートはインド洋交易と紅海交易のどちらをたどるものなのかを特定するためには、さらなる考古学資料の蓄積と検討が求められている。

東アフリカからの牛の南下は、二〇〇〇年前に開始され、南アフリカのケープにたどりついた。南部アフリカでは、バンツー系の人びとがやってくる以前に、コイコイ（Khoikhoi）の人びとが牛と羊に依存した牧畜を営んでいたが、一九世紀にヨーロッパ植民者との接触によってほぼ絶滅した。南部アフリカでよく知られている固有の系統は、アフリカ・サンガウシ（Afrikander Sanga）であり、これはコイコイの人びとが一九〇〇年前にはじめて繁殖させた系統である［Clutton-Brock 2012］。

ドメスティケーションの歴史研究者フィオナ・マーシャルと、先史狩猟採集民の生業社会動態を研究しているエリザベス・ヒルデブラントの研究［Marshall and Hildebrand 2002］によると、牛の飼養がすでにはじまっていた八〇〇〇年前のエジプト南部、ナブタの住民は家屋に居住していたが、同時に移動性に富んでもいた。人びとは野生のモロコシ（ソルガム）を食べ、牛への給水のために井戸を利用しつつ、季節的に移動していたのである。この時代にはアフリカにおける家畜化は開始されていたとみなすなら、アフリカでの植物のドメスティケーションは、動物のドメスティケーションより四〇〇〇年は遅れたことになる。

牧畜の営みが南へと普及していくとともに、しだいに野生動物から家畜への依存度が高まっていくことが確認できるが、それはとてもゆっくりしたペースである。たとえば、七六〇〇年前から六六〇〇年前のナブタにおける家畜（牛、山羊、羊）への依存度は、狩猟動物のそれの半分程度であった。七六〇〇年前から六〇〇〇年前のエジプト西方のダクラ・オアシスでは、羊と牛が飼養されるとともに狩猟も活発におこなわれていた［Kuper and Riemer 2013］[2]。

ケニア北部、西部、中部、南東部で確認されている四二〇〇年前から三四〇〇年前の遺構では、当時、羊・山羊と牛を複合させた牧畜が営まれていたことが見いだされている。この時代には、旧スーダン、エチオピアおよびソマリアからの牧畜の南方への拡散が確認されている。考古学者であるポール・レーンは、その一つの要因として、エレットによる歴史言語学の成果を参照しながら、プロト南クシ系言語を話す小集団が家畜とともに移動してきたことを挙げている［Lane 2013］。東アフリカで牧畜家畜と最初に接触したのは、乾燥の度合いを深める以前からトゥルカナ湖において狩猟採集を営んでいた人びとである。後期石器時代から牧畜的新石器時代への移行期にあたる前五〇〇〇年と見積もられるその時期に、湖の周辺地域で、魚や湖畔の生態資源を利用し定住的な生活を営んでいた彼らは、牧畜を営む民と出会った。狩猟採集によって生活していた民が消費していた動物はもっぱら、狩猟で入手するオリックス、ヌー、ガゼル、イボイノシシ、ワニ、カバと、漁労の対象であるナイルパーチとティラピアであった［Lane 2013］。北東アフリカですでに牧畜を営む経験を積んでいた移住民たちは、完新世中期より、乾燥化によって新たに出現した、ツェツェバエがいない回廊地帯をとおって、エチオピア高原の西の麓からケニアのトゥルカナ湖にかけての土地を通過し、中央リフトバレー沿いにケニア南部からタンザニア北部まで南下して分布を拡大していった。このように牧畜を営む人びとが移住し居住域を広げていったこととともに、狩猟採集民の居住していた地域においても家畜の交換と略奪をつうじて家畜の保有が普及していった。

牧畜民が進出していった地域でも野生の有蹄類と牧畜家畜が同時に利用されていた。たとえば、ヴィクトリア湖東岸に位置するゴゴ・フォールズの遺構は、四〇〇〇年前に牧畜家畜よりも野生動物資源が集中的に利用され[3]

2──山羊と羊の野生の祖先種はアフリカには存在しないことから、大陸の外からもたらされたことは確実視されている。具体的にはまず、山羊と羊は南西アジアで一万年前に家畜化された。最初に家畜化されたのは、山羊（*Capra hircus*）と羊（*Ovis aries*）の共通の祖先である ovicaprine であったと考えられている。アフリカ大陸へは六〇〇〇年前には、中東のレヴァント南部からシナイ半島を通ってこれらの家畜がもたらされた。東部サハラ、エジプトの紅海山脈にあるソドメイン洞窟およびエジプト南部のスーダン国境ナイル川流域のナブタ・プラヤで発掘されている。

サハラ以南のアフリカにおける羊については、この二千年紀のあいだ、ヘアシープ（hair sheep：直毛であり、フリースは得られない）、細い尻尾をもつ緬羊（thin-tailed wool sheep）、脂尾羊（fat-tailed sheep）、脂尻羊（fat-rumped sheep）の四種類の羊が存在してきた。これらの羊は、もともと西アジアからもたらされた導入種であり、すべて、アジアムフロン（*Ovis orientalis*）という野生祖先種に由来している。西アジアから大陸に持ち込まれたあと、牛とおなじルートで西アフリカと東アフリカに伝わっていった可能性が高いとみられている。東アフリカで最古の山羊／羊（両者のいずれであるのか、その区別は現在のところつけることができない）の遺跡は、北ケニアとエチオピア国境のトゥルカナ湖盆地で見つかっており、四〇〇〇年前から五〇〇〇年前のものである。

東アフリカからの羊の伝播のプロセスに関する意見は分かれており、羊は二〇〇〇年前、南アフリカ西海岸沿いに南部にもたらされたという説、東アフリカの人びとが羊とともに南部に移住したという説、東アフリカにいたコイサン（Khoisan）の人びとが羊とともに南進したという説がある。

南部アフリカにひろく分布する狩猟採集民サン（San）のロック・アートには、羊の姿はあっても、山羊は描かれていない。羊の尻尾や尻にたっぷりたくわえられた脂肪への関心のためだろうとジュリエット・クラットン＝ブロックは推測している［Clutton-Brock 2012］。

3──有蹄類と人に死をもたらす病いであるトリパノソーマ症を媒介するツェツェバエは、降雨量が六〇〇ミリメートル以上の土地に好んで生息する［Lambrecht 1964］。

ており、これは、この地域においてツェツェバエによる影響が無視できないものであったことを示唆している［Marshall 2000］。当時の移住者の暮らしを脅かしてきたのは、ツェツェバエが媒介するトリパノソーマ症だけではない。地域によっては、ウシカモシカ型悪性カタル熱、東アフリカ海岸熱、口蹄疫、リフトバレー熱など家畜や人、そしてその両方が患う感染症も、人と牧畜家畜が生活をともにするうえでの障壁として立ちはだかったのである［Gifford-Gonzalez 2000］[4]。

このような病いの問題に加えて、土地の乾燥化のために三〇〇〇年前までは牧畜民は特定の地域にパッチ状に分布するにとどまっており、居住地の人口もまばらでしかなかった。しかも牧畜集団は狩猟採集や農耕を営むとともに、ケニア南部からタンザニア北部にかけては牧畜集団と狩猟採集集団がモザイク状に暮らしていた。ケニアのエブランおよびエンカプネ・ヤ・ムトといった土地には主に狩猟採集民が居住していたが、専業的牧畜文化を特徴とする集団から家畜を贈与品や略奪品の形で入手していたことが報告されている。

三〇〇〇年前から二〇〇〇年前にかけて、ケニア南西部のロイタ・マラ地域においては、野生動物の狩猟はほとんど実践されておらず、その分、牧畜家畜に強く依存した牧畜が営まれるようになった。この時期には二峰性の降水パターンが明瞭になっていた。そのことによって、牧草の生育にとって良好な条件が整い、豊富な量のミルクを家畜から得ることができたとみられる。そのために、牛や小家畜（山羊や羊）を屠殺する際にはじゅうぶんに成長した個体を選び出すという、現在の東アフリカ牧畜民もとっている一般的な方法が採用されはじめた［Marshall 1990; Gifford-Gonzalez 1998; Smith 2005］。

北東アフリカから東アフリカにおける牧畜は、狩猟採集民が狩猟の対象としていた広範な野生動物の利用をストップさせることなく、並行して営まれて発達してきた。このプロセスは、定住化した村落共同体においてまず植物が栽培化され、その後に動物が家畜化された西アジアとはきわめて異なっている[5]。この地域での牧畜のユニークな普及のプロセスは、牧畜民が高い移動性を伴う生活様式を営んでいたことと、乾燥地で農業を営むことのリスクを背景にして形づくられたものだ。東アフリカ牧畜社会のもう一つの特徴として、広い範囲で水や牧草といった牧畜資源を共有していた考古学的な事実が挙げられる。気候変動の著しい環境では、良好な牧草地や水場の在りかは年や季節に応じて変わってくるので、特定の集団が特定の場所を排他的に占有することには生存戦略としての有効性はない。こうして、東アフリカのサバンナでは、地域に共在する複数の集団がゆるやかに土地と結びつき、人びとの移動と資源の利用を相互に許容しあう平等主義的な社会交渉が基礎となっていることも特徴的となっている。これは、東アフリカにおける家畜化が、食糧生産量の増大を目的として開始されたのではなく、資源利用に関する短期的な予測可能性への関心にもとづいて普及していったことと一貫している。

2　カリモジョンとドドスの生活圏

ここからはまず、調査地であるカラモジャの概要をおさえるために、カリモジョンおよびドドスの人びとの生業基盤とランドスケープを記述していこう。

カリモジョンとドドスは、ウガンダ北東部、ケニアや南スーダンとの国境付近に居住する、ナイル・サハラ語

4――アフリカにおけるロバについては、入植者が導入した馬によって置き換えられることがなかった。ロバは、虫刺されによって引き起こされるトリパノソーマ症やオルビウィルスの感染症に対して、馬やラバより耐性があるためである。分子生態学者アルバノ・ベジャ＝ペレイラたちは、現存するロバを使った遺伝学的な分析により、ロバが五〇〇〇年から七〇〇〇年前に、北東アフリカで家畜化されたことを明らかにしている［Beja-Pereira et al. 2004］。

東アフリカ牧畜社会で一般的に保有されているラクダはヒトコブラクダ（*Camelus dromedarius*）である。六〇〇〇年から三四〇〇年前に中央ないし南アラビアで家畜化されたことがわかっているが、エジプト、エチオピア、ケニアの各地の遺構データもまた、これらの土地でヒトコブラクダが家畜化された可能性を示唆している。また、リチャード・ブリエットは、ラクダがアラビアから紅海をわたってアフリカに導入され、そのあと、砂漠の民から交易をつうじてスーダンのベジャ（Beja）の人びとに伝わったと論じている［Bulliet 1975］。ケニアとエチオピア国境での遺構からは、紀元前三〇〇〇年のものと思われるラクダの骨が出土している［Phillipson 1993］。

5――移動性の高い牧畜はさらにその後、定住農村を補完する専業化した生業戦略として登場した。

族、東ナイル系の集団である（図１）。ジエ（Jie）、ポコット（Pokot）などといった民族集団とともに、狩猟や採集、農耕を組み合わせながら、牧畜に強く依存した生業を営み、その大部分はカラモジャ地方（Karamoja Sub-Region）に暮らしている。カラモジャ地方は、現在、カーボン県[6]、コティド県、アビム県、モロト県、ナカピリピリット県、ナパック県、アムダット県という七つの県に分けられた半乾燥地域である。二〇〇二年に実施された人口センサスによると、カリモジョンの大部分の半定住集落が分布するモロト県とナカピリピリット県の人口は三四万四千人、ドドスの大部分の半定住集落が分布するコティド県の人口は約五九万人である［Uganda Bureau of Statistics 2002］[7]。わたしは、カリモジョンでの調査を、ナパック県ボコラ郡のロトメとカンゴーレ（一九九八年八月～一九九九年三月）[8]、マセニコ郡ルパおよびピアン郡ロレンゲドワット（二〇〇五年一月～三月）、ボコラ郡ロトメ（二〇〇七年一一月）、ボコラ郡マタニ（二〇一一年八月～九月）[9]で実施した。カリモジョンの行政の中心地モロトは、もともと彼らの半定住集落があった場所に建設されたもっとも古い町である。また、ドドスでの調査を、カーボン県の中心地カーボンから北

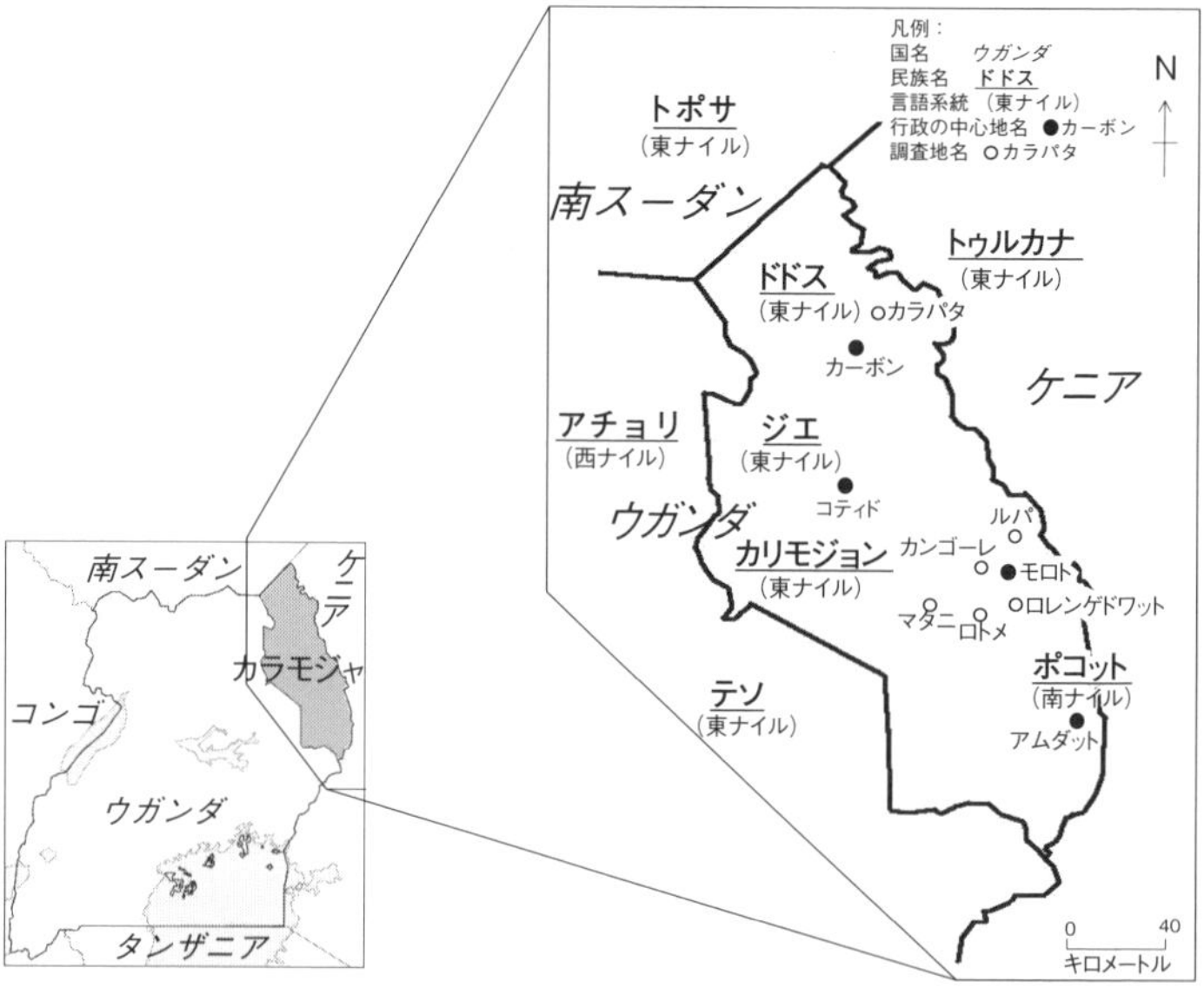

図１　カラモジャ周辺の地図

東約二〇キロメートルにあるカラパタ（二〇〇三年一月～八月）にておこなった。

▼自然環境

カラモジャ地方の大部分は、サバンナ・ウッドランドに分類される半乾燥地である（写真1）。中央ウガンダに位置する東ナイル系の農耕民テソ（Teso）の居住地の中心地ソロティから、カラモジャにアクセスするモロトまでの途上、標高二五〇〇メートルを越えるナパック

6―二〇〇五年七月に、コティド県ドドス郡からカーボン県となった。

7―カリモジョンとドドスの一部は、国境を越えて断層崖を東へ降下したケニアのトゥルカナ県にも半定住集落や季節的な家畜キャンプを構築して生活している。また、南スーダンの東エクアトリア州には、数百人のドドスの集団が存在している。カラモジャ地方は、ウガンダだけではなく、ケニアや南スーダンのそれぞれの首都にとっても、地理的な外縁であり、さらに近年では、牛略奪をめぐる集団間の武力紛争を理由にした、中央政府の軍事介入と地元住民とのあいだの暴力的な相互行為に引き起こされた社会的なインセキュリティによって、東アフリカのほかのどの地域にもみられないほどの深刻な交通の遮断がもたらされている。

8―現在、ボコラ郡はナパック県となったが、本書での行政区分は、特別な説明がないかぎり、カリモジョンおよびドドスでそれぞれに調査を開始した時点ではなく、現時点の区分にそって表記する。

9―モロトからの距離でいうと、ロトメは南西約二〇キロメートル、カンゴーレは西約二〇キロメートル、ルパは北約五キロメートル、ロレンゲドワットは南西約一六キロメートル、マタニは南西約四〇キロメートルに位置する。

写真1　サバンナ・ウッドランドの半定住集落（ere）

山と、一九〇〇メートル弱のアキスム山に挟まれた地点からメインロードは非常にほこりっぽくなる。これがカリモジョンの居住地への玄関口である。カラモジャは、ドドスの居住地の中心地カーボン以北、南スーダン国境にいたる北部、およびケニアとの国境を形成する東部に山地が発達しているほかは、カラモジャ中部のトロール山と南部のカダム山、前述の西部ナパック山といった数少ない独立峰をたたえるのみであり低地平原の様相を呈しているが、海抜一〇〇〇メートルから一五〇〇メートルの高原である。北部および東部の山地から南西にかけて、テソの居住地内に存在する、彼らの言葉でいうナナム（*nanam*「湖」）に流れ込んでいく季節河川は、カリモジョンの人びとに生活用水と牧草地および氾濫原農耕の適地を供給している。カラモジャの大半は、季節的な草地、有棘植物、灌木に覆われた半乾燥サバンナである。

カラモジャの年間平均降雨量は五〇〇〜七〇〇ミリメートルだが、時間的および空間的な変動があり、ウガンダ国内ではもっとも乾燥している。乾季は最短でも六ヵ月間（九月頃〜三月頃）と国内ではもっとも長い。短い雨季における降雨は不規則かつ局地的で、いったん降り始めた雨はしばしば猛烈な豪雨となって種子や穀物を流し去り、土壌は重くねばる泥となり、河川を氾濫させる。対照的に、乾季は長期化して干ばつとなり、地面を二〇メートル掘り下げなければ水が入手できないほど乾燥が深まることもある。

ケニア・ウガンダ国境沿いの岩がちな高原帯とくらべて、より肥沃な土壌に恵まれた低地平原では農耕が可能であり、実際に天水農耕が営まれている。しかし、降雨量は季節的な変動とともに年変動が大きく、降雨の時期や場所に関する予測は困難である。そのため農耕は、単独で人びとの生活を支える生業とはなりえていない。モロコシやトウジンビエ、シコクビエを主作物とした付随的に営まれる農耕は、むしろ、その収穫物を近隣牧畜民と交換して小家畜を得ることによって家畜群を維持、回復するという、牧畜を補う重要な役割を果たしている。

▼言語環境

学校教育を受け、雇用されている一部の若いカリモジョンやドドスの男性には、英語やイタリア語、スワヒリ語を流暢に話す者がいるが、彼らの社会でふだん使用される優勢な言語はカリモジョン語（*Ngakarimojong*）である[10]。

カリモジョンとドドスは、ナイル＝サハラ大語族・東スーダン語族・東ナイル系の言語使用者である。東ナイル系の中でもカリモジョンとドドスは、ウガンダのジエ、南スーダンのトポサ（Toposa）、ドンギロ（Dongiro）、ケニアのトゥルカナなどとともに一つの言語文化的な下位集団に分類される。その集団は、彼らの言語を用いてアテケル（*ateker*「父系出自集団」）と指示されている。一九世紀初頭、東ナイルのアテケル集団は、コテン―モゴス丘陵に居住する牧畜民の集団と、その西側に居住して農耕を生業とする集団とに分かれていた。当時、ジエは飢饉と戦争を逃れて西から避難してきた農耕民を受け入れ、ギロ（Ngiro）という共通の集団名を名乗っていた。一八七〇年ごろにカリモジョンとドドスが結託してギロを攻撃して家畜略奪闘争を仕掛けたが、ギロ側は川の浅瀬を巧みに利用した計略で応戦した。カリモジョンとドドスはギロをジエ、つまり「戦いの人びと」と呼ぶようになった。一八九〇年代にはコテン―モゴス丘陵から、これらの集団が東へ進んでエスカープメントを降りて行って、やがてトゥルカナの始祖集団を形成し、近隣の異民族を受け入れながら勢力を整えていった［Lamphear 1994］。歴史的に、東ナイル系の牧畜集団の統合と分離、生成には、集団間の家畜をめぐる略奪紛争と異民族との融合が深く関わってきたのである。

東ナイル系の人びとはかつて一つの集団であったため、使用言語には共通の語彙が多く含まれ相互に了解できるものの、接頭辞や発音の違いによって、話者がどの民族であるのか区別することができる。だが、彼ら自身、農耕民や狩猟採集民との対比において「家畜とともに生きる者」として自己規定するように、乾燥地に適応した

10―カリモジョン語の文献に関しては、『カリモジョン―英語辞書』がジョン・ロール［Loor 1976］によって一九七六年に出版された。一九八五年には『カリモジョン語の文法』がブルーノ・ノベリ［Novelli 1985］によって著わされ、文脈に応じたシンタックスの使い分けや、動詞のポジション・クラス分析について五四一ページにわたって詳述されている。

牧畜という生業に強く依存し、生存の基盤をなす牛をはじめとする牧畜家畜に至上の価値を付与するという、民族集団間の差異を越えて共有された特徴が存在する。そして、しばしば彼らは、通婚や共住、放牧地の共有、家畜交換をつうじて個人レベルでの紐帯を切り結んでいる。また、ドドスはみずからの言語を*Ngakarimojong*、すなわち「カリモジョン語」という名辞で指示する。つまり、ウガンダ北東部の東ナイル系の牧畜諸社会は、共通の言語、共通の成員、共通の土地、共通の牧畜家畜に媒介される形で、同一性を共有する一つの社会・文化的単位、クラスターとして定立することができる。したがって本書では、カリモジョンとドドスを包括する概念を使用する必要がある場合には「カリモジョン—ドドス」という語を使用する。

▼居住形態

カリモジョン—ドドスの人びとは、三〜四年に一度の割合で数百メートルほど移動する半定住的な集落（*ere*, pl. *ngierya*）と、一回に数キロメートルを移動し、一ヵ所に一週間以上とどまることはまれな遊動的家畜キャンプ（*awi*, pl. *ngawuyoi*）に分かれて住んでいる。家族成員の大部分が居住する半定住集落を生活圏の中心とし、家畜の日帰り放牧の拠点をここにすえる。乾燥がすすむと、少数の青年男性が中心になって家畜群とともに頻繁に移動しつつ、一時的に牧草や水場に近い場所に居留する家畜キャンプを構築する。[11] いずれの居留地でも、家畜囲いを中心部に構え、その辺縁部に人が暮らすという形で環状集落が形成される。

写真2　集落内の草葺小屋（アカイ）、高床式の小屋（エケル）、穀物庫（エドゥラ）

半定住集落とは、通路（*ediding*, pl. *ngididinga*）で区切られた、家を含む各家族用の囲い地（スペース）であるエカル（*ekal*, pl. *ngikalia*）を複数含み、集落の外部との境界や住居間のしきりとなる柵（*alaar*, pl. *ngalarin*）に囲まれている集合体を指す。

それぞれのエカルは、人間専用の草葺の家アカイ（*akai*, pl. *ngakais*）、家と穀倉庫が合体した高床式の草葺きドームの小屋エケル（*ekeru*, pl. *ngikerui*）、地面から浮かせて設置してある大きなつぼ型の穀物庫エドゥラ（*edula*, pl. *ngidulai*）、エカルと外周の柵のあいだのスペースに作られた小さな庭畑（*akamais*, pl. *akamais*）、日中の休憩場所となる日陰を作る差し掛けの草葺き小屋エテム（*etem*, pl. *ngitemwan*）、食物を煮炊きするためのファイアープレイス（*ekeno*, pl. *ngikenoi*）[12]などから構成される（写真２）。

家畜キャンプには、一時的な保護小屋のエコド（*ekodo*, pl. *ngikodoi*）があり、キャンプにいる（訪問してきた）年寄り、女性、子ども、生まれたばかりの家畜たちが、雨が降ると中に入って眠る（写真３）。天蓋をもつエコドは、半定住集落のアカイとくらべて屋根が低く、屋根を支える太い柱はなく、壁は草でできている。ミルク容器や木をくりぬいて作った水桶（*atuba*）[13]、チャーニング用の容器（*etuo*）、敷き皮（*ejamu*）などが中にお

写真３　キャンプ内の保護小屋（エコド）

11——大型の牛囲い（*atamanawi*, pl. *ngatamanausio*　子どもの牛のために作られる小さなスペースもおなじ語彙で呼ばれる）と、山羊・羊囲い（*anok*, pl. *nganokin*）がある。

12——アカイの中でも火を焚くが、これは暖をとったり、明かりを得るためである。これは単純に*akim*（「火」）と呼ばれ、*ekeno*とは呼ばない。

13——ミルクとバターとアタップ（トウモロコシやモロコシの練り粥）を*atuba*でまぜて人間が食べるし、家畜が大きな*atuba*を使って水を飲む。

かれており、倉庫としての役割もある。大多数を占める男性たちは野宿し、人の寝床であるアペリット（*aperit*, pl. *ngaperito*）で火を焚く。家畜キャンプにはこのほかに、牛囲いと山羊・羊囲いがあるだけで、半定住集落とくらべて構造物が限られている。

▼生業形態

農耕

一九五〇年代にカリモジョン社会を調査したネヴィル・ダイソン＝ハドソンは、降雨量が不安定なため、四年に一回は農作物の収穫がまったくない年となると報告している［Dyson-Hudson 1966: 42］。恵まれない自然条件下にあることに加えて、牧畜の補完的な役割を担っている農耕とはいえ、カリモジョン―ドドスともに半定住集落の周辺に整然とした畑を広大に所有し、さまざまな農作物を栽培している。

カリモジョンで栽培されているおもな農作物は、モロコシ（*emomwae*, pl. *ngimomwa*）、トウジンビエ（*erau*）およびシコクビエ（*akimait*, pl. *ngakima*）、トウモロコシ（*ekidikidi*, pl. *ngikidikidia*）の主食用作物に加え、ヒョウタン（*amugit*, pl. *ngamug*）、ヒマワリ（*kingoliakide*, pl. *atakingoliakide*）、インゲンなど豆類（*emaret*, pl. *ngimare*）、カボチャ（*akaideit*, pl. *ngakaidei*）、キュウリ（*akooli*, pl. *ngakolili*）、スイカ（*adekelait*, pl. *ngadekela*）、ゴマ（*ekanyum*, pl. *ngikanyum*）などである。これらのおもな農作物は、半定住集落の外に拓かれた土地の畑（*amana*, pl. *ngamanat*）で栽培される。人びとの嗜好品である嗅ぎタバコ（*etaba*, pl. *ngitab*）の原料である *laale* と *kuuli* の葉は、集落内の庭畑で栽培されている。[14]

一九四〇年代後半に英国植民地政府による農業指導をつうじてはじめて導入が試みられた牛耕は、そのあとおよそ二〇年のときを経てカラモジャ全体に広まり、現在ではほとんどの住民が牛耕を実施している。一般に二頭の調教済みの去勢牛にU字型のくびきをつけて、そこから後方へのびる鎖が鉄製の犂身（*emeleku*, pl. *ngimelekes*）を引くことによって、大地の表面深さ四〇センチ前後の土が次々とえぐり出されてゆく仕組みである。

雨季にじゅうぶんな降雨がみられた年は、黒々として滋味の豊かな土壌が豊作をもたらす。たとえばモロコシの収穫は、数人の者たちが共同で一つひとつの畑を片付けていく。収穫に性的な分業はなく、男女が共同で収穫に従事することもめずらしくない。人びとは、彼らの半定住集落が所属する地域集団の歌エエテ（*eete*）を歌いながら、畑の所有者のために働く。乾季に入る前、東にそびえるモロト山からの乾燥した熱い季節風が強くなる一一月頃、脱穀がはじまる。昼間、固くなった粒と穂を庭先に敷かれた布の上に山と積み上げ、大人の身長ほどの長さのたたき棒（*aramet*, pl. *ngaramet*）を使って、女性たちが脱穀する。次に、ザル（*erite*, pl. *ngiritei*）にとって西へ吹きぬける季節風にのせて、土やもみ殻、そして茶色い粉状のイースト菌（*esinai*, pl. *ngisina*）などの不要物を吹きとばす風選の作業が待っている。そうしてエドゥラに貯蔵する。穀物の実がある程度たまってくると、日中、そして夕食後から集落中が寝しずまる深夜にかけて、女性たちはエエテを口ずさみながら、石臼（*atatem*, pl. *ngatapemo*）でモロコシの粒を粉挽くのだった（写真４）。

写真４　モロコシを石臼で挽く女性

14——種まきには、家畜囲いがかつてあった場所、とくに山羊・羊囲いがあった場所が好まれる。山羊・羊の糞（*ngaleleng*）が乾いた肥やし（*ngasike*）によって、植物がよく育つからである。六月に種をまくと、だいたい九日ほどたって発芽する。一〇月から二月まで収穫することができる。

この時期は、豊作の年には、新鮮な収穫物を心ゆくまで堪能できる実りの季節であり、集落のあちらこちらで歌と跳躍のダンスが盛んにもよおされることになる。エドガ（*edonga*）と呼ばれるこのような場は、若者にとって結婚や恋愛のパートナーとの出逢いの場所にもなっている。そのため、たとえば一九九八年のロトメでは、行政の中心地の北東にある巨木の木陰に、周囲の半定住集落から若者たちが毎晩集まってきては、一〇〇人は下らない歌と踊りの巨大なサークルをときに三つも形づくり、それぞれが歌を歌い、手を打ち、垂直に高く跳躍した。

しかし、収穫はかならずしも約束されているわけではなく、長引く干ばつのために深刻な飢餓に陥る年もある。たとえば、二〇〇三年は深刻な日照りに見舞われ、南部カラモジャの一部の穀倉地域をのぞいて収穫がまったくあがらなかった。ロトメの人びともその多くが親類や友人の住む別の地域へ身を寄せたり、緊急援助によって拓かれ、無償で食料が配布される新規開拓村へ移住していった。そして、半定住集落では粉挽きの歌声は途絶え、跳躍のダンスの集まりは満月の晩でさえも開かれなくなった。このように歌と跳躍のダンスは、豊饒な土地の実りが人びとに喜びと生活の安定をもたらすことではじめて可能となる余興であり、彼らの表現では、「胃と空神（*akuj*）に祝福された贈り物」なのである。半定住集落での農作物の収穫は、食料の豊富さだけでなく、人びとの暮らしの質的な違いにも深く影響していると言えよう。

牧畜

東ナイル系のカラモジャにおける牧畜は、文化的に高い価値が置かれているだけではなく、生業経済を支えるうえでもっとも重要な位置を占めている［Dyson-Hudson 1966］。カリモジョン—ドドスの人びとは、牛、山羊、羊、ロバ、ラクダの五種類の家畜を飼養しており、半定住集落と家畜キャンプとに家畜を分散させていた。ダイソン＝ハドソンは、家畜集団を管理することに関わっているカリモジョンの半定住集落や家畜キャンプへの布置や、気象や地理的な植生の変化に応じたキャンプの移動パターンを、家畜の種のあいだの食べ物の違いや、ミルクの量の季節的な変化といった家畜の生理生態学的な特徴に注目して分析することによって、生業牧畜システムの解明を試みた。そのうえで、不安定な気候条件にある地域に居住しているカリモジョンにとって、牧畜こそは生業経済を維持するうえでの重要な役割をコンスタントに果たしていると指摘した［Dyson-Hudson 1966］。

半定住集落の生活とは異なり、家畜キャンプでは、地域集団や民族集団の境界を越えて、おなじ地域に集合することはめずらしくない。乾燥が深まるにつれて水場や牧草地など生態資源が限られ、おなじ一つのポイントに人と家畜が集中するためである。乾季の家畜キャンプでは、異なる集団のあいだで、水場や放牧地だけでなく、家畜略奪からの防衛のための見張りやパトロールなどの人員もまた共有される。人びとの語りの中からしばしば、「太陽がわれわれをまぜあわせる」という表現が出てくる。これは、乾季のカラモジャでは、熱い太陽のもとで家畜を維持するために、異他的な主体と混じりあう生活がこれまでにくりかえし、おのずと発生してきたことをあらわしている。

家畜が日毎に遊動する習性をもっており、季節的によりよい餌場をもとめて大きく移動するということは、東アフリカのサバンナにおける草食性有蹄類の一般的特徴にしたがっていると言える。ところが、農地をもっている場合には、人間の側の住居を家畜の遊動におうじてつねに移動させることはできない。カリモジョン―ドドスの人びとは、まさにこの制約のために、家畜をひとところにとどめおき、半定住集落と放牧地の往復運動を生活サイクルに織り込むことになる。そうしながら、乾季にはきわめて遊動的な幕営地を構えて、一部の泌乳牝が半定住集落にミルクの供給源として残されることをのぞいて、大半の家畜をそこで飼養する。カリモジョン―ドドスの居住形態は、半定住集落と家畜キャンプという、それぞれの居留地を拠点にした日帰り放牧と季節的な大規模移動を組み合わせることから成り立っているということができる。

ダイソン＝ハドソンは、「牛のない家族や牛の少ない家族はめずらしい。なぜなら家族は、婚資や食料としての群れなしでは、ほとんど形づくりえないからである」と記した［Dyson-Hudson 1966］。だが、今日のカリモジョン―ドドスの人びとに、このことばをためらいなく使用することは難しくなってきている。度重なる干ばつや、畜群をほろぼす疫病の流行、政府がすすめる家畜数を削減する政策、そして隣接集団や国家による武装化した牛略奪によって、乾燥地という生態環境に適応した家畜との濃密な関係性のうえに存立した自然社会の持続に対する根底的な脅威が広がってきているからである。

しかしながら、現在もなお、牧畜民の理想は牛、山羊、羊、ロバ、そして少数のラクダから構成される、大きな群れを維持することである。家畜種ごとに採食する植物種や干ばつへの耐性は異なり、さらに、家畜の病気は種特異的なものが多く、家畜の全群を喪失してしまうという深刻なリスクは低く抑えられる。さらに、互いに異なる時期に泌乳する牛と山羊との異種を混群にすることによって、ミルクという牧畜民の生存にとっての要が、端境期のない状態で供給されることが可能になる。

社会的な価値も無視できない。家畜の所有は牧畜社会において社会的な地位に強く影響するので、家畜所有と関連しない願望は存在しない。家畜は単に富と等しいだけでなく、社会的な相互行為の中に組み込まれており、所有者個人だけでなく、彼が含まれる共同体の幸福を規定するものである。

また家畜は、重要な人生の出来事を印づけるための犠牲獣として、あるいは交易において、さらにその贈与をつうじて家族の関係や公的な友情を構築し再確認するために欠かせない。その身体は、ミルク、脂肪、血、肉、骨髄を食物として利用できる[15]。病気を治療するための儀礼や、空神から預言を得る儀礼においては、多様で象徴的な意味をもつ道具として屠殺された家畜の身体を使用する。さらに、角は嗅ぎタバコのホルダー（*abui*, pl.

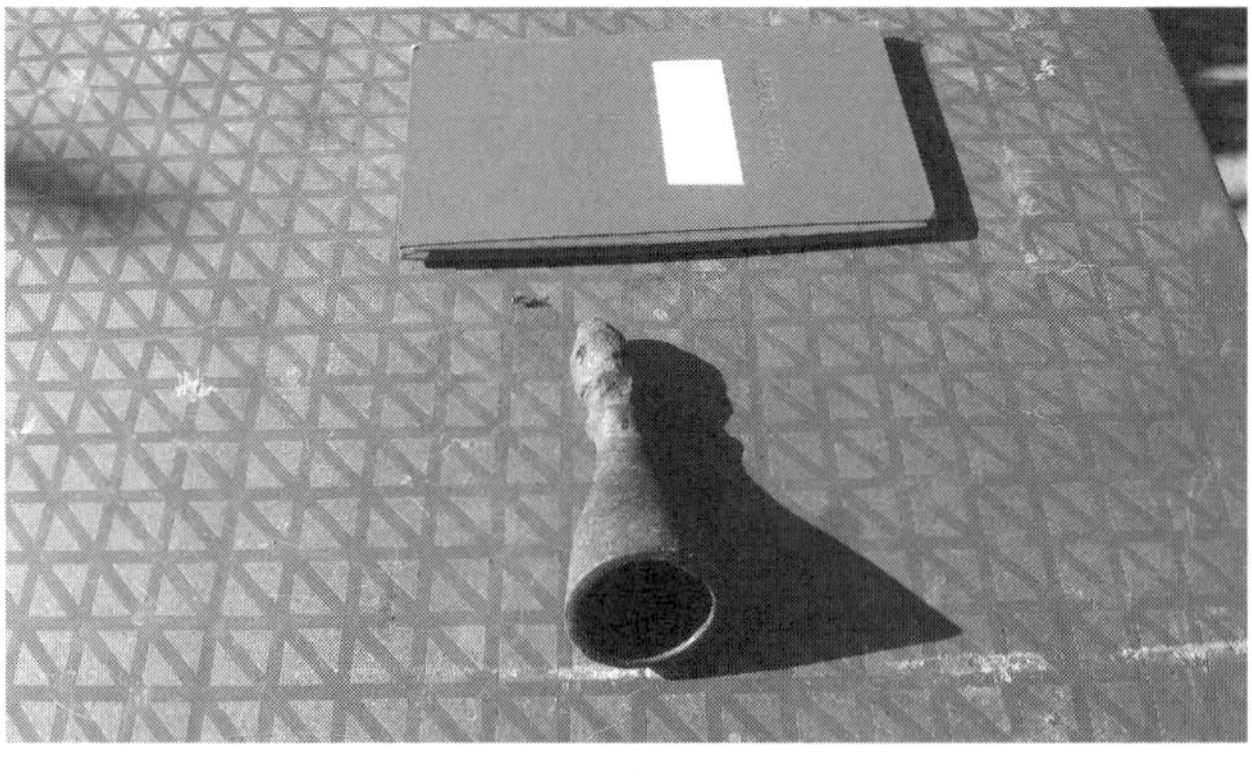

写真5　瀉血した患部から吸引するための、牛の角を材料とした道具

ngabuyon）になるし、毛皮は敷皮（*ejamu*, pl. *ngijamu*）となる（写真5、6）。胃の中の未消化の植物繊維（*ngikujit*）は、日常生活を安寧のうちに暮らすという幸福を呼び込む呪薬として全身にすり込まれる。ひもをとおしてスカートにつけた複数のひづめは歩くたびに、その振動による乾いたかすかな接触音がリズムをきざむアクセサリーになる。また牛の尿は、洗顔や食器洗いにも使用できる。

つぎに牧野の場景について説明しよう。カリモジョン―ドドスの人びとは、牧草を大きく二種類に分割して認識している。エレイト（*eleit*）と呼ばれる塩分を含む草と、含まない草である。前者のエレイトと呼ばれる塩性の草は、家畜の体内の寄生虫を駆除する効果があり、酷暑の地域に生育する。そのため、トゥルカナの家畜には塩分の欠落による胸やけや寄生虫による下痢などの症状を引き起こす病気（*ejiliwae*）が少なく、ケニア側で放牧する場合には、家畜はエレイトを食べているのでエンゲレイ（*engelei*）と呼ばれる塩分を含む土を与える必要はない。

ドドスは、もっとも代表的なイネ科草本の生長サイクルを以下のように区分している。まず、雨季の終わりに、灰色に立ったまま残る枯れ草アサ

15―血液は、牧畜家畜、おもに牛や山羊、ヒトコブラクダから得られる二次的な食料資源である。アフリカに関しては、生きた家畜から血を得る採血は、おもにヴィクトリア湖の周囲の東アフリカ牧畜集団に限られているようである［Lagercrantz 1950: 51–54］。アナトリー・カザノフは、かつて家畜の血液はサハラ地域およびアラビアにおいて重要な食糧源であったが、イスラームの影響により食料としての利用はすたれていったと考察している［Khazanov 1994: 62］。

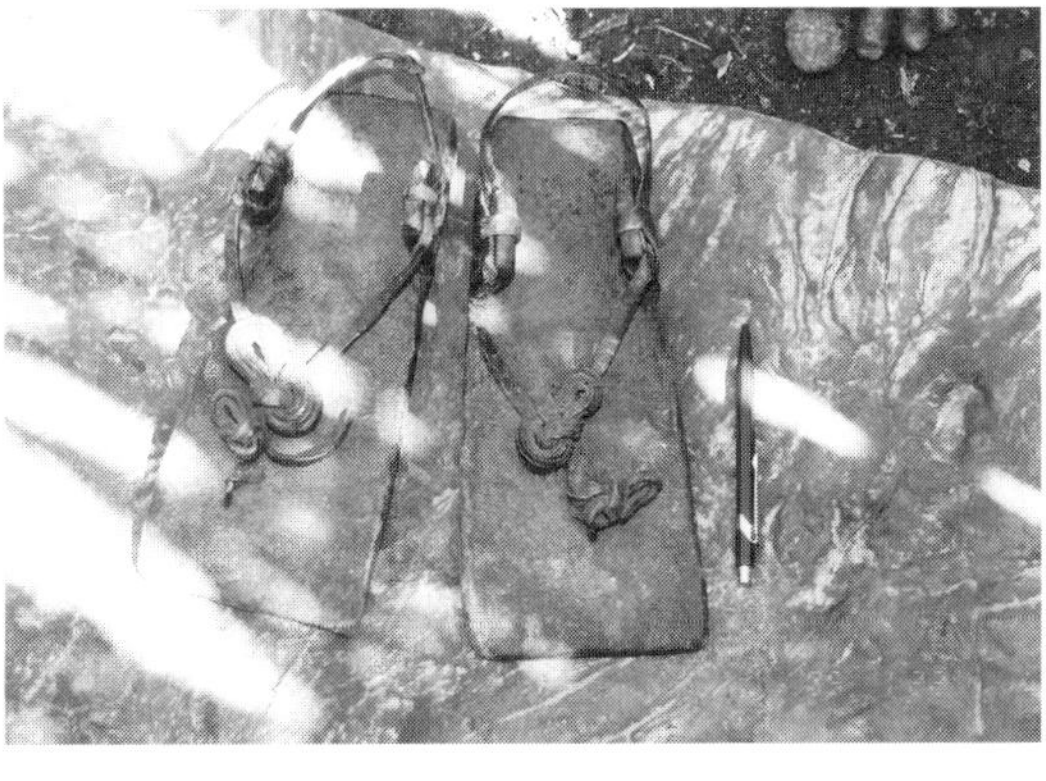

写真６　牛の皮で作ったサンダルは占いに使用する

カタン（*asakatan*, pl. *ngasakatanin*）に火を入れる。[16]そして、草の焦げた焼け跡地（*apureci*）には、雨季の最後の雨（*erupe*）の前後に、地面すれすれの高さの濃い緑をした草が萌出する。この状態のもっとも背丈の低いものをエパラット（*eparat*）、もしくはエチャリチャル（*ecalical*）と呼ぶ。エパラットは雨が降らなくても萌出してくる。ただしそれは、谷の底、黒土に覆われた土地の一部にだけみられる。それに対して、雨が降ることで一面の草が土地を覆うとき、これをエチャリチャルと呼ぶ。雨季がはじまり順調に雨が続くと、生長して草丈が伸びる（写真7）。そして二〇センチくらいの高さになると新鮮な草、アノモット（*anomot*, pl. *nganomon*）と呼ばれる。エパラットとエチャリチャルは草丈が低いために、牛が忙しくグレイジングして頭をいろいろと動かすのに対して、アノモットは牛がゆっくりと草を食むことができる。太陽が照りつけるようになると、アノモットは緑から黄色になる。これをアムラニャン（*amuranyang*）と呼び、一月から三月の最乾季、とくに牛の食物としてもっともよい草地である。

乾季のあと雨が降り始めると、アノモットはさらに生長し草丈が五〇センチほどになるとアティティマイ（*atitimai*）と呼ばれるようになる。やがてアティティマイは穂や種をつけ、アプカス（*apukas*）と呼ばれるようになる。アプカスが穂を散らすと、灰色に枯死した草アサカタンになる（一年性草本が、一年以上経過してアサカタンになる）。家畜は、採食する草がなくなる乾季にはこれを食べるが、とても硬いので好んでいるわけではない。アサカタンを食べてばかりいると、骨が浮かびあがるほど痩せ

写真7　雨季、牛たちは新鮮な牧草をいっせいに食べる

細る（*erogo*）。アサカタンはさらに、胃を傷つけ、痛みをもたらし、しばしば年老いた牝牛はそれが原因で死んでしまう。さらに、人の背丈より高く伸びたエヨロ（*eyolo*, pl. *ngiyoloi*）と呼ばれるアサカタンが群生する藪や茂みには、蛇やダニ、ツェツェバエ（の蛹化場所となる）など家畜に害をもたらす生物が生息しているため、家畜にとっては避けるべき牧草地である。一枚の畑に季節に応じた使い分けがみられるのとおなじように、家畜が放牧される牧野にもまた、採食地としての適性の季節に応じた変化が反映されるのである。

野生植物利用の特徴

わたしは乾季のドドスで、住み込み調査のためのテントを張った集落を中心にして植物採集をおこなった。採集地点は、ロジョム（*lojomu*）と呼ばれる、季節的な河川であるカペレペロット川の氾濫原、および集落の成員たちが季節的に家畜キャンプを配置する、北ドドスのロイタ山地、そして西トゥルカナとの境界地であるトゥルカナ断層のナウォウントス丘陵である。ドドスの人びとが名前を答えることのできた植物の数は二六六種類であった。

二〇〇三年三月、採集した植物標本をマケレレ大学の植物標本館に持ち込み、同定をお願いした。その結果、二六六種類の植物のうち一二一種類が種のレベルまで同定できた。カリモジョン語の辞書［Loor 1976］に記載されている植物の情報から、さらに三二種類の種名がわかり、合計一五三種類が種のレベルまでわかった。集落の人びとからの聞きとりによると、二六六種類の植物のうち、家畜が食用としたりあるいは家畜の病いに際して対処に使用する植物は一六四種類（約六二パーセント）、人が食べたりあるいは薬や建材、道具の材料として利用する植物も一六四種類（約六二パーセント）だった。

16——アンドリュー・スミスは、エルセ・クレッペ［Kleppe 1984］やシャーウッド［Sherwood 1948］を引証して、現在、シルック（Silluk）やディンカ（Dinka）の人びとが暮らす南スーダンの上ナイル地方で、約四〇〇〇年前に、毎年の火入れによって草地平原を維持するという、「火にもとづく生態系」が成立していたと書いている［Smith 2005: 154］。

家畜に利用される一六四種類の植物のうち、家畜（牛、山羊、羊、ロバ）のいずれかの家畜が食用とするものは一五五種類（約九五パーセント）、家畜への薬として利用されるものは一七種類（約九パーセント）である。[17]人が利用する一六四種類の植物のうち、人が食用とするものは六九種類（約四二パーセント）、[18]人への薬として利用するものは七七種類（約四七パーセント）、建材や道具の材料などに利用されるものは四五種類（約二七パーセント）である。[19]

エネルギー・フローの観点からの牧畜に関する規定は、人間が食料に利用できない植物資源を、血やミルクや肉などの可食的な物質としての家畜の身体に変換することによって成り立つ生活様式というものである［Dyson-Hudson 1966; Little and Leslie (eds.) 1999］。[20]家畜が食べる植物（一五五種類）のうち、人が食べない植物は一〇九種類である。また、人が食さない植物一九七種類のおよそ半数が家畜にとって食料となる。[21]これは、人間の食べることのできない植物を家畜が食べ、人間はその身体にたよって生きるという、牧畜の規定がしっくりとなじむ結果となっている。

家畜の種ごとの食性の違いは、牧畜民の居住する乾燥帯の植生を広く浅く利用することに貢献している［Little and Leslie (eds.) 1999］。北ケニアのレンディーレ（Rendille）が放牧している牧畜家畜の、半乾燥地における食草行動を研究したワンゴイ・ミゴンゴ＝ベイクとリチャード・ハンセン［Migongo-Bake and Hansen 1987］は、牛が放牧地のバイオマス量の激減する乾季でさえ草を食べるグレイザー（草喰い）であり、羊も草本類が枯れる最乾季に木本を採食するものの、年間をとおしてみるとグレイザーであるのに対して、山羊は木本により強く依存するブラウザー（木の葉喰い）であると報告している。家畜の種のあいだで食べる植物がずれていることで、特定の種類の植物に対して集中的なダメージを与えることは避けられる。おなじ地域の中で複数の種の牧畜家畜を保有することが可能なのは、このような食性の違いによるのである。

十代後半のドドスの牧童に、草（*ngiriya*）や木（*ngikito*）のうち、牛・山羊・羊が好む植物について質問したところ、彼は植物の種類を各家畜種について即答した。牧童の言及順に記すと、牛については、*emaa*（イネ科、草本)、*engoomo*(フウチョウソウ科、木本)、*ekalirikit*(草本)、*emuria*(イネ科、草本)、*esiloit*(草本)と、草本が占める。山羊については、*egorogoroote*(シナノキ科、木本)、*eteleit*(トウダイグサ科、木本・草本)、*eejor*(ハマビシ科、木本)と、木本が占める。羊については、*ekalirikit*(草本)、*emaa*(イネ科、草本)、*esiloit*(草本)、*edokile*(キク科、草本)となる。同一放牧群を作る山羊と羊は、好みの植物がそれぞれ木本と草本に分かれている。

二六六種類の植物のうち、家畜にも人にも利用されないが名前を知っているという植物は四一種類(約一五パーセント)あった。カメルーンの狩猟採集民バカ(Baka)による植物利用を調査した服部志帆[2007]によると、植物を熟知しているとされる高齢の女性が、食用や建材・物質文化の材料、薬の材料として利用し、魚毒や矢毒

17―家畜の病気(肺や胆嚢などの内臓や呼吸器の病気、眼病、皮膚病、寄生虫病など)と、人間の病気やケガ(胆嚢、脾臓、胃などの内臓の病気、眼病、皮膚病、虫歯、下痢、炭疽症、咳やのどの痛み、胸の痛み、腫れ、蛇にかまれた傷、しらみなど)に対して、治療薬としてあるいは予防薬として利用される。利用方法としてはおもに、植物の葉、根、樹皮、樹液、樹脂などを用いる。家畜にはそれらをつぶして溶かした水を飲ませ、あるいは粉にして患部につけるなどする。人間に対しては、植物の葉や根を水に浸して飲む、根を生食する、粉にして傷にすり込む、葉や根を湿布として患部にあてるなどの治療が試みられる。そのほかに、伝統医により儀礼の薬(呪薬)として用いられる。呪薬の形態として、敵の侵入や、畑の虫害を防ぐための儀礼的な使用例として、集落のまわりや畑に置いたり、不妊の女性や、レイディングにいく戦士のためのまじないとして身につけられるなどがある。

18―人が食べる場合には、植物の葉、根、実、種を、生食あるいは塩ゆでなどの調理をして食べることがメインである。ときには、肉や茶にまぜて香りづけに使うものや、種実を砕いて調味料として用いることもある。

19―植物の幹、枝、樹皮、根、実、種、種油などを、小屋やその屋根、穀物倉、家畜囲いや畑の柵などの建材や、たき木、ロープ、矢軸、斧の柄、柵の錠、ボウル、スツール、ほうき、石鹸、接着剤、タンニン皮なめし剤、ビーズ細工など道具の材料として利用する。

20―牧畜家畜に関するこのような道具的把握は、ドメスティケーションの初期的な成立における動物を受動的存在としてみる動物観と連合しつつ、ドメスティケーションが工学技術の結果であるという見方を促進するかもしれない。牧畜家畜が人の作ったものであり、犂と同様、組み立てられた人工物であるかのように[Ingold 1994, 2000]。

21―人および家畜がともに食べる植物は四六種類である。

つくなど生業に用いられるものや交易品などを加えると、合計して四九七種類（約七七パーセント）がインフォーマントにとっての有用植物であった。ドドスの植物利用は、人の食事や薬、建材など、人が利用する目的にかぎった場合には一六四種類（約六二パーセント）と、バカの利用率を下回るものの、家畜を介在させた利用を含めると二二五種類（約八五パーセント）となる。このように、牛・山羊・羊を複合させるカリモジョン—ドドスにおける牧畜という生業生態では、野生植物の利用度を有意に高めるメディアである牧畜家畜が、乾燥サバンナを食物を含むさまざまな用途で直接的、間接的に使用できる、つまり多重な利用を可能とする資源にするうえで重要な役割を果たしていると言える。[22]

▼社会構造

出自体系

社会組織を個人間の関係のネットワークとみなすなら、あらゆるカリモジョン—ドドスにとっての重要な関係の区域は、相互ないし共通の牛への関心を共有する人びととの観点において境界づけることができる。

カリモジョン—ドドス社会は、深度の浅い、限られた範囲の父系出自集団によって成り立っている。記憶された系譜は、もっとも遠くまでさかのぼっても、生存している大人の父方祖父までで途切れる。これらの個々の出自集団は、名づけられ、仮定された共通のクラン（アテケルあるいはエマチャル）を構成する、下位の集団とみなされている。カリモジョンで一九集団、ドドスで二六集団の父系的な血縁原理にもとづく、この包摂的な外婚的クランが確認された（表1）。すべてのクランの成員は、それぞれの社会で居住地域の全体にひろく分散しており、一つの地域を居住者の数という点において特定のクランがほかのクランを圧倒しているといったクラスター的な状況はまったくみられない。親族の原理には、外婚の単位としての機能のほかに、日常生活で顕在する働きは存在しない。そのかわり、出自から独立した地縁の原理はカリモジョン—ドドス社会での実効的な要素である。

カリモジョンにおける地縁集団は、半定住的な集落がとなりあう近所の人びとが、放牧などの日常生活をとおして協働したという単純な事実にもとづく共感の束である。それは、彼らの強い連帯意識をはぐくみ、広大な土地に放散した民族の全域をゆるやかに分節化しつつ統合する。このような地縁にもとづく集団は、半定住集落、近隣集団、地域集団に区分され、たとえばカリモジョン全体では計一〇の地域集団が存在している［Dyson-Hudson 1966］。個々の地域集団は、土地使用の単位であり、名づけられたアキリケット（*akiriket*）[23] を焦点とする儀礼集団であるとともに、ほかの集団に対しては集合的な行動をとる単位である（写真8）。一つの集落には、数十人から数百人が居住し、一つの地域集団は、一～二〇の集落によ

写真8　アキリケットに立つイチジクの木

22―民族生物学的な分類語彙だけにたよった調査をすることは、しかしながら、ローカルな生物学的な知識に取り組むうえで、もっともよい方法とは言えない。たとえば、エレン・バッソ［Basso 1992: 86-104］は、南アジアの降雨林の狩猟採集民が、自然について、その分類が示唆するよりもはるかに多くのことを知っていると述べている。バッソの調査地ではたしかに、農耕民は狩猟採集民よりも、より広範な分類体系をそなえている。つまり、農耕民の生物への命名体系はより広域的に環境を区分できる。にもかかわらず、狩猟採集民は森林環境とより濃密な関わりを結んでおり、ローカルな自然誌や生態に関する込み入った知識をもっている。民族生物学的な分類体系から明らかになる指標は、かならずしもそれ自体でローカルな生物学的知識を正確に反映するわけではない。

23―カリモジョン―ドドスでは、かつて地域や出自にもとづく社会集団の始祖たちが暮らし、精霊たちがその木々の内部にすまうと語られる樹林は、アキリケットと呼ばれる。アキリケットでは、豊饒儀礼、降雨の儀礼、非常に感染力の強い牛疫や人間のコレラなどの病いを抑える儀礼、新しい開拓地での安寧を保障する長老の祝福を乞う発展儀礼が執りおこなわれる。そこは、木を伐採するこ

表1　ドドスのクランとアキリケット[1]

西のクラン（*ngatekerin nguna aloto*）		東のクラン（*ngatekerin nguna alokide*）	
〈主要なアキリケットの所在地〉	人びとの説明	〈主要なアキリケットの所在地〉	人びとの説明
Ngimeris〈Nagaalany および Lomacarioret〉	*meri* の配色の牝牛に由来する。かれらはとくに、この体色の去勢牛を好み、アキリケットではこの体色の家畜を屠る。「西のクラン」の人びとは全員があつまり、Nginameris のアキリケットで雨ふりの儀礼をおこなう。	Ngidiko〈Nausug〉	始祖がはじめて居住したところには、精霊が作った池があり、その池は Lokamaleese と呼ばれる。Nausug では、病い、干ばつ、敵という災いをとりはらうために儀礼をおこなう。
Ngitiiti〈Tapara〉	平和儀礼（*ekokwa ngolo ekisil*）を実施する際には、「西のクラン」の人びが全員ここにつどう。友人たちがかれらに名前を与えた。*etiiti* は「まだなにかがのこっている」という意味である。穀物の粉がないとき、牛持ちのクランの人びとが牛、山羊、羊との交換で Ngitiiti の人びとから穀物を得る。Ngitiiti の人びとは食料をたくわえておく方法をよく知っているため、穀倉が空になることはない。	Ngisogolo〈Nageem〉	去勢牡の角の形をあらわす語、*sogol* に由来する。アキリケットで家畜を屠るとき、この角の形の家畜を選ぶ。
		Ngimeruma〈Logum〉	始祖たちは、Loyoro の東、Logum という泉がわいている、岩がちな丘から移住し、Meruma に居をさだめた。Logum には女性器の形をした岩がある。ここを歩くときには、Ngimeruma の人びとがさきをゆき、精霊と会話させる。ほかのクランのものはそのあとをついてこなければならない。
Ngikasimeri	「西のクラン」の人びとが、年齢組への加入儀礼（*asapan*）をおこなうために、アキリケットにつどう。黒や *meri* の個体に特別な価値がおかれ、アキリケットで屠る。	Nginyangatom〈Longelec〉	東方から来て Sidok[2] に移り住み、そのあと、Kalapata にふたたび移動した。そのうち一部が南スーダンにうつり、「『足』が黄色い（*nyang*）銃（*atom*）」を入手した。
Ngicakajon〈Nakwakwa〉	アキリケットで家畜を屠殺し、そこで肉を焼かずに、生の（*ejon*）肉を分配し（*akicak* ← 投げて分配する）、それぞれの家に戻って、調理する。	Ngitoroi〈Apule〉	Toroi は地名であり、そこは Loyoro にある。Toroi の人びとは強力な妖術（*akapilanut*）を使うものとして名高い。

西のクラン（*ngatekerin nguna aloto*）		東のクラン（*ngatekerin nguna alokide*）	
〈主要なアキリケットの所在地〉	人びとの説明	〈主要なアキリケットの所在地〉	人びとの説明
Nginyangiya〈Keleri〉	始祖は南スーダンから移ってきて、Lonbalangit にある Nyangiya という丘に居住した。イクの人びとによく似ており、「山の人びと」である。	Ngikanayona	かなり遠い東方から移動してきた。Ngayonai（深い谷をあらわす一般的な名詞でもある）という、Loyoro にある土地に居住した。
Ngigaaro〈Tapara〉	かれらは岩がちな場所（*ngirongata*）に居住地がある。	Ngibongia〈Nakutankateko〉	
Ngiyan	Ngicakajon から分かれた。	Ngingoletyang	Ngikanayona から分かれた。
Ngikalobur	Ngicakajon から分かれた。	Ngibongaran	Ngikanayona から分かれた。
Ngikatibong	Nginyangiya から分かれた。	Nginyemesa	Ngibongia から分かれた。
Ngikatap ないし Ngiporein	Ngikasimeri から分かれた。牛をもたず、もっていたとしても少数であり、紐でつなぐ。放牧をしない人びとである。	Ngikasil	Ngibongia から分かれた。
Ngimasu	Ngimeris から分かれた。	Ngirapanyang	Ngisogolo から分かれた。
Ngiporotyang	Ngimeris から分かれた。		
Ngikadanya	Ngimeris から分かれた。		
Ngikadikin	Ngitiiti から分かれた。雨がふっているときにかれらと歩くと、雷に打たれるし、川を歩いていると、水がおまえを連れ去るだろう、といわれる。敵を撃退するために家畜を屠るということをしない。これをおこなうと、逆に敵をまねく。		

1) ドドスの男性６人からの聞きとりをもとに作表した。
2) 岩がつぎつぎと積みあがっている（*akidok*：積み重ねる）ため、Sidok と呼ばれる。

り構成される。カリモジョンにおける系譜にもとづく結びつきと共住にもとづくそれを対比してみたとき、日常の社会生活においては後者こそが実質的な役割を果たしている場面が圧倒的に多い。クランには外婚単位としての機能があるだけで、世代深度も浅く、複数の地域集団に分散し、政治・経済的な統合性を欠いているからである。カリモジョンやドドスにいて、「あの人は誰だろうか」と質問すれば、いつも最初に返ってくる答えは、居住地域にもとづく分節についてなされる。以下、日常的な居住圏である半定住集落を中心にして機能している地縁の原理について述べよう。

地縁体系

半定住集落は、社会構造を空間的に表現した内部の構造にしたがって、下位区分されている。まず、「側面(*esyep*)」と呼ばれる集落の断片が、半定住集落の内部のもっとも大きい単位として存在している。それは、付加的な扶養者とともに、一つの複合家族によって占められる。そして、その下位区分であるエカル(*ekal*)は、一人の母親とその子どもからなる単一の家族によって占められる。

ふつう半定住集落は、ほかの複数の半定住集落とクラスターを形成して分布している。踏みしめられてできた小道でつながる五つ前後の集落が地理空間的な団塊をなし、近隣集団を形成する。その半定住集落のクラスターは、「混ぜられた集落(*ngirerya ngulu iriamiriamanakina wapei*)」や、「関係をもつ集落(*ngirerya ngulu ecunakina*)」、そして「一緒に存在する集落(*ngirerya ngulu dunyasi*)」などと言及される。クラスターの人口は、男性、女性、子どもで一〇〇〇人を数えることもめずらしくない。カリモジョン—ドドスの社会で、家族や集落の紐帯を越え、主要な顔の見えるコミュニティを提供するのはこのような近隣集団である。これは、家畜を家畜キャンプに移動させるタイミングを決め、あるいは敵対している集団(異民族集団や軍隊、異なる地域集団)から共同で防衛する単位になっているだけでなく、女性たちが主体となる農作物の収穫や小屋づくりや、野生植物の採集活動などの共同作業も、作業集団の構成は近隣集団のメンバーが中心となる。

家長のあいだでは牛を譲渡しあい、友人関係を作っており、このような関係にある集落は「友人関係をもつ集落（*ngirerya ngulu kaakoneu*）」と呼ばれる。また、婚姻関係を結んで婚資として家畜を払うことをつうじて、家畜の交換を介した関係でつながっている場合も多い。これらの半定住集落のクラスターは、「家畜を共有し合っている（*akimor ngibaren*）」[24]と言いあらわされる。固く結びついた集落のあいだでは家畜キャンプを共同で作るし、「家畜を共有し合っている」別の家長が遠出をしていて不在の場合、隣人の家長がかわりにしばしば群れを管理

とが禁止され、また始祖の末裔をともなわなければ通ってはならない場所である。エリザベス・マーシャル・トーマスはアキリケットについて、"holy grove of trees"という英訳語を用いており、田中二郎と向井元子は「聖なる木立」という邦訳語をあてている［Thomas 1965, トーマス 1979］。このようなアキリケットは、カリモジョンでは地域集団のもとに、ドドスではクランのもとに統合され、各アキリケットにおいて特定の集団が儀礼上の主要な役割を果たしている。

カリモジョン―ドドスの説明では、精霊（*ekipe*）は液体の水や気体の水の中や、イチジクの大樹のうろの内部に住んでおり、さらに精霊は飛ぶことができるから稲光や雲の水滴にも存在している。そして、人間とおなじように、個人名をもち、ミルクや肉を食事にしており、結婚し、子をもうけ、歳をとり、やがて死にゆくという生活サイクルをたどりながら暮らしている。精霊の家族の成員が死ぬことが度重なると移住する。放棄された居住地では、木が枯れ、水場は干上がる。

ときどき、病いに苦しんでいる人間を彼らの集落に連れ去り、その病者の治療儀礼のために屠殺すべき家畜のカテゴリーや体色を指示する。また、そうしてイニシエーションを受けた伝統医のもとにくりかえし姿をあらわすようになり、病気の原因を読みとるためのヒョウタンや子安貝、身体の内部から異物を取り除く麻の繊維の束（*abukut*）、聖なる土（*emunyen*）や薬草（*ekitoe*）の知識、マッサージの方法など、診断と治療の方法と道具をさずける。

精霊の集落では、家畜を所有しており、人間が寝るための場所を作らなくなって久しい場所（*nariet*）から、彼らはときどきこちら側の世界に出てくる。夜に川や湖のそばを通ると、牡牛の首につけたカウベルの音が聞こえてくることがあって、そこでは精霊の牛群が放牧されている。彼らが暮らす木々を切り倒す行為や、水場に石を投げ入れる行為は、精霊の怒りを買うものであり、雷に打たれて命を落とすだけでなく、牛群がぬかるみにはまって死に、あるいは竜巻にまかれて気が狂うといった報いを受ける。許しを乞うためには、家畜を屠殺して、その糜粥《びじゅく》（*ngikujit*）を木に塗りつけ、水の中に投げ入れる。反対に、家畜が水を飲むとき、その口もとを見つめ、唇や鼻が水で濡れるのを見ることは精霊を喜ばせる。

24―家畜の屠殺をともなう儀礼の共食の場では、人びとが二重の半円をえがいて座り、その中心に焼かれた肉が置かれる。内側の半円には年長者、外側には若者が位置する。二人の若者が肉を焼いて切り分け、年長者に手渡す。年長者は自分の分を切り取って、背後に座っている若者たちに残りの肉を渡す。このとき、*akimor* の命令形を使って、"*tomora*"（「分けろ」ないし「配れ」）とことばをかける。若者たちは、隣り合う者同士で肉を切り分け合う。

する。

近隣集団の多くの人びとは父系でつながり、それ自体で小さなサブクランを構成している場合もみられる。このような共同体を規定するのは、地理やクランの絆だけではない。「それぞれ（の近隣集団）は異なっている。彼らは彼ら自身の去勢牛を屠殺する」[Dyson-Hudson 1966: 109]。つまり、半定住集落のクラスターを統一するのは、供犠や会議、踊りのための場所として使われる、ある特定の「わたしたちの『アキリケット（聖なる木立）』」に対して、忠誠心を共通に抱いているという共同性である。また近隣集団は、それ自身の世代組の昇進儀礼の開始の際に、エドメ（*edome*）という灌木の枝に火をつける宗教的な指導者（*ekeworon*, pl. *ngikeworok*）も有している。それゆえ、近隣集団を束ねるもっとも主要な紐帯は宗教的なものであるという見解も提示されている[たとえば、Knighton 2005: 28]。アキリケットや、そこで祈りが捧げられる超自然的な存在を介して、あるいは日常生活での時間的・空間的な共在経験をとおして、直接的に結びつく単位として、近隣集団は実質的な人間のネットワークを提供するものである。

ダイソン＝ハドソンは、カリモジョンの人びとが居住を軸にして構造化する地縁的な組織を、半定住集落、近隣集団、下位分節（アウリャネット、アオエリット）、最大の地域分節（エキテラ）の四つの階層構造として記述している[Dyson-Hudson 1966: 105-137]。これらを包含するのは「部族」であるが、カリモジョンの地域集団間の紛争は、一〇存在する「最大の地域分節」を単位として生じる。カリモジョンは一〇の地域集団（territorial section）によって分割される（表2）。旧植民地政府であった英国政府は、その内のもっとも大きな三つの地域集団―ンギボコラ、ンギマセニコ、ンギピアン―だけを公式に認定するとともに、それに応じて新設した行政的な郡に名を与えた（ボコラ郡、マセニコ郡、ピアン郡）。

カリモジョンの五つの最大分節、すなわち、ンギボコラ（「陸亀の人びと」）、ンギピアン（「精霊／稲妻の人びと」）、ンギマセニコ（「種牛の人びと」）、ンギトメ（「象の人びと」）、ンギモジンゴ（「サイの人びと」）は、下位分節を擁しており、ンギピアンとンギマセニコの下位分節は、それぞれのアキリケットをそなえ、祭事が開かれる。ンギトメの下位分節のンギメリモン（「斑点の去勢牛の人びと」）とンギペイプワ（「ひとまとまりの砂埃の人びと」）、ンギモジンゴの下位分節のンギコリオ（「キリンの人びと」）とンギカレンガ（「赤色土の人びと」）は、上位の分節から独立した単独のアキリケットが存在しない。

下位分節が第二次の地域分節であるということは、カリモジョン語のアペリット（*aperit*）やアウリャネット（*auryanet*）という語によっても示唆される。それらは集落の外にある、家畜群にとっての休憩地であり、家畜群がアキリケットで開催される祭事のために集合することとも照応している［Knighton 2005: 28］。世代の昇進儀礼は別にして、地縁の原理はもっとも実効的な宗教的・政治的・社会的集団を束ねる基礎となっている。それぞれの地域集団は、戦争を宣言し、多数の供犠と、さまざまな層の人びとによるダンスをともなう毎年の祝祭を開催する。それぞれの分節は、聖職に関するシステムの内部で、それ自身の慣習に従っている［Dyson-Hudson 1966: 133; Knighton 2005: 29］。

表2　カリモジョンの地域集団とアキリケット[1)]

郡名	地域集団名〈主要なアキリケット[2)]の位置〉	サブセクション名	語源、由来、聖なる木立など、特徴についての人びとの説明
ボコラ（Bokora）	1 Ngibokora（陸亀の人びと）〈Loriet〉	Ngimerimong[3)]（斑点の去勢牛の人びと）〈Loduyet〉	Bokoraをひらいた人びとで、おもにBokora、Louta、Lomuria、Morulingaに暮らしている。Morulingaがオリジナルの場所である。
		Ngikopo（ツバメの人びと）〈Asuguru〉	
		Ngingoleriet（頭のはげた人びと）〈Aterwai〉	Nyakwaiの人びと。Nawoikorotにくらしている。男性のほとんどが前頭部がはげている（← *ngole*:頭に白斑のある）。
		Ngiporokori（バッタの人びと）〈Lokodokoduoi〉	バッタ（*emaase*）の一種が、*ngiporokori*（← *akipor*：ジャンプする +*ekoriana*：斑点のある）である。葉っぱに穴をあけ、つらぬいてゆく。
	2 Ngitome（象の人びと）〈Angaro in Lotome〉	Ngimerimong[3)]（斑点の去勢牛の人びと）	
		Ngipeipuwa（ひとまとまりの砂埃の人びと）〈Angaro〉	儀礼の場があり、ダンスを踊ったときに、足元から白いダスト（*akwapuwa*）が舞いあがる。ひとまとまりのダスト（*pei* + *puwa*）、ひとまとまりの人びと。
	3 Ngimosingo（サイの人びと）〈Akomyon〉	Ngikorio（キリンの人びと）〈Akomyon〉	
		Ngikarenga（赤色土の人びと）〈Akomyon〉	ブラウン・ソイル。高地で赤土のところに住んでいる。人びとの肌もほこりのために赤くなっている。
	4 Ngipei（リカオンの人びと）〈Akwapuwa〉		
	5 Ngikaleeso（ダチョウの人びと）〈Lokitumo〉		

郡名	地域集団名 〈主要なアキリケット[2]の位置〉	サブセクション名	語源、由来、聖なる木立など、特徴についての人びとの説明
ボコラ (Bokora)	6 Ngikosowa （アフリカ水牛の人びと） 〈Nakopoe〉		
マセニコ (Matheniko)	7 Ngimatheniko （種牛の人びと） 〈Naarakoryo〉	Ngimonia （森の人びと） 〈Nabokat in Naitakwae〉	*amoni* は「森」を意味する。野生植物の実やヤマアラシのとげで、ビーズを作って首かざりにしている。
		Ngitopon（星の人びと） 〈Nakaruon〉	
	8 Ngimuno （蛇の人びと） 〈Nakasikou〉		
	9 Ngimogwos[4] （モゴスの丘の人びと） 〈Akwapwa〉		
ピアン (Pian)	10 Ngipian （精霊 / 稲妻の人びと） 〈Acegertolim〉	Ngimariamong （去勢牛に突進した人びと） 〈Angaro in Matany〉	*amarya* は「奮闘する」という意味である。Lokopo の人びとが移住していった。去勢牛を長老のために、アキリケットで殺した。祝福をもとめて、人びとは移住先でつぎつぎと「奮闘した」、つまり去勢牛を槍で突き刺した。
		Ngikaala（ヒトコブラクダの人びと）〈Arengepuwa〉	Nabilatuk に暮らしている。
		Ngitaruk（ハゲワシの人びと） 〈Akwapuwa〉	

1) カリモジョンの長老男性（50 ～ 60 歳代、4 名）からの聞きとりと、ダイソン＝ハドソン [Dyson-Hudson 1966] とノベリ [Novelli 1988] をもとに作表。
2) *akiriket*：聖なる木立
3) カリモジョンの長老は、「Ngitome は Ngibokora に属している。だから、Ngimerimong が Ngibokora と Ngitome に同時に属していても不思議ではない。」と語った。
4) カリモジョンの長老は、「これはエキテラ（地域集団）ではない。トゥルカナ起原である。彼らはマセニコではない」と語った。ダイソン＝ハドソンによると、「Ngimogwos は分散してしまい、ほかの地域集団やそのサブセクションに分散した」と書いている。[Dyson-Hudson 1966: 138-139]

第2章　家畜を見るまなざし

1　家畜の分類体系と社会的意味

東アフリカにおける牧畜家畜には、性別や成長段階、体色などの身体的な特徴を描写する語彙群があり、耳切りや矯角による人為的な識別が実践されるだけではなく、これらの示差特徴（distinctive feature）をあらわす名称が、家畜の固有名として用いられることもめずらしくない。家畜は群れのレベルでも分類されるが、群れの内部ではさらに、各個体が属している父系の拡大家族の出自集団を示す独自の標をもって刻印づけられる。そして最終的には、家畜は個体のレベルで識別されている。

霊長類社会学の重要な方法である個体識別を、放牧家畜の調査に援用した太田至は、トゥルカナの人びとがみずからの所有する数百頭にのぼる家畜の全個体を知悉し、類別し、命名していたという事実を見いだしている［太田 1987c］。ここからは、この方法を使って、カリモジョン―ドドス社会にとって主要な牧畜家畜種である牛・山羊・羊に関して、性（牡／牝）、成熟度（新生子／未成熟／成熟）、生殖状態（去勢／非去勢）などの性・成長段階、毛皮の配色、耳型、角型、焼印、そして習慣的な行動などの類別的な特徴が、識別するという行為とどのように関連しあっているのか、および放牧や搾乳の場面でそのような知識がどのように活用されているのかを記述する。そのうえで、認識と実践の相互作用を明らかにしよう。

▼性・成長段階による分類・認識・実践

中性の哺乳子たち

牛・山羊・羊の新生子をあらわす語彙は、中性を示す接頭辞 *i* をとる。新生子期と幼若年期は、乳への要求度にしたがい、哺乳期初期、哺乳期中期、哺乳期後期の三つに区分される（図2）。行動圏を認知することや、陽射しへの耐性がじゅうぶんではない、哺乳期初期の新生子 *imanangit*（pl. *ngimanang*）は、牛は約一ヵ月、山羊・羊は約二週間、半定住集落内の草葺小屋（アカイやエケルないしエコド）の柱に麻縄でつながれる。その後、哺乳期中期の子 *isaryoit*（← *akisaric*：身長・体高において成長する）は縄を解かれ、特定の管理を受けることなく居留地の内外を遊動する。[1] この *imanangit* および *isaryoit* のカテゴリーは、牛・山羊・羊という種の違いを越えて適用される。[2] つまりそれは、人の居留地内につながれたり、母牝が放牧へ出たあととどめおかれるという形で共在する、個体群の種差を越えた空間的な集合性とちょうど一致している。

その後、朝の授乳と夕方の授乳の合い間に、集落内に自生する小草をしゃぶる段階を経て、地面からかみちぎった草を飲み下すようになると、刈草を与えられ、哺乳期後期の段階へ移行する。この段階では、牛は *itaok*（pl. *ngitak*）、山羊は *ikale*（pl. *ngikaalei*）、羊は *imesek*（pl. *ngimesekin*）と呼ばれる。[3] 集落の外で過ごす時間が長くなり、猛禽類の飛来や大きな物音に驚いたときに、心理的な安定を求めて集落内へ駆け込むなど、身体の強靭さと人の居留地に対する紐帯が強固になると、新生子は母牝の合流する成獣群とは別個に組まれた、幼獣だけの短距離放牧群に加わる。この段階にいたるまでの牛・山羊・羊のカテゴリー名は、性の特定されない中性的な接頭辞 *i* をとる。[4]

牝

経産牝が種を代表する

人間は、*ngitunga*（si. *itunganan*）という中性名詞で包括的にあらわされるが、牧畜家畜（*ngibaren*, si. *ibarasit*）

の場合は、経産牝がその種を概念的に代表する。すなわち、牛全般をあらわす語は、カリモジョンでは *ngaatuk*、ドドスでは *ngaitu* であり、それぞれ単数形では *aate* と *aite* となり、これは経産牝をあらわす。[5] 山羊の総称であ

1—集落に残された子山羊は、朝夕の授乳時以外は自由に動き回っている。人びとは、小屋の中の家族用の水や食物を荒らすことを防ぐために、出入り口をアカシアの木でふさいでしまい、子山羊が小屋の中に入ってきたときには、外部にまばらに残っている草本を採食させるために追い払うなど、子山羊が中へ進入しないよう努めていた。だが、集落全体に円環状に張りめぐらされている、有棘の植物からなる柵のわずかなすきまから、子山羊たちは内部へたびたび進入していた。また、柵の途切れ目にもうけられた集落の出入り口は、子山羊が遊動する時間帯にはいつも開け放たれていた。すなわち、子山羊の行動範囲の広がりを、外側から制限する障害物や人的な管理は存在しなかった。

2—ピーター・オブライエン［O'Brien 1984］によると、子山羊同士があつまって形成される同齢集団（creche group）の行動域は、就寝場所周辺のきわめて狭い範囲に限定されている。また、ほかの報告でも、子山羊は母牝が立ち去ったあと、じっとしてほとんど動かないとされている。カリモジョン—ドドスの子山羊が、自発的に集落にとどまるということは、野生状況下における子山羊の行動傾向を基盤にしていると考えられる。子牛もおなじように、就寝場所である囲いの近くを、少数のグループで歩いている様子が見られる。

3—カリモジョンでは、ドドスでいう *isaryoi* 後半から完全離乳を果たすまでの個体を、*emayo*（pl. *ngimayoi*）というカテゴリーでくくる。牛では生後六～九ヵ月、山羊・羊では四～五ヵ月の個体であり、これらには二日に一回だけ授乳がゆるされ、授乳の翌日は母子が接し合うことなく、食草に専念させる。こうすることによって離乳をうながすのである。

4—ロバとラクダに関しては、哺乳期の子を区別せず、一つの中性的な語で一括して指示する。すなわち、ロバの子は、カリモジョンでは *ikoodo*、ドドスでは *isikiria* という語で指示し、ラクダの子に対しては、カリモジョンとドドスは共通して *ikaal* という語で指示する。ラクダの飼養は、カリモジョン—ドドスでは非常にまれである。ドドスではトゥルカナからしばしばラクダを略奪することがあるが、リフトバレーの断崖を登攀することはラクダには不可能であり、解体したのち運搬する。また、ロバは日常的な乳利用の対象ではない。ロバは搾乳されることを嫌がって搾乳者を蹴りつけるので危険であるとか、乳のにおいがきついことが理由として語られる。牧畜家畜のなかでも、ロバとラクダは、日常生活で密接な関係を結んでいる相手とは言えない。ロバとラクダの性・成長段階をあらわす語彙が、牛・山羊・羊にくらべてとても貧弱であることには、このようななじみの薄さが原因であると考えられる。カリモジョン語とドドス語はトゥルカナを経由して、アフリカ＝アジア大語族クシ語族に分類されるレンディーレ語を借用していると考えられる。一八九〇年代以降にカリモジョンとドドス、ジエから分かれて東に移動したトゥルカナの始祖集団がはじめてラクダと出会った［Lamphear 1994］。クシ系の異民族が使用するラクダだったのだろう。ラクダをあらわすトゥルカナ語 *ekaal*（pl. *ngikaal*）は、クシ系であるレンディーレ語で、ラクダを意味する語 *gaal* から借用されたものである［Ehret 2010］。

5—カリモジョンでは経産牝を *aate* とあらわし、ケニアのトゥルカナでは *aite* と言う。牛全般をあらわす語は、いずれの社会に

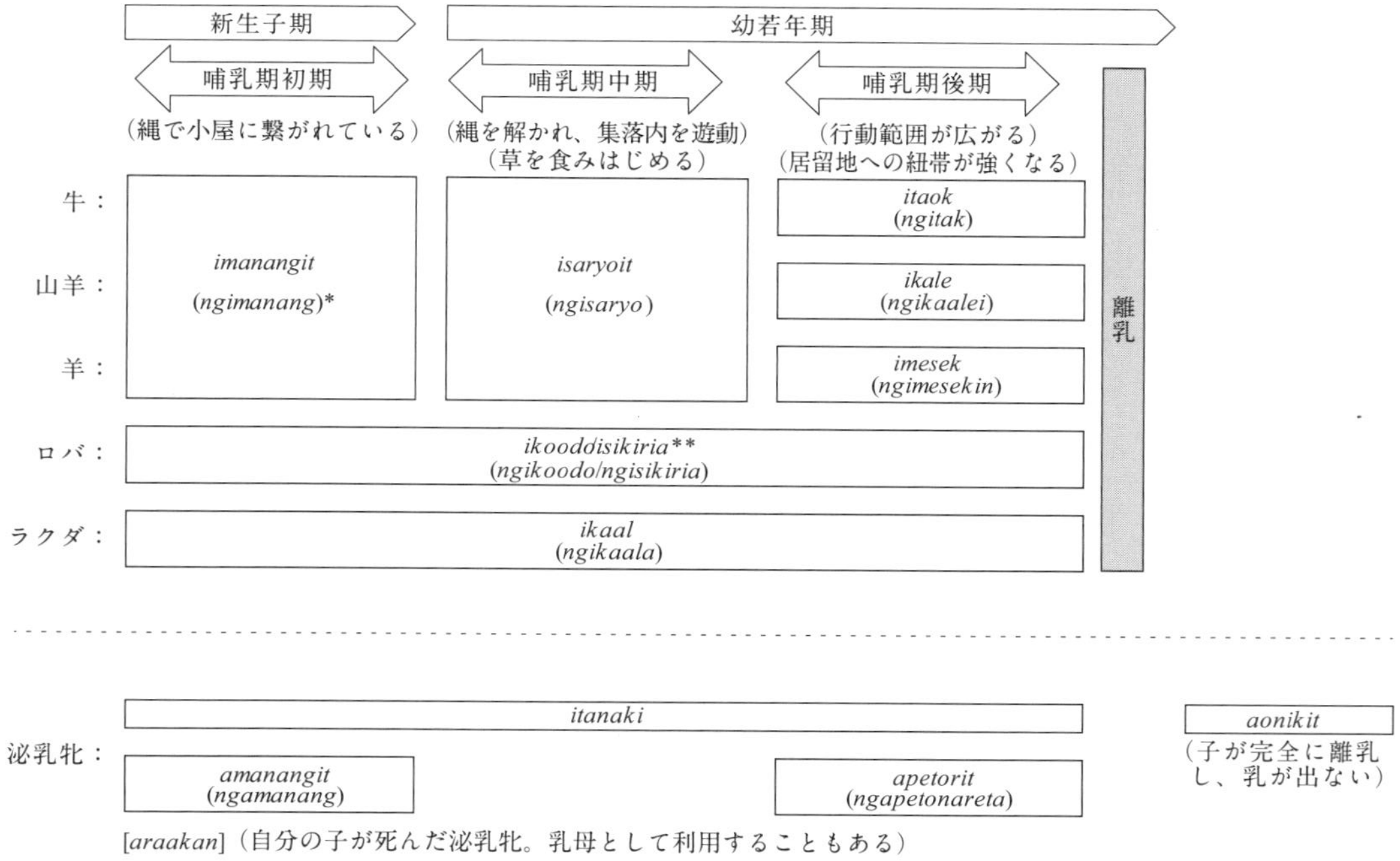

＊（）は複数形。
＊＊語彙はカリモジョン、ドドスで共通のものが多いが、違う語彙が使われる場合は、カリモジョン語/ドドス語の形で表記した。

図2　哺乳子と泌乳牝の分類

注：牛・山羊・羊は哺乳期中期以降、接頭辞の使用により性を特定できる（図3を参照）。

る *ngamee*／*ngameo*[6] は、単数形として *ameot* をとり、羊の総称 *ngamesekin* も単数形として *amesek* であり、これらも牛の場合と同様、経産牝をあらわす（図3）。ヨーロッパの山羊・羊群では数百頭の群れのほとんどが牝であり、牡はわずかに二〜三頭である。それとくらべると、カリモジョン—ドドスの家畜群では、牡個体は、牝個体との性比がかなり拮抗する形で存在しているものの、それでもなお、どの群れも牝の個体数が牡のそれを上回っている。したがって、牧畜家畜群をそれぞれの家畜種の牝に代表させるのは、牝は牡とは違ってミルクを供給できるだけでなく、家畜群の維持と再生産のための母体であるという生理的な差異への顧慮が働いていると言える。牧畜民の念願である家畜群の繁栄と持続にとって果たす、牝の性と繁殖による貢献に対して向けられる牧畜民の意識を反映している結果であると言ってもよいだろう。

牝の分類語彙

性が有標のカテゴリーとなるのは、哺乳期中期以降になってのことであり、牝に対しては接頭辞 *a*、牡に対しては接頭辞 *e* をつけて表現する。牝牛を指示する単独の名詞は、性成熟度により、*asaryoit*（未成熟牝）、*ataok*（未経産牝）、*aate*／*aite*（経産牝）の三つに分類される[7]（図3）。長距離放牧に同行できない幼い段階にある子牛群 *ngita* と、長距離の日帰り放牧にゆく成牛群 *ngaatuk*／

おいても *ngaatuk* であり、ドドスとは異なっている。

6—以下、おなじ意味の言葉で、カリモジョンとドドスで語が異なる場合、（カリモジョン語）／（ドドス語）の形で表記する。

7—牝牛が *ataok* から *aate*／*aite* に移行してゆくうえで、示差特徴となっている出産の経験には、ドドスにおいては死産の経験も含まれる。ドドスに隣接し、経産牝牛に対して *aite* というカテゴリーを使用しているトゥルカナでは、健康な子を出産し、自身の子を養育しえた母牝に対してのみ、このカテゴリーが適用される。トゥルカナとこの点が異なっている理由をドドスの牧夫に問うと、「死産した牝は、乳母として泌乳し、子を育てるだけでなく、搾乳対象ともなりうるので、ドドスでは *aite* になったとみなす」と答えた。

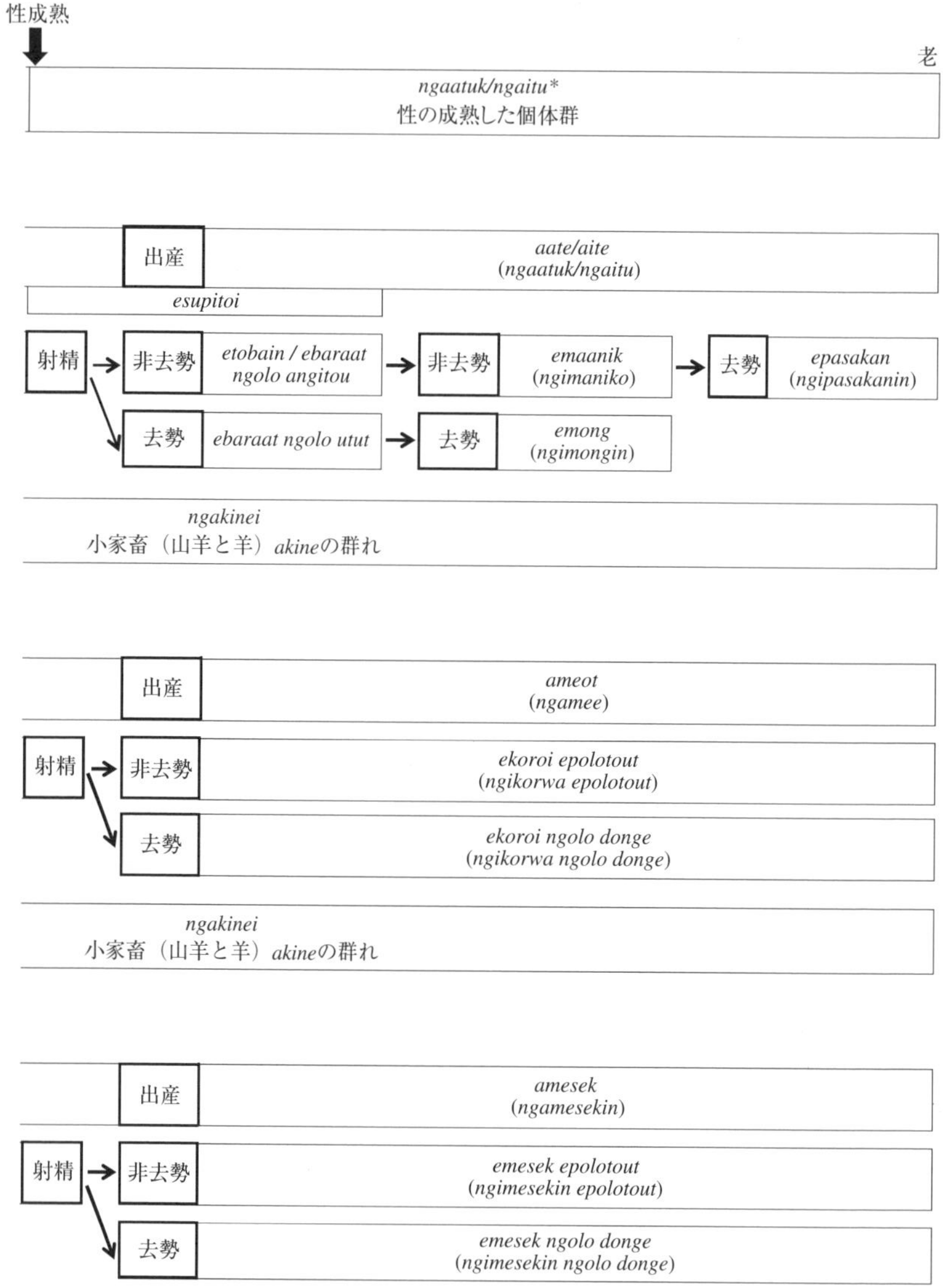
性成熟
老
ngaatuk/ngaitu*
性の成熟した個体群
出産
aate/aite
(ngaatuk/ngaitu)
esupitoi
射精
非去勢
etobain / ebaraat ngolo angitou
非去勢
emaanik
(ngimaniko)
去勢
epasakan
(ngipasakanin)
去勢
ebaraat ngolo utut
去勢
emong
(ngimongin)
ngakinei
小家畜（山羊と羊）akineの群れ
出産
ameot
(ngamee)
射精
非去勢
ekoroi epolotout
(ngikorwa epolotout)
去勢
ekoroi ngolo donge
(ngikorwa ngolo donge)
ngakinei
小家畜（山羊と羊）akineの群れ
出産
amesek
(ngamesekin)
射精
非去勢
emesek epolotout
(ngimesekin epolotout)
去勢
emesek ngolo donge
(ngimesekin ngolo donge)

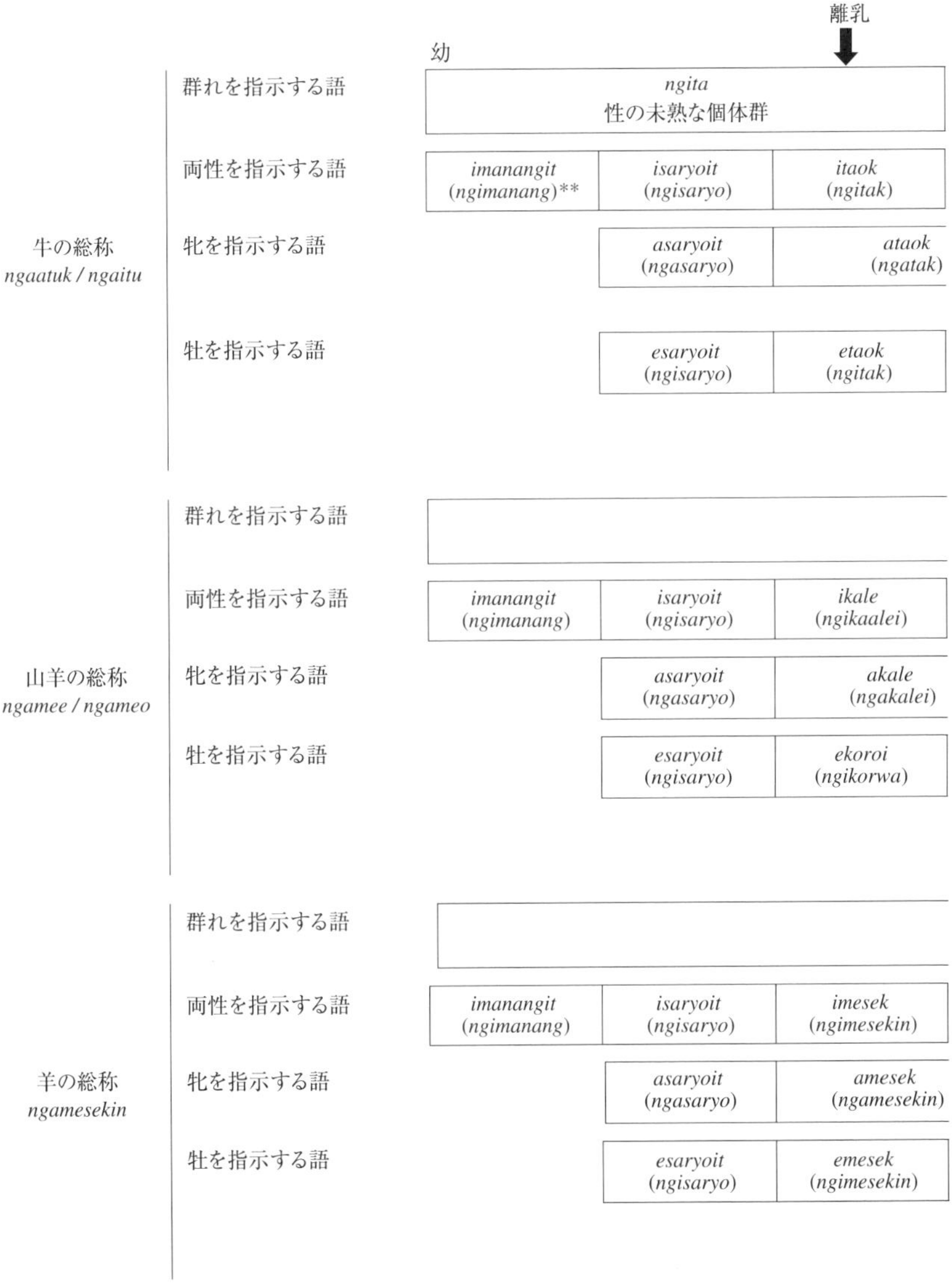

		幼		離乳 ↓
牛の総称 *ngaatuk / ngaitu*	群れを指示する語	\multicolumn{3}{c|}{*ngita* 性の未熟な個体群}		
	両性を指示する語	*imanangit* *(ngimanang)***	*isaryoit* *(ngisaryo)*	*itaok* *(ngitak)*
	牝を指示する語		*asaryoit* *(ngasaryo)*	*ataok* *(ngatak)*
	牡を指示する語		*esaryoit* *(ngisaryo)*	*etaok* *(ngitak)*
山羊の総称 *ngamee / ngameo*	群れを指示する語			
	両性を指示する語	*imanangit* *(ngimanang)*	*isaryoit* *(ngisaryo)*	*ikale* *(ngikaalei)*
	牝を指示する語		*asaryoit* *(ngasaryo)*	*akale* *(ngakalei)*
	牡を指示する語		*esaryoit* *(ngisaryo)*	*ekoroi* *(ngikorwa)*
羊の総称 *ngamesekin*	群れを指示する語			
	両性を指示する語	*imanangit* *(ngimanang)*	*isaryoit* *(ngisaryo)*	*imesek* *(ngimesekin)*
	牝を指示する語		*asaryoit* *(ngasaryo)*	*amesek* *(ngamesekin)*
	牡を指示する語		*esaryoit* *(ngisaryo)*	*emesek* *(ngimesekin)*

＊語彙はカリモジョン、ドドスで共通のものが多いが、違う語彙が使われる場合は、カリモジョン語 / ドドス語の形で表記した。
＊＊ () 内は複数形。

図3　家畜の成長段階をめぐる語彙

ngaitu の境界線上に位置する牝には、esupitoi（↑ akisup：誘惑する、交尾する）という語彙が与えられている。これは、「牡がマウントする牝」をあらわしている。人びとは、牝の発情を牡がマウントするかどうかによって判断しており、マウントという相互行為が牝の性成熟の指標となっている。[8]

牛・山羊・羊の種差にかかわらず、経産牝を限定する一般的な表現は、生殖と乳生産に密接に関連している（図2）。子にミルクを与えている母牝、つまり泌乳期の牝は、itanaki（↑ akitanak：母乳を与える）とあらわされる。その中でも、たとえば amanangit は、「ほぼ完全に母乳に依存している子（imanangit）をもつ母牝」をあらわす。子が哺乳期後期になり、新たに妊娠した場合などに、子への授乳を拒み始めると apetorit（↑ akipet：蹴る）と呼ばれ、完全に離乳が果たされると aonikit（↑ aonikin：乾く）と呼ばれるようになる。子を産み、ミルクを出す牝は、泌乳期と乾乳期を往還しながら、生涯の大部分の時間を過ごしてゆく。そのほか、子が死んでしまった泌乳期の牝は、araakan と呼ばれる。araakan は乳母として利用し、搾乳することもできる。乳母は、授乳を拒み続ける母牝をもつ子や、母牝のミルクの量が少ないせいで成長が思わしくない子、または母牝を失った孤児（ikoki）にあてがわれる。[9]

それぞれの家畜種の経産牝をあらわす名詞のあとに、ngina を付け加えたうえで、ある種の形容語句を後続させることで、おなじ一つのカテゴリーにある個体間の差異を表現することができる。たとえば、aate ngina mojong（↑ amojong：年をとる）という語は、「老齢の経産牝」を意味する。[10]

放牧群の繁栄の観点からの牝のカテゴリーも存在する。「短い出産間隔で子を産み続ける母牝」は、aketunyan（↑ akituny：急ぐ）とあらわし、その逆に、「いったん子を産むと、その後は牡のマウントを嫌うため、妊娠までに時間がかかってしまう牝」は、aosianot（↑ eoosin：膣）と呼ばれる。また、出産子の性のかたよりに注目した語として、「牝の子ばかりを産む牝」eberuwana（↑ aberu：女性）、「牡の子ばかりを産む牝」emongiyana（↑ emong：去勢牡）を使用する。[11]

また牧畜民は、妊娠している牝がどの段階にあるのかを熟知している。妊娠段階は、牛・山羊・羊について三期に区分され、各段階をあらわす語彙は家畜種間で共通に使用されている。[12] 牛を例にとって胎子の月齢とともに記すならば、妊娠初期の牝は *ekapi*（五〜七ヵ月）、その後 *iwacumi*（八〜九ヵ月）に変化し、最終段階は *iwaca*

8—牛と山羊の牝牡とも、子をもうけ父母となる経験を経て、幼若年は成体へのカテゴリーに入っていく一方、牝羊にはこの種の段階分けはなされない（図3）。牛と山羊のミルクへの依存度は高く、朝夕の搾乳時、家畜囲いの中で、家族総出でミルクを搾る牛と山羊の成熟牝については、経産の有無が分類語彙の変化をもたらしている。一方、羊は搾乳するには乳首が短小すぎて、手からすり抜けるため、集中的な搾乳対象となりにくく、そのミルクは主として放牧中の牧童のおやつとしての利用にとどまる。牝羊において経産と未経産に関する分類語彙が未分化であることは、栄養を充足する手段として価値が低いということを反映していると言える。

9—自分の子ではない個体にミルクを与える行為は、*akimor* と呼ばれる。これは「平等に分配する」という一般的な意味をもち、「食物を一緒に食べる（*akimor akimuj*）」というように使用する。乳母からミルクを与えられる子は、*emori* と呼ばれる。

10—カリモジョン—ドドスにおいては、老衰による死を迎えた牝牛や牡牛を祝福するための特別な儀礼が遂行されている。老齢個体の屠殺は、カリモジョン語で *akinomunom*、ドドス語で *angerekek* と表現する。尻尾をつけたまま皮をはぐことや、心臓がある側の表皮から切り開いてゆくことが、一般の屠殺とは異なる独自性を与えている。また、その皮でできた敷物は、婚資の支払いに際しての集まりの場で使用され、日頃腰をおろし、眠るときに敷き、かぶる皮とは明確に区別されている。また、家畜やミルク、肉を売却することができる市場に、かなりアクセスがよい都市部の半定住集落に暮らしている人びとのあいだでさえも、この個体の肉は売ってはならないとされる。なお、トゥルカナでは、「年老いた牝牛」という表現には、幾多の病いと干ばつを生き抜いてきたことに対する感心と敬服の念が込められているという [Broch-Due 1999]。

11—牧畜民にとっては、群れの個体数がおなじであるなら、牝が多いほど好ましいことである。山羊の出産子の性は、牝に偏っている。だが、「牡の子ばかりを産む牝」の山羊を、意図的に間引く実践はなされていない。後述するように、牡にもまた牝とおなじように、作る子の性が牝牡のいずれに偏るかに注目した語が存在するが、山羊の牡の去勢は、牛と比較してそれほど熱心にはなされていない。そして、牛の出産子には、性の偏りはみられない。山羊の性が牝に偏る現象が、人為的な選択を含め、どのような要因によるものなのかを見きわめるためにはさらなる調査が必要である。

　ティモシー・クラットン＝ブロックら [Clutton-Brock et al. 1982] によると、アカシカでは群れの中での順位の低い牝ほど採食に恵まれず、体格も小さく、牝を出産することが多い。その理由は、牡の場合、高順位であれば多数の牝とのあいだに多数の子を作ることができるが、順位の低い牡は交配できる相手が皆無であるという事態が生じうる。そうなると、低順位の牡を産んだ母牝の遺伝子の継承は実現されないことになる。つまり、牡を子として産む場合には、その子の順位によって自己の遺伝子を継承する機会は大きく左右される。牝は、一年に一頭の個体をかならず産むことができる。娘は息子とはちがって、自己の遺伝子を確実に継承できる。母牝の栄養状態は、子を獲得する順位を決める強い要因であり、それを背景に、順位の低い牝の子は順位が低くなる傾向がある（順位の高い牝の子は、順位が高くなる）。ドドスでは、「乳の多少は体のサ

（九～一〇ヵ月、出産の一週間前）とあらわされる。*ekapi* の語源は、*akikap* という「妊娠する」をあらわす動詞、*iwacuni* と *iwaca* の語源は、*akiwaca*「妊娠中である」であり、接尾辞の微妙な変化によって、妊娠の進行段階を区別して表現している（図4）。[13]

牝の妊娠・出産についての認識と介入

牝牛の発情から受精、胎子発育、出産までの、ドドスの認識と介入をみておこう。牝牛が発情して二～三日ほど経つと、外陰部から流れ出した血液や粘液が乾燥して、まわりに付着する。[14] 膣全体ないし子宮[15]が熱をおびた身体の様子をあらわす状態動詞である *akimakoun*（← *akimakoo*：出産時に苦しみ始める）は、成熟牝の性と生殖段階に関する語りの文脈で使用されるときには、牝個体が今まさに分娩中であることとともに、発情中の身体をもあらわす。いずれの場合も、牝牛は腰を下げた姿勢で尾を上げる。ドドスは、「生殖器の熱のために、この姿勢をとるのだ」と説明する。牝牛が発情していることを明らかに示す兆候は、不動の姿勢で牡によるマウントを受け入れる行動である。交尾のプロセスは、牡によるマウント目的の牝の追尾（*asupun* ← *akisup*：交尾する）、マウントと性器挿入（*akimany*：交尾する。しかし射精をともなわない）、射精（*alangar*：射精する、あるいは *arumor*：交尾する。牝を追いかける行為も含み、射精をともなう）に分節される。

胎子発育に関しては、おもな身体器官が分化して形成され始めるまでの胎芽期（受精後一～三ヵ月）を、それ以後の胎子期からドドスは明確に区別している。彼らは胎芽を、半切りのヒョウタンに注がれた酸乳の表面に浮かぶ乳脂の粒にたとえる。そして、そこから「枝が伸びてゆくように四肢が派生してゆき」、やがて胎子の「赤い身体の上に毛皮が斑点状に散らばってゆく」[16]と語るように、妊娠以前から胎芽期および胎子期にいたる生殖の過程は、実際に観察されうる身体的実体の兆候や事実経過を追いながら表現される。

陣痛から娩出にいたるまでの、そわそわして落ちつかず、苦しみ始めた状態の牝の行動は、*akimakoun* と呼ばれる。[17] 牧童が分娩を介助する技法としては、会陰切開（*akicil*：裂く）と、外陰部に出てきた胎子を包む羊膜を破りながらの牽引（*akiut*：切開して、引っ張り出す）が実践される（図4、写真9）。子の娩出後には、牧童はまず、子の口と鼻をすっぽりと自分の口でくわえて、羊水（*ngibangiban*）を吸い出し（*anakun*：吸う）、次に子

イズによってきまる。乳の少ない個体は痩せている。痩せている母の子は痩せている」と、母牝と子の栄養状態が連動するという見解を示している。だが、カリモジョン―ドドスでの現段階までの調査では、わたしは、山羊における出産子の性の偏りを生み出す要因を示唆できるデータを得ていない。

12―牛の妊娠期間は約一〇ヵ月、山羊と羊は約五ヵ月である。羊は草地で放牧した場合には、山羊よりも出産間隔が短くなる。二頭の子を産むために山羊は一年半かかり、羊は一年しかかからない。牛や山羊・羊は人間とおなじように授乳期間中に妊娠することができる。

13―これらの概念はいずれも通常、人間の妊娠には使用しない。人間が「妊娠する」場合には、*apot* と言う。

14―近代獣医産科・繁殖学の知見によると、これは排卵後にみられる発情後出血であり、発情時のホルモン変化によって引き起こされる。

15―家畜キャンプでは、家畜群の所有者や牧童のほか、搾乳やたき木集め、家畜囲いの木柵の構築、略奪者による襲撃からの防衛、そして、キャンプを移動させるときの引っ越しをサポートする役割を担う男たちが、一つの火を囲んで眠る。この火を囲んだ寝床を意味する *aperit*（← *akiper*：寝る）は、カリモジョン語―英語の辞書で「子宮」と翻訳される *aperit* とおなじ語彙である［Loor 1976］。ブロッホ＝デューは、トゥルカナの人びとが、世界の繁殖力と成長力に焦点をおいた社会生活を作り出していることを指摘している。彼女によると、東（*kide*）は善の方角であり、人間の子どもと子牛の新しいライフ・サイクルの開始と結びついている。そして、女性と家のイディオムにおいて、とりわけきわだつ重要性を彼女は指摘している。「女の性―人間であれ、家畜であれ―が高く評価されるのは、その子宮が、おなじ価値をもつ結果を、つまり人間の子どもと子牛を―この世界における富のエッセンス―を、生み出すことができるからである」［Broch-Due 2000: 182］。

16―【語り】血液と精液の混合は、月に一日のみ可能である。それ以外の期間中に侵入してきた精液は、子がおさまる子宮の扉（*ekek a aperit a ikoku*）が閉じているため、妊娠にいたることはない。牝牛が妊娠するのは、牝牛が「交尾（*akitep*）を受け入れる」準備が整ったと、種牡がねらいを定めた（*akipim*）ときだ。それは、先に生まれ離乳を果たしている子のへその緒（*apusit*）が自然と落ちる頃である。牝牛が月経を迎え（*akipare*）、そのあと、毛皮に付着した経血が固まってぽろぽろ落ちる（*aminaar*）頃になると、牡は牝に「射精をともなうマウント（*arumor*）」をする。牝牛の腹の中では、前の月経で流れた経血が精液をつかまえ（*akikamar*）、精液と血が混ざる。血液は精液をとらえる物質なのだ。その混合物は最初、血液繊維素（*engolet*）のようである。それはやがて黄白色に変化する。すると、その酸乳のようなものは、自分のまわりに広がる血液をとり込みながら大きくなり、そして前肢や後肢が枝分かれしてゆく。このようにして牝は妊娠し、子牛は成長してゆくのだ。

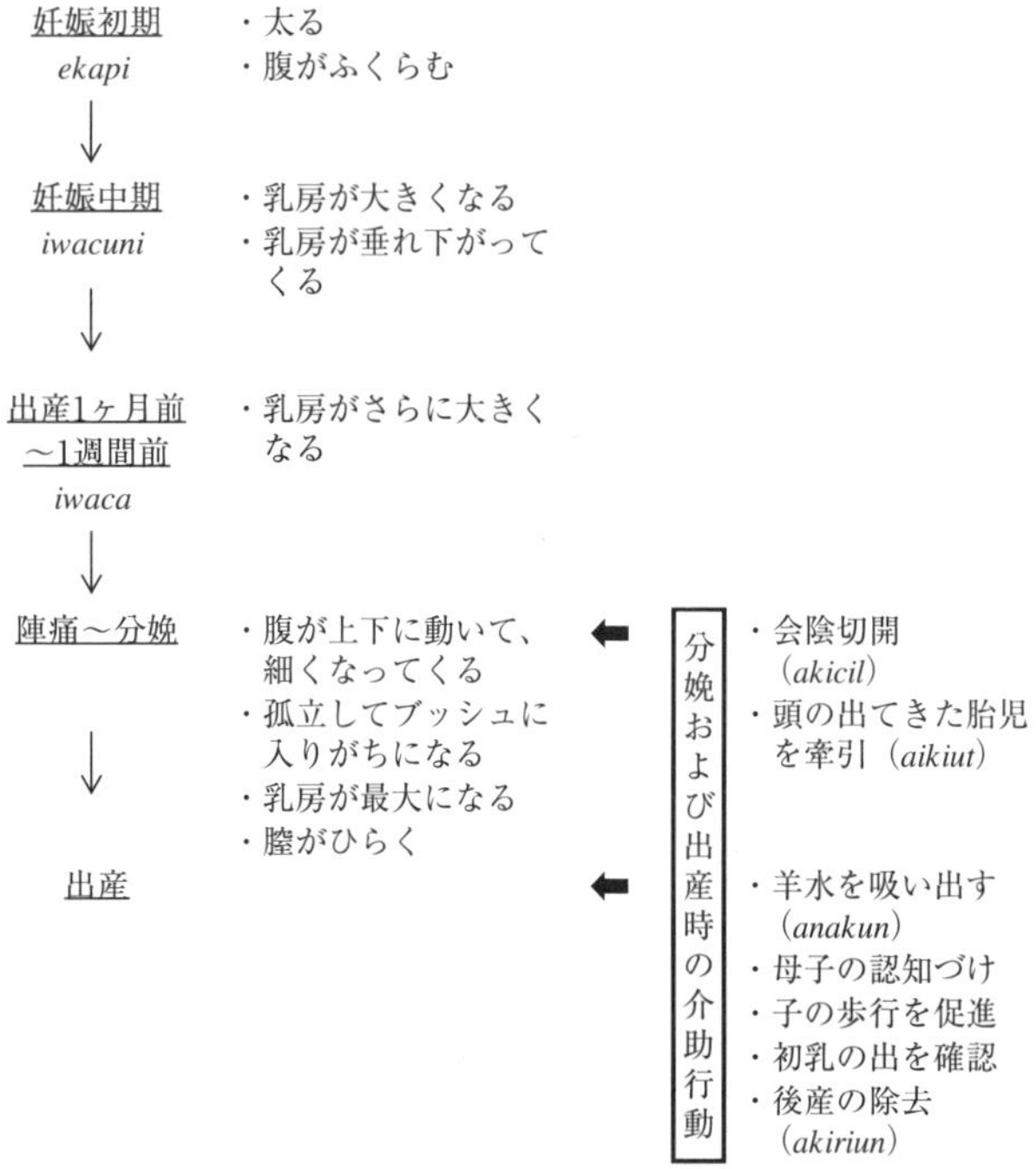

図4　家畜の妊娠から出産までの関連語彙と人の介助行動

をもって逆さまにし、気管に詰まっている異物を指でかきだす。さらに、子についている胎膜や粘液を母牝になめさせて、擬娩法による母子関係の認知づけ[18]を補助する。また、横倒しにした子の前・後肢の肢骨の関節を、横からゆっくりと体重をかけて踏みつけることによって関節を伸ばし、立ち上がって歩くことをうながす。最後に、母牝の乳房を下方へしごきおろして初乳の出を確認する。母牛は通常五～六日間、初乳を分泌する[19]。人はその初乳を搾乳せず、子牛に飲ませる[20]。

　流産、死産、新生子死などで子を失った泌乳期の牝（*araakan*）にも、出産時の身体記憶の回復を使用した擬娩法が実行される。乳母に養い子を彼女の亡き実子と錯覚させたり、さらにそこに犬をけしかける介入を追加することによって、子を防衛する本能を引き出し、養い子を受容させるという心理的な刺激を使った方法もとられる。その他に、死んだ子からはいだ皮のにおいを母牝にかがせて、毛皮に振りかけた塩をなめさせながら、母牝の尿を養い子に塗りつける技法がある。こうしておいて、別の母牝が産み落とした孤児を腹の下へ差し入れてミルクを吸わせる。こうした擬制的な母子の認知づけとしての乳母づけは、*akirony* と呼ばれる。こうして擬制的な母子関係を結ぶことによって、わが子を失った泌乳期の牝は乳母となって、ミルクの出ない母牝の子や、母牝が死に孤児となった子へ授乳し、また、人の飲用乳を供給する個体として搾乳されることとなる。さらに人びとは、乳母にすることの効果を、子を失ったという母牝としての悲しみを癒すことにも見いだしている。

写真9　子牛を引っ張り出す牧童

17――分娩期の牝は、群れから離れがちになる。特別な監視が必要であるということを、牧童は以下のように述べる。「出産の直前には *akimakoun* をくりかえすから目を離せない。迷子になってしまう。」

18――牧童による出産後の母子関係の認知づけでは、母牝に対してアポロチュ（*aporoc*）と呼ばれる、物理的な身体刺激を使った擬娩法が試みられる。これは、膣に息を吹きこんで膣口を閉じ、わずかに外陰を開放して、外へ放出される風で膣口が震える感覚により、娩出の錯覚を身体的に引き起こさせる方法である。こうした出産時の身体記憶の回復をねらう介入を、数日間、朝夕の搾乳時に連続的に実施しながら、母牝の行動の変化を観察する。やがて、子を受け入れるきざしが確認されると、介入は近接や授乳の受け入れを母牝にうながす音として、「ハーハーハー」と発声するだけにとどめ、できるかぎり自発的に受け入れる行動が出てくるのを待つ。ある事例では、新生子への授乳を嫌がる初産の母牛に、毎日二回、牧童とその父がアポロチュを実行し、六日後に子を拒否する態度をそれほど表出させず、ときに受容するきざしをみせるようになった。

19――ただし、栄養状態の悪い場合は二日間のみである。

20――家畜に子が産まれたときには、その個体に関わる人びとは子の成長を願う。牧童は授乳する母子を前に、授乳や子の生育、そして搾乳がうまくゆくように歌を作り、彼らの前で歌う。「おまえが大きく成長したら、そのミルクをわたしに

後産（*ngasep*）は通常、子を産んだ一時間後には排出される（*acakun*：下へ落ちる、もしくは*adoun*：使い果たす）のだが、排出が数時間経ってもみられない個体から、膣内に残る胎盤や胎膜を除去する作業（*akirim*：引き抜く）も、牧童の重要な役割である。膣内の異物は放置されると腐敗し、母牝が死にいたるからである。除去のプロセスは、エカリヨ（*ekaliyo*）という野生植物の枝の先端をY字型に二つに裂いて膣の中に差し入れ、胎盤や胎膜をからめとって除去したあと、悪露の排出をうながすためにエカリヨの繊維を浸した水を母牝に飲ませるというものである。

妊娠・出産時に異常がある場合も多々ある。ドドスは流産を二つに大別し、異常な液体の流出を*abelun*（← *akibel*：砕く）、物体[21]の流出を*akisyecun*（← *akisyec*：失敗する、流産する）と呼び分けている。また、*akisyecun*は、早産（*akiteteun*）による「流産」も意味するだけでなく、妊娠期間がじゅうぶんであっても、分娩の過程で母牝の胎内で引っかかって出てこないことが原因で死んだ場合の「死産」も意味する。流産した牝は、痛みのためにマウンティングを嫌う。後に不妊（*akolup*）になることもある。流産を防ぐため、子を身ごもっている牝に対して射精がなされた場合には、牧童によってただちに膣の洗浄（*aporoc*：押し込む）が試みられる[22]。洗浄は、水を口に含んで、膣口から内部へ吹き込む方法でなされ、こうすることによって精液が外へ洗い流され、「子宮の子は守られ、健康な状態での出産を迎える」と説明される。死産を経験した牝にはその後、グレイジングをしない、種牡を拒み続けるなどの影響があらわれる。

逆子状態での分娩は、*akijululun*（← *akijulul*：上下逆さまにする）と呼ばれる。また、胎盤早期剥離と思われる「子宮が先に出てしまった」ために死産してしまうケース（*aronikin*：悪くなる、出産途中に死ぬ）や、難産のために死んでしまった牝の胎内で、子が窒息死してしまう（*akibuusiar*）などのケースもある（表3）。

また、双子を産むことも異常なこととして、人びとに忌み嫌われている。ドドスのある牧夫は、「牛が初産で双子を産むと、石を投げつけて母子ともに殺す。山羊や羊が初産で双子を産んだときも、『*taara ekapilan*（妖術使いを殺せ）！』と叫びながら、木で撲殺する。このような方法で殺さなければ、所有者に死の災いがもたられる。[23] ただし、ドドスの特殊な霊性を帯びたンギティイティ（*Ngitiiti*）という父系出自集団の焼印（*emacar*）とおなじ模様を入れることによって、生かすことは可能である」と説明される。

牡

牡の分類語彙

牡牛の場合、離乳直前あるいは離乳したての子牛は *etaok*（*itaok*）と呼ばれ、その後 *etobain*／*ebaraat* と呼ばれるようになる。ドドスによると、「*ebaraat* は *etaok* よりも成長しており、子を作ることができ、（次の成長段階の）*emong* や *emaanik* により近い。だが、*etaok* はマウントはできるが、射精はできない」と語られる。したがって、*etaok* と *ebaraat* は性成熟の有無で弁別されている（図5）[24]。

おくれ。おまえが大きくなったら、わたしはおまえに首飾りをつけてあげる」というような歌だが、その歌と声に家畜は聞き入り、理解しているのだと牧童たちは言う。牛は牧童を個体識別しており、その歌を聞くことで母牝のミルクの流れは良くなり（*akiwokin*：乳房がミルクで満たされること、*alel*：流れる）、子への授乳を受け入れ、子はミルクを飲み続けるようになると言う。ある青年は、家畜囲いの中で別の牧童が搾乳の歌（*emong ngolo akitamak*）を歌っているときに、わたしに対して「歌は牛の授乳を導くように、人間の子の眠りをも導く。子どもは歌うとすぐに、静まって耳をすまし、眠りにむかってゆく。授乳と歌（*emong*）もおなじなのだ」と述べた。

21—牛の場合、受精から三〜四週が経過して、胎児は水から物体（*ibore ngolo edikam*：ドロッとしたもの）になると説明される。

22—子宮の中の胎子がじゅうぶんに成長していない段階での、牡による妊娠牝へのペニスの挿入および射精は、流産のおもな原因とされる。先に受精していた胎内の「子」にとって、内部に侵入してきた精液との共存は不可能であり、流産を引き起こしてしまうからである。「新しい精液」への嫌悪感の理由は、それが、ときに胎内の子にひどい頭痛をもたらすばかりでなく、精液の熱が胎芽の身体を焼き焦がしてしまうこと、さらに挿入は、牡のペニスによって未発達の胎芽が刺し貫かれて、身体の散開（*akielar*）と、子宮からの引きはがし（*abutun* ← *akibut*：はがす）をまねくことに求められる。

23—人が双子を産んだ場合、*akidodimod* という儀礼をおこなう。そこでは、牛の去勢牡一頭と三頭の牡山羊を屠殺して、その糜粥《びじゅく》（*ngikujit*）を産まれた双子と彼らの父母に塗りつけたあと、その肉を煮て共食する。肉を焼く行為は禁忌である。

24—カリモジョン—ドドスでは、群れの内部でのインセスト（近親交配）を忌避する傾向はほとんどない。この点について人びとは、「牡は性成熟すると、自身の母牝を含む群れの牝全体を自分のものにする」と表現する。

表3　家畜の妊娠・出産時の異常に関する語彙

状態の説明	カリモジョン語		人への適用	ドドス語		人への適用
逆子状態での分娩	*akijulun*	(← *akijul*：上下逆さまにする)	○	*akijululun*	(← *akijul*：上下逆さまにする)	○
双子を出産する	*akimuun*	(← *ngimuu*：双子)	○	*akimuun*	(← *ngimuu*：双子)	○
早産する	*akiteteun*	(新しくする)	○	*akiteteun*	(新しくする)	○
流産する(液体の流出)	*akipare*	(きらきらと輝く)	○	*abelun*	(← *akibel*：砕く、破壊する)	× *
流産する(個体の流出)	*akiyecun*	(胎児を流産する)	○	*akilianguliangun*	(← *akiliangun*：流産する、中絶する)	○
死産する	*akisyecun*	(← *akisyec*：失敗する、流産する)	○	*akisyecun*	(← *akisyec*：失敗する、流産する)	× **
「子宮が先に出てしまう」ことによる死産	*aronikin*	(悪くなる、出産途中に死ぬ)	○	*aronikin*	(悪くなる、出産途中に死ぬ)	○
分娩中の牝が死んで、子も窒息死する	*aronikin*	(悪くなる、出産途中に死ぬ)	○	*akibuusiar*	(← *akibuusikin*：窒息死する)	○
不妊の牝	*akolup*	(← *akolupaniar*：不妊になる)	○	*akolup*	(← *akolupaniar*：不妊になる)	○

* 人の流産には、*abuwangun*「壊す」、または *akiranyun*「だめになる」を使う
** 人の死産には、*asecun*「だめになる」を使う

完全に離乳し、体も成熟した若牡牛である *ebaraat* は、*ebaraat ngolo angitou*(← *etout*：睾丸)と、*ebaraat ngolo utut*(← *akiut*：切開して引き抜く)に分けられる。前者は非去勢の若牡牛を指示し、後者は去勢された若牡牛を指し示す。その後 *ebaraat* は、種牛 *emaanik*[25] と去勢牛 *emong* に分化する。*emong* には次の段階の語彙はない。たくさんの子を受胎させた *emaanik* はある時点で去勢することによって大きく太らせ、その去勢された種牛は *epasakan* というカテゴリーに入る。[26]

では、それぞれのカテゴリーの牡牛には、身体面や行動面でどのような違いがあるだろうか。非去勢の若牡牛

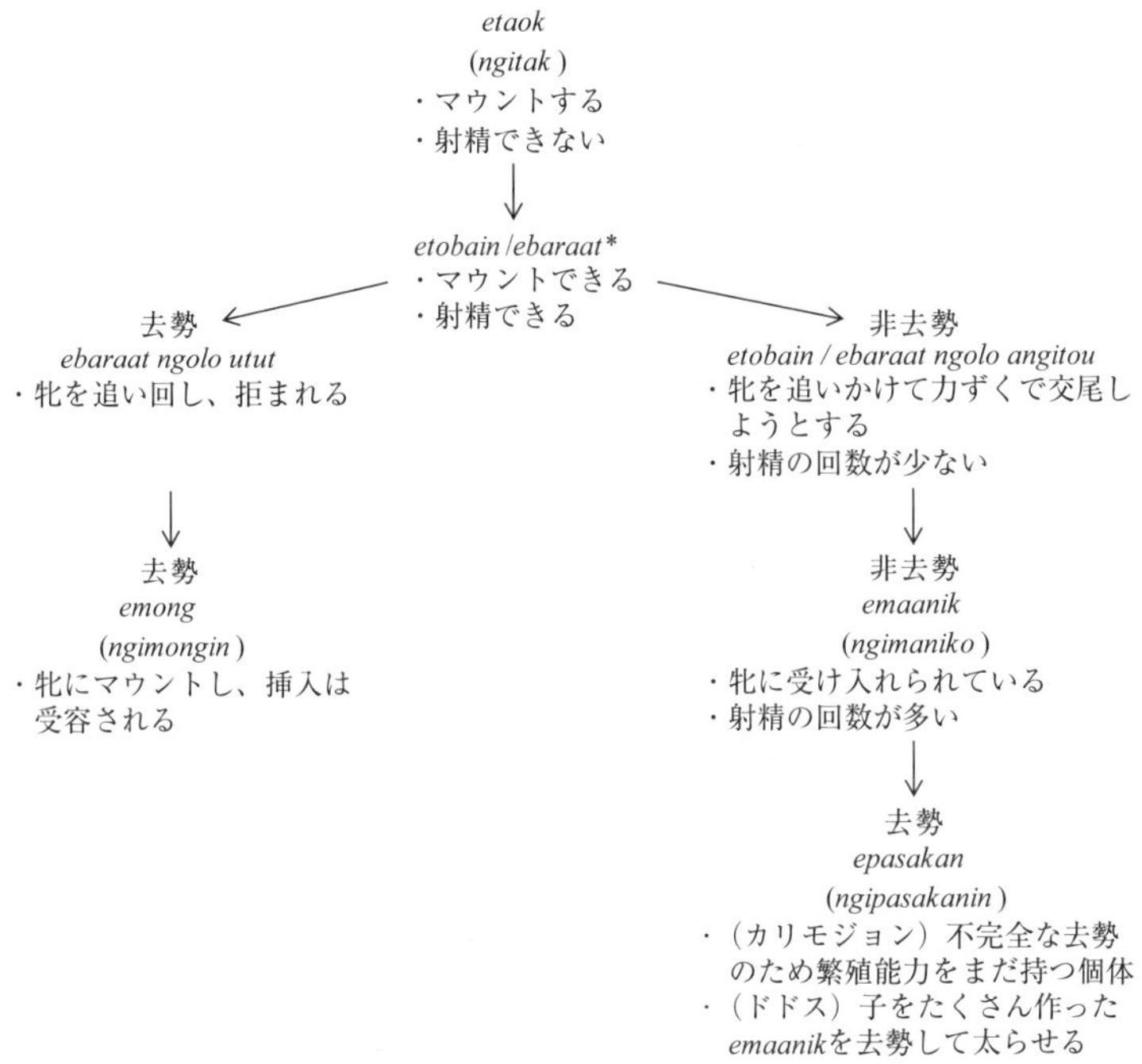

＊語彙はカリモジョン、ドドスで共通のものが多いが、違う語彙が使われる場合は、カリモジョン語／ドドス語のかたちで表記した。

図5　牡牛の繁殖能力に注目した語彙

ebaraat ngolo angitou と、種牛 *emaanik* の違いは、*emaanik* の射精回数が多い点にある。両者とも射精能力を有しており、受胎させることが可能であるが、牝牛は *emaanik* の射精は受け入れる。一方、*ebaraat ngolo angitou* のマウンティングをときに許容しても挿入の瞬間に腰を引いて逃げるため、

25―牝牡とも、加齢により生殖能力が衰えた個体は、牡であれば *ngolo*、牝であれば *ngina* をおいて、「長老」を意味する *mojong* を後続させた語で指示する。だが、種牛については、成長しきった段階にある個体を、「大きな種牛（*emaanik ngolo apolon*）」と呼ぶが、それ以降は、去勢によって *epasakan* と転化するため、*mojong* を使用した語彙は、ドドスには存在しない。ただし、ドドスが南スーダンのスルマ系牧畜民ディディンガ（Didinga）から略奪してきた牛群には、「長老の種牡（*emaanik ngolo mojong*）」が多数含まれていた。ディディンガの人びとは、種牛を老齢になっても去勢しないからである。

ebaraat ngolo angitou は射精できないのである。牝が若牡の射精を受け入れたがらないという傾向は、牛・山羊・羊に共通する。[27] 若牡と種牡の繁殖行動の差異は、拒否する牝を執拗に追い回す若牡と、一〜二度拒否されれば何事もなかったかのように牝の去りゆくままにまかせる種牡という、振る舞いの対照にも鮮明に見いだしうる。去勢された若牡牛 *ebaraat ngolo utut* と去勢された成牡牛 *emong* にもまた、行動面でのパラレルな差異がみられる。*ebaraat ngolo utut* は牝を求める欲望が強く、頻繁に牝を追い回し、そのたびに拒まれるのに対して、*emong* は周囲にいる若牡を追い払って、牝へのマウントを開始し、その挿入は受け入れられることが多い。

また、*ebaraat* から *emaanik* および *emong* への移行を境界づける特徴としては、「*emong* は去勢から時間が経っており、かなり肉がついている（*akipusokin*）」と表現される。これが *ebaraat* や *emaanik* との体型の対比において、もっとも明白な差異である。

epasakan は、子をたくさん作った *emaanik* を太らせることを目的に切開法によって去勢された存在である。すでに性成熟を経ており、去勢されているという点にかぎれば、*emong* と違いはないことになる。両者はどのように区別されるのか。「目の前にいる個体を *epasakan* であるのか、*emong* であるのか、どのように見分けるのか」というわたしの質問に対して、カリモジョンの牧夫は、「*epasakan* は首が太く、角が鋭い。体がずんぐりむっくりしている。マウントはする。闘うときに砂を前肢でかきつつ、発声する（*akiruko*）が、草をじゅうぶんに食べたとき満足しつつ発する発声（*aruwon*）をしない。他の個体から尊敬されている。一方、*emong* は首が短く、角が鈍い。[28] 体はすらっとしている。マウントはしない。*akiruko* しないが、*aruwon* する。他の個体から尊敬されていない」と、外貌と群れの中で他個体と接する行動について対照的な点を説明してくれた。

去勢の方法・対象

ここでカリモジョン―ドドスの去勢の方法をみておこう。去勢は「切開法（*akiut*）[29]」、「打ち切り法（*akidong*）」、「噛み切り法（*akikony*：噛む）」によって実施される。「切開法」は牛にのみ適用される。槍を使って陰嚢を切開し、睾丸および精管（*amoriit*）を引き抜いて取り除く[30]。

「打ち切り法」は牛[31]・山羊・羊に適用され、切開せずに木槌やエキチョロンと呼ばれるスツールで精管を叩いて挟み切る。「噛み切り法」は山羊・羊に対して適用される。睾丸を口にくわえこんで、精管と血管の束を犬歯で噛みしめて内部で断ち切る。強く圧迫して血流を止めることによって、精巣は縮小し、結果的に生殖機能が取り除かれる。この方法で性成熟を迎える以前にまず一方を噛み切っておく。その後、もう一方を去勢するのだが、成熟個体は睾丸が大きく精索も太くて硬くなっており、暴れる牡を二人がかりで組み伏せ「打ち切り法」で去勢する。

カリモジョンでは、牛の去勢には三つのパターンがある。第一に、所有者がその牡牛の子孫を望まない場合には、一～二歳になった個体に対して、一度に二つの睾丸に去勢をほどこしてしまう。第二に、子孫を残したい個体には、四～五歳のとき「打ち切り法」にて一方の睾丸の性能を奪い、そのあと、八歳前後で「打ち切り法」を

26―カリモジョンでは、*epasakan* に対して、ドドスとは異なる説明が与えられる。カリモジョンによると、*epasakan* とは、去勢しようとして施術したけれども、不完全な施術のために繁殖能力を完全に除去することができず、いまだマウンティングと生産の力をもっている個体を指す。*emaanik* は意図的に生産の力を保存された存在であり、*epasakan* とは繁殖能力の除去に関する意図性の有無の点で、差異がみられるということになる。

27―ただし、牝羊が若牡を拒む姿勢は、牛・山羊と比較してそれほど強固なものではない。

28―*epasakan* は、*emaanik* の段階で他個体と闘ってきたために角が鋭いが、*emong* は *emaanik* ほど頻繁には闘わないため角が鈍くなっている。

29―トゥルカナによる家畜分類とハズバンドリーについて詳述している太田の報告をみると、カリモジョンやドドスで実行される陰嚢の切開と、精巣および精管の抜出からなる去勢方法は、トゥルカナではアゲレム（*agelem*）と呼ばれているようである［太田 1987a］。

30―取り出された睾丸は、半切りヒョウタンに水とともに入れる。そこへ、ペニスの先端および尾の先端の体毛を切りとって入れ、槍を洗浄したあと、睾丸を煮る。煮た睾丸は、外皮をはがして割り、その中身（*ngakiria*）を家長が食べる。こうすることによって、切開してできた傷痕から寄生虫に感染することを予防できると考えられている。

31―カリモジョンのみ。ドドスでは牛の精管があまりに硬いので、打ち切り法は適用できないとされる。

もう片方にほどこし、完全に生殖力を除去する。この方法で完全去勢された個体は *epasakan* と呼ばれる。第三に、二つの睾丸を残している個体には、一〇歳前後に「切開法」によって完全に去勢する。他方ドドスは、種牡として保存すると決定した牡牛以外の全個体に関して、一回の介入で二つの睾丸から繁殖能力を除去する去勢を実施するため、「二つの睾丸」だけが残っている個体は存在しない。

ドドスが去勢する対象を選ぶうえで、その個体の繁殖行動は参照すべき重要な項目の一つである。牛を例にとって説明しよう。一般に正常な牡であれば、妊娠している牝や未成熟牝に対して、交尾をしかけることはない。ところが、*ekagesanaran* と呼ばれる牡は、「ひきょうな不意打ちをくわせる者」や「姦通する者」と表現されるように、自分勝手な性行動をとる牡である。具体的には、妊娠した牝や未成熟牝が水場で水桶に顔をうずめて水を飲んでいるその背後からマウントし、牛囲いの中や橋の上、崖の上の細い道など、逃げ場のないところで交尾をしかける。妊娠している牝に対してはペニスの挿入や精液により流産をもたらし、未成熟牝に対してはその生殖器を破壊し、出血させて不妊にするとされる。よって *ekagesanaran* は直ちに去勢される。相手かまわず交尾をしかける *ekagesanaran* とは異なり、*ekenyogon* は自分のお気にいりの牝に対してのみマウントするのだが、相手が受胎した後もかまわずマウント・挿入・射精するため、牝が流産する原因を作る。そのため *ekenyogon* も去勢対象となる。これらのアノーマリーな牡はいずれも、「牝の尿のにおいをかごうとしない。だから牝が妊娠している事実に気づかず、妊娠している牝への性行動を止めることができない」とされる。理想的な種牛は、群れの中から妊娠していない成熟牝だけを選び出して、彼女たちに対して順番に交尾をしてまわる。それに対して、去勢対象となる上記の牡たちは、群れを支配する種牛の目を盗んで、特定の牝にねらいをつけて交尾をすると解釈されている。

ekagesanaran と *ekenyogon* は、過剰で問題的な生殖行動をとる牡であるが、牝から性的な魅力を感受する力の弱い牡もまた、群れを再生産するという仕事に対する貢献度が低いために去勢対象となる。*ekasingasingat* と呼ばれる牡は、牝をめぐる闘争に加わって若牡を遠ざけることに成功したとしても、牝へのマウントをためらって

しまう。牝との繁殖行動がようやく成功しても、その後二ヵ月間はまったくマウントしようとしない。また、放牧中にたくさん採食して体力に問題がないときでも歩行スピードがとても遅く、群れの後方をかろうじてついてくる。このように行動が不活発である原因は、「怠慢」なメンタリティに求められる。

その他身体的なアノーマリーをかかえた個体については、病気でないにもかかわらずいつまでも小柄なままの個体 *eteregele*、痩身の（*abila*）個体、背のコブが小さな個体、その体表面に寄生虫がいてしきりにかきむしっているためその部位の体毛だけが長くのびた個体 *ecek*、そして、本来は体壁から下垂しているはずの精巣が腹腔の中にとどまって、あたかも去勢した個体のように萎縮している個体 *esegele*[32] などが去勢対象となる。

産まれてくる子の性は、一般に牡よりも、子を産みミルクを供することのできる牝のほうが望ましい。そのため、常に牝の子を産み続ける理想的な母牝 *aberuanot* が産み落とした牡個体は、この価値ある系統を次の世代に引き継ぐことができるので去勢対象からは外し、かならず種牡として保存する。その逆に、五頭前後連続して牡の子を産んだ母牝 *amongiyanot* から産まれた牡は、群れの再生産にとって不都合な性質を次世代に引き継いでしまうので去勢対象となる。また、牡を受胎させるばかりの種牡は *emongiyanot* と呼ばれ、これも去勢対象である。それに対して、牝の子を受胎させ続ける種牡 *eberuanot* は、そのまま種牡として残される。

また、群れの所有者は自分のお気にいりの体色の個体を群れの種牡として選択する。たとえば、ある群れの所有者は、白、赤い斑点、紫の体色の牡牛を、まさに体色を理由に去勢対象から外した。

一方、山羊・羊に関しては、性成熟後の彼らの生殖能力によって細かく区別する語彙体系が牛ほどには発達し

32――【事例】（二〇〇三年四月、ドドスにて）
ロペッチ（三〇歳）が婚資として受け取った牡牛を放牧していたところ、群れにいた種牡と牝をめぐって闘争行動をはじめた。この牛群の所有者である彼は、去勢牛と考えていた個体が、繁殖行動に関連して種牡と争うのはおかしいと思い、下腹部を触って生殖器の有無を調べてみた。すると、その牡牛に小さな睾丸があり、*esegele* であることがわかった。ロペッチはその日のうちに切開法によって去勢した。去勢した理由について彼は、「*esegele* の子を群れに望まないし、種牛と闘争することも望まない」と答えた。

ていない。ドドスでは、山羊・羊の一方の睾丸の性能を除去する人為的介入の存在が確認された。このような個体を *ekoroi ngolo kony epei tout*（← *akikony*：噛む＋ *epei*：一つ＋ *etout*：睾丸）」、完全に生殖能力を奪われた山羊・羊は、*ekoroi ngolo donge*（← *akidong*：つまむ、挟む）と記述的に呼ぶ。このように山羊・羊の生殖能力の有無を単独の名詞であらわす表現は存在しない。

去勢の効果

家畜管理の技法としての去勢は、東アフリカ牧畜民のあいだで広く実践されている一般的な人為的介入である。次世代以降の子孫を作る牡と、その他の目的に使用される牡を選ぶ主要な手段である。屠殺をともなう儀礼執行に際して選ばれるのは、牡個体である。また、農作物の収穫が皆無の年には、主食作物を町で購入する現金を得るために、牡個体が売却される。このように群れから移出してゆく駒の役は牡が担う。去勢の必要性について問われれば、カリモジョンも、ドドスも、「牡の肉づきをよくするため」「種牡が多いと群れが混乱してしまうから」とすぐさま答えるはずである。この言葉は具体的にどのような事態を意味し、どのような身体的・社会的変容を牡にもたらすのだろうか。そして、牡が生殖機能を抑えられることが、放牧群管理にとってどのような意味をもつのだろうか。去勢牡と種牡の比較をつうじて検討してみよう。

まず、近代的な畜産の観点からみると、去勢の効果は、人間の家族が自家消費する可食割合を最大化し、あるいは食肉として市場で売却する商品としての価値（＝肉の重量）の増大に求められる。しかし、カリモジョン―ドドスの家畜個体の肉は、個体がそれによって厳しい環境条件のもとで生存し続けることができる、いわば生命が蓄えられる場所として注目されている。[33] たとえば、カリモジョン―ドドスにおいて、去勢されていない牡個体は乾季にはあたかも老牛のように食欲を失い、痩せて衰弱する（*akiseny*）ので、群れについて行くことにさえ困難をきたしてしまう。それに対して、去勢牡や、一方の睾丸だけを取り除かれた牡は、雨季とほぼ変わらない良好な健康状態を維持できる。[34] とくに、発情した種牡はたえず動き回って、性行動や闘争行動に関わることに活動時間の大部分を費やす。ところが、去勢された牡の活動パターンは、牝とてもよく似ており、発情期でも活動時間の大部分は休息と採食に費やされる。性的な活動によってエネルギーを消耗することのない去勢牡の生存期間は、カリモジョン―ドドスにおいて、おなじ時期に生まれた母牝や種牡のそれと比較して長い。このことは、動物学者ピーター・ジュウェル［Jewell 1997］により、リプロダクションのエネルギー消費が群れ個体の死亡率の主因であるという、再野生化羊群に関して指摘された傾向と一致している。

牡性を取り除く人為的な介入行為は、繁殖行動を不活性化させることによって体力を温存させ、「肉」を維持し、乾季の延命効果をねらって実践されている。去勢をする理由を問われた牧畜民たちは、そのような効果を口をそろえて明確に語るのである。売却することや食べることなど、経済的な消費を前提にした去勢は、家畜個体

33―去勢された個体は、種牡とはちがって群れの再生産には貢献しないが、食糧としての血の主要な供給源である。たとえば、カリモジョン―ドドスでは、採血した血を煎った凝固物（*ngapeon*）を食べるし、繊維素など凝固因子をY字型の小枝でからめとった血清だけを酸乳と混ぜ合わせたもの（*acarakan*）や、同様に血清を新鮮な乳と混ぜ合わせたもの（*ekacel*）を飲む。採血する対象としてもっとも理想的なのが去勢牡である理由は、去勢牡は、性と生殖のためにエネルギーを注ぐということがなく、季節を問わず良好な健康状態を維持できるからである。ただし、なかなか妊娠しない太った牝牛に対しては、「血を減らすため」の瀉血療法として、しばしば採血が試みられる。

血は、群れの無病息災の祈念にも使用される。たとえば、カリモジョンでは、牛の頚動脈に矢を射って、そこからほとばしり出てくる血流に矢じりをくぐらせ、その矢を西の空に向けて弓で二つ打ち合わせて音を鳴らし、「病いよ西へ去れ」と唱える。採血では、一頭について約三リットルの血が得られる。止血のために、首を傷口のあるほうへ押し曲げたあと、尾を水平に強くひっぱる。それでもなお出血が続く場合は、傷口をつまみ、ひとつまみの牛糞を口中に塗りつける。血から繊維素などを木の枝でからめとることによって、三リットルの血から大人のこぶしほどの塊が二つとれるが、これは犬に食べさせる。

34―去勢牡は、犂を引き、大地を耕起する牛耕というたいへんな重労働に耐えることができる身体能力とともに、犂を引きながら耕地の終点で人の指示どおりに、正しいターニング・ポイントで折り返す理解力をそなえている。牛耕は、牛の体重をいちじるしく減らす。そのため、犂を引かせる労働は、太りすぎていることが原因で受胎が困難になっている牝牛の不妊治療として、減量させる（脂肪が減る）ために逆用されることもある。不妊の牝には、矯角も施される。この場合、角の形は *kodos* や *luk*（まれに *magal*）に仕上げる。不妊の牝の扱い方が、牡の扱い方と似てくることは興味深い。

が死んだ後の肉という、当該個体にとっての外部主体である人間の所有者の欲求を満たすための価値をつけ加える実践である。それに対して、カリモジョン―ドドスでの家畜群の維持に焦点化した去勢は、当の家畜主体の生命が存続してゆくことを価値とする実践である。

次に、牡の性行動の抑制は、牡と牝のそれぞれに影響をおよぼすが、それはどのようなものだろうか。社会的な行動と去勢の効果がどのように関連しているかを検討しよう。東ナイル・マァ系のマサイ（Maasai）では、牛・山羊・羊の性・成長段階の語彙素の対称性が、有標化されたカテゴリーである種牛・種山羊・種羊と、無標化されたカテゴリーである去勢個体および成熟牝とのあいだに生じている。この理由を、群れ管理の文脈から考察しているジョン・ギャラティ［Galaty 1989: 222］は、繁殖目的に保存されている種牡が非常に少ない事実を反映していると述べている。そしてそれは、セレクションのための戦略であるとともに、群れをコントロールするためのメカニズムであると書いている。種牡は不作法であり、群れをかき乱すというのである。

牧童の重要な役割の一つは、牡が牝に対して性的に執拗に追い回すのを止めることだ。子を身ごもっている牝が挿入され、あるいは射精されると、流産や死産という重大な禍患がもたらされることは、前述したドドスの民俗知識から明らかだろう。だが、獣医産科・繁殖学に関する影響を案じての介入ばかりではない。妊娠していない場合でも、逃げ回る牝を執拗に追いかける行為は、群れ落ちを招いて、個体が迷子になることにつながりかねない。なにより確実に、他の個体との同調性や追随性をそなえた群れ全体が落ち着きを失ってしまい、じゅうぶんな採食やゆったりとした移動を邪魔してしまう。このような性的な騒動を目にした牧童は、まず、直ちに走り寄って牝と牡のあいだに割って入り、牡に杖を投げつけ、あるいはたたきつける。それでも執拗に追い回しをくりかえす「妖術使い（*ekapilan*）」に対しては、組み伏せてあおむけにし、睾丸を杖でたたきつけたり、あるいはその場で噛みついて去勢してしまう[35]。

また、牛群における種牛の闘争行動は、致命的な身体損傷と群れ分裂をもたらす。山羊・羊の群れには種牡が多い[36]が、多くても群れ分裂への影響は小さい。種山羊・種羊の闘争は、角を合わせながらも群れへの追随をやめず、人為的に分離することも可能なので群れへの障害にはならない。山羊・羊の牡よりも、牛の牡の生殖機能が去勢をとおして入念に除去されていることには、攻撃行動により、群れ管理に大きな悪影響がおよぼされうるということが関わっていると考えられる。

放牧群の編成と構造

カリモジョン―ドドスの基礎的な放牧群は、(1)牛・山羊・羊から構成される短距離幼獣放牧群[37]（*ngita*）、(2)山羊・羊の長距離成獣放牧群（*ngakinei*）、

35―すでに妊娠している牝に対してマウントをくりかえす牡は、とくに忌み嫌われており、群れの撹乱と流産をもたらす牡の性行動を抑えるための去勢がすぐさま実践される。

36―山羊・羊は、牡の成熟度や去勢の有無の区別を、単独であらわす語彙がない。それに対して、牛の去勢は有標化される。実際に牛と山羊・羊を比較したとき、ひとつの群れにおける牛の種牡の観察値は、期待値より小さく、他方、山羊・羊のそれは期待値より大きい（表4）。去勢牡では、牛は期待値を観察値が上回り、山羊・羊の観察値は小さい。ギャラティは、マサイの家畜分類上の特徴、つまり、牛のみならず、山羊・羊においても、性・成長段階の語彙素の対称性が、生殖牡と牝のあいだではなく、生殖可能な種牛、種山羊、種羊が〈有標〉のカテゴリーでありつつ、去勢個体と生殖牝のあいだにも生じていると指摘している［Galaty 1989］。このことには、マサイが牛のカテゴリー分割をモデルにして、小家畜の牡を分類していると解釈することによって、論理的な整合性を見いだしうる。

37―子牛の数が一〇頭前後になると、子山羊・子羊群とは独立に単独種の群れが編成されることもある。

表4　一つの群れにおける種牡と去勢牡の個体数

放牧群	種♂（観察値）	種♂（期待値）	去勢♂（観察値）	去勢♂（期待値）
牛（248頭）	5	10.05	44	38.95
山羊・羊（221頭）	11	5.95	18	23.05

df=1　X2値 8.59　P=0.005

(3)牛の長距離成獣放牧群（*ngaatuk*／*ngaitu*）[38]と分類される。(2)と(3)の長距離成獣放牧群は、個体数が多い場合には、泌乳期の牝を中心にした群れ *ngalepono*（← *akilep*：搾乳する）と、それ以外の群れ *ngabaar*（← *akibar*：金持ちになる、豊かになる）に分割される。「ミルクを出す牛」を意味する *ngalepono* の群れは、すなわち、多くの泌乳期の牝と、群れを先導するための少数の種牡から構成され、半定住集落に配置される。一方、「牧畜家畜」を意味する *ibarasit* を語源とする *ngabaar* の群れ、すなわち乾乳牝、未経産牝、去勢牡、若牡、そして一部の種牡（および家畜キャンプの構成員の食料のためのわずかな泌乳期の牝）は、頻繁に移動する家畜キャンプにおかれる。カリモジョン―ドドスを含む多くの東アフリカ牧畜社会では一般に、成長段階に準じて群れを分割している。

カリモジョン―ドドスで家畜群に関わる包括名称は、本格的な長距離放牧の開始が語彙変化の基準となっている。日帰り放牧に出る母牝と別れて、草葺の小屋などの保護小屋を中心とする圏域にとどまり、自由に遊動している牛・山羊・羊の子たちは *ngisaryo* というカテゴリーでまとめられる。このような、哺乳期の牛・山羊・羊という異なる種の家畜のすべてをまとめる語彙の使用は、母子分離放牧の実践のために人の生活圏の内部に残され、空間的に共在する子たちの集合性に目を向けると納得的な慣用法となる。その後、牛・山羊・羊の子たちは *ngita* と呼ばれる短距離放牧群に加わる。これは、母牝がいる成獣群とは別に組まれ、家畜の所有者の年少の子どもが集落に近い土地へ採食しに連れ出す。さらに成長して長距離放牧に加わるようになると、山羊・羊の群れは一括して *ngakinei* と呼ばれる。両種をまとめて表現する語彙が使用されるのは、日中の放牧時に牧童の管理のもと、実際に入り混じった混群を形成することと重なる。他方、これとは別に単独の群れを形成する成牛群は *ngaatuk*／*ngaitu* というように、山羊・羊の群れとは別の語彙が割りふられている。

カリモジョン―ドドスの人びとは、牛・山羊・羊の種牡を、放牧の際の群れの秩序を維持する存在と位置づけている。群れの他の個体は、種牡を尊敬しており、彼が目の前を通り過ぎるときには道をゆずり、彼の後をついて歩く。また種牡は、自分の群れの幼い個体が攻撃されたときには、これを守るためにそこに駆けつけて、両者のあいだに頭を差し入れて、角をふって威嚇し、争いをいさめる。このことを牧童は、「群れの所有者（優位な個体である種牡）は、成長した他の個体に尊敬されており、小さな弱い個体は、所有者（種牡）に尊敬されている」と言う。牛の牧童のアチア（一五歳）は、「この尊敬は、人間とおなじである。最初に生まれた者は、次に生まれた者によって敬われ、その次に生まれた者は、先に生まれた者を敬う。そして、最初に生まれた者は、最後に生まれた小さい者を敬う、というように」と言った。しかし、たとえば、乾季には乾きと高温に打ちのめされて、牧畜民たちが「まるで牝のようになる」とか「老齢になる」と表現する種牛の深刻な消耗は、種牛の牝へのマウントを不可能にするだけでなく、しばしば去勢牡との闘争での敗北をもたらす。また、体が小さく、群れでもっとも弱かった牝牛でも出産を経験すると種牡と順位を逆転させることがある。

カリモジョン―ドドスの群れは、本質的に、世界の他の地域の野生群ないし再野生化群の、牧畜家畜の社会構

38―牛群の場合、一群の最大構成頭数は二〇〇頭前後である。群れがこの上限を超える「重い」状態（*akiriamakin*：同時に集まる）は重労働を要求し、防衛が手薄になりがちなために略奪されるリスクが増加する。そのうえ牧草不足をまねくとともに、疫病が頻発し、母牝の出産においては逆子の発生が頻繁になるという。

【語り】（二〇〇三年二月七日、ドドスにて）

「井戸では、牛が水に飢えて人の思い通りにはならなくなる。一回五頭ずつ給水するつもりが、放っておくと牛は一挙に押し寄せてくる。すると、（木をくりぬいて作った家畜給水用の）水桶が踏まれて壊れてしまう。井戸の底からの水のくみ出し作業でも、（牛のせいで、河床に掘った穴のふちの砂が崩れ落ちて、染み出す水を覆い隠してしまうから）砂を絶えずかい出さねばならない。くみあげた水を水桶に入れる役目の人と、かい出す人と、牛の整理をする人の三人が必要だ。群れが大きいと、給水に時間がかかるので、グレイジングする時間も少なくなるし、また、人間のほうも水やりという大変な作業によって、くたくたに疲れてしまう。レイディングされる以前には、個体数が多く、二日に一回の牛の給水の日には、まったくグレイジングさせる時間などなく、給水だけが牛と牧童のできることだった。わたしはそのため、放牧中に水を飲んだり、休むこともできず、集落に帰ってきてからは、身体が熱くて食欲もわかず、まず水をたくさん飲み、しばらく休憩して身体が冷えてから夕食を食べるというふうにしかできなかった。夕飯を食べ終わる頃には、集落の人びとがみんな寝静まる頃、そう、ちょうどいまぐらいの時間（二二時）だったよ」。こう言ってロペッチは、銃がドドスにたくさんあった武装解除政策の前（二〇〇〇年より以前）、彼らが従事していた二〇〇発もの弾丸と銃二丁を抱えての放牧が、どんなにひどい重労働であったかを語りはじめ、個体数（一つの群れ）の多さという話題から、牧童の肉体的な疲労に関する話へ移っていった。

造と類似するやり方で構造化されている。構造はかならずしも、つつき順位のようには単線的ではなく、複雑であり、個体の成長段階、繁殖に関わるステータス、脈絡によっても変化するのである。

▼体色と人為的標徴による分類

「ンゴック・ディンカの牛の名前における心象（Imagery in Ngok Dinka Cattle-Names）」［Evans-Pritchard 1934］の中で、エヴァンズ＝プリチャードは、スーダンの牧畜民が人間ではない動物の毛皮の色や、その色と関連する他の現象との関係を使用して牛に言及するしかたを綿密に記載している。そして、牛に言及するために彼らが用いる専門用語の体系に関して、より完結性をもった説明を公刊することをおなじ論文の中で約束した。その後、『ヌエル（*The Nuer*）』の中でこの約束はくりかえされた［Evans-Pritchard 1940］。しかし、彼が一九四〇年に〈かえりみられない主題〉と記述した、家畜をつうじての牧畜民による心象表現に関する探求は遂行されないまま、彼は生涯を閉じた［Coote 1992］。このことは、牧畜民が有している、家畜に言及する「語彙のギャラクシー体系」［Evans-Pritchard 1940: 48］に関する全容の記述が、いかに難題であるかを示唆している。ここからはまず、カリモジョン―ドドスの人びとが家畜の体色を分類する際に基礎とする色彩認識がどのようなものであるか、次に、どのように家畜の体色や模様、身体部位を識別しているかを分析しよう。そして人為的な外見的特徴である焼印、耳型、角型について、その形態的な多様性と加工の方法、その目的を記述したいと思う。

ドドスの基本的色彩認識

色彩カードにもとづくテスト

色に関する民族学的研究は、一九五〇年代以降、目に見えて増えてきている。とくに、文化横断的な測量調査（クロスカルチュラル・サーベイ・ワーク）においては、近年になって急速にその成果が蓄積されつつある。ただ、それとは対照的に、色彩語彙に関するインテンシブで民族誌的な調査は依然として少数例にとどまっている［Levinson 2001］。

ランダール、アーウィン、そしてホロヴィッツ［Landar et al. 1960: 379］は、色の名前をてっとりばやく、なおかつ確実に見いだすにあたって、人工的な刺激がもたらすメリットを強調した。これに対して、フィリピンのハヌノー（Hanunoo）について色彩カードを用いて色名調査を実施した人類学者ハロルド・コンクリン［Conklin 1955: 350］は、被験者の回答には一貫性が見られないことから、人工の材料を使って色彩認識を研究するという方法の妥当性に疑問を投げかけている。たしかに、ものの見た目をあらわすときに、湿り気を気にするハヌノー社会のような場合、カードをベースにして名称の研究を遂行することは不可能である。しかし、おなじ手順でドドスにおいて調査して得られた回答は、東アフリカの他の民族の場合と同様［Tornay 1973; Fukui 1979］とても安定していた。以下、その結果を示そう。

まず、国際照明委員会（CIE）の一九七〇年の規定を参考に、色彩とカラートライアングル（色度図の中にあらわされる三角形）に関する定義を示そう。色彩とは、それによって観察者が、サイズや形、構造がおなじ二つのものの相違を区別することができるようになる、視覚的知覚のアスペクトである。これらの相違は、観察に干渉する放射のスペクトル構成の相違が生み出す相違とおなじ性質である。あらゆる色彩は、以下の色相、明度、彩度の三属性[39]にもとづく測定値によって完全に表現することができる。

色づけされた対象を分光測色法で分析すれば、どのような刺激も、色度図という幾何学の中に位置づけることができる。このタイプの分析は、一九世紀初頭にイギリスの物理学者トマス・ヤングによって表明され、約半世

39――色相：青、緑、黄、赤、紫などの色の名称を思い起こさせる視覚的感覚の属性。この属性は、測色法の度合いである優勢波長の心理的感覚におよそ相応する。
明度：ある表面は多かれ少なかれ、明るさを発しているように見える。明度はこのような色の表面の反射率、つまり明るさの度合いを示す。この属性は、測光法の度合いである輝度の心理的感覚におよそ相応する。
彩度：色のあざやかさの度合いを示す。感覚総合の中に含まれる純粋な色彩感覚の比率測定を可能にする属性である。この属性は、色度の度合いである純粋性の心理的感覚におよそ相応する。

紀後にドイツの生理学者ヘルマン・フォン・ヘルムホルツが体系化した色彩の三色色覚説（「あらゆる色は赤、緑、青の三原色を合成した組み合わせから生じる」という考え方）にもとづいている［Tornay 1973; 福井 1991］。この結果を総合する、馬蹄の形をした図は、X軸とY軸によって標定される図面上で、三次元色彩スペース内に位置する点を写し出す。この色度図を用いる方法は、フランスの人類学者セルジュ・トーネイ［Tornay 1973］が、エチオピア西南部のナイル系牧畜民ニャンガトム（Nyangatom）における色彩認識をあらわすことに利用した。そしてその後、福井勝義［1991］がおなじ地域に居住するスルマ系牧畜民ボディ（Bodi）の色彩認識を分析するために用いた。

　わたしは二〇〇三年に、福井がボディの色彩基本語の位置づけを試みるために採用した分析方法を参考にして、ドドスの半定住集落において七歳から六〇歳までの男性一四人、一二歳から五〇歳までの女性一二人を対象にして、色見本を示して答えを得るという手順で色名調査を実施した。

表5　色彩カードに用いられた単一の語彙素の出現頻度

色彩用語	出現数	頻度＊(%)	色彩用語	出現数	頻度(%)
pus	229	8.8	*sibalitutu*	1	0.04
alibang	209	8.0	*cokei*	1	0.04
nyang	165	6.3	*ekadiidi*	1	0.04
ngor	135	5.2			
areng	129	5.0			
akwang	64	2.5			
kipurat	52	2.0			
kiryon	25	1.0			
mug	21	0.8			
buulu	18	0.7			
bok	15	0.6			
計	1062	40.8	計	3	0.12

＊頻度…色彩語彙の用いられた回数／100（色彩カード数）×26（インフォーマント数）

色彩認識

人工の紙製の色彩カード一〇〇枚を示して、ドドスの人びとから得られた色彩用語を分析した。計二六〇〇の回答のうち、単一の語彙素であらわされたものは表5のとおりである。表の右の用語は、出現回数は一例ずつしかない。[40] このことから、左の一一の色彩用語（*pus*・*alibang*・*nyang*・*ngor*・*areng*・*akwang*・*kipurat*・*kiryon*・*mug*・*buulu*・*bok*）がドドスの基本的な語彙であると言える。[41]

福井［1991: 74］は、二つの色彩基本語が結びついて作られているものを色彩複合語[42]と呼び、分析を進めている。そこで、ドドスで単一で用いられた一一の色彩基本語と、色彩複合語について、男女の使用頻度についても分析してみた。色彩基本語の使用頻度は、出現数一〇六二回中、男性で四四二回（一七パーセント）、女性で六二〇回（二三・八パーセント）であり大差はない。一方、色彩複合語の使用頻度は、出現数一三九七回中、男性で八八一回（三三・九パーセント）、女性で五一六回（一九・八パーセント）であった。つまり、男性のほうが女性よりも色彩複合語の使用頻度が高く、男性のほうが色彩カードの色をより細かく表現しようと努力するという傾向があることがわかる。その理由は、男性がおもに関わる家畜管理において、家畜の体色を細かに区別することによって個体を識別することが重要な認識活動となっていることが考えられる。

色彩が、色彩基本語や複合語だけではなく、具体的な他のものの色にたとえて表現されることは、ニャンガトム［Tornay 1973］、ムルシ（Mursi）［Turton 1980］、ボディ［福井 1991］などで実施されてきた先行研究において指摘されてきた。ドドスも同様に、色彩を表現するときにしばしば具象語を使用する。たとえば、自然現象（雲 *edou*・雨 *akiru*・夕暮れ *aribo*）、土（泥 *duwat*・聖土 *emunyen*・*aliyant*）、鳥の一種（*ekadidiit*・*akuri*・

40―黄褐色のヤスデ（*sibalututu*）、赤味がかった白の実をつける木（*ecokei*）、青緑色のハタオリドリ（*diidi*）のこと。
41―これら一一の色彩語彙の出現頻度は、二六〇〇回中一〇六二回（四〇・八パーセント）だった。
42―ドドスでの色彩複合語の出現頻度は、二六〇〇回中一三八二回（五三・二パーセント）であった。さらに、三つの色彩基本語を結びつけた型も、一四回（出現頻度〇・五パーセント）と少数だが出現した。

esibelibelok)、植物全体や部分（一種のアカシア *eyelel*・一種の木の幹 *epye*・一種の木の実 *etulelo*・一種の草本 *lotaab*・一種の木の葉 *ekolaasu*）、家畜（子山羊 *ikale*・ロバ *esikiria*・牝牛 *aite*）、初乳（*dos*）などである。また、テストに使用した色彩カードは一色に塗られているにもかかわらず、そこに模様やグラデーションを見てとる場合があった。一五人が四四回にわたって、模様やグラデーションを指す語彙でカードを呼んだ。[43] これらの使用頻度は低いが、非常に興味深い事例である。

牛・山羊・羊の体色と体色語彙

カリモジョン―ドドスの色と模様の概念をあらわす語は、「動物の毛皮」を意味する *ajulot* である。家畜の体色に使われる語彙を把握するために、ドドスの男性（三〇歳）には彼の父親が管理している牛群、山羊・羊群について、別の男性（五〇歳）には彼自身が管理している牛群を対象にして、一頭ずつその体色を口頭で表現してもらった。その結果、単色をあらわす語彙、混色をあらわす語彙、模様をあらわす語彙、体の部位をあらわす語彙、体の部位にある色や模様をあらわす語彙、似かよった物にたとえる語彙が使われることがわかった。それぞれをくわしく見ていこう。

単色語彙

単独の語彙であらわされ、かつ彼らが家畜の毛色とみとめる単色語彙は九種である。先ほどのドドスの色彩基本語彙一一種のうち、*alibang*（緑）と *buulu*（青）を除いたものである。(1) *pus*（緑味青、にぶ青、あかるい青、紫味青、灰味青）、(2) *nyang*（黄色）、(3) *ngor*（くらい黄茶、黄褐色、茶色、黄茶、灰味黄茶、灰色、黄味灰）、(4) *areng*（赤）、(5) *akwang*（白）、(6) *kipurat*（あわい紫、薄紫、うす赤紫、あかるい紫味灰）、(7) *kiryon*（黒）、(8) *mug*（紫、赤茶、暗い茶紫）、(9) *bok*（うす茶、うす黄、うす赤紫）。人びとは「*alibang* や *buulu* の毛色をした家畜は存在しない」と述べる。明度の高い毛色は牛に頻出し、牛の毛色でもっとも多いのは白であり、黄色が続く。

山羊の毛色では黒が最多であり、赤が続く。家畜の灰色は、青味がかっていれば *pus*、あかるい赤や黄色がかると *ngor* とあらわされる。ドドスは色彩カードの濃い紫は *kipurat* と答えるが、より薄い紫を *akwang*（白）と答え、白い毛皮を子細に識別していると言えよう。また、毛色が季節に応じて変化することにも注目している。たとえば、カリモジョンで乾季の一月の午前中に、山羊・羊群を放牧していた牧童が経産牝の羊を指さして、吹き出し笑いをしながら「おもしろいな。羊の黒は山羊とは違って完全に黒ではないのだから。乾季には羊の黒はとくに赤くなっていく」と言う。たしかに、羊の黒は赤茶色っぽく見え、とくに強く太陽の光を受けている部分は、赤味を強く表出させていた。

混色語彙

グラデーションや、異なる色が分離したまま均質に混じりあう混色語彙は、⑴ *ngiro*（白灰色ないし白と黒が次第に移行しあうグラデーション）、⑵ *siwa*（*kipurat* と *pus* の混在）、⑶ *pulo*（白と黄の混在）、⑷ *sia*（細かな白黒の混在）の四種あった。

模様語彙

東アフリカ牧畜社会における家畜の体色には、たいへん豊かな多様性が見られることは、これまでに幾多の研究で報告されてきたし、そのような色彩の多様性が発現してくることには、人為的な選択が関わっているのか、それとも純粋に自然生態学的な選択によるものなのかを検討した研究も存在している［たとえば、Finch and Western 1977; 福井 1991; 宮脇 1999］。東アフリカの在来の家畜の体色の多様性の幅を、それ以外の地域の家畜の

43――使用頻度の高い順番に記すと、*ngiro*（白と黒のグラデーション）、*komol*（黒白の斑点）、*siwa*（ある種の混色）、*pulo*（ある種の混色）、*konony*（赤と白の斑点）、*ngole*（頭頂に白の斑点）が使われていた（各語彙の指示内容は後述する）。

体色との比較のうえで明らかにした研究は存在しないが、少なくとも西洋社会で大規模に飼養されている肉用および乳用種の大半は、単色あるいは「白に茶の斑」「白に黒の斑」「黒に白の斑」「茶に白の斑」といった、特定の少数の体色パターンに収まってしまうのではないだろうか。[44] カラモジャの牛では、そのような少数のパターンに収められる個体が、群れ全体の個体に占める比率は多く見積もっても一割以下である。カラモジャの家畜の毛皮の配色はとても込み入ったものであって、複雑な色と模様を多くの個体が発現させている。その結果、「キリン」や「ブチハイエナ」のような体色があらわれる。このような毛皮の配色の多様性を生み出しているのが、以下の模様語彙である。複数の色がそれぞれ独自の広がりを作り、それらが明確なパターンとなっていることをあらわす模様語彙は、点や線といった着色面の型やサイズ、配色の関係によってくわしく分類されている。

このカテゴリーには、点状の模様に注目した八種と、線状の模様に注目した二種の語彙が存在する。⑴ *meri*（二種類の色の対照によってできる微細な斑点。一方はつねに白。*meri* が単独で使用されたときには、白黒の組み合わせである）⑵ *kori*（白地に赤い斑点。斑点のサイズは *meri* より大きい）⑶ *komol*（*komol* 単独で使用された場合には、*kori* より大きい白の中ぶりの斑点が、黒地にあらわれていることを示す）⑷ *ngorok*（地に大きい黒い斑点があらわれるパターン）⑸ *luka*（*ngorok* とおなじサイズの大きな斑点であり、赤と白、*ngor* と白のコントラストであらわれる）⑹ *kedi*（横に長く押しつぶれた一つの小さな、内部に黒が混在する白抜きの斑点）⑺ *kedekedia*（横に長く押しつぶれた複数の小さな、内部に黒が混在する白抜きの斑点）⑻ *epira*（閉じた丸い細かい輪がいくつもある模様）⑼ *ese*（黒と白ないし灰色のストライプ）⑽ *gira*（「稲光」の関連語であり、焼ごてで体表に刻印された無数の縦線）。

部位色彩語彙

色ないし模様が、家畜の体の特定の部位にあらわれることを示す部位色彩語彙のパターンもある。⑴ *tulya*（顔面の、*kori* より大きいサイズの斑点）⑵ *ngole*（頭頂部単独ないし顔を含む頭部全体が白）⑶ *ngura*（腹部が白ないし黒であり、顔、背中、側面にかけて上下に二分割された配色が特徴）⑷ *domo*（目ないし耳を内部にとりこんだ、赤い大きな斑点で、残りの体表は白い）⑸ *ngoria*（頭から首にかけて赤い大きな斑点がある）⑹ *linga*（首や首のまわりに、白以外の色ないし模様がある）⑺ *kapel*（背やわき腹に、一面の白い広がりがある）⑻ *kol*（*koli*）（白地に黒い帯が横一線にのびるパターンをあらわす）⑼ *sil*（背中から腹にかけての白抜きの縦の細いラインがある）⑽ *was*（しっぽの先端が白）⑾ *cuba*（唇のまわりの毛に色がある）⑿ *coro*（頭頂部から鼻まで、両眼を貫く形で二本のラインが平行に伸びるパターンをあらわす）⒀ *ruwas*（白地に赤ないし黒の、中サイズより大きな斑点が、前足にあらわれている）⒁ *dengo*（背中から腹にかけての白抜きの縦の太いライン）⒂ *waka*（大腿部に、*tulya* と色サイズがおなじ斑点がある）。

部位語彙

また、単色、混色、模様のあらわれている部位を特定する表現として、*akau*（背中）、*akituk*（口）、*akou*（頭）、*aleyat*（のどの下に垂れさがった皮膚のたるみ）、*amuro*（もも）、*apet*（えり首、うなじ）、*aworosos*（大きな腹。年老いた牝牛の、草でいっぱいになった、大きく出っ張った腹のこと）、*etoil*（のど）、*akongu*（目）、*akit*（耳）、*apol*（下脇腹）などの部位語彙が使用される。模様語彙といっしょに使うときには、*meri akou*（頭部が *meri*）、*kori napet*（えり首が *kori*）のように、特定された身体部位に斑点があらわれていることを示す。

類似する動植物、物をあらわす語彙

家畜に類似する動植物や物で体色をあらわす場合もある。例としては、*ekosowan*（バッファロー）、*elob*（ハーテビースト）、*etom*（象）、*esikiria*（ロバ）、*abangang*（真っ白の鳥の一種、家鴨）、*lobilingorok*（鳥の一種、セ

44――カラモジャの家畜ではきわめて一般的な、面積のとても小さな斑点が、西洋社会の家畜には非常にまれなように思われる。

キレイ)、*akokot*(軍隊アリ)、*ekokowas*(シロオマングース)、*emomwae*(モロコシ)、*amuret*(酒づくり用に発酵させた穀物の粉)、*acarakan*(家畜の血にミルクを混ぜた飲み物)、*akopir*(白い鳥の羽)、*adekelait*(栽培されたメロン)、*akimait*(シコクビエ)、*erau*(トウジンビエ)、*akamuryei*(木本 *Carissa edulis* の赤い実)、*abaale*(キノコの一種)、*emusugut*(白人)、*akwar*(夜、完全なる黒)、*ebatterio*(乾電池、市販されている中国製の単一乾電池 Tiger Head に描かれたトラのように、地が黄色で、黒い縦線)、*atele*(ビーズのベルト)、*apokot*(アームレット)などである。

焼印

焼印(*emacar*)を入れるのは、雨季が理想的であるとされる。やけどの傷と痛みを雨と寒さが癒してくれるからである。牛への焼印入れの場合、一歳未満の子は毛皮が薄く熱が身体の内部に入るため、対象は一〜二歳の個体に限定される。一方、山羊・羊への焼印入れは、生後五ヵ月から可能になる。[45] 焼印を入れる際には、群れ全体に対して白い聖なる土(*emunyen ngolo akwang*)を振りかけ、群れの繁栄を祈念する。

カリモジョンの家畜の焼印はメッセージ伝達に使用されるが、問題はそれが誰に対してアドレスされているかである。いくつかの研究では、家畜の所有者やその親族などの関係者は個体を完璧に識別しており、それゆえ彼ら自身にとって、焼印の形にはそれ自体としての重要性はなく、「第三者」に対してメッセージは向けられていると考えている[Landais 2001]。このような主張は、カリモジョン―ドドスの牧畜家畜への焼印入れの機能に関する観察によっても支持される。焼印を入れる理由は、「父や、父の父への尊敬を示すためであり、わたしたちが所有する家畜が先祖と続いていることを示すためであり、焼印の形を決めるのは父や祖父たちである」と説明される。

ただ、明示的な特徴の乏しい家畜(たとえば羊)を多数所有している場合、牧畜民は、個体識別のために不可避的に標を使用する例外が生じてくる。個体数が千を超える大きな羊群の所有者であり、この群れの牧夫をつとめていたカリモジョンの男性は、焼印がなければ自分の羊が他の群れに紛れ込んだ時に気がつかないままであろうと語ってくれたことがある。また、カリモジョンはときとして、ポコットやドドス、ジエと合同で一大家畜キャンプを形成する。このような所属の異なる多数の家畜個体が密集した状態で群れが入り混じったときや、略奪された家畜を奪還するときに、焼印は第三者に対して個体を同定する助けになるということを牧畜民は否定しない。

焼印は、ふつう右体表に刻印する。左体表に焼印がみられる場合は、額や鼻に真横に線をひく場合だけでなく、目をぐるりと丸く囲む焼印が左目にも刻印されている場合がみられる。その他に、ときに左体表に右体表とおなじ印が刻まれている場合があるが、これは省略されることもある。それに対して、右体表に焼印を入れることはかならず実行される。この背景には、右体表が生命や誕生と結びついていることへの牧畜民の認知があるように思われる。具体的には、焼印を右体表にほどこす理由についてたずねられたドドスは、ミルクは右側から搾ること、家畜を屠殺するときには右体表を下にして地面に伏せさせ、左体表に槍を突き立てることに言及したことがある。また、カリモジョンの牧童は牝牛の右体表をなでて、「こちら側には子牛が入っている」と説明した（写真10）。

45――ただし、下痢をしている新生子に対してはその治療を目的として、カリモジョンは尾の根元から腰骨までにかけてのラインに直行する線を三本、焼ごてでひく。牛・山羊・羊に対して適用される治療目的の焼印入れは、*akimadakin* と呼ばれる。

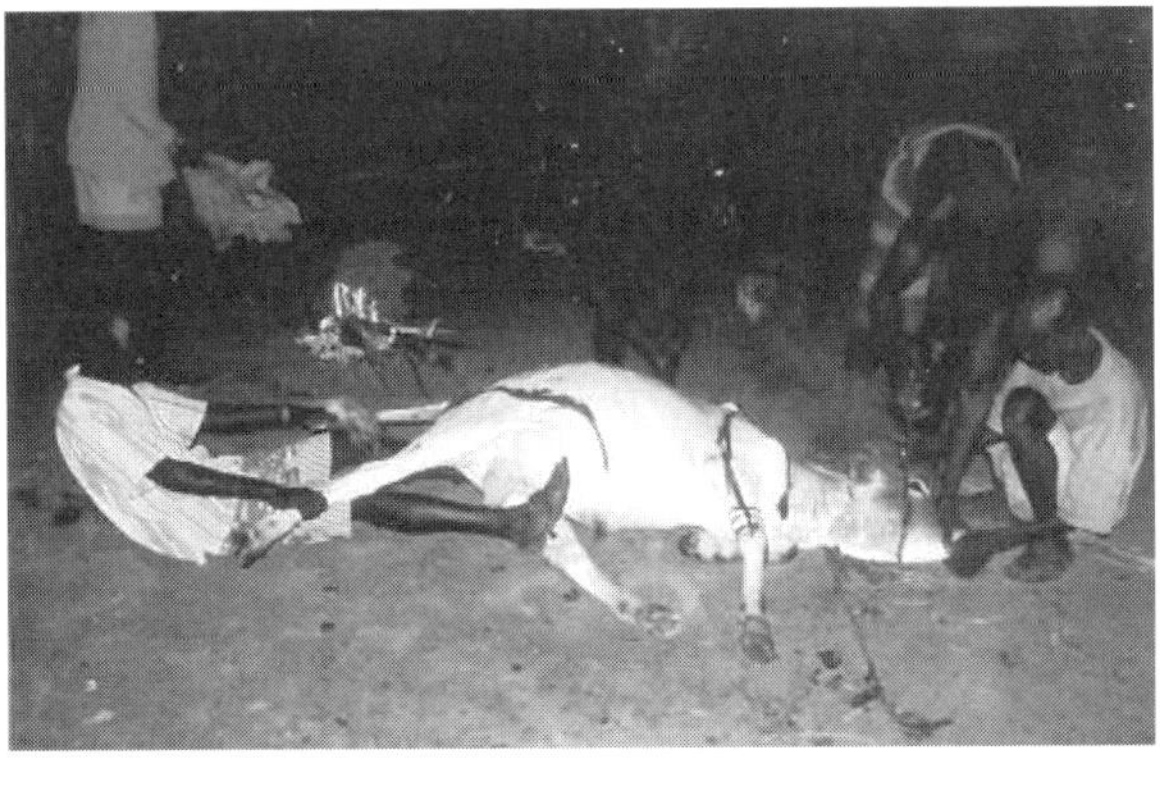

写真10　牛の右体表に焼印を入れる

ダイソン＝ハドソンは、父系クランとそれに固有の焼印という形で一対一に対応させて、一二種の焼印例を図示している。そして、二つのクランに対しては、それぞれ二種と四種の焼印を例示している［Dyson-Hudson 1966: 88］。現在のカリモジョンにおいては、焼印の模様にはより幅広い多様性が見られるだけでなく、一つひとつの焼印は模様がとても複雑に描き込まれるようになっている。焼印を入れるのは、家畜の所有者自身であり、所有者は自分の父親の焼印の形を家畜の右体表に入れる。みずからが最愛の色と呼ぶ体色をした牡の個体を見かけたとき、カリモジョンではその所有者のもとを訪れて、この個体をベッギング（ねだり）することができる。その色が自分の群れの中に加わるだけでなく、その子が群れの中に産まれていくことを願ってねだる。ベッギングをとおして譲渡された牡牛が作った子には、その譲渡者の焼印を入れる。これは、譲渡されたことに対する感謝をあらわす刻印（*emacar ngolo kaalakara*）である。自分の群れに病気がまん延し、あるいは相次いで家畜を略奪されて苦悩している所有者は、友人の焼印や妻（あるいは母）の父から許しを得て、彼らの模様を描き込む。こうすることによって、群れの健康や繁栄が得られると考えられている。略奪を防ぐために、他の地域集団や民族集団に多く見られる焼印を入れることで、それらの家畜があたかも他集団から預託されたものであるかのようにカモフラージュするという効果をねらうこともある。感謝をあらわし、群れの安寧を願い、群れを略奪からかわすための模様は、父親が使っていた模様を描き入れたあとで、それに重ねる形で描かれる。

焼印の具体的な形は、幾何学的な模様である（図6および図7）。焼印の模様は、その家畜の所有者が所属する出自集団をディスプレイするとともに、前述したとおり、他の模様を刻印された群れから区別するというような外に向けられた目的があるが、その一方で、内的な効果をもつものでもある。カリモジョン自身の受け止め方にしたがえば、焼印はビーズ細工や身体瘢痕（*ngagelan*）にたとえられる「美しいもの」である。焼印を家畜の身にほどこしてゆく過程は、「(字や絵、身体瘢痕を) 描く（*akigir*）」という動詞で表現される[46]。それは、まっさらな体表にわれらの標を「描きつける」ことによって身体を新鮮に彩ってゆく過程である。そのため、焼印入れの行為過程は、おなじ文様の反復的な刻印を描くだけであるにもかかわらず、審美的な価値を帯びながら、描き手の内にその美をさらに追求しようという創意が誘発され、自己目的的な行為という意味合いを強く帯びてゆくことになる。

【事例】（二〇〇五年三月五日、カリモジョンにて）
調査助手のデンゲル（三一歳）のエカルにて、夕方、山羊・羊群が集落に帰着し、囲いへいったん全頭を入れた後、そこから一頭ずつ連れ出しては焼印を入れてゆく。山羊の牧童リサ（一二歳）、牛の牧童アチア（一五歳）、ゴレムグ（リサの父親。デンゲルの異母兄弟。四五歳）、ロイヤップ（デンゲルの母方オジの子。一九歳）が、羊を横倒しにして、左側面を下にして押さえつける。デンゲルが、熱されて赤く光る鉄製の焼きごてを羊の体に押し当て、羊の体にはわせていく。三頭目にデンゲルが焼印を入れていると、羊の頭部を押さえていたゴレムグが、手を伸ばして火から鉄棒を引き出そうとする。「ゴレムグ、やめろ」とデンゲルは言う。ゴレムグはそれにかまわず、目の周りをぐりと囲む形で焼印を入れてしまう。四頭目もふたたびゴレムグが入れようとする。「やめろ」と言うデンゲルの制止の声もかまわずに、ゴレムグは右顔と右前足に勝手に刻印してしまう。デンゲルは、ゴレムグが焼印を入れた右顔を一瞥して、別の新たな焼きごてを火から取り出し、羊の右顔のほうへ腰を落とした姿勢でにじりよる。するとゴレムグが「じゅうぶんだ、もうしなくてよい」と言う。それにかまわずデンゲルは、さっき入れられたばかりの目の周りの黒く焦げた跡をふたたびなぞってゆく。六頭目より山羊への焼印入れとなる。山羊を横倒しにした途端、ゴレムグはすかさず焼きごてを手にとると、制止の声にかまわずに顔へ焼印を入れてしまう。八頭目には、ゴレムグとデンゲルが互いに「やめろ」と言いあいながら焼きごてをもち、上半身と下半身へ同時に焼印を入れていった。

二〇〇二年から二〇〇三年にかけて二回にわたって、マセニコから家畜略奪を受けたゴレムグには家畜が一頭もいなかった。焼印入れでは、暴れる家畜個体を動かないように押し倒して固定しておくことは重要な仕事であ

46——伊谷純一郎［2009: 446-447］は、トゥルカナが槍の石突を釣針のように曲げた「絵筆」で、牛や駱駝や山羊の体表に、父系氏族の文様を焼印入れするプロセスを「画く行為」として記述している。

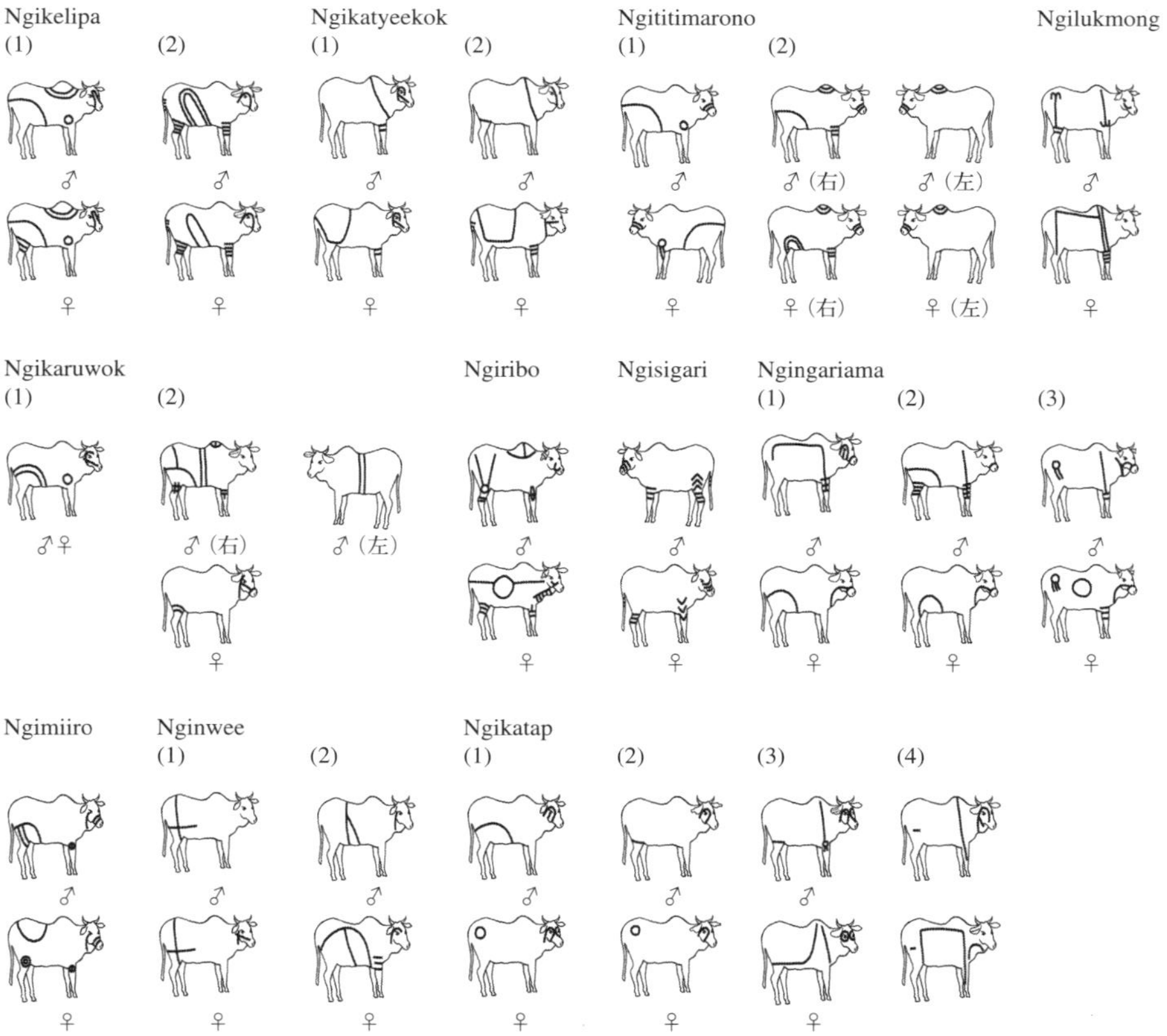
Ngikelipa
(1)
♂
♀
(2)
♂
♀
Ngikatyeekok
(1)
♂
♀
(2)
♂
♀
Ngitítimarono
(1)
♂
♀
(2)
♂（右）
♀（右）
♂（左）
♀（左）
Ngilukmong
♂
♀
Ngikaruwok
(1)
♂♀
(2)
♂（右）
♀
♂（左）
Ngiribo
♂
♀
Ngisigari
♂
♀
Ngingariama
(1)
♂
♀
(2)
♂
♀
(3)
♂
♀
Ngimiiro
♂
♀
Nginwee
(1)
♂
♀
(2)
♂
♀
Ngikatap
(1)
♂
♀
(2)
♂
♀
(3)
♂
♀
(4)

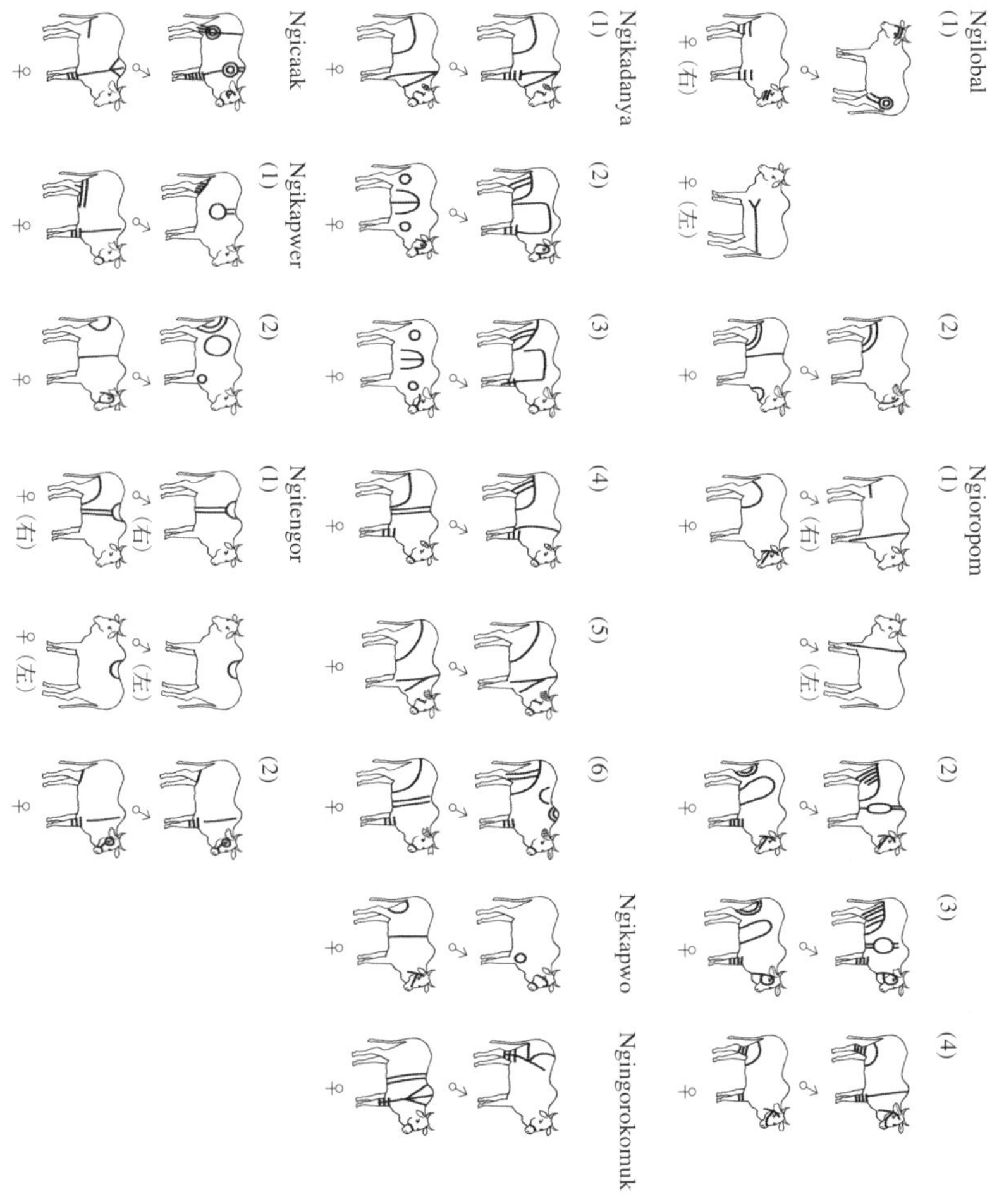

図6　カリモジョンのクランの焼印例

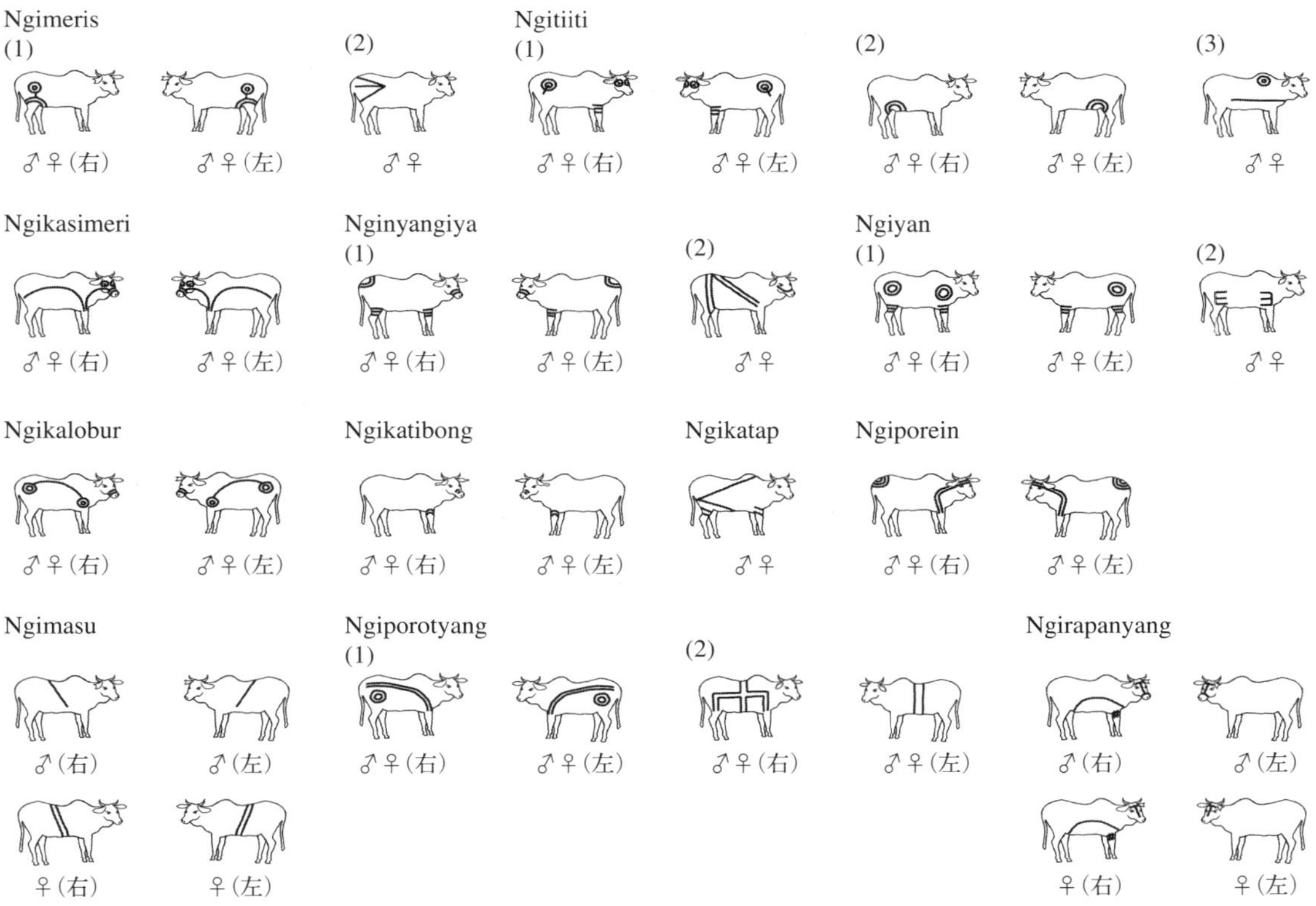
Ngimeris
(1)
♂♀(右)
♂♀(左)
(2)
♂♀
Ngitiiti
(1)
♂♀(右)
♂♀(左)
(2)
♂♀(右)
♂♀(左)
(3)
♂♀
Ngikasimeri
♂♀(右)
♂♀(左)
Nginyangiya
(1)
♂♀(右)
♂♀(左)
(2)
♂♀
Ngiyan
(1)
♂♀(右)
♂♀(左)
(2)
♂♀
Ngikalobur
♂♀(右)
♂♀(左)
Ngikatibong
♂♀(右)
♂♀(左)
Ngikatap
♂♀
Ngiporein
♂♀(右)
♂♀(左)
Ngimasu
♂(右)
♂(左)
♀(右)
♀(左)
Ngiporotyang
(1)
♂♀(右)
♂♀(左)
(2)
♂♀(右)
♂♀(左)
Ngirapanyang
♂(右)
♂(左)
♀(右)
♀(左)

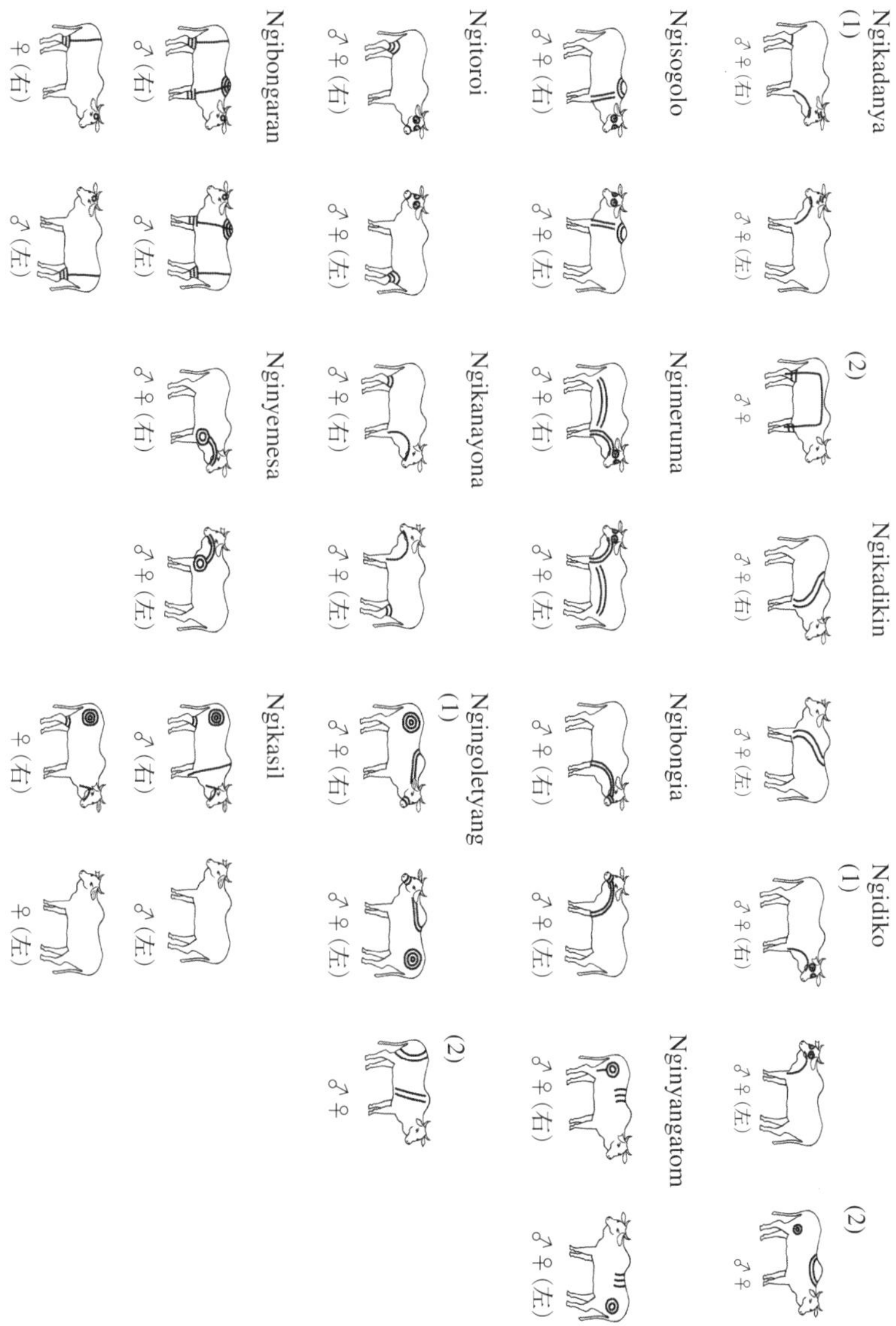

図7　ドドスのクランの焼印例

り、押さえつけている手とは反対の手で金棒を握って、それをすべらせてゆくのは、拘束を振りほどこうとする個体のもがきで焼きごてが不正確に動いてしまいかねない軽率なやり方である。焼印を入れる者としてはデンゲルがいて、彼はその手順と形を把握しているのだから、こうした変則的な焼印の入れ方を強引とも言えるしかたで押し進めていった理由は、ゴレムグが「焼印を入れたい」思いを抑えることができなかったということ以外にはどこにも見当たらない。ゴレムグは、デンゲルとおなじ父系クランに属しているので、デンゲルが入れる焼印の形は当然知っている。すべてデンゲルの家畜だったが、ゴレムグは制止を振り切ってしまうほどに「入れたかった」のである。焼印入れの作業を終えたその日の晩、デンゲルとロイヤップと小屋で休んでいるとき、デンゲルが「ゴレムグは、強く強くやりたがっていたなぁ」と焼印入れの場面を思いかえした。すると、ロイヤップは「とてもとても（やりたがっていた）」と応じて、二人は笑いあった。この事例のような焼印入れの楽しさをゴレムグの視線から了解していることは、夜の会話だけでなく、完全にはゴレムグの欲求を抑えつけることをしなかったデンゲルやロイヤップの行動によくあらわれている。デンゲルは、「自分の家畜だ」という事実を主張することによって拒否を通すこともできた。しかし、彼らは楽しみを独占するのではなく、それを共有する道を選んだのである。

焼印入れは、美学的な視覚効果の生産の過程である。そして、焼印入れの経験には、「描く楽しみ」が含まれていると考えられる。たしかに、刻まれた焼印が異なるクランを弁別する特徴として人の目に映るということがみとめられる。しかし、焼印を入れる結果へ向かって、焼印入れの過程の意味は疎外されてはいない。むしろ、その都度の順次の時間が、それ自体として自己完結的な意味をおび、その過程は活動を遂行すること自体が内発的な報酬となるようなフロー経験によって内側から満たされる［チクセントミハイ 2001］。それは、焼印をほどこす者に、没入をもたらす活動になっており、時としてその経験は分け与えられるのである。

耳型

人為的な切れ込みのある耳型は、*epone* と総称される（図８）。カリモジョン—ドドスでの耳型は、焼印とおなじように所有者の父や、父の父への敬意をあらわすために、父系クランの焼印とセットの印づけとして機能している。そして、耳型も焼印とおなじように、右側、あるいは両側に加工がほどこされる（写真11）。耳へ切れ込みを入れる行為も、雨季の実施が好ましいとされる。乾季は気温が高く、切られた耳からの出血が多くなるし、乾季で衰えた家畜には負担になるからである。耳型に付与される名称とその加工の方法は、カリモジョンとドドスとでかなり一致している。左右に異なる耳型をほどこした場合は、「一方の耳は〜、他方（の耳）は〜」と記述的にあらわされる。[47]

47—耳型をあらわす語彙のもとになっている語について確認してゆくと、耳型の名前は、その形にととのえる手の動作や、耳の形を指す言葉にもとづくものによって構成されていることがわかる。たとえば、カリモジョンとドドスでの *ita* は「先端を尖らせる」を意味する動詞 *aitar* にもとづく。また、カリモジョンでの *ebait* と *ebayo*、ドドスでの *baba* と関連する動詞は *akiba* である。これは「それ自身で裂けてゆく」ことを意味する。カリモジョンでの *kocil* と *kocila*、ドドスでの *kocil* は、「引き裂く」という動詞 *akicil* を語源としている。カリモジョンでの *eipitai* と *eipiipa* は、*akiip* という「わずかに切りとる」をあらわす動詞にもとづく。カリモジョンでの *tubub* と *tubutubo* は、*akitub* という「刻む」という動詞にもとづく。カリモジョンでの *yerer* と *yereyera*、ドドスでの *yeriir* と *yereyere* は「（端が）丸く（らせん状に）曲がる」を意味する *akiyer* を語源とする。カリモジョンとドドスでの *peed* は、「貫き通す」や「差し入れる」を意味する動詞 *akiped* と関連している。

写真11　*teba* の耳型を持つ牡牛

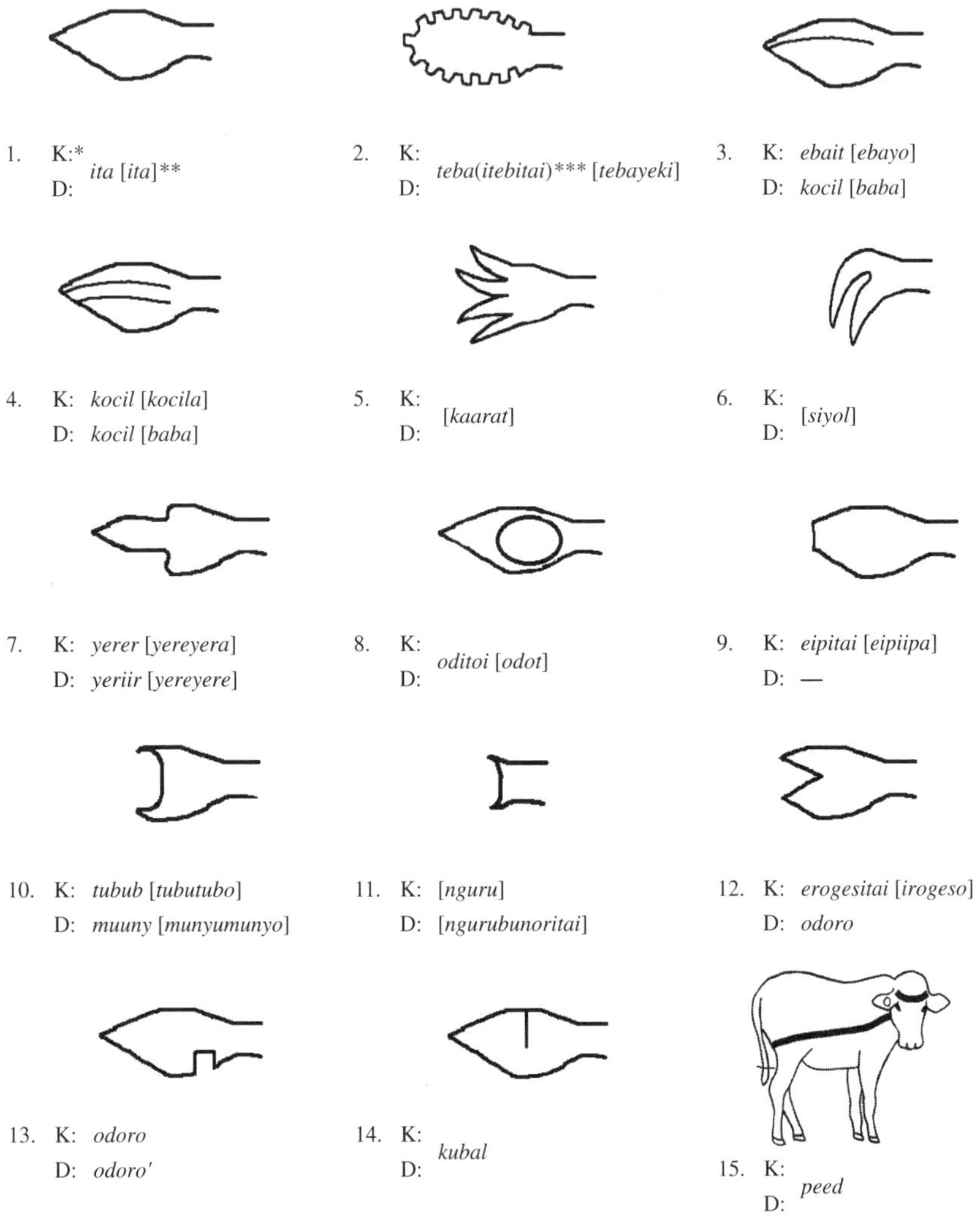

* K: カリモジョン語、D: ドドス語
** [ ] で囲まれた語は、両耳への切り込みがなされた場合の呼び方をあらわす。
*** ( ) 内は別の呼び方をあらわす。

図8　カリモジョンとドドスの耳型

去勢牛の耳にきざまれる *kaarat* と *siyol* は、当該個体の所有者が家畜略奪戦で殺人をしたことを示す。個体生存への処置としては、双子の出産や、新生子死亡（*akitakad*）をくりかえす母牝とその子にほどこす *muny*（*munyumunyo*）と、ダニから血を吸われたことが原因でひどい疥癬を患って痩せ衰えてしまった幼獣に対し、右耳に穴をあけ、焼印と尾の先端の切断とをともに施術する *peed* がある。ドドスでは、将来、種牡として群れの繁殖を担うことを決められた若い牡に対しては *yeriir*、あるいは *muny* の耳型へと施術する。こうすることで牧童は、将来の種牡に対するアテンションがとくに鋭敏なものになるし、もしも群れから離れて迷子になった場合でも、他の群れの管理者が所有者に知らせてくれるのである。

角型

カリモジョンにおいてもドドスにおいても、切断、たたき、傷つけ、たわめ、結わえ、焼きなどの諸行為により、多様な角型がうみだされる。カリモジョンとドドスでは、*amwara*（pl. *ngamwar*）が角をあらわす概念である。角の形態は、カリモジョン、ドドスにおいてともに、一三種の分類が確認された（図９、表６）。マサイ［Galaty 1989］、ケニア南西部カレンジン系のキプシギス（Kipsigis）［小馬 1990］、エチオピア西南部クシ系のホール（Hor）［宮脇 1999］には角の矯正技術はないが、その形態は一様ではない。たとえば、牛の「自然な」角の形態について、マサイは五種、キプシギスは一三種、ホールは六種に分類している。

人為的な矯角のなされないキプシギスで、多様な形状の角を牛が示す理由を推察して小馬徹［1990］は、角の特異な形状が遺伝的なものか、あるいはそのような形状の角をもつ牛が、他民族からなんらかのしかたでキプシギスにもたらされているという可能性を示唆している。共同体の内部での矯角の事実、他民族からの家畜の移入といった人為的要因と、家畜自身の生物学的な遺伝要因に加え、個体自身が出生後にアリ塚や樹木、そして岩に角を押し付けながらこすり、あるいは他個体との角合わせによって破損することで、角の変形、切断が生じることもある。これは、他の種牡と角を突き合わせて闘争することが頻繁な種牡においては、角が成形される大きな

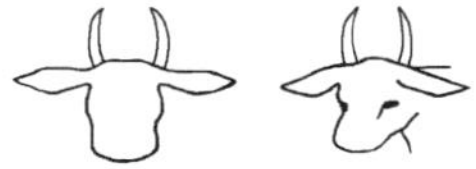

1. K:* *ita* or *wala* **
D:

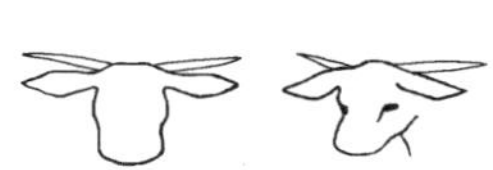

2. K: *peta*
D:

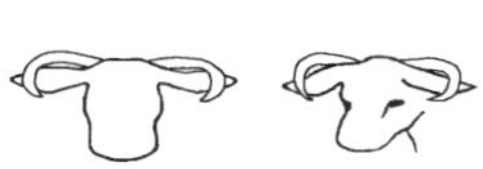

3. K: *magal*
D:

4. K: *bakar*
D:

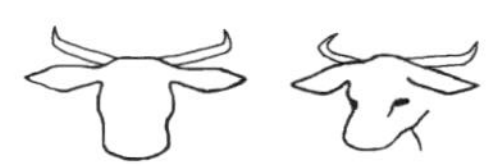

5. K: *rwanga*
D:

6. K: *diata*
D:

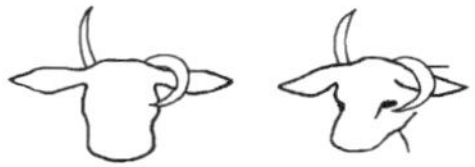

7. K: *kamar*
D:

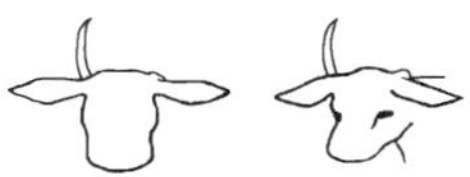

8. K: *todo*
D:

9. K: *butoro*
D:

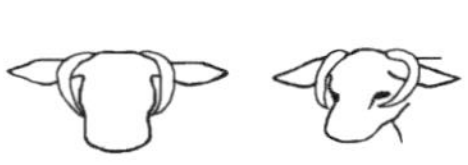

10. K: *luk*
D:

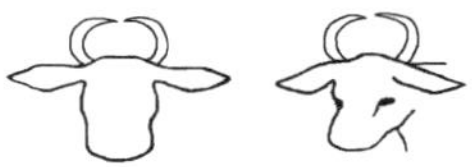

11. K: *kodos*
D:

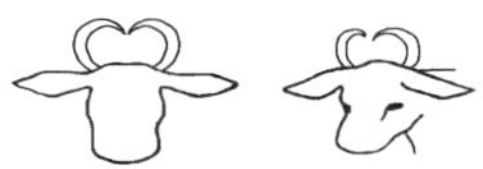

12. K: *nukur*
D:

13. K: *kudo*
D:

14. K: *dodunga*
D: *kiriaman*

15. K: *yara*
D:

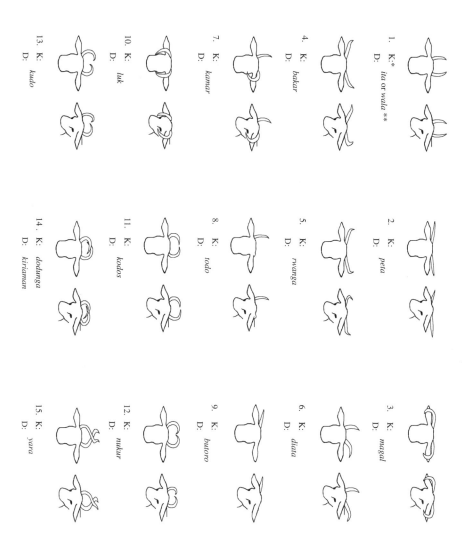

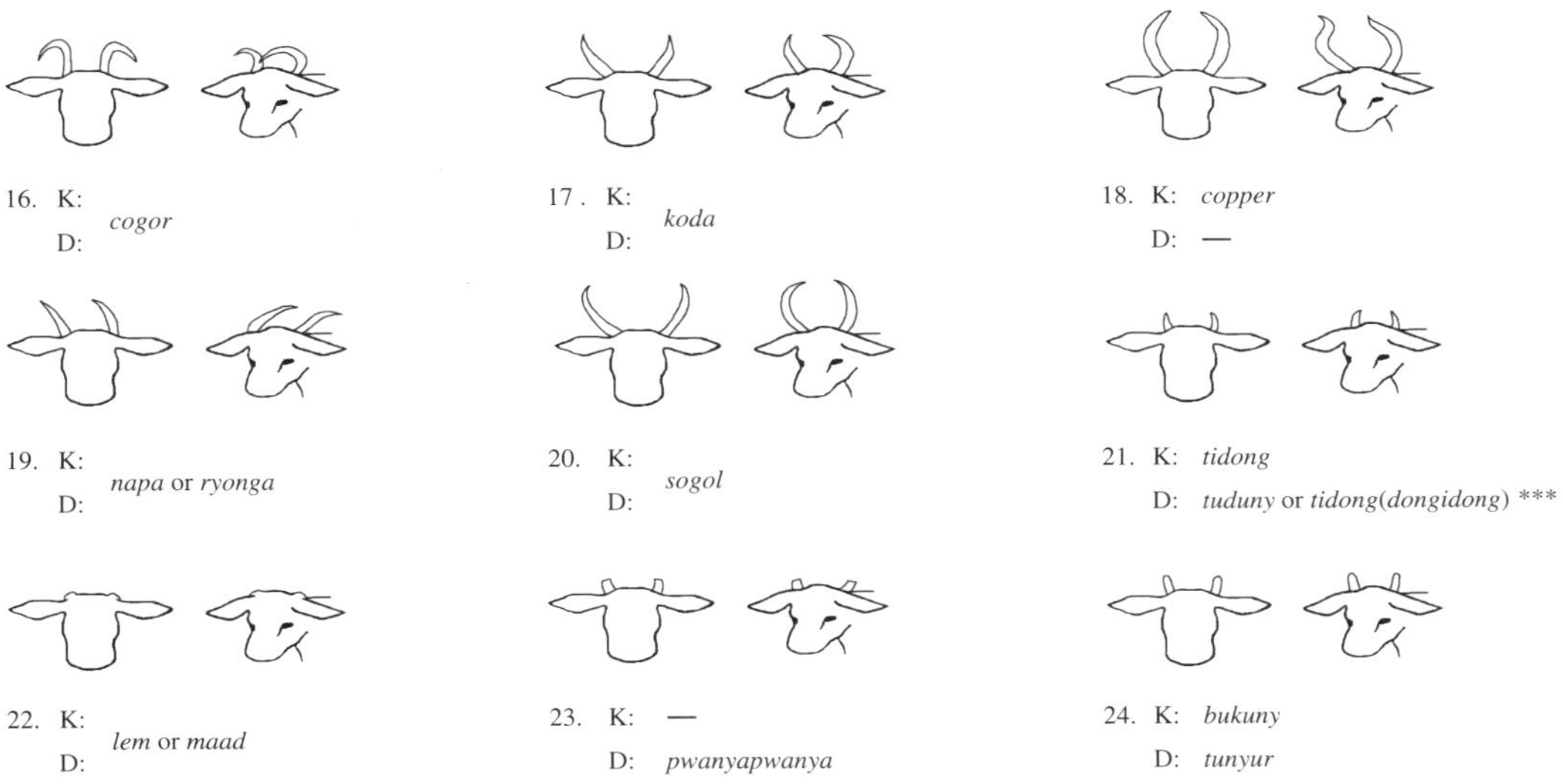

* K: カリモジョン語、D: ドドス語
** or でつないだ呼び方は、形はおなじだが、形成のされ方が異なる。
*** ( ) 内は別の呼び方をあらわす。

図9　カリモジョンとドドスの角型

表6　角の形成のされ方

	角の形の名前	自然	人為	加工プロセス	形に関する説明
1[1)]	*ita*	○[2)]	×		上にまっすぐ伸びる。
1[1)]	*wala*	×	○	*akiram* + *akidung*[3)]	上にまっすぐ伸びる。切り込みを入れた跡（*adungot*）と叩いた跡（*aramasit*）がある。
2	*peta*	○	×	*akiram*[4)]	外に向かって水平に伸びる。
3	*magal*	△	○	*akidung*	*peta* の先端が下向き。（← *akimagal*：曲げる）
4	*bakar*	△	○	*akiram* + *akidung*	*peta* の先端が前向き。
5	*rwanga*	○	○		*peta* の先端が後ろに反っている。全体も後ろに傾いている。
6	*diata*	○	○	*akiram*	片方が上向き、もう片方が外に向かって水平に伸びる。
7	*kamar*	×	○	*akiram*+ *akidung* 2週間、紐で結んでおく。	片方が上向き、もう片方が下向き。
8	*todo*	×	○	*akimadakin*[5)]	片方の角しかない。その一本は自然にまかせて伸ばす。
9	*butoro*	△	○	*akimadakin*	片方が水平に伸び、他方は無角。自然形成された場合には「妖術使い（*ekapilan*）」として石を投げつけて屠殺する。双子の場合も同様の対処をとる。
10	*luk*	○	○	*akiram*	下に垂れて内向き。角芯が折れているから角が動く。他の個体や人間に対して角突きをする牛（とくに産後間もない牝牛は子への防衛本能を搾乳者に向ける）に対して無角にする。
11	*kodos*	△	○	*akiram*　叩いた後、数週間、紐でしばっておく。	*kodos* とは、卵黄（*edos*）の丸みからきている。いずれ *nukur*、*kiriaman*、*kudo* になる。それは自然に決まる。
12	*nukur*	○	×	*kodos* の後、自然になる。	
13	*kudo*	○	×	*kodos* の後、自然になる。	
14	*kiriaman*	○	×	*kodos* の後、自然になる。	*kudo* の極端に曲がった形で、重なっている。

	角の形の名前	自然	人為	加工プロセス	形に関する説明
14	*dudunga*	×	○	*akiram*	(← *adudung*：一緒に結びつける)
15	*yara*	×	○	*kiriaman* を通過した後、もう一度、手を入れて形成される。	交差している。
16	*cogor*	○	○	*akiram* + *akidung*	上向きで、前へ湾曲している。
17	*koda*	△	○		湾曲しているというより、全体が前に傾いている。
18	*copper*	○	○		*koda* の大きいもの。
19	*napa*	○	×		全体が真後ろに傾いている。(← *akinap*：頭に結びつけてモノを運ぶ)
	ryonga	△	○	*akiram* 根元を叩く。	(← *akiryong*：肩でモノを運ぶ)
20	*sogol*	○	○		長く、大きい。
21	*tuduny*	○	×		生まれつきの短角。
	tidong (*dongidong*)[6]	×	○	角の生え始めに手を入れる。	短角。tidong の角は短いままですでに成長が止まっており、とても硬く、皮に覆われていない。(← *atidongong*：短い) *dongidong* は短角、角はとても柔らかく、皮に覆われている。(← *akidong*：残る)
22	*lem*	○	×		生まれつきの無角。
	maad	×	○	*akimadakin* 角の生え始めに焼く。	生え始めのときに焼くと成長が止まる。(← *akimad*：先端を焼く)
23	*pwanyapwanya*	○	×		角が折れてしまった角なし。(← *akipwany*：折れて取れる)
24	*tunyur* (*bukuny*)	○	×		先端の鋭くない角。もうこれ以上育たない。(← *atunyukuk*：短い)

[1] ひとつの番号に二種類の角の名前があるものは、形はおなじだが、形成のされ方が異なるものである。
[2] ○：中心的な形成プロセス　　△：かなり低頻度の形成プロセス　　×：無形成
[3] *akiram*：石で叩く。牡と不妊牝に対してのみおこなう。
[4] *akidung*：切傷（槍、ナイフ）を入れ、紐をまく。(切傷を入れる時には角が硬いので、焼鏝をあてる。)
[5] *akimadakin*：焼きを入れ、無角にする。(燃えさしの木；*ekoreete, ekapelimen* など、硬い木がよい。)
[6] ( ) 内は別の呼び方。

要因となっているのみならず、種牡は自身で角を磨く頻度が高く、その先端は鋭利になっており、角の形態は種牡の身体的な特徴をも表現している。たとえば、「ロクワンが角を振り上げる。岩をひっかき先端の尖った角を。大地をひづめでかくものよ、アリ塚を粉々にした種牛よ」と描写される。これは、高度に儀礼化された闘争行動として観察される、土をかき、角をアリ塚にこすりつける種牛の力と不屈さのディスプレイを讃えた詩である（写真12）。

カリモジョン―ドドスの誰しもがまっさきに言及する矯角の理由は、個体を魅力的にする（*akibusiar*）、あるいはその個体を誇りに感じて体を熱くする（*akiwangar*）ためになされるというものである。矯角の対象は、おもに去勢牛であり、直線のまま根元から前傾している *koda* や、互いの角が外側へ水平に伸びつつ先端が前方へ突き出す *bakar* が好んで選ばれる。その形は所有者自身が決める。その他、他の個体や人間に対して角突きをしかける牛には、人為的に無角にすることがある。少数ではあるが、出産直後の初産の牝牛は、子への防衛本能からの角突きを、搾乳者や周囲の個体にしかけることがあるからである。

写真12　角を突き合って遊ぶ子牛

▼家畜と牧童の協働が支える個体識別

ここまで見てきたように、カリモジョン―ドドスの家畜は自然的な体色の発現への注目をつうじ、あるいは人為的標徴の創出をつうじて同一の示差的特徴をもつクラスターに類化され、そして群れ全体は小単位に下位分割される。誕生してまもない新生子は保護囲いにとどめおき、性成熟期の牡に対しては去勢を実践するというように、牧畜民は対象集団に、各クラスに要請される管理技法をもって対応する。性・成長段階は、放牧群編成や搾乳、去勢といった牧畜生活の持続のための人為的関与と密接に関連して構造化されている。また、体色分類や、耳や角の変形加工、焼印をとおしての多彩なカテゴリーの創出は、特定個体の示差的特徴を指示するための言語技術と絡みあう。さらに、綿密な語彙体系を複合させることによって、家族の内外で個体を指示することが可能になる。たとえば、放牧中に群れからはぐれた個体を探す牧童は、行方を追う道々で、他の牧童にその迷子の種や性、そして容姿を告げ、所在を確認して回る。牧畜家畜の分類は現象の恣意的なカテゴリー化ではなく、牧畜の技法と密接に関連している。

彼らが牧畜家畜を一頭ずつ、〈かけがえのない個〉として承知し、それらの個体の記憶を家畜と重ね合わせることには、毎日、あたりまえのようにくりかえされる家畜管理にとって、重要な意味がある。家畜管理における個体識別のみごとさは、牧地での全頭個体確認や、搾乳するときに囲いの中で母子を再会させる文脈でクリアになる。以下では、放牧と搾乳場面と個体識別の関連をみてみよう。日々の基本的な牧畜の営みが人びとのきわめて洗練された知性によって支えられており、しかもその高度な認知活動の基盤は、日常の家畜との社会的な共生関係の中で絶え間なく産出されていることが明白になるだろう。

全頭個体確認：牧野における群れを見る

小家畜の搾乳を介助する成長段階を過ぎると、人間の子どもはやがて、集落からそれほど離れていないところでの幼年個体の小規模な放牧に同行するようになる。そしてさらに成長を重ねると、小家畜の放牧群の牧童として、一〇キロメートル以上におよぶ長距離の採食行を担当するようになる。そして、ここで牧童は、放牧の途上で群れからもれおちた欠員がいないか、牧野のところどころで定期的に全頭個体確認（*akiit* ← *akiitun*：思い出す）を実行する。たとえば、群れ全体の運動性が落ちる正午すぎに、視界のひらけた草地でひとかたまりになって採食する群れを前に、あるいは牧野に点在するアカシアの木陰で密集して身をふせて、反芻したり、居眠りする群れを前に、牧童は目視によって一頭ずつ、群れのメンバーの存否を確認する。驚くべきことに、この毎日くりかえされるなにげない確認作業では、大きな家畜群をめぐる、個体識別の力、家系の記憶、日々の個体の身体的配列に関する知識が、複雑かつ絶妙に組み合わされて、対象個体の割り出しが精確に実行されるのである。

わたしがお世話になっていたドドスの家族の牧童は、一日に二〜三回、全頭個体確認を実行していた。一回目のタイミングは、朝、群れが囲いを出て、人の居留地からやや離れ、群れの輪郭がクリアになったときである。家畜の群れが囲いを出るときには、他の群れもまたほとんどおなじタイミングで放牧に出かける。そのために放牧群への所属が異なる多くの個体が、居留地の近くで入り乱れてしまうことがよく起こる。多くのものは自分の群れについていくのだが、何らかの理由で別の放牧群の中に入ったまま歩き続ける個体がいるかもしれない。朝の確認は、このためのチェックという意味がある。二回目は、正午過ぎ、給水後である。給水日には、家畜の迷子（*acakar*：失う、迷う）のリスクがもっと高い。水を求めて、群れから外れてしまう個体が多いためである。[48]全頭に給水を終えた後、牧童は群れを引き連れて、午後の放牧地の方向にある休憩地の木陰に向かう途中で、群れの先頭に立つ。先頭をゆく個体が進行方向とは逆へ振り向くことで、群れ全体の移動が止まる（*akikongokin*）。そこで牧童は、個体の存否を確認するために群れの中に分け入る。見晴らしの悪い場所では、木に登ってじっと凝視する。全頭個体確認が終われば、ふたたび移動をうながすために、牧童は群れの後方に行き、音声を発して群れを前方へ移動させる。

牧畜民が有する技法の中でも、群れを構成する家畜の一頭一頭を、牧童はどのように識別し記憶しているのかといった問いは、これまでいくつかの研究の中心的な問いとなってきた。たとえば、梅棹忠夫［1990b］は、タンザニア北部のダトーガ（Datoga）が、放牧群の個体の存否確認をするときには、数を数えることによってではなく、体色にもとづいて、すべての個体の顔ぶれを個別に記憶しており、その「記憶台帳」にもとづいて「出席簿をつけるように」、一頭ずつチェックしていることを明らかにしている。太田によると、トゥルカナは、ひとつの放牧群を構成する拡大家族の家畜群について、所有者、性・成長段階を複合させてクラスターに分け、そのクラスターごとに存否を確認している［太田 1987b］。

カリモジョン―ドドスにおいても、性・成長段階や、家畜の体色および人為的標徴を含む、これまでに述べてきた家畜の類別的な分類は、牧童の個体識別に多大な貢献をしている。調査を開始した当初、わたしは「あなたはなぜこの家畜があなたの群れのメンバーだとわかるのか」というおなじ質問をくりかえした。彼らはわたしに、まず家畜の「存在（*eyakae*）によってわかる」と答え、次に「体色によってわかる」と答えた。「存在」とは、家畜の性や成長段階、体色、耳の形、角の形、行動などを包括する概念だが、その中でも体色はとくに際立つ示差的特徴となっている。実際、本章で述べたとおり、カラモジャの家畜の体色は非常に多様であるので、ある任意の個体の体色それ自体が、その個体に固有なものになっている。たとえば牧童は、牧野で一群となって採食している群れの中での個体の位置を、群れの色彩の配列関係を手がかりにして容易に探り当てることができるのである。その群れの全体の色彩は、「光る体色の個体」（*epir*）を見いだすことではっきりと浮かび上がってくると牧童は言う。牧童は、群れの中にかならず数頭は「光る体色の個体」を認識しており、これは、群れを見る牧童の目に映る際立ちと、彼の色への嗜好によって決まってくる。もし一頭が迷い出たとしても、群れの中にその個体が残した空間によってその個体を同定することができるのである。

48――水場では異なる放牧群が集まってきて給水を受ける。牛群の場合には、同一放牧群の個体五～八頭が一組になり、掘りさげた砂底からくみあげた水を各組ごとに横長の水桶から吸いとって飲む。給水を受ける単位である「組」は、一つの放牧群の全体から自発的に出てくる形で自然に形成される。残された群れの個体たちは、砂地で立って待っている。先に水を飲み終わった牛たちは、まだ水を飲んでいない個体の混ざる群れに帰り、全体が給水を終えるまで待機している。このとき、水を飲んで満足した牛が他群に近寄り、そのまま混入してしまうことがある。この待機している群れには、たいてい牧童が付き添っており、個体に牧杖で触れることによって、群れから井戸に駆け寄る組を一つずつ追い出し、また多くの個体がいっせいに井戸に駆け寄ろうとしたときには、一部の個体に牧杖を振り上げて押し戻すという役割を務めるのに忙しくしているので、他群への混入にまで注意を向けられない場合もある。

もう一つ具体例をあげよう。牧童は、自分の担当する群れのメンバーの「顔ぶれ」をたえず思い起こすという努力を払っている。このように存否確認に熱心な牧童のイマジネーションは、就寝した後もしばしば彼に放牧中のビジョンをひらき、そして迷える個体を夢の中で「見る」という現象が起きることになる。

【語り】（二〇〇五年二月三日、二十代男性）
ナパック山の南、カロケニャクニュクの家畜キャンプにいたわたしは、この牛群の牧童になったばかりで、牛群のメンバーのすべてを記憶しているわけではなかった。牛は一〇〇頭以上いた。放牧も給水も一人きりだ。牛群のメンバーを覚えていないので、他の群れと混じらないように注意していた。ところがある日、水場でわたしが気づかないうちに、他の群れと混じりあってしまった。相手の群れの牧童と一緒に、群れを分け、相手がどこの群れなのか、牧童は誰か、どこからきている群れなのか見た。そして放牧を終え、牛を囲いに入れた。周りを歩いて、見て回った。いなくなった個体がいないかどうか見て回った。その夜寝ていたら、夢を見て、いなくなっている個体がいることに気づいた。*Apusteba*（*ataok ngina pus teba*）が群れから離れて、他群についてゆく姿を見て、目が覚めた。みんなまだ眠っていたが、囲いに行ってみると、*Apusteba* はやはりいない。わたしは日中に混じりあった相手の群れの囲いに行って、それを連れ戻した。

事例の中で、群れからいなくなっていた個体として想起されたのは、「耳の外縁を凹凸になるように切除した灰色の未経産牝の牛（*ataok ngina pus teba*）」である。本来そうでなくてはならない「欠員のない（わたしの）群れ」のイメージと、眠りの前に囲いを見て回って刻みこまれたリアルな個体配列の記憶とのあいだに生じた、漠然とした違和感がきっかけとなって、牧童の眠りは浅いものとなっていただろう。やがてその不安な影がはっきりとした特定の個体の形として浮かび上がると、牧童に決定的な覚醒をもたらし、彼は現実の探索行動へと導かれていったのである。

日常の牧畜活動のうえで、家畜が個体として認識される場面にみられるように、認識と記憶にもとづく個体識別は、一見したところ人間側のメンタリティが特権的に幅をきかせている活動領域のように思える。たしかに家畜の身体をめぐる記述的な表現が詳細であればあるほど、巨大な群れの中から個々の家畜を識別することは容易になるだろう。しかし、全頭個体確認の過程は、実際には、牧童の知識にもとづく家畜群の自然で日常的な「あるべき」イメージをリアルな空間に具現することで可能になっている。その意味で、この牧野における個体識別は、牧童と家畜の協働作業であるとも言えるのである。詳しく説明しよう。

群れの個体はユニークな身体特徴をもっているが、それぞれの個体は相互に関連づけられて記憶されている。ドドスの牧童は、家畜群を母系の血縁関係によるサブ・ユニットに分割し、家畜の欠員の有無を構造的に調べていた。この方法では、母系をたどって結びつく血縁集団（養取された子も含む）をユニットとしてまとめて記憶し、個体確認の時には、そのメンバーの顔ぶれを思い描き、メンバーに欠員がないかをチェックする。そして、あるユニットの確認が終われば、次のユニットについても同様の過程で確認を続けてゆくのである。もし群れのどこを見渡しても、特定のメンバーを見いだしえないときには、牧童はそれまでに通った放牧ルートを思い出しながら、迷子になっている個体を見た記憶がどこの場所まではあって、その「存在」はどこで途切れたのかを振り返る。他群と入り混じりやすい種牡の場合は、水場や休憩場所で他の群れに紛れ込んで、その群れについていっている可能性が高いので、その群れの所有者のもとに行ってみなければならない。臨月の牝なら、通過してきた植生の茂みに身をひそめているだろう。だから、放牧ルートを逆にたどってみる必要がある。受託や購入によって新しく群れに加入してきた個体なら、もとの所有者の半定住集落や家畜キャンプにある、その個体が収容されていた家畜囲いへ戻っていった可能性が高い。この場合には、探索の行は長丁場となりがちである。

個体は人びとが認識している系譜のうえで特定の位置を占めるばかりではない。群れの中での空間配置には、ある個体と他個体との身体的、社会的な関係が、ときにあいまいに、ときに明確に反映されているのである。つまり、ある個体については、群れのどの位置にいることが多いかという配列のうえでの秩序が、ある程度、明確に認められるのである。たとえばその傾向には、個体の性と成長のカテゴリーの位置が関わっている。移動中の群れを確認するときには、牧童は、この空間配置を手がかりにすることができる。牛群を例にとって見てみよう。

群れの先頭にいつもいる個体（*ekarikon* ← *akirik*：導く、ないし *ekaloton* ← *alotonior*：健脚である）は、種牡、去勢牡および泌乳期の牝であり、種牡が前方に立つときは先頭を切って歩く（ただし種牡は、乾季で弱っているときや発情している時期には逆に、群れの最後方をさまよっている）。いつも群れの後方にいる個体は、牡では *ekanipon*（← *aniponiar*：遅れてくる）、牝なら *ekaniponon* と呼ばれ、老齢の個体がこの位置で採食している。もっとも潜在的な離脱のリスクが高いのは、群れから孤立しがちな個体であり、これは *akasepan*（← *akisepakin*：道から外れる）と呼ばれる。それは力が弱いため、採食しているあいだに他の個体からの角による威嚇を受け、群れの周縁に位置しがちになるからである。このカテゴリーには、新しく群れに加わってきた個体（*epeyonon*）や病気の個体、新生子（*imangit*）および臨月の牝（*iwaca*）が入る。

そして夕方、一日の放牧を終えた放牧群が囲いに入るときも、最後に個体がそろっているか存否の確認がなされる。放牧地でまばらに散開して採食している場合とは異なり、囲いを含む居留地を生活圏の中核とする家畜たちは、ここにおいて母子関係の紐帯に即して集まりあい、牧童の記憶の系譜ユニットをまさに視角的に外化する。[49] このような群れの関係フェーズの転換点を絶妙のタイミングでとらえて、牧童は囲いの入り口に立ち、列になって流れこんでゆく群れをながめて、家畜の系譜に沿った存否の確認を悠々と成し遂げるのである。

搾乳における母牝と新生子と人間のアタッチメント

一頭一頭を、それ以上は分割できない、ユニークな同一性の宿る主体として承知する個体識別は、先に述べてきた放牧においてだけではなく、搾乳にとってもライフラインとなる牧畜世界の叡知である。個体識別の重みは、母牝の加入している放牧群が、夕方に牧野から居留地に帰り、囲いの中へ列を作っておさまったのちの、搾乳の場面ではっきりとする。そこで、個体識別に従事する者の身体は、日々の搾乳（より正確には、ミルクを分泌すること）にとって欠かすことができない、母牝と新生子のアタッチメントの中に埋め込まれている。そして、牧畜民側の個体識別や個体記憶は、搾乳という仕事をとおして日々出会うことになる、母子のペア・ゲシュタルトのうえに構築されている。搾乳における個体識別を述べる前にまず、放牧が母子関係にもたらしている社会的な環境に触れておこう。

カリモジョン＝ドドスにおける放牧は、牧畜家畜の群れが、彼らの根城である囲いと、採食するための放牧地のあいだの往復運動を日々くりかえすという日帰り放牧の形をとっている。幼い個体の体力への配慮と母牝の乳が吸われてしまうことを避けるため、日帰り放牧では、泌乳期間にある母牝とその子は、放牧がおこなわれる

49―ドドスの牧夫は、わたしに以下のように説明した。「牝は成長しても母と近接し、その子がまた母に近接するという形で家族ごとにまとまりあう。しかし、放牧中は家族ごとにまとまらない。草を見ているためだ。マウンティングも生じないのは、そのせいである。一方、囲いの中では、角突きやマウンティング、そして母子間での近接が強くなる。それは、囲いが彼らの住処（*ere*）だからだ」。彼のこの言葉を支持する行動傾向として、カリモジョンにおいて、母系の血縁でつながる四世代六頭の牝牛が、優位な個体が位置どる子牛囲いに接する柵の近くにいつもとなりあわせに立って、互いを毛づくろいをしている例をあげることができる。囲いの中では、となりに寄り添って、母牝が子の首筋を舌で愛撫したり、山羊であれば母牝に前足を乗せたりして遊ぶ光景があちこちで見られる。また、トゥルカナで日帰り放牧され、飼養されている山羊の母子は、囲いの内部では寄り添って横になる［太田 1982］。囲い内部での母子の親密な結びつきとは対照的に、第3章で明らかになるように、放牧中の群れの中では、母子関係で結ばれた個体間に特別な近接はみとめられない。

母子の相互行為だけではなく、個体間の相互行為にも囲いの内外とでは明らかな差異がある。放牧地とは対照的に、人の居留地の内部に作られた囲いを中心にした生活圏の核の領域では、家畜たちは多様な相互行為を頻繁にかわしあうのである。たとえば囲いの中、あるいは集落の柵から内部へ向かう通路で、家畜たちはにおいをかぎあい、互いの体をなめ、角で体をかきあい、顔を乗せあって休憩する。あるいは、朝、放牧に出発するときにゲートが開かれると、牡同士は角を突き合わせ、成熟した異性は性交する。そして、夕方の搾乳がおわった囲いの中で、牝がとなりの牡の目のにおいをかぐ行為は、放牧中にはけっして見られない。親密な個体のあいだで多様な遊びが見られるのも囲いの内部である。牛・山羊・羊に見られる個体間の遊びとしては、三個体以上での角の突き合わせ（*akitamitama* ← *akitamitam*：（～する仕方を）学ぶ、まねをする）、跳ね合ってかけっこしながらの角の突き合わせ（*akicuro*：～を楽しむ、子どもたちのようにジャンプする）、同性同士でのマウンティング（*asupo* ← *akisup*：交尾する）などがある。

日中の大半、引き離されてしまうことになる。つまり日帰り放牧は、母子分離放牧を付帯させて実施されるのである。すこし詳しく説明しよう。強靭な体躯をしている成獣にとっての長距離放牧とは、エネルギーを補給する機会であるとともに、またその適地への移動である。ところが、新生子には、そのような長距離移動に耐えることができる身体的なコンディションはまだ整っていない。乾燥サバンナの乾季の草木は、日照りと採食圧のために、移動直後の数日間をのぞいて、日帰り放牧の帰還地の周辺では乏しくなり、そこから離れた、斜面の傾斜が明確に変化する山すそや、湿地エリアに残る採食パッチまで足をのばす必要が出てくる。しなしながら、生後まもない彼らは、草をさほど食べず、母乳を好んで摂取する。新生子にとって、成獣とおなじ旅程でゆく放牧は、利益よりもリスクの高い、割に合わない活動なのである（写真13）。

子に放牧への同行を控えさせたほうがよい理由はほかにもある。子がじゅうぶんに成長して、長距離放牧行に耐えられる強靭さを身につけるとともに、草への欲求を強めたとしても、いまだ乳離れしていない母子に、放牧での同行をゆるしてしまうと、人びとの生活に必要なミルクは家畜に吸い尽くされてしまうことになるからである。伝統的な牧畜社会では、人間のミルク利用のために、母牝のミルクを子から守る手段が発達しており、なかなか乳離れをしない幼獣に対しては、たとえば、子に口枷をとりつけたり、母から空間的に子を分離するなど、吸乳をふせぐ人為的な手立てがとられることはよく知られている［梅棹 1990a: 553-559; 太田 1987a］。放

写真13　朝、放牧に出発する山羊群から離乳前の子山羊を連れ戻す

牧は、成獣へのエネルギー補給の機会であるとともに、人間がミルクを利用できる条件、つまり、母子が分離する時間を作り出す技法でもあるのだ。東アフリカ牧畜社会では、乾燥サバンナという生態環境のもとでの、このようなミルクの保存と身体的な耐久性および食草要求の母子間の違いという事情から、日中の放牧時には母子を空間的に隔離する放牧、すなわち母子分離放牧がひろく実践されているのだと考えられる［太田 1982; 鹿野 1999］[50]。

母牝は、朝、群れのほかのメンバーとともに家畜囲いから外に出て、牧童に付き添われ、その日の放牧地へと出発していく。他方、哺乳子は居留地にとどまる。夕方、放牧から戻ってきた群れが囲いにおさまると、やがて搾乳がはじまり、母子は催乳、そしてそれにひき続く授乳、および搾乳ののちに眠りにつくまでのあいだの寄り添いあいなど、身体的な接触をともなう濃密な近接の時間を過ごす。このように、日帰り放牧によって、泌乳期の母牝と乳飲み子は、相互的な共在と分離のフェーズをくりかえすことになる。

搾乳は人びとの手によってなされるが、このとき、あたかも子に授乳しているかのように母牝に認識させることが、ミルクの分泌にとって重要である。そうでなければ、ミルクがわき出ることを刺激するホルモンは分泌されず、ミルクはほとんどでなくなってしまうからである。この搾乳の文脈を作り出す催乳は、母子の認知づけが確立している、対の二者を近づけて、実際に子に乳首をふくませるという相互行為によって導かれる。母子の認知づけが確立していない場合には、泌乳牝は授乳をかなり強く拒絶する。つまり、漫然と任意の子をとって乳頭をくわえさせるあらゆる刺激が、母牝に催乳をもたらすことができるというわけではないのである。このような、

50――ただし、日帰り放牧と付帯条件としての母子分離が実施される事実は、東アフリカだけにのみみられるものではない。これらの実践の抱き合わせは、家畜の身体的自然の制約のもとでの生命の維持という課題に基礎づけられており、そして牧畜民の主要な食料の供給源であるミルクの確保といった食糧保障の問題がからんでいる。そうであるなら、牧畜家畜の乳利用と放牧を組み合わせた他地域でも広く共通する実践と考えられる。実際、内陸アジアや地中海沿岸地域を含む数多の牧畜社会にみとめられる［たとえば、谷 1997; 梅棹 1990a］。

じゅうぶんな量のミルクを搾乳することを可能にする、特定の「この」泌乳牝と、彼女と認知づけで結ばれた特定の「この」新生子との、しかるべきペア・ゲシュタルトを一組ずつ作ってゆく実践を支えるものこそ、個体識別という知の使用である。

ペア・ゲシュタルトを形成する母子と、それを日々作り上げる人間は、ペア・ゲシュタルトをめぐる記憶のインター・スペシフィックな共有を介して、緊密で対等な関係を作っている。もちろん個体識別は一部のスペシャリストにだけにみとめられる特殊技能ではない。カリモジョン―ドドスの牧畜社会では、牧童の妹や弟など、四～五歳の子どもたちが、牧柵の内部で戯れ、搾乳の手伝いをつうじて母系の系譜関係に関する知識をなにげなく身につけている。そして、それをたよりに、毎朝夕、山羊や羊といった小家畜の新生子を胸にかかえて、母牝に差し出し、母牝が子のにおいをかいで、それが自分の子であることを確認するのを見届ける。このような形で毎日、幼い子たちがマッチングを実行し、乳搾りを介助している。

このとき人間の子どもが身をおくのは、山羊の母牝が子を求め、そして子が母牝を求めるという、自分もその一員である人間の世界でもおなじみの、母子相互行為の展開である。人間の子は、みずからの母子関係上の経験と重ね合わせながら、母子が求めあう発声と行為の意味を理解するものとして存在しており、その意味で、家畜を人間から切り離す存在論的な境界線ははっきりしないものになっている。このような、牧畜家畜と対等な目線から、母牝のミルクをその新生子とともに分かちあう「小さき者」た

写真14　子牛とミルクを分かち合う牧童

ちの仕事こそは、牧畜民として生を受けた人びとが生涯にわたって日常的に続けることになる個体識別の萌芽である（写真14）。

2　反照する人のライフ・サイクルと家畜の系譜

▼人間の成長段階

カリモジョン―ドドスにおいて、人間の成長段階をめぐる分類の特徴は身体の発育や運動の発達に関連しているものであり、その評価は家畜との関わりの文脈でなされている。人間が成長してゆくということは、家畜との密接なコンタクトにおいて成し遂げられ表現されるのである。

人間が家畜のケアに参与しはじめるようになるのは、子山羊や子羊を胸に抱いて歩けるようになって以降のことである。もっとも幼い段階にある、「まだ立って歩けない人間の赤ん坊（*ingwe*）」は、日中、紐につながれた家畜の新生子とともに小屋の中にいる。夜間はそこに、集落の周辺で草を食めるようになったやや成長した子山羊と子羊が加わって、ともに眠る。人びとの表現では、この成長段階の人間と家畜は、「肉（母親の体）の外の子宮（*aperit*）の中」にとどまり続ける。やがて自力で歩けるようになると、男の子は *idia*、女の子は *ipese* と呼ばれる。このカテゴリーの子どもたちは、夜も昼も一日中、まだ放牧群に加われない家畜の子とともに、小屋の内外でともに過ごすようになる。環状集落の全体を囲っているアカシアで作られた柵を出てゆくにしても、遠くまではめったに足を延ばさない。

彼らが二歳前後で離乳を果たすころ、体重が二キログラム前後の子山羊と子羊を一頭ずつ両腕に抱えて、成長した家畜がおさまっている囲いにつれてゆく役割を担うようになる。この段階になると、男の子は *edia*、女の子は *apese* のカテゴリーになる。彼らはすでに山羊と羊の個体識別ができるようになっており、搾乳の対象である母牝たちの中の一頭一頭に、まちがうことなく子をあてがうことができる。さらに成長して、十歳前後になると、

esapat と呼ばれるようになった男の子は、放牧の距離が短い山羊・羊の子どもの群れの牧童として牧野に出てゆく。また朝夕には、みずからミルクを搾り、年少の者に指示を出して子山羊や子羊をつれてこさせるなど、作業をとりしきるようになる。次に、山羊・羊の長距離におよぶ放牧に携わる。そして数年後に、成牛の放牧群を任されるようになると、結婚以前であれば esapat と呼ばれ、既婚者は ekile のカテゴリーに組み入れられる。女の子は既婚者になると、aberu と呼ばれるようになり、小屋を中心とするドメスティックな圏域での搾乳と病気治療をとおして家畜とのおもな関わりをもつ。[51]

▼家畜の名前と人の名前

家畜の名前が母系をたどって継承されるダトーガにおける牛［梅棹 1990b］や、マサイにおける牛［Galaty 1989］、北ケニアのガブラ（Gabra）の山羊とラクダ［Imai 1982］とは異なり、カリモジョン―ドドスの牛・山羊・羊には、トゥルカナとおなじように個体ごとに名前が与えられ、放牧や搾乳のときに牧童や家族がその名前を呼ぶ。名前は、単一の語ないし二〜三の語の組み合わせによって表現され、本章でみてきた体色や身体特徴（たとえば、amoyo「ヒヅメが長く伸びている個体」など）をあらわす語彙や、耳や角の形をあらわす語彙が使われる。さらに家族内の会話で特定の個体を指示するときには、外貌をあらわす語彙とともに、その個体をどのように獲得したか、その方法を示す語彙を追加したり（たとえば、agelunyo「購入された個体」など）、母牝および母牝の母牝とのつながりを明言する。[52] そのような認識された系譜の深度は深く、傍系についての記憶も正確である。[53]

一頭一頭の家畜の固有名は、誕生後立ちあがって母牝に寄り添うのを介助されるときにはじまり、朝夕の搾乳時に母牝と対面するため新生子の保護囲いから連れ出されるときや、年少の幼い子どもたちの胸の中であやしかけとして呼びかけられる。その後も、日帰り放牧の際に群れをガイドする牧童が口にするだけでなく、搾乳中に柵の中で呼びかけられ、牧歌として家畜に歌いかけられる。

家畜（モンゴル［Fijn 2011］）やコンパニオン・アニマル（フランス［レヴィ＝ストロース 1976］）に対しては、

人間とは異なる名前が付与され、存在論的な差異が強調されているというが、カリモジョン―ドドスでは、家畜個体の名前は人名としても使用される。カリモジョン―ドドスでは、ある個人は少なくとも二種類の名前をもつ。

一つは、「へその名前（*ekiro ngolo keakapul*）」（ないし「へその緒の名前 *ekiro ngolo keapusit*」）と呼ばれるものである。産まれてすぐ、母親の胸に抱かれて乳首に口を近づけた状態で、名前の候補が順番に言及されてゆく。新生児が乳首を口に含み、吸い始めたときに言及されていた名前が「へその名前」で、赤ん坊はその名前で呼ばれるようになる。「へその名前」は、新生児自身が選びとったものであると説明される。候補として言及されるのは、すでに死去した親族の名前や、誕生したときに生じていた特徴的なエピソード、その中心的な事物（例：野火の煙（*apurumon*）、降雨（*akiru*）、来客（*epeyonon*）、援助食料（*auga*）、など）を要素とする名前である。

51―このあと、老齢期の男性は *ekasikout*、老齢期の女性は *akimat* と呼ばれるカテゴリーにいたる。人間の成長段階の最後のステージである。

52―今井一郎［Imai 1982］にしたがって認識された系譜の深度を計算すると、ドドスの山羊の系譜は、ガブラ同様、とてもよく記憶されている。

53―家畜群は、母子関係を中心とする系譜関係によって構造化されている。たとえばふだん、「〜の子山羊」と彼らが言う場合には、母牝の名前を冠して指示することが多い。母系をたどって結びつく血縁集団は、系譜をそれ以上はたどれないところまでさかのぼった起点となる母牝や、母牝の入手の方法を冠して、「〜の系統」として指示される。ドドスの一家族が所有していた一六一頭からなる山羊群について、母子関係の系統と各系統の起点となる母牝（「はじまりの山羊」）の入手方法を調べた。系統の数は七二であり、平均約四・五頭から構成されていた。山羊群は、出生、略奪、受託、購入、婚資支払、負債返済、贈与、交換、放牧地での迷い込み、略奪分配をつうじて入手された母牝を起点として構成されていることがわかる（資料1）。牧夫が群れの系譜を思い起こすとき、個体の体色や耳、角の形からなる「顔」の記憶を母子系列ごとに出生順をなぞりながらたどる。個体の記憶は、特定の母子関係の系譜の中に位置づけられ、系譜の記憶は、家畜の視覚的な表現の配列として構造化されている（資料1）。一つ一つの母系集団の内部は、世代だけでなく、同一世代内の出生の前後関係、群れに現存しないものに関してはその亡失の理由（病死の場合には病名、交換した場合には交換の相手や理由）まで詳細に記憶されている。このように一頭一頭の個体は、特定の母牝と子という関係が記憶されているわけだが、起点となっている母牝に言及する仕方は、体色などの身体特徴に限られるものではなく、所有者は誰からどのようにして入手したのかという、一回性の出来事の経緯を鮮明に記憶している。そして、現存する個体に言及するとき、その起点となっている母牝の入手経緯にさかのぼって、「〜から贈与された系統」と語るのである。

もう一つは、「去勢牛の名前（*ekiro ngolo keemong*）」と呼ばれる名前であり、男性の場合、家畜の体色を見て「美しい（*ibus*）」と感じたとき、その体色をあらわす表現を自分の名前に用いるというものである。牧童として放牧に同行するようになった男児のほとんどは、自分が担当する山羊・羊群からお気にいりの個体を選び、その個体にちなんだ「去勢牛の名前」をもっているし、あるいは選び出す途中にある。[54] 特定の個体にちなんだ名前は、彼が詩にして讃え、歌うことによって名乗りをあげるので、周囲の者は、彼がどのような「去勢牛の名前」を選び出したかを知ることができる。

結婚して子をもつようになると、「〜の父（*Apa* 〜）」と呼ばれるようになるが、もっぱら妻を含む女性たちが、男性を呼ぶときにこの呼びかたを好んで使用するのに対して、男性のあいだで名前を呼びあうときには、「去勢牛の名前」が用いられる。「去勢牛の名前」を用いての呼称では、「去勢牛の名前」をそのまま使用する場合だけでなく、「〜（「去勢牛の名前」）の父（*Apa* 〜）」という形をとる場合がある。既婚女性のあいだで名前を呼びあうときには、彼女が搾乳を担当している泌乳期の牝の名前で呼ばれる。また洗礼を受けてクリスチャン・ネーム（*ekiro ngolo kebatism*）を与えられた者も存在するが、人びとの日常生活で使用されることはほとんどない。

カリモジョンの二つの半定住集落で、男性たちの「去勢牛の名前」の構成要素を調べてみた（集落A：六三人、集落B：九五人）。要素となる語は、家畜の体色を表現する語彙や耳型、角型をあらわす語彙が中心である。色や模様など体色だけを要素にしたもの（例：Ikwabon「純粋な白」、Apamerireng「赤と白の小さな斑点の父」、Apanyekosowa「バッファローの（黒とおなじ）父」、Ikwanabuwo「まるでハイエナ（のように赤と黒と黄色が斑点になっている）」）に加えて、体色に角の形を加えたもの（例：Elukreng「下に垂れた角＋赤」、Esekamar「縦のストライプ＋kamarという角の形」）や、体色に耳の形を加えたもの（例：Tebangiro「耳の輪郭にきざみ込みがほどこされている＋白から黒へのグラデーション」）などである。

おなじ「去勢牛の名前」を名乗っている者もいるが、彼らはどのような関係にあるだろうか。集落Bに暮らすロギエルとアレンガは、Engorok（白地に黒の大きな斑点）という「去勢牛の名前」を共通にしている。これは、ロギエルの母とアレンガの父がキョウダイ関係にあって、先に生まれた兄の子のアレンガのEngorokという名前を、ロギエルが受け継いだことによって重複が起きた。ロギエルは、Engorokという従弟から受け継いだ名前（*ekiro ngolo keemait*：母方オジの名前）とは別に、自分がお気にいりとする「去勢牛の名前」として、Meriarengan「赤と白の小さな斑点」とつけた。

さらに、アレンガは同様に、エクワボンともEngorokという「去勢牛の名前」を共有している。これは、エクワボンの母とアレンガの母が共妻関係にあり、第一夫人の子であるアレンガのEngorokにもとづいて、第二夫人の子であるエクワボンに名づけがなされたことによる重複である。エクワボンという名前が、彼自身が自分につけた「『まさに』去勢牛の名前（*ekiro ke emong jik*）」である。先述した*ekiro ngolo keemait*もまた、「へその名前」とされる。これは、自分の名前を授けたい者が、「わたしの名前をつけるように」と申し渡すことで、「へその名前」として子が選びとるものである。

「『まさに』去勢牛の名前」に注目すると、一例をのぞいて、親族の関係をもたず、また友人関係であるわけでもない。集落のメンバーであるということ以外には、関係の薄い人びとである。その一例である、異母兄弟の関係にあるアパシヤという男性二人は、ほぼ同時期におなじ「去勢牛の名前」を名乗り始めた。彼らはそれぞれの母親に搾乳のために割り当てられた牝牛の子の中に、Losilikori（キリンのように赤い斑点があり、縦に白い一

54——最愛の家畜の体色を見いだすプロセスを、カリモジョンは、「色をまず知ること。そして『自分の色』を見つけること。他人の色を知ること。重ならないように避けるのが一般だ。それは、敬意を示すということだ。そして、自分の色を選んだ後、その色の家畜がすべて自分のものとなる」とわたしに語った。カリモジョンで、*edomo*という配色をお気にいりの個体として選択し、Apaedomoという個人名を有する牧童は、「自分の色」を見いだしたプロセスについて、「*edomo*は、*aliba ngolo domo*（ハタオリドリの一種）とよく似ている。*aliba*のタマゴはとても美しい。黒、茶、白、赤などさまざまな色どりが特徴的だ。また、*aliba*の鳴きかたが好きだ。まるで去勢牛のようにうなり声をあげる（*akiruko*）。山羊の*edomo*も、*aliba*の発声を変えた形で鳴く。また、牝へのマウントが素早い点も去勢牛のようだ」と語った。彼らが歌う牧歌の章で詳述するが、家畜の体色は、豊穣なメタファーの源泉となっており、それはいったん抽象され、別の〈もの〉と結びつけられて、その別の〈もの〉のイメージや行為の形へとおりてゆくパターンを特徴としている。

本の太い線がある個体）が存在しており、それを自分の「去勢牛の名前」にしたのだという。

個体（個人）への名づけという行為は、同一のラベルが異なる対象に付与されている場合には、類の中から個を特定する働きは弱くなる。自己を指示する固有名の機能を保つために人びとは、実際に注意を払っているのだろうか。言い換えれば、重複を避けようという意識は、名前の選択に強く働いているのだろうか。集落Bの六三人の人名の「去勢牛の名前」について、0項の切れたポアソン分布［高崎 1981］にしたがうかを検討した。そうしたところ、全体の分布の観察結果は、モデルからのズレはほとんどない。つまりカリモジョンは、自ら名乗りをあげるときには、かなりランダムに、つまり自由に名前を選び出す傾向があることがわかった（表7）。「自分に『去勢牛の名前』をつけるときには、関係の近い人とは異なる色を選ぶ」と人びとは語る。厳密には「名前が一致すること」と、「色が一致すること」とはおなじことではないが、同一の語によって色の差異を表現することはできないので、色のレベルでもそれほど厳格に重複を避けようとする意識が働いているとは言えない。三人のあいだでIkwabonという「去勢牛の名前」が重複してみられた例では、そのうちの一人の男性はわたしに、「三人とも父、母も異なっているし、牛を贈与しあった友人の関係にあるわけでもない。また、父系出自集団も異なっている。もちろん敵でもない。おまえが白い牛を好み、わたしが白い牛を好み、それが（たまたま）一致したということだ」と語った。

「去勢牛の名前」は、それを叫ぶことでみずからの体が熱くなるという。闘

表7　「去勢牛の名前」の重複

	事例数	期待値
重複なし	44 例	44.01
2 人重複	8 例	7.94
3 人重複	1 例	0.96
4 人重複	0 例	0.09

df=1 CHSQ=0.09

いの場では、自分の「去勢牛の名前」を呼ぶ行為をとおして体を熱くすること（*akiwanga*）によって、戦闘のモードへ身体を切り替えることができる。自分の最愛の色をもつ牡は、彼自身が名乗るとともに、それが「自分の牡である」まさにそのことを理由にして、他者の所有する群れの中の牡をベッギングし、そして譲り受けることができる。そして、その「去勢牛の名前」は、新しい世代の個人の名前の一部になる。カリモジョン―ドドスにおける個人の成長やアイデンティティの確立は、牧畜的な日常生活に埋め込まれた形で果たされてゆくものである。

▼「家畜は、わたしたちの血の中に入りこんでいる」

カリモジョン―ドドスの牧畜家畜と人びとは、その生誕から、ともに存在しあうことによって育ち、老成し、死にゆく。資料1を作成するうえで調査に協力してくれたドドスのある牧夫は、彼の父が家長となっている拡大家族が所有している、数百頭の牛群と山羊・羊群を構成する個体について、一頭ずつ、その両親とキョウダイ関係、産み落とした子どもを、出生の順序にしたがって思い起こして語ってくれた。

すべての個体について語り終えたあと、彼は、「牧畜民なら、誰も家畜のことを忘れることはできない。家畜は、わたしたちの血の中に入りこんでいる」と言った。カリモジョン―ドドスでは、幼い子どもたちが群れの母牝を一頭ずつ識別しているばかりか、その母子関係をとても正確に記憶している。そして、そのことには、彼らが毎朝夕、搾乳の手伝いをしているということが関わっている。「家畜は、わたしたちの血の中に入りこんでいる」という言葉は、二つのことを指し示している。一つは、実際に牧畜民の身体が、栄養学的な事実として家畜の血やミルク、肉から構成されているということである。もう一つは、牧畜民の意識や感覚が、家畜への注意や想像によって実際に満たされているという事実である。牧畜民はどのような個体についてたずねられても、これまでに携わったすべての家畜の履歴が頭の中にはっきりと刻みつけられているのではないかと思われるほど明確に、この牝牛にはどのような子孫があり、どの子をどれほど深刻な干ばつのときに産み、その乳により家族を養うことができたこと、種牡としての役割を終えて去勢牡となったこの牛が一つの牛群の父として他のメンバーの行動を見守ってきたことなど、これまでに集積してきた関連知識を惜しげもなく披露してくれる。それは、人びとがどれほどすばらしい記憶装置をそなえているのかということを意味するだけではなく、記憶の貯蔵庫に蓄えてきた、計り知れない経験と知識を分類し、新しい経験知を関連づけて記憶するために、牧畜民が個体の体色をインデックスにしているということを物語っている。

第3章　コミュニケーショナルな個体性

牧地の家畜の群れの姿は、家畜化以前の原生野生種の群れの姿と一様に見えるかもしれない。だがわたし自身、カリモジョン―ドドスによる日帰り放牧の成立機構を検討する調査の中で実感したことだが、牧畜民の介入や群れの行動をみると、野生群とは大きく異なっていることに気づく。もちろん、泌乳期の牝が、個体名を呼ばれて駆け寄り、人の身体接触を受容し、そして搾乳を許すことは家畜にだけ可能な関係行動である。群れの形成のレベルでも家畜に特異な現象がある。まず、家畜山羊・羊は、祖先種が生息していた圏域の外部に連れ出され、先導者の牧童の後をついていく。放牧中は、他群へたやすく混入せず、夕方には自主的に牧地から居留地へ戻り、導きがなくてもそれぞれの囲いへ迷わず帰る。新生子は、放牧へ出た母と別れ、同輩集団を形成して人の居留地を遊動する。また、放牧中の牧童による統率行動は、彼が意図する適切な反応行動を、家畜の側からかなり高い確率で引き出しうる。本章では、放牧と搾乳といった日常の牧畜生活の成立について、人間と家畜の社会的相互行為の観点から解析しよう。

1　「群れ」を生成する山羊の社会関係

▼群れレベルの家畜化をめぐる諸研究

伝統的な東アフリカ牧畜社会では、肉や血、ミルクや毛皮といった、彼らの日常的な生活に欠かせない畜産物を、個々の家畜自身が、自己と子を保存してゆくサイクルの中で作り出す。世代を更新してゆく家畜個体に対し、その生理的な要求にこたえるエネルギーを補給する機会として、日ごとに放牧が実行されている。この日帰り放牧は、夜間に個体を保護する家畜囲いでの就寝から、牧草地での採食や水場での給水を終え、ふたたび囲いに帰還するという日周的な活動リズムをもつ。したがって、農耕民社会などでよくみられる、穀物の栽培という主要な生業に、少頭数での繋牧を付随させる形での飼養とは、家畜の自律性にゆだねる点が異なる。[1]その結果、放牧は刈草を施与しロープでつなぎとめるなどの必要性から人びとを解放する。しかし他方で、自由な遊動が許される日中の牧野には、放牧群から個体がはぐれてしまうというリスクがもちあがってくる。

同一種の個体との近接をとおして構成される、基本的な群れの在り方に変容をもたらした牧畜民の側からの関与とはどのようなものであり、それは、山羊が野生状態から保持してきた原初的な社会行動の形態とどのような相互作用プロセスを形成しているのか。この問いに対するこれまでに出された解答を整理し、カリモジョンの家畜山羊における新しい群れ原理を提示してみたい。その課題に取り組む前に、野生から家畜へという移行を群れの特性から検討しよう。そのために、最初に、群れの輪郭とその内部の均質性という、これまで牧畜社会を対象にした比較動物社会学的な先行研究によって提起され、検討されてきた重要な概念をおさえておきたい。

「輪郭のある群れ」とは、個体間の相互的な近接によって形成される、メンバーシップが安定した群れのことである。そのような群れの内部では、成獣が他のすべての個体と平均的に近接関係を結んでいる。これは、特定の個体間で結ばれた関係が、他の関係と連接され、全体が結果として群れになるという構造ではない。特定の群れの成員というアイデンティティが全体としてゆきわたっている、〈内部が均質な群れ〉である。このような群れの輪郭や均質性は、wild animal（野生動物）から domesticated animal（家畜）へという移行を特徴づける決定的な境界線ととらえられてきた。これらは、人の管理の影響を受けていない野生状態にあった動物が、人為的な制約を受けた社会・物理的環境に適応して生きてゆく過程で新しく示すようになったととらえられ、分析されてきたのである。

放牧の社会学的な意味での成立基盤を解明していった初期の研究においては、むしろ、wild と domesticated のあいだの断絶ではなく、連続性が注目されていた。モンゴルの牧畜社会で野外調査を実施した今西［1948］は、一つの群れに属する家畜のあいだに、選択的に近接しあう傾向が存在することに注目した。そして、有蹄類の日常的に近接しあう個体間の関係によってあらわれてくる群れにおいては、明確な血縁原理にもとづいた個体間の相互行為こそが、群れを形成する要になっているという仮説をたてた。さらに、牧畜民のもとで放牧される牧畜家畜の群れでもまた、家畜たちは血縁関係にあわせる形で近づきあっており、これは、野生の有蹄類が他個体に対してとる社会的な行動特性にもとづいているのではないかと推論している。

後に述べるように、群れの一部の個体たちが、選択的に近接しあっており、それがつながることで、境界としての群れの輪郭があらわれていると今西が判断した部分は、あとに続く研究者たちから承認を得ているとは言い難い。ところが、その前提となっている部分、すなわち、牧畜民がひとまとめにして管理している牧畜家畜の群れが、人間にとっての社会的な所有のカテゴリーであるばかりでなく、放牧される家畜主体の側からも、現実に空間的に群れあう自然な単位として存在しているという指摘は、後の定性的、定量的な野外研究によって追証されてきたと言ってよい。たとえば、ケニア北西部のトゥルカナで調査した太田［1982, 1995］は、放牧をともにしている山羊同士が集まりあう事例をあげて、一つの群れに属する個体間には強い親和的関係が存在すると述べて

1――西アジア考古学によると、レヴァント回廊の麦の低湿地農耕が開始され、その一〇〇〇年後、丘陵地での粗放的な天水農耕へ進展した時期、山羊は肥沃な三日月弧全域、羊は肥沃な三日月弧中央部で家畜化された。谷は、家畜化への潜在性をはらむ「前適応形態」として、平原群居性の偶蹄類を対象にした追い込み猟が、先土器新石器文化A期に出現していたことに注目する。それは、群れをのぞむ方向へ追い、その全体をいっせいに石囲いやネットで捕獲する猟法であるが、谷は、大群を捕獲しえたとき、柵内の個体群を眼前にした人びとは、群れの再生産維持に余剰的な牡だけを消費し、妊娠牝の出産と母子ペアの肥育、そして、成熟期までの刈草飼養を開始したとみる［谷 2010］。

いる。また、ケニア中部のサンブルで調査した鹿野一厚［1999］は、八頭の山羊からなるパーティが自分の群れに追随している事例をあげ、群れの輪郭は、「自分の群れの任意の一部」ではなく、「自分の群れそのもの」を追い求める行動によってあらわれると記している。[2]

牧畜社会における人間—家畜関係について、今西のあとに組み立てられた分析は、日帰り放牧がいかに成立しているのかという問いに対して、家畜を管理する牧童の動きにではなく、家畜の同種個体の関係の中に解法を見いだそうという視点を共有してきた。[3] そして、放牧の社会学的な成立基盤を探求することは、現代の牧畜研究においては、牧畜家畜の放牧中の群れの輪郭や、それが生成される過程を考察することと密接なつながりをもってきた。群れの輪郭とは、特定の個体間での選択的で固定的な相互的近接によって、その群れの外部と内部が明確に分かれるようなアウトラインのことである。

無数の個体が、母子紐帯の自然特性をよりどころにして集まりあい、放牧群としての統合が維持されているという想像は、有蹄類社会の原初的な行動形態との連続性を、日帰り放牧と、それによって支えられる生業牧畜の成立基盤にすえたものである。一九七〇年代以降の放牧をめぐる人類学研究では、人為の関与の有無と、山羊の群れ構造の相違の相関関係が、日帰り放牧の成立機構やドメスティケーションとの関連においてとりあげられるようになってきた。

谷［Tani 1996］は、羊・山羊の野生群がバーティカルな母子関係によって構造化されていることとは対照的に、牧夫の集団管理に即して編成されている羊・山羊の群れのほうは、異なる年齢集団ごとに分割された状態にあり、水平線的で、同一世代間の関係を特徴的にそなえていると議論している。母子関係をのぞいて固定的な近接関係が存在しない野生山羊（wild goats）および再野生化山羊（feral goats）においては、群れのメンバーシップは流動的であることが知られている。輪郭の内部の個体たちを相互につなぐ紐帯のあり方に注目することによって、牧畜家畜群は、一つの群れに属する個体はどの個体とも特異的な結びつきを維持しているのではなく、全体とまんべんなく近接しあうこと、アモルファスな群れ構造をとっていることが見いだされてきたのである［太田

1982, 1995; Shikano 1990; 谷 1999]。

2——鹿野［Shikano 1984］は、サンブルにおける日帰り放牧を観察し、八頭という比較的大きなパーティを形成していた家畜山羊が、放牧中になきながら自群個体に駆け寄るという「群れ志向行動」を示したと報告している。また、鹿野［印刷中］は、山羊が自身の属する群れにしか「群れ志向行動」を示さないと述べている。

3——当時の家畜化をめぐる議論は、家畜化が開始された時代や地域を特定するという、考古学的な疑問に答えを差しだすことに課題を限定しがちだった。そのようなリミテーションがとても優勢な流れにあって、今西の研究は、牧畜民と対象動物との相互的な関わりの諸相をたしかな手がかりとし、家畜の自律的な社会行動を考察の対象として盛り込むことによって、家畜化の具体的な過程を推論してゆく、柔軟で独創的な試みであったと言える。このモンゴルの牧畜社会の黄羊（ホワンヤン）の観察に着想の源泉をもつ今西の仮説は、後に、松井健［1989］に引き取られて、野生の群れと人との親和的な関係の醸成というプロセスが、いわば「完成された家畜化」という到達点に先立つ段階として想定されることになった。つまり、野生の群れから家畜群へというステップのあいだに、もう一つセミ・ドメスティケーションという段階が新たにつけ加えられることによって、牧畜家畜と人間の相互関係のプロセスは、より細やかに展開されることになったのである。

家畜化の起源地である中東における平原群居性の偶蹄類を対象にした先土器新石器文化の追い込み猟の出現に、家畜化への潜在性をはらむ「前適応形態」を読みとることも可能である。このような見方からすると、追い込み猟とは、群れを願う方向へ追い出し、その全体をいっせいに石囲いやネットで捕獲する猟法であるということになる。そうであるならば、そこにはすでに人間と動物のあいだに遊動をコントロールする関係が確立していたとみなすことができる。極北の遊牧民サーミ（Sami）では、人びとと半野生トナカイ群の絶え間のない随伴によって、トナカイたちは人の接近を許すようになった。この事実をもとに、禾本科草原で邂逅を反復する野生羊・山羊の人づけをつうじて家畜化の過程が進行した可能性も、追い込み猟とは独立に想定することができる［たとえば、谷 2010］。ただし、このような「群れ全体の捕捉」論に対しては、その後、小笠原の再野生化山羊を観察した鹿野［1982］によって、反証が突きつけられた。つまり、自然環境下においては、山羊は小頭数からなるパーティを作って遊動しており、当該地域に生息する個体がすべて集合する状況は生じえない。したがって、このような仕方で遊動する自然群の社会を相手にして、一度に大きな個体群を捕捉することは考えられないということになる。ただこれは、特定の人の、パーティによる持続的な方向づけを受けた対象群ではなく、人間の生活圏から孤立した島という、自然的条件下での再野生化群の観察にもとづくだけに、数十頭以上の個体による群塊という仮想が成り立つ余地は残されている。

▼山羊の日帰り放牧の概要

カリモジョンの日帰り放牧では、ある一人の牧童が八一頭からなる山羊群を管理していた。略奪の危険がある地域で放牧しなければならない場合には、家畜を略奪者から守るため、銃を携行した家長が放牧に同行することがあった。しかし、安全な地域に放牧群が位置しているときには、家長が放牧群を管理することに加わることはなかった。家畜群を統合して維持するという目的のために、家畜に対して統率行動をとることは、毎日放牧をおこなう牧童彼一人に割り振られていたと言ってよい。

山羊が日帰り放牧に出発するのは、朝六時から七時頃であり、途中で給水と休息をそれぞれ約三〇分ずつはさみ、夕方五時から六時頃には集落に帰着する。一日の移動距離は、約一〇キロメートルである。他の牧畜民と同様、カリモジョンもまた、母子を分離して放牧しており、母山羊とアカンボウ（離乳前の子山羊）には、朝夕の授乳時以外に接触の機会がない。放牧がおこなわれる日中に、アカンボウは特定の管理を受けずに集落を周遊していた。カリモジョンの山羊の泌乳期間は、出産後の五～七ヵ月であり、ミルクはこのあいだに搾られる。ただし、乳量の少ない個体は搾乳されない。そのため、乳離れをしていないアカンボウでも母山羊への同行が許されることもあった。観察対象とした群れには、こうして母山羊とともに日帰り放牧に出かけるアカンボウが二頭存在していた。

群れが放牧を終えて集落に帰着すると、約三〇メートルの距離を隔てた、二つの囲いへ分けて収容されていた（写真15）。この二つの囲いは、異な

写真15　山羊囲いの内部。牧童はすべての個体を識別、記憶している

るエカルの内部に設けられており、それぞれの囲い内の山羊は、基本的に、その家屋敷に居住している女性の夫が所有すると語られていた。[4] 以下では、一つの家畜囲いに収容される山羊の集合を「囲い群」、そしてまとめて放牧される山羊の全体を「放牧群」と呼ぶことにする。

▼群れの自律性

囲いへの繋留

一九九八年にカリモジョンにおいて観察対象としていた放牧群は、異なる二つの家畜囲い（それぞれ「家畜囲いA」、「家畜囲いB」とする）に収容されていた。しかし、双方の群れは、個体数が少なく、家畜囲いBの所有者には、山羊群の牧童としてふさわしい年頃の少年が身内に存在しないことを理由に、二つの群れを一つにまとめて放牧していた。二つの囲い群は、毎朝、牧童の管理のもとで同時に囲いから出され、集落の入り口で合流すると、一つの密集隊形を作って一斉に放牧に出発していった。そして、夕方集落に帰ってくるまでのあいだ、放牧ルートをともにしつつ、離合集散をくりかえし、また、休息のときには一つの木陰に身を寄せあって座り込み、一つの井戸に密集して給水を受けていた。このように、一緒に放牧されていた山羊の全体は、収容される家畜囲いが違うにもかかわらず、「一つの放牧群」としてとりあつかわれていた。

放牧群が二つの異なる囲い群から構成されていることは、家畜囲いへの帰還の際に明確に表現される。その過程は以下のようである（図10）。

4――囲い群Aの所有者は、囲い群Bの所有者の姉とのあいだに、子どもを一人もうけていた。この女性は、婚資の家畜群の支払いが未済であるため、社会的には囲い群Aの所有者の内妻（*akapukupukut*）として位置づけられているものの、二人の所有者の関係は、彼女を媒介とした姻族（*ekamuran*）にあると表現されていた。放牧地を決定する権限は、家長に帰属する。調査対象とした放牧群は、二つの家畜囲いに所属する家畜群からなっており、それぞれの家畜群の所有者である二人の家長は、放牧先に関して具体的な地名をあげて話し合い、放牧ルートを牧童に指示していた。

①放牧が終わる夕方、放牧群は密集した状態のまま、集落の入り口にたどり着く。そこまでは牧童が群れに付き添うのだが、集落の入り口に放牧群が入ってゆくと、そこで付き添いをやめる。
②家畜囲いAがある家屋敷の入り口まで、幅二メートルほどの小道が北へ約二〇メートルにわたってのびている。放牧群はそこを通って、家畜囲いAのある家屋敷の入り口へ差しかかると、左に曲がる山羊と、直進を続ける山羊とに分かれる。
③左におれて家屋敷に入った山羊は、さらに一〇メートルほど進み、家畜囲いAへ入ってゆく。直進を続ける山羊は、さらに三〇メートルほど北へ向かい、家畜囲いBへ入ってゆく。
このように、放牧地から集落に戻ってきた放牧群は、強制的に家畜囲いに連行されなくとも、二つの囲い群に自律的に分離して、それぞれの家畜囲いに帰着してゆく。

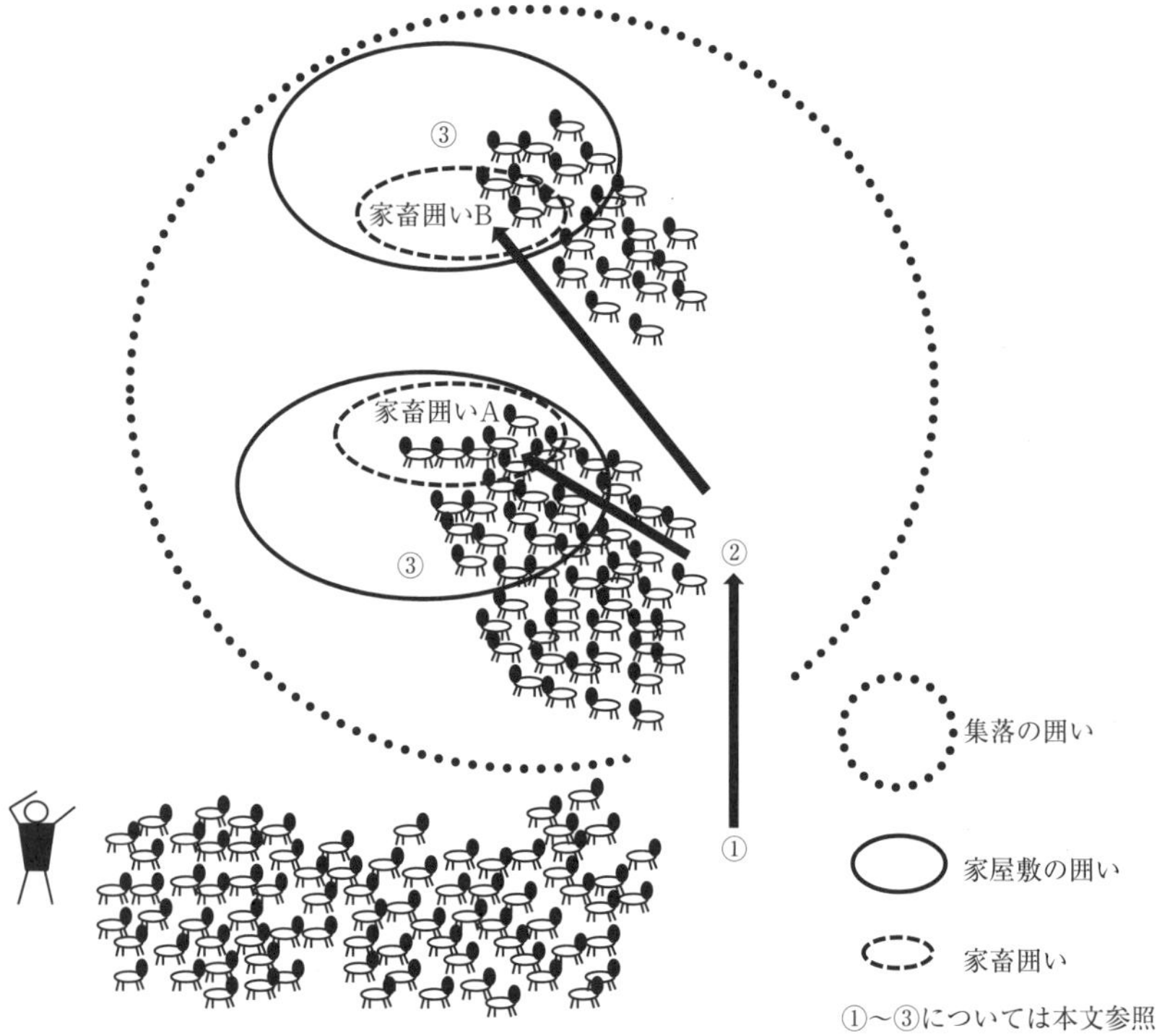

図10 放牧群の集落への帰着とそれぞれの家畜囲いへの分散の概念図

全頭が囲いにおさまり、牧童が入り口を有棘の木本の枝でロックしたあと、群れを構成する八一頭の山羊全頭を個体識別したうえで、それぞれの個体がどちらの囲いに帰着したかを記録した。表8は、一四日間分の記録を、それぞれの家畜囲いごとに、自律的に帰還した山羊の構成をカテゴリー別にまとめて示したものである。八一頭のうち七七頭が、毎日おなじ家畜囲いに帰還していた。ほぼすべての個体が、自分の帰還すべき家畜囲いを認知しており、別の囲いに紛れ込んでしまうことはほとんどない。以下では、観察期間中に同一の囲いにのみ帰還した個体について、家畜囲いAへ帰っていたものを「囲い群A」、家畜囲いBへ帰還していたものを「囲い群B」と呼ぶことにする。

群れを構成するメンバーのあいだには、個体間の血縁関係があるし、日々、放牧地や居留地で活動をともにし、相互に行為しあっている経験を共有している。同一群の家畜相互の紐帯は人びともよく認識しており、家畜囲いの中では母系の血縁で結ばれた個体が近接しあうと述べる。母子分離放牧の実践は、母子認知の脆弱化をまねくというよりも、むしろ家畜個体が居留地の内部と外部では異なるしかたで社会的相互行為を交わしあうことで、相互に異質な社会空間の境界線が維持されているのである。

表8　一つの放牧群の山羊が帰還した家畜囲い

	常におなじ囲いに帰還した個体		帰還する囲いが一定でなかった個体	計
	家畜囲いA	家畜囲いB		
種♂	4	1	1	6
去勢♂	1	0	0	1
未去勢♂	1	0	0	1
未成熟♂	2	2	1	5
経産♀	22	12	0	34
未経産♀	10	0	1	11
未成熟♀	13	6	1	20
哺乳子／アカンボウ	2	1	0	3
計	55	22	4	81

（1999年1月11日から1月24日まで、14日間の調査結果）

聞きとり調査によれば、この放牧群は、一九九八年一～二月ごろ（調査開始の八～九ヵ月前）に形成されたが、過去に、囲い群Aと囲い群Bとのセットによって放牧群を構成したことはなかった。また、この放牧群が形成される以前には、囲い群Aは単独で放牧されており、囲い群Bは、おなじ集落内の、囲い群Aとは異なる囲い群とともに放牧群を組織していたことがわかった。なお、個体間の血縁関係について質問した結果、調査対象とした放牧群には、母系をたどって結びつく血縁集団が三三（構成員が一頭からなるものも含む）存在することがわかった。そして、血縁関係にある個体が、囲い群Aと囲い群Bとに分離して管理されている例は存在しなかった。

放牧中の近接関係

放牧中の個体がどのように群れを形成しているのかを、牧童が群れをコントロールする行動をとったあと、しばらくして、放牧群がフェーズを採食に転換した後に調査した。採食のフェーズとは、移動のフェーズとは異なり、牧童の統率を受けずに群れ全体がゆっくりと動きながら、頭を下げて採食をしている活動リズムのフェーズを指している。採食のフェーズで群れはどのように牧野に散らばっているのだろうか。

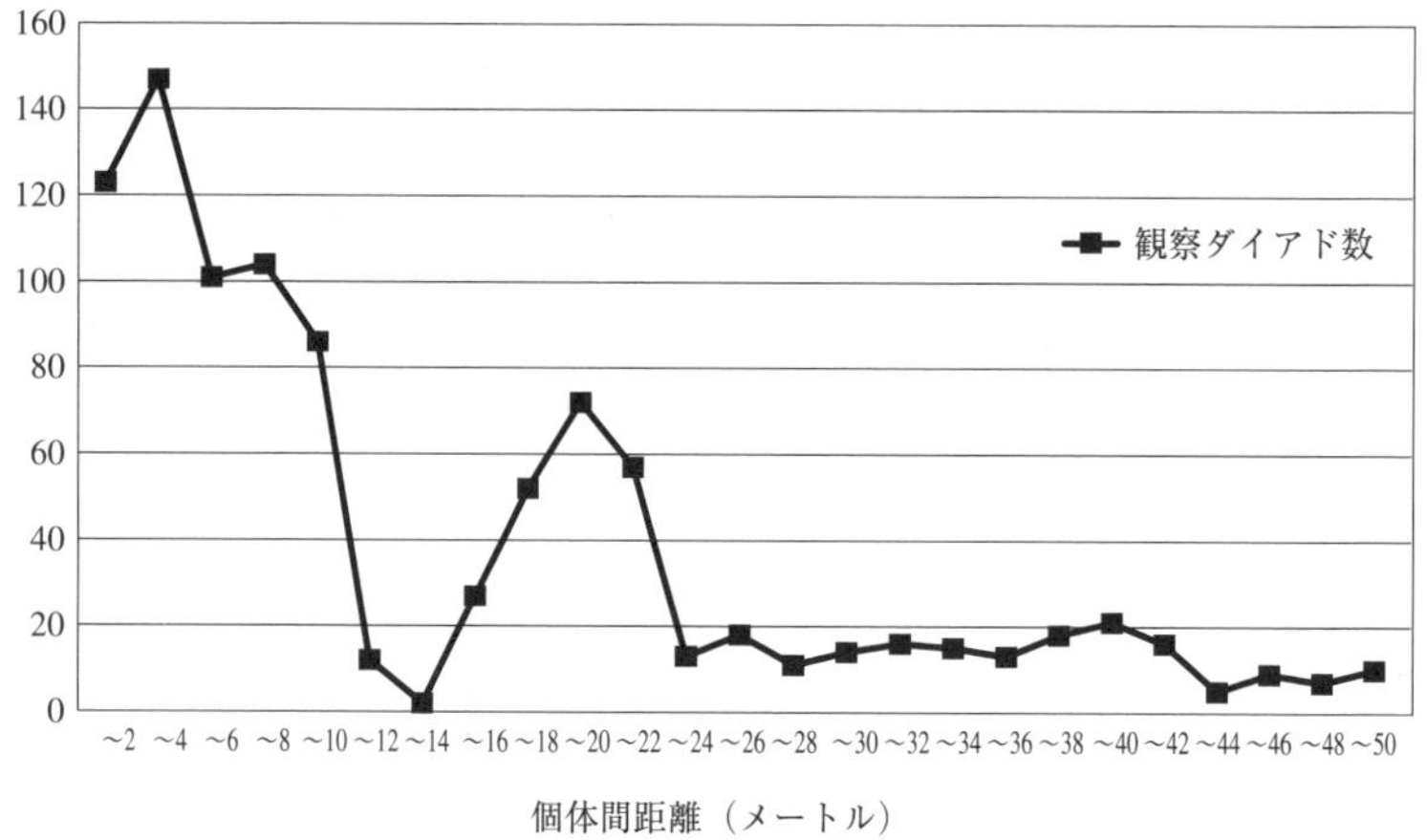

図11　採食中の山羊の最近接個体との距離

縦軸に観察ダイアド数、横軸に個体間距離をとり、グラフを作成すると興味深い傾向が浮かび上がる（採食中の山羊の最近接個体との距離については、図11を参照）[5]。

山羊が一定の個体間距離で分布している場合には、分布は一山型をとり、ランダムに距離を保っている場合には、顕著なピークを示さないはずである。結果をみると、分布は一二メートルから一四メートルのあいだで極小値をとりながら、二山型を示している。つまり、四メートル以内で近接するダイアド数が最頻値をとりながら、ほとんどの最近接個体は一〇メートル以内にいて、一二メートルから一四メートルで観察ダイアド数が落ち込む。そして、それ以上の距離で結ばれたダイアド数がふたたび多くなる。つまり、山羊群の放牧では、およそ一〇メートル以内に個体が集合することによって、パーティを構成する傾向が読み取れる[6]。

次に、放牧群の八一頭を個体識別したうえで、囲い群Aの一〇頭を選んで、個体ごとに追跡し、それら追跡個体の半径一〇メートル以内に近接していた個体を、五分間隔で記録した（追跡個体と観察回数、および観察対象群内部の血縁関係で結ばれた個体数については表9を参照）。観察したタイミングは、放牧群が牧童の管理を受けずに広く散らばって採食しているときである。総観察時間は約七九時間である。

分析にあたっては、個体間の近接を評価する指数（「近接指数」あるいは単に「指数」と呼ぶ）を用いた。指数は式(1)にもとづいて計算した。

5――放牧中、目撃できる山羊のうち、もっとも南にいる山羊にとって、それよりも北に位置する山羊の中で、頭と頭の距離がもっとも近くにある個体を選び出し、その距離を目測した。次に、二番目に南に位置する山羊についておなじ手順で目測し、目撃できたすべての個体についておなじように距離を調べていった。サンプリングの途中で、山羊たちが活動を採食から移動に転換し、個体群の陣形に大きな変化があった場合には計測を中止し、このようなデータは分析から外すことにした。

6――まったくおなじ手法を用いてアカシカを調査したクラットン＝ブロックらによると、最近接個体との距離のグラフは、四〇メートルから六〇メートルの距離で近接するダイアド数が減少するという、二山型の分布を示す［Clutton-Brock et al. 1982］。カリモジョンの家畜山羊は、アカシカよりもはるかに近い位置に、個体間の距離を設定して群れていることがわかる。

$$\text{追跡個体Aと任意の個体Bとの近接指数} = \frac{\text{AとBが10メートル以内に近接していた回数}}{\text{Aの総観察回数}} \times 100$$

式(1)

まず、おなじ囲い群に所属する個体間の近接関係を検討しよう。分析のためには、山羊の血縁関係にしたがって、以下の三つのカテゴリーを設けた。すなわち、①母子関係にある個体、②母子関係以外の血縁によって結びつく個体、③（おなじ囲い群に所属する）非血縁個体である。

おなじ囲い群の中に、②をもつ追跡個体は六頭存在した。しかしながら、この六頭について②と③のあいだで近接指数を統計的に検討したところ、いずれの個体にも有意差はみられなかった（有意水準$P<0.05$）（表10）。すなわち、母子以外の血縁関係が、山羊の近接に与える影響はないと言ってよい[7]。

母子関係の中でも、とりわけ母山羊とアカンボウとのあいだには強い近接が維持されている。アカンボウをもつ二頭の追跡個体（経産メス4、5）では、ともにアカンボウとの近接指数が突出した値を示していたが、他の追跡個体にはこれほど強く近接しあう対象はいなかった（図12）。追跡個体のうち、経産メス2と3には、末子にあたる離乳後の未成熟の子山羊が放牧に同行していたが、経産メス2の場合には、第一子である未経産メスともっとも強く近接していたし、経産メス3では、末子である未成熟メスとのあいだにもっとも強い近接がみられたものの、二番目に近接指数が高かった個体との差はごくわずかであった。これらのことから、離乳後の子山羊と母山羊の結合は、アカンボウと母山羊とのあいだほどには強くないと判断できる。なお、経産牝を追跡個体として選んだ図12からは、追跡個体が自分とは異なる囲い群に所属する個体（囲い群B）とは低い頻度でしか近接しないことも読みとることができるが、この点に関する分析は後に展開する。

カリモジョンの山羊は、①母子関係においても、とりわけ哺乳期にあるアカンボウと

表9　各追跡個体の観察回数と血縁関係で結ばれた個体数

追跡個体＊	観察回数	血縁関係にある個体数		備考
		母子	母子以外の血縁	
経産♀1	99	0	0	
経産♀2	126	2	10	アカンボウ＊＊を集落に残す
経産♀3	111	4	8	
経産♀4	94	1	0	アカンボウが放牧に同行
経産♀5	77	3	9	アカンボウが放牧に同行
種♂1	96	0	0	
種♂2	85	1	11	
種♂3	82	0	12	
未経産♀1	73	1	6	
未経産♀2	104	0	0	

＊囲い群Aの10頭を調査対象とした
＊＊離乳前の子山羊

表10　個体間の近接指数（血縁個体がいる追跡個体）

	①母子	②母子以外の血縁個体	③非血縁個体	②と③の有意差＊	①と③の有意差＊
経産♀2	16.67	6.27	5.05	p=0.4031	p=0.1184
経産♀3	12.01	10.81	4.73	p=0.0877	p=0.0828
経産♀4	65.96	—	4.21	—＊＊	—＊＊
経産♀5	19.91	7.65	3.11	p=0.0549	p=0.0902
種♂2	10.20	5.27	5.98	p=0.7752	—＊＊
種♂3	—	6.58	6.06	p=0.8111	—＊＊
未経産♀1	13.70	5.02	4.53	p=0.4498	—＊＊

＊Mann-Whitney U-test
＊＊①に該当する個体が0～1頭しかいないため、検討しない

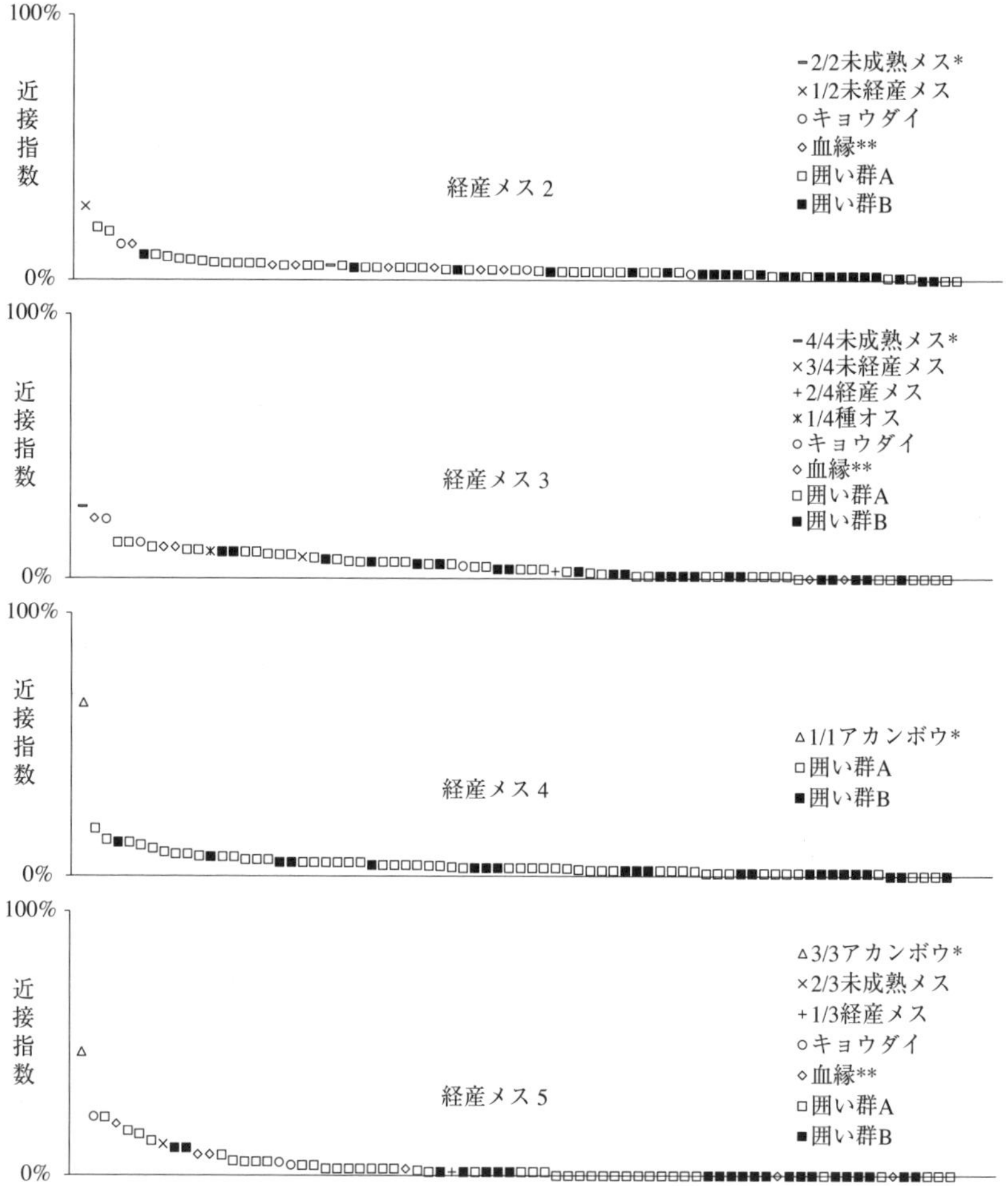

* 分母は追跡個体のもつ子山羊の総数、分子は出生順序を示す

** 母子、キョウダイ以外の血縁関係にある個体

図12　経産牝と他個体との近接指数

母山羊が明確な近接を示す、②離乳を機に、母山羊と子山羊は、互いに分離しはじめる、[8] ③母子関係以外の血縁個体とは、血縁関係にない個体と変わらない程度にしか近接しない、とみなしてよいだろう。

最後に、異なる囲い群AとBに属する個体間の近接関係を検討しよう。囲い群Aのすべての追跡個体について、血縁関係の有無を無視して検討してみたところ、自分とおなじ囲い群Aに属する山羊とのあいだの指数は、囲い群Bに属する山羊とのあいだの指数よりも高い値を示し、一〇頭中九頭に有意差がみられた（表11の中の①と③における有意差を参照）。すなわち、おなじ囲い群に属する山羊は、放牧中にまとまっているのだが、このことは、血縁関係にある個体同士が集まることによって結果的に生じているわけではない点に注意したい。追跡個体のうち、血縁個体をもつ山羊七頭について、血縁関係がない個体のみをとりだして、自己が所属するのとおなじ囲い群の山羊（囲い群A）と、放牧はともにしているが別の家畜囲いを眠り場所にしている山羊（囲い群B）とを比較してみると（表11の中の②と③における有意差を参照）、七頭中六頭が前者と有意に高い頻度で近接して

7―次に母子関係を検討しよう。①と③の指数の差異について検定することができる、経産メス2、3、5の三頭について検討したところ、いずれも有意差は確認されなかった（有意水準$P < 0.05$）（表10）。ただし、この結果は、サンプル数（子山羊の数）が少ないこと起因している可能性もある。個別にチェックしてみると、母子間の近接は高いように見受けられる。すなわち、経産メス2と3の場合は、③と比較して、二〜三倍の頻度で子どもと近接していた。経産メス4は、母子の近接指数がもっとも高い値を示しているが、これは、アカンボウ一頭とのあいだで生じた近接によるものだ。以下に述べるように、アカンボウと母山羊のあいだの近接は、離乳後の子山羊と母山羊と比較しても、特異的に強い。したがって、この値をもって子山羊一般の値とすることはできない。経産メス5は、経産メス4と同様に、アカンボウと放牧をともにした個体であるが、アカンボウをのぞいて母子間の近接指数を計算しても六・四九となり、③とのあいだの指数の約二倍の値となる。種牡2は③の約一・七倍、未経産メス1は③の約三倍の頻度で、それぞれ母山羊と近接していた。以上の検討から、母子関係にある個体が特異的に近接している可能性は高いように思われるが、本書ではこの点についての判断を留保しておきたい。追跡個体数を追加して再調査のうえで、検討する必要があると思われる。

8―乾乳期の母牝には、ミルクが少量残されている。母牝が次の子を妊娠してもなお、残されたミルクを子が吸う行為（*akinyog*）は、乳房の中の乳の不足（*akitakad*）を引き起こし、次の新生子の乳の欠乏による死をまねく。そのため乳に固執する子に鼻枷（*akirub*）をほどこしたり、幼獣群へ組み入れるといった処置をとる。

いた。すなわち山羊は、収容される家畜囲いをおなじくする個体同士で集まりあう傾向をもつ。

野生哺乳類学者のジョージ・シャラー［Schaller 1977］は、群居性のヤギ亜科に属する種全体に共通するいくつかの特徴を指摘している。そのうちの一つは、集団の構成が流動的であるということである。この指摘は、野生山羊［Schaller 1977］、および野生化山羊［鹿野 1982］の他、羊［Kawai 1989］や野生化牛［Kimura and Ihobe 1985］に関する報告とも一致している。シャラーが指摘している二番目の特徴は、流動的なメンバーシップの中にあって、母子のあいだには、例外的とも言えるような緊密な近接がみられるというものである。

カリモジョンの山羊の場合、哺乳期のアカンボウと母山羊のあいだには、その他の個体間にはみられない特異的な近接があった。そして離乳したあとには、このような例外的に強い結びつきはみられなくなる。この点は、サンプルが放牧している山羊を観察した鹿野の結果報告と一致している［Shikano 1990］。なお、先に述べたように、離乳後にも母子間の近接傾向がある程度は残存する

表11　おなじ放牧群に所属する個体間の近接指数

	①囲い群A（全個体）	②囲い群A（非血縁のみ）	③囲い群B	①と③の有意差＊	②と③の有意差＊
経産♀1	4.68	—**	1.70	§§§	—**
経産♀2	5.69	5.05	2.42	§§§§	§§§
経産♀3	6.17	4.73	2.87	§	*n.s.*
経産♀4	5.73	4.21	2.71	§§	§
経産♀5	4.80	3.11	1.24	§§	§
種♂1	4.96	—**	4.21	*n.s.*	—**
種♂2	5.92	5.98	1.18	§§§§	§§§
種♂3	6.18	6.06	2.72	§§	§§
未経産♀1	4.75	4.53	1.31	§§§§	§§§§
未経産♀2	5.26	—**	2.67	§§	—**

＊有意水準 $p < 0.05$（Mann-Whitney U-test）
n.s.：有意差なし
有意差があるものは以下のように示した。
§：$p < 0.05$、§§：$p < 0.01$、§§§：$p < 0.001$、§§§§：$p < 0.0001$
** 追跡個体は血縁関係にある個体を持たない。つまり②の値は①のものとおなじである。

のかどうかについては断定できない。

哺乳期の母子をのぞけば、カリモジョンにおいてもっとも強固なメンバーシップは、囲い群としてのそれである。山羊は、収容される囲いごとに集まりあう傾向があった。囲いを共有していない個体とは、放牧を毎日ともにしていても容易に近接しないと言い換えてもよい。

太田［1982］は、まとめて放牧されるメンバーのあいだに親和性が形成されることは、子山羊が母親から隔離されて脆弱化した母子紐帯を補うと述べている。母子の分離によって弱められた母子間の紐帯は、おなじ放牧群内の他個体との親和性によって置換されているというのである。また、谷［1982］はこの指摘を受けて、放牧中の母子関係の近接が、母子の分離という人的介入によって低下し、これにより群れが群れとしてまとまるのではないかと述べている。すなわちここでは、母子のあいだの分離が一つの放牧群内の親和性によって置き換えられるものとしてとらえられている。

カリモジョンの山羊においては、アカンボウと母山羊のあいだにはきわめて強い近接が維持されている。それでもなお、母山羊は、自己が所属する家畜囲いのメンバーとの持続的な近接を解消しない。すなわち、おなじ囲い群のメンバーとの持続的な近接は、哺乳期の母子関係を含め、血縁関係という個体間の特定の関係を切り離すことと引き換えに得られるものではない。放牧群としてのまとまりがそうであるように、囲い群のまとまりもまた、家畜囲いに収容されることにともなう空間的な近接という具体的な経験を集合的に積み重ねることをとおして成立した関係性によって縁どられているのだと考えられる。[9]

9——鹿野［印刷中］は、放牧に出されてまもないインファント（新生子）は、しばしば放牧群から離脱してしまうと報告している。カリモジョンにおいてもこのことは当てはまる。しかしながら、これは、自分の群れを認識する能力がインファントには欠如しているということを意味しない。インファントは、放牧に出される以前、同齢の個体とともに集落の周辺を遊動しているが、自分と同齢の個体と行動を強く同調させることができる。インファントが放牧群から離脱してしまうのは、インファントの「認識能力」が未発達であるからではなく、放牧群への新規加入個体であるインファントにとって、同齢の個体が不

▼放牧群の二重構造

これまでの検討によって、カリモジョンにおける山羊は、収容される家畜囲いをおなじくする個体と、放牧中に近接する傾向をもっていることが明らかになった。太田［1982, 1995］や谷［1999］も同様に、おなじ放牧群に属する個体が、他の群れと容易に混じりあわないという現象に注目しており、これを、自然状況下の山羊と家畜山羊の決定的な相違としてとらえている。たしかに放牧群内部の親和性は、非常に強固である。交換や売買によって移籍してきた個体は、新しい群れとはなじまず、自分のかつての放牧群を追い求めて、ふだんはほとんど見られない孤立をくりかえすし、その結果、一頭で群れから一〇キロメートルも離れていってしまったという事態さえ生じうる。家畜山羊は明確に、自分の放牧群のメンバーとそれ以外とを識別しているのである。

しかしながら、こうした囲い群のまとまりは、放牧群の内部の個体間関係に目を向けたときにはじめてあらわになるものである。本章の最初の節で指摘したように、先行研究では放牧群が輪郭をもっていることが強調されているのだが、いずれの研究も、一つの放牧群が一つの囲い群によって構成されているところを観察した結果にもとづくものである。実はカリモジョンにおいても、複数の放牧群が目の前に広がっているときに、知覚できる最初のまとまりは、一つ一つの放牧群なのである［波佐間 2002］。

放牧群は一日に四回、つまり集落から出発したとき、井戸に到着したとき、休息地に到着したとき、そして集落に帰着する直前に、密集しながら移動するが、観察した山羊は、一つの囲い群のみから構成される他の放牧群の場合とおなじように、互いに強く近接しあっていた。

放牧群が集落に帰着する夕方には、集落内の別の放牧群が集落の周辺に集まってくることによって、いくつかの放牧群が接近しあい、おなじ囲い群に属する山羊だけではなく、別の囲い群や放牧群の山羊も混じりあった状態が継続してあらわれる。ところが、このような状況でも、牧童は付き添い、あるいは声を出すことによって、一つのおなじ放牧群に所属する八一頭の個体を、その内部に他の放牧群の個体を紛れ込ませることなく、短時間のうちに一つのまとまりとしてまとめあげることができる。このときに牧童は、散開している個体に接近し、個体間の距離を短縮して集合をうながす音声で介入して、移動させ、複数の個体を合流させるという過程をくりかえす。牧童の働きかけの影響を受けた山羊は、移動しながら他の個体との距離を縮めながら合流していき、個体密度を高めてゆく。このとき、一つの放牧群に属する個体は、家畜囲いの違いにかかわらず、すんなりとまとまりに加わってゆく。

【事例1】（一九九九年二月一一日）
集落の東五〇〇メートル。わたしが観察していた放牧群の山羊八頭（囲い群Aの七頭、囲い群Bの一頭）が、身を寄せあいながら北西へ向かって移動している。後方から牧童が付き添っている。この集団が通過するとき、それまで頭を下げていた囲い群Bの山羊三頭が、五〜七メートルを小走りに移動して近づいてくる。集団は一一頭となる。

この事例のように、放牧群は帰属する家畜囲いにかかわらず、移動のタイミングと方向、歩行速度を一致させることによって、一定期間、自発的にまとまりを維持することができるのである。

【事例2】（一九九九年二月一一日）
放牧群の個体六頭（囲い群Aの四頭、囲い群Bの二頭）が、牧童に付き添われながら西へ移動している。その移動方向には、別の放牧群に属している去勢牡一頭がいる。ところが、その去勢牡は、六頭のまとまりの先頭個体が二メートルほどに近づいてきたとき、頭をあげて北へ三メートルほど移動する。

このように、おなじ放牧群に属する山羊の小集団が移動している途中に、別の放牧群の個体と遭遇することは

在であり、放牧群の中になじみのある個体が、母山羊以外にはいないために生じているのだと考えられる。すなわち、インファントも含めて、放牧される山羊がある個体と持続的に近接するか否かは、近接機会をこれまでにじゅうぶんにもったことがあるかどうかということと相関すると言ってよい。

ふつうにあるのだが、このとき特徴的なのは、【事例2】にあるように、まとまっていないほうの放牧群の個体が、異なる放牧群との近接を避ける方向に移動することである。

【事例3】（一九九九年二月一四日）

集落の北一キロメートルで、囲い群Aの山羊三頭と囲い群Bの山羊二頭が、互いに体を接触させるほどに近接しあいながら、南へ移動しており、そのうしろから牧童が付き添っている。牧童は、途中でいったんその場を離れて、二〇メートルほど北に位置していた囲い群Aの二頭を南に向かって追う。この二頭は、先に移動していた五頭の後方に、個体間距離が数十センチになるほどぴったりとくっつく。このとき、別の放牧群に属する山羊三頭が、牧童の圧力を受けたために合流してしまい、集団は一〇頭となった。最初この三頭は集団の後方についたが、歩行速度をあげたまま南へ移動している集団の先頭に立つと、三頭とも突然西へ方向転換してしまう。他の七頭の個体はこれについてゆかない。二つに分かれた集団間の距離が五メートルほど離れると、三頭の集団は歩行速度を緩めて、その場にとどまる。合流から分離まで数十秒。七頭の集団は、あいかわらず顕著に短い個体間間隔を保ったまま、南へ移動している。

また、【事例3】のように、一つの放牧群に帰属する個体は、他の放牧群の個体とは混じりあわない。まれに、牧童の行為や存在の影響を強く受けたときなどに、異なる放牧群に属する山羊が一時的に混じりあっても、紛れ込んできた個体は瞬時に自発的にそこから離れ去っていく。個体密度を高め、移動速度と方向を一致させた集合の中からもれおちてゆく個体の存在は、一つの放牧群のまとまりをくっきりと浮かびあがらせることになる。

日帰り放牧における牧童を焦点個体とした調査結果を検討すると、家畜群を管理するための牧童の統率行動は、言語的にも行動的にも、低い頻度でしか生起しないことがわかった（詳細は本章第二節で述べる）。それでも放牧中に群れを拡散させて、家畜を見失うこともなく管理できている。このような現象の背景には、トゥルカナの山羊の日帰り放牧の観察結果にもとづいて太田［1982］が指摘しているように、山羊自身がそれぞれの社会関係にそって群れ、自律的に遊動するという機構が、カリモジョンにおいても働いているのではないだろうか。

放牧群の輪郭は、どのようにして形成されるのだろうか。わたしが観察していた二つの囲い群は、放牧中に、他方の囲い群の個体の中に一時的に紛れ込むことをくりかえしていた。また、牧童の統率を受けることによって、一つの放牧群として個体密度を高めてもいた。こうした過程で近接を経験することをとおして、おなじ放牧群に属する個体たちは、囲い群の内にみられるほど強固ではないにしろ、共在する機会のまったくない個体間におけるほどには希薄ではない、一定の関係を構築しているのである。

ところで、今西［1972］は、野生ウマの行動生態の調査から、遊動域が重複しており、くりかえし共在する個体間には「顔見知り関係」が成立すると述べている。たしかに、自然状況下にある山羊の場合にも、個体間に相互認知を形成する素地となりうる生活圏の重なりはみとめられる。けれどもその場合、ホームレンジが重複している個体（牝）同士を結びつける相互認知は、個体間を連鎖的に結びつけてゆくものであって、牧畜民が放牧する山羊とは違って、単位となる集団の全体を枠づけるような境界は成立しないと考えられる［太田 1995］。

太田は、小集団が異なる放牧群に紛れ込んだときに、山羊が個体間距離を顕著に短縮したことを観察している［太田 1982］。わたしが観察した放牧群では、小集団で他群に紛れ込んだ場合であっても個体間の距離が短縮する現象は観察できなかったが、別の放牧群から移籍してきた二頭の経産牝を合流させて放牧に出たところ、この二頭は互いに特異な近接を維持したまま、けっして離れることがなかった。

このことは、観察対象とした放牧群を構成する二つの囲い群のあいだには、放牧をともにしてきた一年間の経験によって「顔見知り関係」が確立されていることを物語っている。一日の放牧ではおよそ四回、放牧群はひとかたまりに集まりあい、凝集隊形を作って移動する。このときに、他の放牧群の個体がまわりにいる場合はめずらしくないが、それらの他放牧群個体が凝集隊形の中に紛れ込んでしまうことはない。放牧群が集落に帰着する夕方には、いくつかの放牧群が集落の周辺に自然と集まってくることによって、放牧群がまざりあってしまい、区別が容易にはつかなくなる。このような状況でも、牧童が自身の管理する放牧群に向かって歩み寄り、あるいは声を出すことによって、容易に一つの放牧群の凝集隊形が組織される。

このような一連の過程は、毎日反復されている。同一の放牧群の内部では、家畜群をたがえている山羊のあいだには、放牧中、闘争行動はあまりみられない。対照的に、観察していた放牧群に所属する種牡と、それとは異なる放牧群に所属する種牡とあいだには、はげしい闘争行動が交わされたことがあった。このような対照は、同一放牧群に所属する個体間では、相互的な優劣の順位づけが内在化されていることを示唆している。[10]牧童が、異なる二つの囲い群を一人で放牧管理できることには、囲い群のあいだに、それぞれの囲い群を束ねるよりも上位の、放牧群としての同種的他者との社会的な枠組みが確立していることが基盤として働いている。

カリモジョンの人びとは、新規加入個体が群れからはぐれやすいと考えており、迷子を防ぐ目的で、新規加入個体に木ぎれを結んで足枷とし、あるいは群れの中の個体と結びつけて遊動させるといった工夫を発達させている。実際に、観察期間中におこった二つの迷子の事例には、いずれも新規加入の個体が関与していた。一つの事例では、前日別の放牧群から移籍してきた二頭の経産牝を家畜囲いに入れ、翌日に放牧に出たところ、二頭とも群れからはぐれ、放牧地から西へ約一〇キロメートル離れた地点を二頭で遊動しているところを、夕方発見された。放牧中、牧童に追い立てられて群れの中に位置したときには、二頭は互いに特異な近接を示し、放っておけば群れからふたたび離れるという行動をくりかえしていた。また別の事例では、ある未経産牝が移籍してきて放牧群に入れられた直後から、群れのメンバーから離れた地点で単独で採食するという行動をくりかえしており、この山羊ともっとも近くに位置する個体から約二キロも離れていた。二日目の夕方の放牧中に、この一頭だけが迷子になったことが確認され、牧童と家長が探しに出かけたが、結局見つからなかった。

これらの例のように、新規加入個体が迷子になりやすい事実は、自群が近くにいない場合には、「単独化」という、群れることを常態としている山羊にとってはかなり異質なフェーズを長時間続けることになってもなお、長距離にわたって自群個体を追い、探し求める行動を生じさせてしまうことを示唆している。

▼群れの輪郭の意味

本章での検討の結果、以下の三点が明らかになった。①放牧群の輪郭が再度、確認された。これは、太田［1982, 1995］や鹿野［Shikano 1984, 1999］や谷［1999］の先行研究において指摘されたことと共鳴する見解である。②一つの放牧群の中に二つの囲い群の輪郭が存在することが確認された。このことはこれまでに指摘されたことがない事実である。③囲いを共有することによる近接の経験が、放牧中の近接の経験よりも、個体間の親和

10――放牧中に生じる〈競合するほかの牡〉との社会的な交渉を、採食期間中に生じる闘争行動を指標にして検討してみると、まず、牛と山羊の闘争行動は、鼻をならしたり、うなり声をあげるなどして警戒音を発し（*akiruk*）、角を振り上げ、前肢のひづめで土をかきあげ（*akikur*）、角を地面にこすりつけるといったディスプレイのあと、実際に突進し、角で突き、押しあうといった攻撃行動からなっている。観察によると、それらの攻撃は、一方が他方に場所をゆずったり、一方がなくといったサブミッシヴな行動が提示されることによって終了していた。攻撃を受けた側はふつう、攻撃が終了したあと数分のあいだは、数メートルの距離を保って、攻撃をした個体と近接して採食を続けるが、攻撃がくりかえされることはなかった。このように闘争行動は、高度に儀式化されており、物理的な攻撃も短い時間で収束する傾向が顕著である。

　観察対象とした、個体数八一頭からなる山羊群についてのデータ（放牧中の山羊群で確認された攻撃的な相互行為の頻度については表12を参照）によると、焦点個体サンプリングによって得られた二八事例中二五例、そしてアドリブ・サンプリングによる一九事例中一八例において、逃避行動や劣位の音声をあげることによって、明確な優劣関係が表出された。攻撃行動が応酬されたのは、四七事例中一例のみであり、これは、経産牝のあいだで一回ずつ、脇腹を交互に角で突き合うといったものであった。野生（化）山羊においては、しばしば交尾期に牝をめぐって牡のあいだで闘争が生じるという報告がなされているものの、観察期間中に生じた放牧中の山羊群の攻撃的交渉は、いずれも小競り合いにしかすぎなかった。

　焦点個体サンプリングのデータから、種牡が攻撃行動にかかわる頻度は、けっして高くはないことがわかる。種牡は、平均四時間二五分に一回の割合で、他個体との攻撃的な交渉を生じさせるのに対して、経産牝は、平均三時間四八分に一回と、種牡よりも頻繁に攻撃的な交渉にかかわっている。自己が優位であった事例にかぎって検討しても、おなじように経産牝のほうが高い頻度を示している。優劣が不明確な攻撃的交渉をのぞいても、同様の結果が得られた。また、種牡のあいだで生じた攻撃行動は、放牧群内ではまったく観察されなかった。もちろん、この結果により、家畜山羊では、牝の方が牡よりも攻撃性が高いと判断することはできないだろう。対象群では、種牡は経産牝より数が少なく、そして、動物行動学の知見によると、同性・同齢の個体間では、闘争行動がより活発になることが知られているからである。しかしながら、これらの結果は、少なくとも、種牡の攻撃性が、ほかのカテゴリーの個体とくらべて高いとは言えないことを示しているように思われる。

性をいっそう強力に形成する要因として働いている[11]。

野生のアカシカは、五〇メートル以内の範囲に近接した個体間で行動が同調する [Clutton-Brock et al. 1982]。しかし、カリモジョンの山羊の場合には、たとえ採食中に角が接するほど間近に立っていても、他の群れの山羊と行動は同調しない。他の群れの山羊が、たまたま水場の近くなどで群れの内部に分け入ってきて、通り過ぎてゆくときには、これとは別群の山羊は頭を上げ、その場にとどまったまま「他者たち」をじっと見る。牧畜民のもとで放牧される山羊は、個体間の距離が近いからと言って、自動的に行動を同調させあうわけではないのである。

さらに、放牧される山羊はどの個体と近接するかを選択しているのであり、これは、「何頭と近接する

表12　山羊の攻撃行動の頻度

サンプリングの形式	個体属性	個体属性													
		自群個体							他群個体			不明確個体 **			総計
		種♂	去勢♂	未去勢♂	経産♀	未経産♀	未成熟♂	未成熟♀	経産♀	未経産♀	未成熟♀	種♂	未成熟♂	未成熟♀	
アドリブ	種♂	1													1
	去勢♂							1	1(1)						2(1)
	経産♀				2	2	1	1	5	1	1		2		15
	未経産♀							1							1
焦点個体 *	種♂		1(1)		2			2							5(1)
	経産♀		1	1	2	2		7	1		1			1	16
	未経産♀	2			1	1(1)		1				1			6(1)
	未成熟♀							1(1)							1(1)
総計		3	2(1)	1	7	5(1)	1	14(1)	7(1)	1	2	1	2	1	47(4)

（カッコ内は優劣が明確に表示されなかった攻撃行動の回数を示す）
* 牧童の存在の有無にかかわらず、採食相において、サンプリングをおこなった。追跡個体数と観察時間は、種♂ 2頭について 410分、480分、経産♀ 5頭について 630分、385分、470分、495分、555分、未経産♀ 1頭について 330分。
** 寝場所としている家畜囲いが固定的でない個体を示す。

か」といった近接する個体の数によって補われはしない。博物学者アーネスト・シートン［1998］や今西［1951］は、群れと集合（あるいは分散と対立する概念としての集中）を区別する必要性を論じているが、カリモジョンの山羊群を含む牧畜家畜における個体の集まりは、彼ら自身にとってあらかじめ想起され、目指されているという意味において、質的な有意性をおびた社会関係であり、第一義での「群れ」と表現されるべき現象である［たとえば、丹野 2009］。

異なる家畜群のあいだでは、攻撃が活発になることが予想されるが、調査結果から、他群個体との攻撃的な交渉はむしろ少数例であることがわかった。わたしが追跡したいずれの個体も、自群個体との攻撃的な交渉に頻繁にかかわっている。放牧群間の社会交渉は、そもそも出会う機会が限定されているため、定量的には分析することができない。しかしながら、調査期間中、一例だけであるが、角をくりかえし突き合わせる「激しい」闘争が、放牧群の異なる種牡同士が出会ったときに生じた。

【事例】（一九九九年一月九日、九時三七分）

放牧地で一三頭の放牧群（家畜群Ⅰ：七頭、家畜群Ⅱ：六頭）とともに移動していた家畜群Ⅰの種牡が、前方で採食していた別の放牧群の経産牝に追いつき、尻に鼻を近づけ、フレーメン（おもに牝のにおい物質によって引き出される、上唇を開き、鼻を突き出す性に関連する行動）を見せた。経産牝が小走りになって逃げるが、種牡は追いかけて二回マウントした。いずれも射精にはいたらなかった。そこへ、経産牝とおなじ放牧群の種牡がやってきて、この二頭の種牡が、経産牝を追いかけ始めた。だが、まもなく種牡同士は、経産牝の行方とは無関係に、角をぶつける闘争を開始した。二頭は鼻をならし、いなきながら互いに激しく角を打ちつけ、押し合った。この闘争は、九時三八分から九時四二分まで続いたが、あとからやってきた種牡が走り去って、終了した。

この闘争は牝をめぐって、別の放牧群に属する種牡と、その性行動から自分の群れの牝を守る種牡とのあいだでのコンタクトとして開始され、二者のあいだの闘争として自立していった事例である。観察していた放牧群のすべての種牡は、自分の群れの牝にマウントしたり、追い回す行動を示したが、この事例のような「激闘」が、放牧群の内部の種牡のあいだに生じたことはなかった。異なる放牧群に属する個体とは順位が不安定であるのに対して、おなじ放牧群の個体のあいだには放牧をともにする年月をつうじて順位が確定し、安定しているため、放牧群の内部では闘争の発生が未然に抑えられているということを示唆している。

11――家畜囲いは、結果的に、「群れの輪郭」を現象させる方向へ個体間の交渉を促進するが、個体が交渉をもつこと自体は、山羊が本来もっていた性質であると考えられる。

カリモジョンが放牧している山羊と、人間の関与がみとめられない自然状況下にある山羊が明らかに異なる点は、後者が構成員の顔ぶれが安定しないフレキシブルな群れを形成するのに対して、前者はメンバーシップが固定的で外延の画定された「輪郭のある群れ」を形成しながら、囲いに帰還する時や放牧地で同一放牧群だけでいる時には囲い群として行動し、他の放牧群と出会った時には同一放牧群としての枠組みで群れるというように、群れのおかれた状況に応じて複数の輪郭を使い分けていることである。それは、カリモジョンの山羊が形成していた放牧群と囲い群とに対応する。

カリモジョンの山羊が、放牧群と囲い群という二重構造をそなえていることは、種に特徴的な社会性にもとづいている。常住域と社会型の関係を論じた霊長類学者の河合雅雄［1992: 190-207］は、常住している個体集団が占有し、防衛するようななわばりをもたない種は、社会的な最小ユニットのうえに上位の社会集団が作られる重層的な社会構造をもつと指摘している。それに対して、なわばりにもとづく秩序系をもつ種は単層社会を形成する。前者の例としてゲラダヒヒ、マントヒヒ、ゴリラが、後者の例としてチンパンジーが挙げられる。ガゼルなど多くの羚羊類は、なわばり意識がきわめて強く、個体間距離を大きくとって分散した状態で採食する。それに対して山羊・羊は、排他的なテリトリーを作らず、他個体との密集相や分散相を自在に反復する［Jewell et al. 1974; Clutton-Brock 1987］[12]。常住域とゆるやかに結びつく山羊は重層的な社会構造をもつことができるのである。

群居性の大型哺乳類は、血縁的な紐帯にもとづく個体識別を基礎にして群れるという動物社会学的な通説が唱えられてきた。これと対比させると、牧畜家畜の側の他者認識の構成に関する興味深い特徴が浮き彫りになる。すなわち、共在するという出来事の記憶の共有が、放牧時の共在の参照枠となっていることであり、群れというクラスとしての認識はそれ以上分割できない（in-dividual）単位をなしている。母子関係などの特定の親密なダイアドが、別の個体同士のダイアドと連鎖してユニットを作り、そのユニットがまた別のユニットと結合するということを反復して、最終的に一つの大きな群れが立ち現れているというのではない。ある個体にとって置き換えることのできない、ともにあるべき対象として追い求められるのは、特定の個体ではなく、特定の群れなのである。その意味で、日帰り放牧で牧野にある群れは、〈かけがえのない群れ〉としてあらわれている。

一つの群れの個体たちは、単に一人の所有者の管理・使用対象という要素によって人間の概念の中でまとめられた集合であるばかりではなく、その群れ内で個体がメンバーたちと相互に近接し続けることで、群れの輪郭を作る。こうして、家畜山羊の自律的な群れは、放牧地と囲いの生活経験という人為的なコンテクストにもとづいて形成され、人間の側はその自律性を帯びた放牧管理に委ねる。放牧においてひとまとまりの「家畜の群れ」が形成され、それに牧童が連れ添うランドスケープには、人間と家畜のまさにインタラクティヴで応答的な行動連鎖の束が表現されているのである。

2　人間─家畜間における身体と声のコミュニケーション

コンゴの農耕民ボンガンド（Bongando）においてコミュニケーション研究に従事している木村大治は、発話行為には、ことばを「発する」という部分と、それを対象に「宛てる」という部分から構成されることに注目した。そして対面的ではない状況でアドレス性が希薄なものとなるとき、その声が広がる生活の場に暮らす人びとは、その声に対していつも準備が整っている状態にあることも含めて、非常にゆるやかな形で「一緒にいる」という感覚でつながりあっていると指摘している［木村 1991: 165-189, 1997: 414-444］。牧畜民の声と身ぶりに包ま

12──性によって土地との結びつきの強さには違いがみられるようだ。スコットランド島嶼部の再野生化羊群で去勢牡の生存率と行動の関連を調査したジュウェル［Jewell 1997］によると、去勢牡は生誕地に牝羊とともにとどまるものもあれば、去勢牡同士でパーティを作るものもいる。つまり、去勢牡の社会組織は、牝的であると同時に牡的であるということになる。ジュウエルのいうホームレンジとは、河合［1992］の規定するような防衛されるなわばりではなく、日常的な活動範囲という土地と個体とのゆるやかな結びつきという意味で用いられている。小笠原の再野生化山羊群でも、母牝が一定範囲の土地と結びつく。牝はそのホームレンジをほかの母牝とオーバーラップさせて、一時的に近隣集団的なパーティを形成し、牡は複数の牝のホームレンジを包含する形で牡グループを作って遊動している［鹿野 1982］。

れるカリモジョンとドドスの放牧群の個体たちもまた、人びとの呼びかけに呼応する身構えを共有し、人の居留地と牧地における人間の存在を含み込んだ共在感覚に包まれているのではないだろうか。本節では、共在し、コミュニケートする人間と家畜の日常生活に注目しよう。

▼生活圏の重なり

東アフリカ牧畜社会では、離乳を果たしていない幼個体は、母牝が含まれる成獣群とは別個に群れを作る。植物の採食を開始した哺乳期後期以降の個体は、牧童の引率のもとに、居留地に近い氾濫原や河辺林にある、平坦で小さな採食パッチでの短距離放牧へ連れ出される。カリモジョン―ドドスの牧畜社会でも、このような哺乳期の母子分離放牧が実践されていることは先述したとおりである。この短距離幼獣放牧群の中に、体高が周囲から突出しており、大きく成長した成熟個体が含まれている場合がしばしばある。牛の場合であれば、若牡(*ebaraat*)や若牝(*ataok*)が、乳離れをしていない幼個体とともに放牧されているのである。このような個体は実は、完全には離乳しきっておらず、放牧中にたびたび母牝の乳房から、わずかに残っている母乳をかすめとる習性がある。この行為は、すでに新しく生まれてきた子にとってだけではなく、母牝が現在身ごもっている腹の中の子にも、生まれ出てきた後のミルク不足と、それを原因とする新生子死亡をまねくと人びとはみなしている。そのために、母牝のいる成獣放牧群にではなく、幼獣放牧群に入れられているのである。妊娠中の母牝のミルクを吸う行為は、*akinyog*(「くりかえす」)と呼ばれ、「腹の中の子のミルクまでをも吸うこと」と説明される。次のキョウダイの生育を邪魔立てする年長個体には、まず、鼻梁の表皮を縦に眉間までめくれあがるように皮膚からはがして、これを鼻枷(*arubot*)とする。それでも乳吸いがおさまらない個体が、最終的に幼獣群にまぜられて放牧されることになる。ドドスのことばでは、「子牛は、母が妊娠初期の段階で引き離すべきだ。ただし、授乳を拒否しはじめた母(*apetorit*)とその子(*epetoritai asaryoit*)は同行することができる」。家畜の子は、すでに腹の中にいるうちから、その生育のためのミルク供給に対して配慮がなされている。[13]

カリモジョンでは、家畜の新生子は、日中、子牛の場合は約一ヵ月、子山羊、子羊では約二週間ほど、エテムやアカイ、エコドなどの保護小屋に麻縄でつないでおく[14]。それは、新生子がさまよいでて迷子になってしまわないようにするためであり、また、外の強い陽射しから保護するためである。気温の下がる雨季の夜には、小屋の中央に火が焚かれ、それを囲んで人間と幼獣が眠る。降雨量が多いドドスでは、低気温と雨に対して脆弱な子山羊は、生後三ヵ月のあいだ、夜間の母子分離は見送り、小屋の中で母牝とともに寄り添って眠ることが許される。そうしないと子山羊は生きながらえることができても、その成長速度は遅くなるという。人間が利用できるミルクの量は少なくなってしまうが、これは牛のミルクによって補われる。

母山羊が放牧に出たあと、集落に残された子山羊はどうしているのだろうか。子山羊にとって、母牝が不在の時間に心理的な安定を得ることは可能なのだろうか。わたしは、乾季のカリモジョンにおいて、哺乳期間中であり、短距離幼獣放牧群に組み入れられる前の子山羊六頭を個体識別したうえで、母山羊を含む成獣群が長距離放牧に出発したあと、どこでどのような行動をとるのかを観察した。

昼寝のための木陰は、集落の外にも存在しているし、採食可能な植物も、保護小屋から遠ざかるほど豊富になる。なおかつ、保護小屋を含む人間の居住空間には、家畜を遠ざけようとする人間のさまざまな働きかけが存在する。たとえば、女性たちは主食用の穀物を石臼で粉に挽く。これらの主食用作物と夕飯のおかずとなる野草を女性たちが集落内の地面に下ろしたとき、子山羊たちは盗み食いしてしまうのだが、すぐに女性たちに追い払われる。また、集落内の数少ない、人間にとって心地よい木陰に子山羊たちが居座ってしまうこともあり、このような場合も人間は子山羊を追い払う。

13——病いが原因で、長距離放牧に出すことがむずかしい成獣も、幼獣群の中で短距離の日帰り放牧に送り出す。

14——子ロバは、五日間ほど繋留するのが理想的とされるが、実際には、つながれずに母ロバとともに外を遊動している場合が多い。ロバの皮は分厚く、太陽に対する耐性が高いと評価されている。さらに、ロバの所有頭数は少なく、放牧の必要がないため、母ロバは集落の近くで採食していることが多く、また、ロバからの搾乳は一般的ではないため、母子分離はなされない。

観察の結果、日中、子山羊は自分たちが就寝する保護小屋を中心にした、きわめて狭い範囲に遊動域を限定していることがわかった（図13）。人間の生活圏と重なる保護小屋の周辺に、妨害があるにもかかわらず子山羊はそこにとどまろうとしているのである。さらに、追跡個体六頭中五頭について、地面に横になっているときには、立っている場合よりも、保護小屋にとてもよく近接する傾向があった。子山羊は、猛禽が頭上に飛来したときや、大きな物音が響いたときには、保護小屋のある集落内に駆け込むし、集落内にいる場合には保護小屋内に入ろうとする。これらのことは、子山羊にとって保護小屋の周辺が、心理的な安定を得られる要所になっていることを示唆している。

飼育下の観察では、母山羊に育てられた山羊とくらべて、人に育てられた

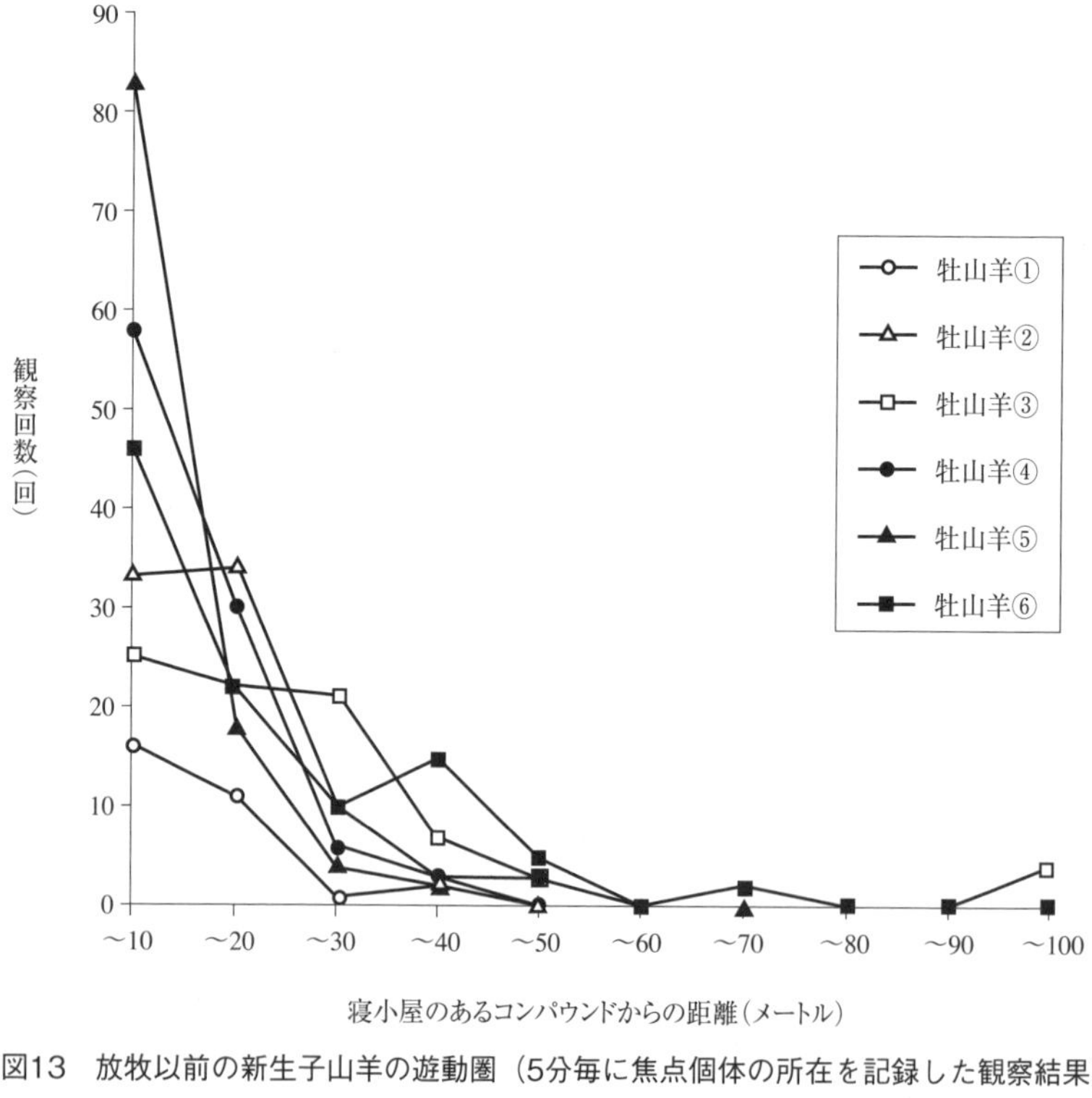

図13　放牧以前の新生子山羊の遊動圏（5分毎に焦点個体の所在を記録した観察結果）

山羊は人との対面場面で逃避反応（flight reaction）をとらないという実験結果が提出されている［Lynos and Price 1987］。また、ボイヴィンとブロースタッド［Boivin and Braastad 1996］は、人との接触をわずかでも経験した山羊は、そうでない山羊とくらべて、人に対して逃避反応を発現する頻度が低いことを突きとめたうえで、出生後七ヵ月半までの期間に接触の機会をもつことが、山羊の人間に対する慣れを深めるうえで重要であると指摘している。カリモジョンの山羊は、人の居留地に自発的にとどまるという過程をたどって、人との接触を重ね、人との慣れを得てゆくのだと考えられる。

▼統率行動の文脈

人間以外の動物が世界を創造的に解釈し、構築する主体として立ち現れるときに作動する具体的な他者理解のモジュールを、タンザニアのセレンゲティでガゼルの野外観察を続けた動物行動学者フリッツ・ヴァルター［Walther 1991］は「擬獣化」という考え方を使って説明した。人間は、他の動物に人間のような特徴をあてはめる。擬人法（anthropo-morphism）として知られる概念だが、動物が人間と関係を結ぶときには、動物の側でも彼ら自身の種の、他のメンバーと出会っているかのように反応するとしてもおかしくない。同種関係の中へ異種を組み入れて理解し、行為するというヴァルターの指摘したメカニズムが、人間側での動物的他者に関する表現形式として働き、かつ、人間ではない動物の側でも他者理解のモジュールとして擬獣化が作用するとき、互いの「擬○化」（-morphism）が絡みあう関係の二重性の中で、異種間での相互行為が進展してゆく。カリモジョンとドドスの牧野でも、そのような絡みあいの基礎のうえに牧畜生活は成り立っていることを確認しておこう。

山羊が人のまなざしている対象をまなざすということについては、生物心理学者のジュリアン・カミンスキたち［Kaminski et al. 2005］により、研究施設で飼育されている山羊の実験をつうじて有意な結果が得られている。カリモジョンとドドスにおいては、牧童と群れが牧地に立っているとき、牛や山羊は牧童が目線を一点に定めているその先を見つめるだけでなく、鼻腔を拡げて匂いを嗅いだり、さらにその方向へ進んでいく。たとえば、昼過ぎの給水を終えた山羊群をアカシアの木陰で座らせている牧童が、休憩後に向かう予定の牧野の方を眺めていると、何の合図も送っていないのに、座りこんで反芻していた山羊が次々と立ち上がって、牧童を追い越しその先を歩き始めてしまうことがある。ふだん牧童は休憩中には群れと正対して見つめるのはこのような先走りを防ぐためだが、仲間の牧童と放牧ルートについて意見を交換する場合などには目を切って、そちらを見やりがちになる。そのようなときに山羊は休憩を途中で切り上げて移動するのである。目線の先に山羊が移動を始めたときには、身ぶりと「ハイ」という音声によって木陰に引き返させる。

このようにカリモジョンとドドスの家畜と牧民とのあいだには、家畜が牧童の目指す方向をまなざすことで、自分と牧童の外にあるものや出来事を分かちあうこと、つまり共同注意（joint attention）行動が成立している。また牧童が放牧中にとるコントロールの大半は、牧童の意図を先回りして読み取り、次の行動を急ぐ個体を押しとどめる行為から構成されている。搾乳と放牧などの牧畜生活の文脈に向ける関心を家畜と牧童が共有するのであれば、牧童の声による指示に家畜が的確に応じるという牧畜的な文脈でのコミュニケーションにおいて、呼びかけられた特定の個体だけが応答するというアドレス性は、家畜の側でもかなり確実に共有されうると考えられる。具体的に述べよう。

カリモジョンとドドスの牧童の音声的なシグナルを前にしてわたしが驚いたのは、幅広い牧童の指示に対して牛や山羊が適切に反応していることである。放牧中および搾乳中によく耳にする牧童の発声に対して、牛と山羊が正しく反応した応答の比率は八〇パーセント以上であり、音声言語に対する反応は的確であることがわかった。放牧中や搾乳中の牛と山羊はともに、牧童の声による呼びかけに対して正しい行動反応をもって応答する。放牧中および搾乳中によく耳にする牧童の発声に対して、牛が正しく反応した応答の比率（図14）と、山羊が正しく反応した応答の比率（図15）より、音声言語に対する牧畜家畜の反応はきわめて的確であることが目を引く。[15]そして、これは先述したとおり、放牧や搾乳への参与観察から得られる印象とよく一致している。中でも、山羊より牛のほうが、牧童の音声的関与に対してより明敏に反応しており、成獣の反応は、新生子の反応より的

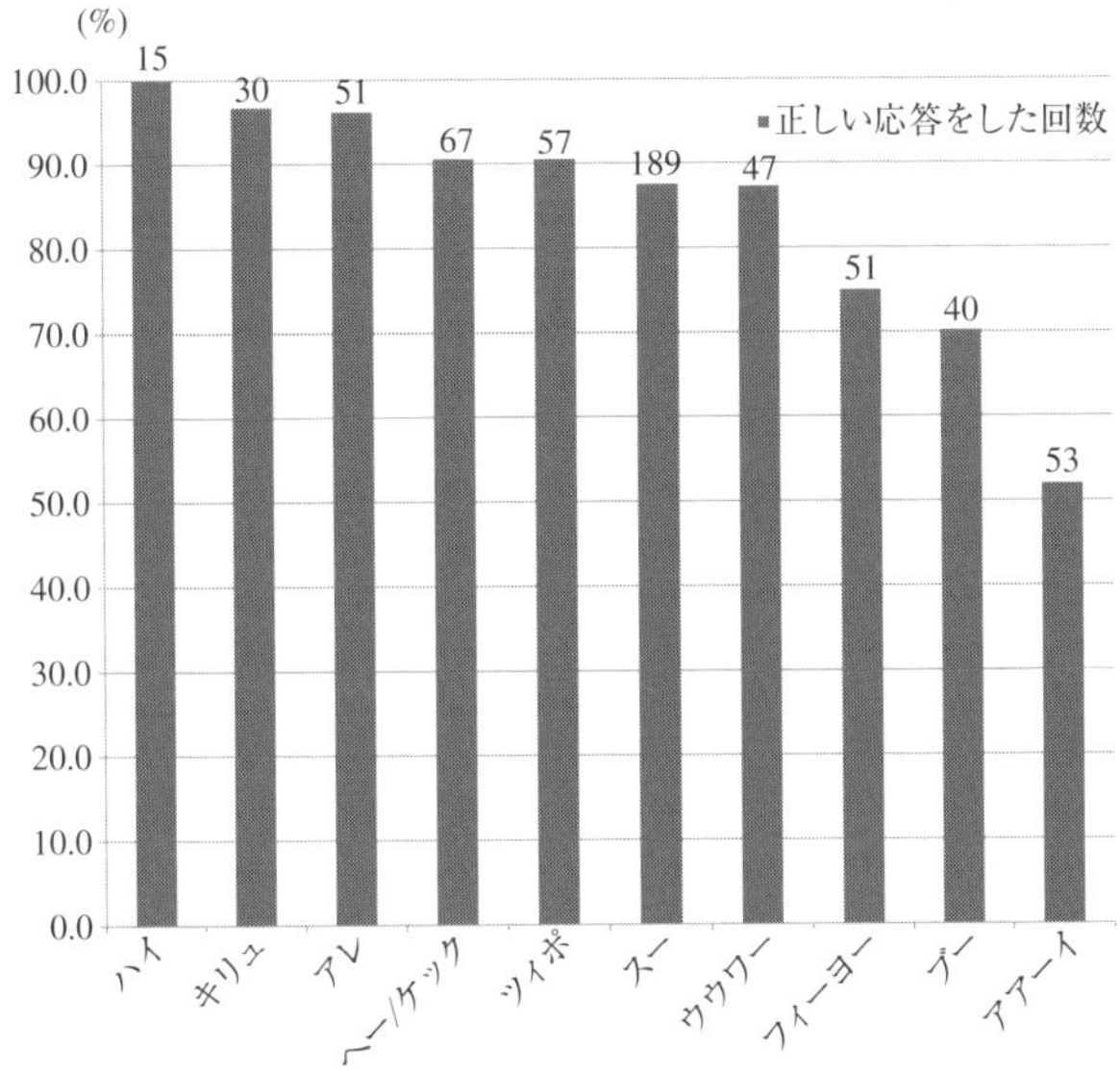

図14　放牧中および搾乳中によく耳にする牧童の発声に対する牛の正しい応答の比率

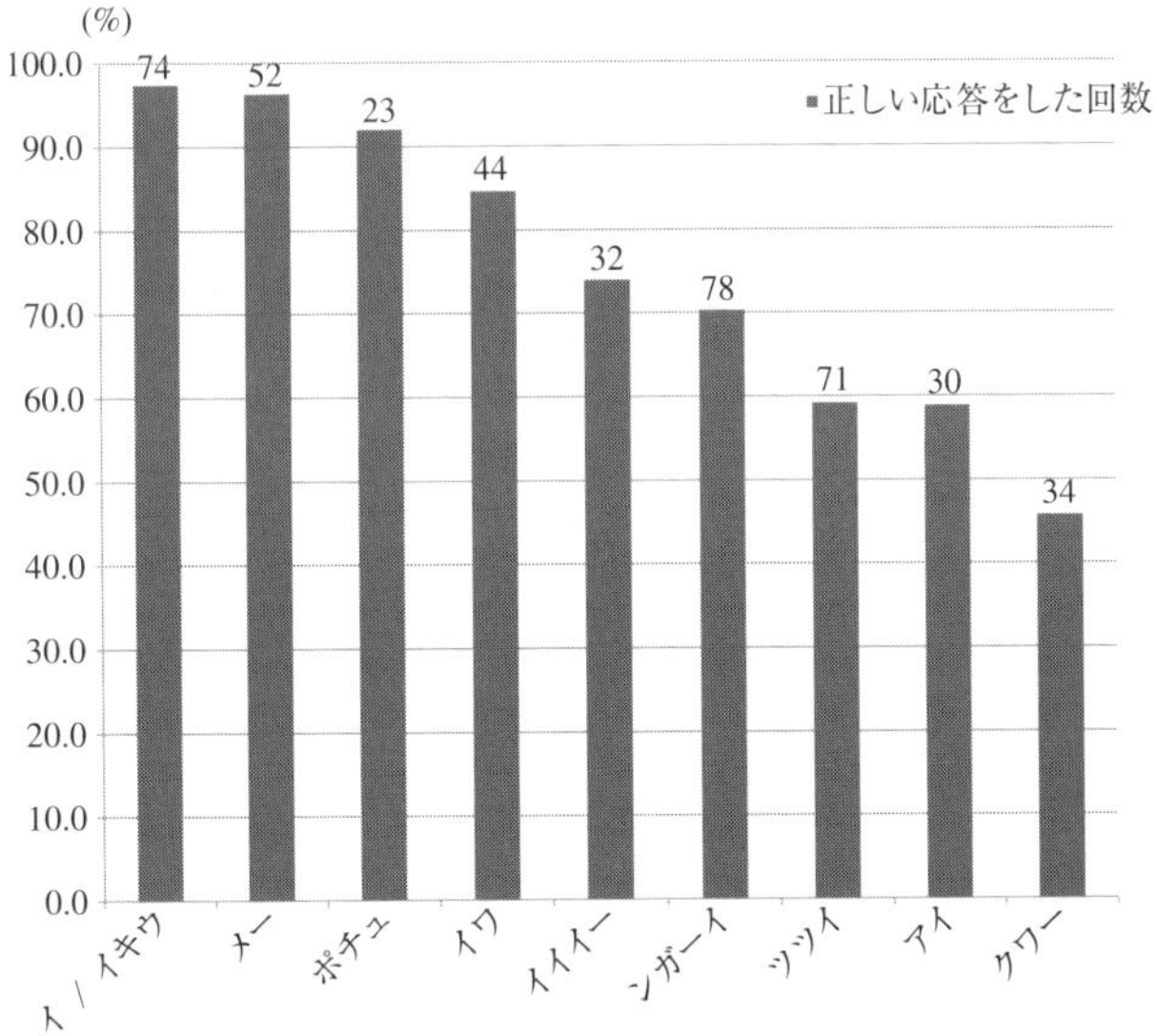

図15　放牧中および搾乳中によく耳にする牧童の発声に対する山羊の正しい応答の比率

確であることは明白である。とくに新生子の、授乳をやめるように求める声への反応は、牛でも山羊でも低かった。

もちろん人間と牧畜家畜は同程度の鋭敏な感受性を有していない。しかし、相互の習慣と行動を学習することによって、視覚と聴覚を使っておなじ感覚領域内でコミュニケートすることはできる。具体的に見てみよう。一九九八年に、カリモジョンで観察した山羊群の放牧では、収容される囲いが異なる二つの群れを合流させた放牧群を、一方の囲いに収容されている群れ（本章第一節で観察結果を分析した対象群のうちの「囲い群A」）の所有者の弟の子どもにあたる少年（約一三歳）が牧童をつとめていた。家畜泥棒の危険がある地域では、銃を携行した所有者たちも放牧に同行することもあったが、通常、放牧群の管理はこの少年一人に任されていた。牧童は放牧中、自身の身体を使用することによって、山羊・羊の反応を誘発し、群れと関与していた。以下では、このような行動を統率行動と呼び、山羊と牧童の相互行為を検討しよう。

牧童のディスプレイは、高度に儀礼化され、働きかける相手への視覚的であるとともに聴覚的なシグナルとしてデザインされている。牧童の統率行動は、具体的には、(1)動作［ｉモノ（棒、土塊、木片）を投げる、ii手（牧杖、木片）を振りあげる、iii茂みを（牧杖や木片で）たたく］、(2)付き添い［ｉ歩いて（走って）追う、ii後方を歩く］、(3)音声［ｉ口笛、ii発声］という行動からなっている。土塊や木片は、家畜のそばに落ちるように投げ、それが地面に着地すると同時に、音声を発する。このモノの投擲は、家畜個体に当の発声がアドレスされていることへの気づきをうながす機能を担っている。家畜を手で直接たたくと病気になると考えられており[16]、群れを追うための牧杖を使う[17]。ただし、これを家畜に直接あてる使用は、囲いに入る群れが狭い入り口で立ち往生しているとき、個体の背中に牧杖の先端で触れることによって前進をうながす場合に見られるだけである。また放牧地では、手を振り上げる身ぶりを増幅して見せるために、振り上げたり、風を切って音を出すために使用される。

統率行動の大半は、視覚・聴覚的な刺激を与えることによって、山羊の群れ凝集性を高める行動、前進および歩行速度アップといった反応を引き出すものである。これらの介入音声の典型的な例は、強勢や高音を利用した「アイ！」と「シ！」であり、手や牧杖を振り上げるといった大きな身ぶりによって、視覚的なディスプレイを繰り出すといったものである。散開してゆく放牧群に対して発せられる、口蓋を破裂させてだす音声に、「キュ」および鼻音「ンギ」がある。この種の音声には、山羊に対して移動をひきとどめ、採食行動を促進する働きがある。また、群れから迷い出た個体に対して、個体名に言及しながら発せられる「スィユ」、口唇を吸って出す「キュポ」は、対象個体を呼び寄せることも可能である。音声をともなう統率行動を量的に概観しておこう。

まず、発声された内容の意味的な側面に注目すると、第一に、語としての意味をもたない音声が高頻度に使用される。一九九九年二月八日に音声が観察された二一四単位[18]中一六五単位、二月一〇日では一〇四単位中八八単位が、発話としての意味をもたない音声によって占められていた。一方、カリモジョンは家畜に個体名（individual name）を付与する［Dyson-Hudson 1966］が、個体名への言及は二四単位（二月八日：二〇単位、二月一〇日：四単位）で観察され、音声が観察された全単位に対する割合は九・三パーセント（二月八日）と三・八パーセント（二月一〇日）であった。個体名の他に、有意味な表現が観察されたのは、センテンスによる呼びかけ（「おいでよ（*buwa*）」、「さあ、いこう（*apena*）」）、驚きをあらわす間投詞（「なんと（*ito*）」、「ひゃあ（*toreth*）」）などが

15——ドドスの調査地で、放牧や搾乳時に、特定の個体に対して音声介入が見られたときに、その音声内容とともに、どの個体に向けて介入がなされ、その個体は正確な反応を返したか否かを記録した。おなじ個体に対して、おなじ発声がくりかえされた場合には、記録はとらなかった。発声後五秒以内に明確な反応が見られたとき、その行動を記録した。カテゴリーの簡素化のため、類似の意味を有する複数の音声は結合した。

16——牧畜家畜への儀礼的な治療もさかんである。不妊や死をもたらす病いの原因として、邪視によって身体に入り込んだ「目（*akongu*, pl. *ngakonyen*）」の存在や、指差しや直接に手で触れることによって身体に入り込むとされる「手（*ngakan*）」の存在がある。伝統医は、水をふくませた麻の繊維の束（*abukut*）でマッサージを実行し、内部の異物をとりのぞく治療を試みる。病いが深刻なときには、牡山羊や牡羊を供犠獣とする屠殺儀礼を執行する。

17——*etopojo*（*Lannea humilis*）、*emus*（*Euclea latidens*）などの有棘の木本は、牧杖としては忌避されている。

18——一単位は、一〇秒間のまとまりをあらわす。

四八単位で観察された。

注意したいのは、放牧が、家畜と牧童の複雑な指示—応答のシークエンスによってびっしりと埋め尽くされているわけではないという点である。むしろ、カリモジョンにおける放牧は、牧童と家畜のいわば「暗黙の相互理解」にもとづいて、ゆったりと自然に流れる時間のプロセスであると言ってよい。放牧の全体のほとんどを占める採食時間においては、時折わずかに牧童が単発的に声をあげると、群れから逸れた個体が注意を向け直して群れに戻っていく、といった単純な相互行為が確認されるだけなのだ。群れの全体がほとんど止まって採食し、あるいは採食地に向かって草を食みながらゆったりと移動している「採食時間」と、それ以外の時間帯、つまり囲いへの出入りのタイミングと給水前後の時間帯[19]を分けて検討してみると、量的に把握しやすい。二日間の採食時間における統率行動の時間の内訳は、二月八日が九時間のうち三五分（六・四パーセント）、二月一〇日が七時間三二分のうち三六分（七・九パーセント）とわずかなものであった（表13）[20]。

エクアドル・アマゾンの先住民ナポ・ルナ（Napo Runa）社会を調査した文化人類学者エドゥアルド・コーン［Kohn 2007］は、犬と人間が変形された言語を使ってコミュニケートしている様相に焦点をあてた。コーン自身が「トランススピーシーズなピジン語」と呼んでいるその固有の記号の体系は、縮減された文法構造や指標的で図像的な指示をその特徴としている。感情や意志を表現し、伝達することができるその言語は、

表13　一日の放牧中の牧童による統率行動時間

	採食期間	移動期間	移動＋採食期間	休憩・給水	放牧時間
	統率行動 / 合計	統率行動 / 合計	統率行動 / 合計		
1999年 2月8日	35分/ 8時間59分20秒 210 / 3236 6.4%	44分20秒/ 2時間 266 / 720 36.9%	1時間19分20秒/ 9時間56分40秒 476 / 3538 13.4%	1時間2分40秒	10時間59分20秒
1999年 2月10日	36分/ 7時間32分40秒 216 / 2716 7.9%	31分/ 2時間 186 / 720 25.8%	1時間7分/ 9時間32分40秒 402 / 3436 11.6%	1時間20分50秒	10時間53分30秒

人間と犬の領域からコミュニケーションの要素が統合される形で創発されているという。カリモジョン—ドドスの人びともまた、種間接触による混成言語的なシグナルを、彼らが放牧し、搾乳する牧畜家畜に対し、個体レベルおよび群れレベルで使用している。放牧や搾乳に際して、家畜全般に共通して使用される一般的な発声を三種類、牛については二三種類、山羊・羊について一七種類を記録した（音声言語の例については表14を参照）。それらの音声は、カリモジョン語やドドス語に特徴的な、広・狭母音や鼻母音、歯茎破擦音、そして舌尖震え音にもとづいているが、語は言葉をかけられる側の種に特有であり、さまざまに小さな屈折や音調変化をつけて意味を伝達する。[21]たとえばドドスでは、母牛に搾乳時に牧野で「こい」と呼びかけるときには、「コッ」という後部

19—放牧の出発と帰着、そして給水といった活動の主要な転換点では、牧童の統率行動が、次の展開を強く要求する家畜に対して先走りを食い止めるアクセントとなることによって、放牧に秩序がもたらされている。具体的に見てみよう。まず、集落を出発した群れは、空腹を満たすために動きがたいへんすばやくなっている。そのため牧童は、その日の採食目的地に引率するために、意図する進行方向から逸れる個体に対して、次々と軌道修正のための統率行動をとることになる。つぎに、正午ごろ、井戸では、先着した他の群れに対してすでに給水が進行中であり、その後方で群れを待機させておくために、前進を止める統率行動がとられる。隣り合う二本のハマビシの大きな木が作る二つの木陰では牧童は休息をとるための音声を発し、午後の放牧を急ぐ一部の個体たちの移動をストップさせるための身ぶりをくりかえした。そして最後に、一日の放牧行程をたどりおえると、牧童は、群れの全体が満ち足りている（*emwoko*）ことを確認しながら、放牧群とともに集落のそばまでゆっくりと移動してくる。泌乳期の牝はこのときに、集落にとどめる子との再会を求めて、集落に一足先に向かおうとするが、これを牧童はとどめる統率行動を繰り出す。群れのメンバーが完全に満足するまで採食させる必要があるからだ。

20—東アフリカにおける牧童は一日中、群れをまとめたり、移動をうながしたりする作業に追われていない。ケニア北西部のトゥルカナにおいては、二〜三人の牧童が一九八頭の群れを管理しており、そのうちの一人の牧童は、全採食期間中の四〇パーセントで統率行動をとっていた［太田 1982］。また、ケニア中部の牧畜民サンブルにおいては、四七頭の群れを管理していた一人の牧童の統率行動の量は、一・二八パーセントにすぎないと報告されている［Shikano 1990］。

なお、放牧中の統率行動の数量的なデータには、それ自体としては、ほとんど分析的な意味をみとめることができないとの指摘がなされている［谷 1982］。わたしは、かならずしもこの意見に賛同するものではない。おなじ環境内での、一つのおなじ種に対する人間の家畜群管理行動の差異と、家畜の対人的な応答行動の差異を対応づけて論じた研究としては、セミ・ドメスティケーション状態でトナカイ牧畜を営んでいるコーミ（Komi）およびネネッツ（Nenets）での野外調査の成果がある［Istomin and Dwyer 2010］。

表14　放牧中および搾乳中の牛と山羊に対して牧童が発する音声言語の例

（牛への音声言語）

発声	意味	対象	場面
スー	前方へ移動しろ／もっとスピードを上げろ	群れ／個体	放牧
フィーヨー	スピードを落として、草を食べろ	群れ	放牧
ハイ	戻れ、そして草を食べろ（放牧のとき集落へ戻ろうとする対象に）	群れ／個体	放牧
ツィポ	水を飲みにこい	群れ／個体	放牧
キリュ	止まって休憩しろ	群れ	放牧
ウウワー	移動するぞ、集まれ	群れ	放牧
アレ	搾乳するので、おいで	個体（母牛）	搾乳
ヘー / ケック	動くな、落ち着いて乳を出せ	個体（母牛）	搾乳
ハー	子が近づいてくるのを受け入れろ	個体（母牛）	搾乳
ブー	乳をやるから、おいで	個体（新生子）	搾乳
アアーイ	やめろ（搾乳のときに乳を吸うのをやめない新生子、搾乳者を蹴る行為に対して）	個体（新生子）	搾乳

（山羊への音声言語）

発声	意味	対象	場面
ンガーイ	おいで	個体	放牧
アイ	群れに戻って来い	群れ	放牧
ツツイ	前方へ移動しろ／もっとスピードを上げろ	群れ	放牧
イワ	移動するぞ、集まれ	群れ	放牧
ポチュ	水を飲みにこい	群れ／個体	放牧
イイイ	おいで	群れ（新生子）	放牧
クワー	やめろ（搾乳のときに乳を吸うのをやめない新生子、搾乳者を蹴る行為に対して／放牧のとき集落へ戻ろうとする対象に）	群れ／個体	放牧
イ / イキウ	動くな、落ち着いて乳を出せ	個体（母山羊）	搾乳
メー	乳をやるから、おいで	個体（新生子）	搾乳

歯茎音に、「アレ」という、〃r〃の発音部分でそり舌尖の瞬間的な閉鎖を作り、連続的なはじき音となる音声言語を複合させて指示を出す。おなじように、母山羊に搾乳時に囲いの中で「こい」と呼びかけるときには、「イ」という音声に、「キウ」という舌根を後退させて呼気と吸気によって、軟口蓋と舌根の片脇がはじかれて出る音を複合させてシグナルを送る。

家畜に対して牧童が呼びかける音声言語は、文脈や反復、母音の引き伸ばしかた、声の大きさやトーンによって意味が変わってくる。たとえばドドスでは、牛・山羊・羊に対して、今いる新芽の生育する草を焼き払った跡地（*apureci*）から、塩を含んだ草の生える黒土の採食地（*naro*）へ場所をかえるときには、群れ全体にゆるやかな移動を開始させるために「スー」という音声が共通して発される。呼びかけられた群れは、頭を下げた状態で前方に移動（*amenakin*）しはじめて、最初に動きはじめた群れの一部の塊から、その縁にいる個体群の同調を引き出し、やがて群れの全体が静かに移動をはじめる。これは、有蹄類が群れで移動するときに、牧地を覆う小草に足がこすれる、乾いたかすかな音に似ている。この模倣によって、他の個体が移動を開始した文脈を、追随性のある群れ全体に共有させるのだと考えられる。

ヒヒやハイエナなどの捕食獣や、家畜略奪をねらう近隣集団の敵の襲撃から逃れさせるための緊急移動の際には、「ツッ」という無声の歯茎側面摩擦音を使用する。*akisuru*（← *akisur*：追う）と呼ばれるこの発声行為はしばしば、ふだん腰に巻いている布を手にとって振る身ぶりをともなう。それに対して、追われる牛は尾をあげ、駆け足で移動する。

声帯振動をともなわない後部歯茎の摩擦音「ツツイ」は、山羊の群れに対し、群れの頭が向いている方向への移動速度を上げることを命じる文脈で発声される。牛に対して発するときは、山羊に対するよりも低音で、緊急

21——ヨーロッパでは羊の放牧に命令語の発声やホイッスルを使用する場合があるが、それは羊群をまとめて方向づける牧羊犬に対して向けられている。カリモジョン—ドドスでは群れの牧畜家畜に対して直接アドレスされている。

移動の発声である「ツッ」よりも長くゆっくりと発する。この行為は*akisila*（口笛を吹く）と呼ばれる。一方、舌の位置の高低を変化させ、音程変化をつけながら口笛を吹く、*akiunyunya*と呼ばれるこの行為には、すべての動物が歩行のスピードを落とし、草を食べさせる効果がある。

牧童の統率行動によって、放牧中の家畜の群れは明らかに個体密度を高めていた。しかし、牧童の発声行動の機能を放牧群の統合性の維持に還元してしまうのは正しくない。放牧に同行して得られる印象によれば、端的に言って、牧童は放牧群の統合性よりもむしろ、家畜がじゅうぶんに採食することをのぞんでいるように見える。牧童は、採食地に到着しても依然として山羊が行動を移動に限定し続ける場合には、群れに回りこんで先頭に位置する集団に向かって、身体と音声を使って移動を停止させ、採食をうながす。それに対して、移動の途中で、採食に没頭して群れからとり残された個体や小集団を追い立てることにはけっして熱心ではなく、むしろ他の個体から遠くとり残されてしまわないならば、じっと黙って、遠くから静観している。視野の範囲内に放牧群の分布を限定しておこうとするわたしが、群れからとり残された個体（の小集団）を追い立てて、移動をうながそうとすると、牧童があわてて制止した後、「草をゆっくり、たくさん食べさせるように」と言った。

「ハイ」という音を発する行為、アキキラ（*akikila*）は、良質な牧草地で、先頭個体の移動を止める必要がある場合にとられる。この音声介入によって、群れの先頭個体は後退し、ひとところにとどまって採食に没頭する（*akirajakin*）。牧童は、彼ら自身ほどには牛はどれがいま食べるべきよい草なのかを知らず、牧童が指示をしないと、理想的な採食地でも食べずに通り過ぎてしまうと説明する。牧童による家畜管理上の音声が、群れている牛に呼びかけるときには、それが群れ全体への呼びかけである場合と、群れの一部への呼びかけである場合がある。アキキラは、早足の速度を落とさず、良質な食物パッチを通り過ぎた群れの中の、追随者をひきつれて移動する先導個体群に対して発される。それによって、前進を止め、後退をして採食することをうながす。同時に、「ハイ」の母音を強く引き伸ばして強調した音声によって、放牧中に群れの進路から急に逸れた個体に対して、群れに戻るように指示する働きもある。

牧畜民が発する声は、群れを方向づけるためだけではなく、個体を呼び寄せ、身体接触を受け入れるようにうながす機能も併せ持つ。搾乳の際、人間が下腹部へ接近することや体に接触することを忌避して母牝牛が過敏に動くとき、この回避行動を抑制するための音声として、「へー」という長子音を、上下の歯を閉じ、くちびるは開けて横に広げて外気を吸い、軟口蓋と舌根の両脇をはじいて出す「ケック」という音と複合させて使用する。この「へー」という長子音は、搾乳するときにはとても頻繁に使用される。囲いの中で個体が入り乱れている状態にある牛群の中に呼びかけられると、母牛がゆっくりと群れの中から、声を発している搾乳者のもとに近づき、乳頭部に触ることを受け入れるのだ。

牧畜家畜への音声言語の変化は、その音声信号が個体に対して向けられているか、それとも群れ全体に対して投げかけられているかといった、相互行為の文脈によってのみに左右されるわけではない。呼びかけられている家畜個体の側のジェンダーや年齢も重要な要素である。たとえば、「ヤァー」は、子牛が短距離放牧から戻ってきて、家畜囲いへ入っていくのをうながすときに使用されるが、種牛には「ウラァー」という言葉が頻繁に使用される。他には、乳母づけの際に、乳母牛の頭の脇に牧童は立ち、一方の手の平を乳母子の口の中に差し入れ、下顎の切歯から臼歯列までのすきまを握り、他方の手で耳の根元をつかんで「コック」と呼びかける。これは、母牝が落ち着いて子をかぐ行為をうながす音声言語である。その後、乳母牛が舐めはじめると、子の耳元で「プチュ」とささやきかける。すると、牧童が手を放しても、子はその場にとどまっていることができる。

群れがある採食地から別の採食地へ移動するとき、牧童はしばしば、自身の意図を伝達するために、身ぶりを組み合わせながら発声する。群れが散ってゆくときに、牧童が先頭の個体に向けて発声すると、先頭個体は速度を落とし、下をむいて草を口にしたりする。音声介入が反復されると、頭を群れのほうへ反転させ、帰還してゆくが、身ぶりをともなわない発声のみの介入では、すぐに群れのほうへ方向転換するわけではなく、止まっているべきか、それとも帰るべきなのか、頭を下げて、牧童の出方をうかがう。身ぶりがともなうことによって、先頭の個体のこのようなギャップは小さくなり、より明敏に反応する。

採食中、山羊は、他の個体が移動するときの足音や鳴き声によって、採食を中断し、群れのあとをついていく。このような自発的に移動する場合と、牧童の介入行動によって移動する場合とを比較して、歩調に変化はみられない。統率行動の中で使用される頻度の高い動作的介入の「付き添い」や、「ス」という音声による介入を受けた山羊は、採食をやめ、頭をあげて他の個体の位置を確認して、牧童がそれ以上追わなければ、群れの方向へ移動したあとすぐに採食を再開する。このとき、牧童のほうを振り返って確認するなどの気にするそぶりは見られず、統率行動を受けたときの反応は、基本的に、山羊たちのあいだで自然に生じるシークエンスで示されるものと同質である。

▼個体名とコミュニケーション

身ぶりと音声による介入が効果的であることの背景にはもちろん、群れのすべての個体が介入の意味づけを共有しているだけではなく、先に述べたように、そのアドレス性をも了解していることが挙げられる。このアドレス性とは、複数の行為者の空間における特定の行為が、誰に宛てておこなわれているのかに関わる概念である[木村 2003]。ボンガンドにおいて、ボナンゴと呼ばれる、相手を特定しない投擲的な大声の発話を分析した木村は、発話行為を会話という相互行為のレベルからみた場合、発話送出行為には、話し手がまさにそのことばを「発した」という側面と、話し手がその発話を特定の他者に「宛てた」という側面があると指摘した。この特定の行為の「宛先」という考え方は、牧畜における異種間関係にも有効である。名前を呼ぶ声への牛の応答の観察により、アドレス性を確認しよう。

家畜の姿形を表す詳細な体系をエヴァンズ＝プリチャードは語彙の銀河と呼んだが、この宇宙は牧民たちの精妙な眼を物語るばかりではない。それらの語には、個体に呼びかける名前としての働きがあるのだ。たとえば、放牧中に迷子になった山羊には、牧童が群れに戻るように名前を呼んで方向づける。また、ミルクを搾るときには、群れの中に向かって牛の名前を呼ぶ。すると、呼びかけられた母牝だけが声を出して、応答しながら接近してくる。周りにいる個体たちは無関心であり反応しない。人間だけでなく牛や山羊の側も、名前の呼びかけの対象を特定できるのである。

カリモジョンでは、男性は自分のお気にいりの体色の去勢牛を有しており、この個体の姿形（とくに体色）を表す表現を、当該個体の名前として付与するだけでなく、その所有者や牧童が自分の名前として名乗りはじめるようになる［Dyson-Hudson 1966］[22]。だが、カリモジョンにおいてもドドスにおいても、去勢牛だけでなく、あらゆる牧畜家畜には身体的特徴にもとづく名前が付与されており、それらは放牧や搾乳の場面で呼びかけられる。まず放牧時について見てみると、先頭集団の外側に位置する個体に対して、群れの核との距離を詰めるよう指示する音声や、放牧群の後方を歩行する個体に対して前進をうながす音声とともに、その個体名を発する。群れの誘導に際して、先頭をゆく個体の集合に向かって一頭ずつ、個体に言及する語を発すると、後方の個体たちが追いかけることによって、群れの全体にとっての進行方向が作られるのである。速度を上げて移動する群れの後方で頭を下げ、一心に採食して取り残された個体には、牧童がその個体に言及する声と呼び笛という聴覚的信号を送り、離れゆく放牧群の存在に気づかせ、追いかけをうながす。また、アカシアのさや、塩性の土塊（*engelei*）および塩性の草本（*eleit*）を与えるときも食べさせるべき個体の名前を呼ぶ。

朝夕の搾乳時には子畜群から子を、成獣群から母牝を呼び出すために名前を声に出す。搾乳係の牧童や牛の所有者の妻たちは、直径約二〇メートルの囲いの木柵を乗り越えて、牛がひしめきあっている中に立っている。彼

22——牧畜社会では広く家畜に対して名前を付与する文化が認められる。名前の要素は、人名と同一の名前を使用する場合［イタリア：谷 1992］、家畜の体色を多用する場合の他、個体の入手経路を多用する場合や、それらの複合型がみられる場合がある［ダトーガ：梅棹 1990b; トゥルカナ：太田 1987c; マサイ：Galaty1989; キプシギス：小馬 1990; ホール：宮脇 1999］。名づけの原理に関しては、母子同一名の付与がよく知られている［ダトーガ、マサイ、キプシギス、ホール］。また、谷［1992］は、イタリア、ギリシア、そしてルーマニアで、「進め」や「止まれ」などの命令内容をもつコール・サインを理解するよう訓練された、去勢山羊ないし羊に名前が付与されていることを報告している。

らが指示すると、年少の子どもたちは、集落の周辺で自由に群れを作って遊動していた乳飲み子たちを子牛囲いに集めて、一頭ずつ名前を呼びつつとらえて頭を胸に抱き、母牝のいる囲いの中へ連れてくる（写真16）。乳飲み子を片腕に受けとった搾乳係は、母牝の名前を呼ぶ。母牝は声の方を見上げてしきりに鼻を動かし、ひしめきあいの中から自分の子に接近してくるのである。

わたしはカリモジョンにて、八〇頭からなる成牛群を観察対象にして、名前呼びへの反応をテストした。牧童に依頼して、日帰り放牧中の草地や牛囲いの内で牛の名前を呼んでもらったのである。この試みで牧童が言及した「名前」は「目の周りの黒斑」や「無角の牝」などを意味する語である。呼びかけの状況を顧慮せずに、その意味内容の水準のみから判断するならば、それは（たとえば迷子になった個体を探し求めてその所在を他の牧童に確認する会話の中で）家畜の類別的な示差特徴を一つずつ並べ立ててゆくのとおなじだが、一頭の個体についていろいろな呼び方が可能でありながら、呼びかけは一つの呼び方に絞られてなされた。そしてその「名前」を構成する語は語義を有している人間の言語を基礎としながらも、ジェンダーを表示する接頭辞や性・成長段階といったカテゴリー名は省略された。発声では、日常の発話より音素の発声時間を短縮することによって圧縮された語が、何度も反復された。そしてまた、「牛の耳によく聞こえるように」、呼びかけられる名前は低音で発声された。つまり、家畜との対面的な相互行為場面での牧童による呼びかけは、特定の一個体とのコミュニケーションを志向している点において個体名にほかならない[23]。

名前呼びテストは牛による名前の自覚を明確に示した（テストの手順と結果については表15を参照）。どの牛も牧童が名前を呼んだときには、周囲の個体が反応しない中で、対象の個体だけが正確に応答した。統計的検定（Fisher 正確確率検定2×2分割表）によると、いずれの焦点個体についても高い比率で応答する分布の偏りは、一万分の一未満の確率でしか生じえない有意なものである。この表は焦点個体以外の反応については合計のみ表示しているが、これはただ人間の呼びかけに対して反応しやすい個体がいて、呼ばれた名前に反応しているように見えているというわけではない。焦点個体が、自分とは異なる個体に呼びかけられた場合に応答することはきわめて稀であった。自分の名前を呼ばれた牛は、他の牛が名前を呼ばれているときには反応しないのである。なお、名前を呼ばれた個体と同名の牛が、焦点個体の近くにいた回数は三回あり、一度も応答しなかったのに対して、焦点個体は三回とも正確に反応した。牧童は名前を発声するとき、焦点個体に対して顔をまっすぐに向けて呼びかけていた。おそらく牛は声の方向性を感じながら自分が呼ばれているかどうかを判断しているのだろう（写真17、18）。

テストの結果をもう少し詳しくみてみよう。経産牝は、朝夕の搾乳の際に自身の名前を呼ばれて搾乳者のもとに近接する経験を搾乳期間中くりかえす。よって、経産牝が名前呼びに応えることは予想していた。しかし興味深いことに、経産牝だけでなく、去勢牡や未経産牝も自身の名前を認識している。たしかに、どの牛も哺乳期をとおして、母牝に引き合わせてくれる人間のもとへ名前を呼ばれることによって母牝へ近づくことが許され、

23——太田［1987c］と小馬［1990］は、牧畜家畜の名前と記述的表現を、以下のように区別している。太田の言う「搾乳時に呼び掛けて制御するなどの目的から『経産牝に対して与えられた呼称が、その個体に言及するための名称として転用され』た個体名」を、小馬は「日常的な家畜管理単位としての世帯の成員と家畜個体との間」のレベルでの個体への言及という言語コミュニケーションと位置づける。同様に、太田の言う「限定された集団内で特定個体への記述的な言及法が、…固有名詞化したもの」を、「世帯員間」のレベルでのコミュニケーションの特性として出現し、最後に太田の「個体の外見的な特徴を記述的に表現する方法であり、個体名ではない」という言及は、小馬の分類では「世帯員と非世帯員の間」の言語コミュニケーションのレベルででてくるものとされている。

写真16　囲いから子牛を連れ出す役の少年

その母乳を吸うという新生子期の経験の記憶を共通に有している。したがって、その名前呼びへの正確な反応には、残存している過去の記憶が呼び覚まされているということが利いていると考えてよいだろう。名前呼びへの応答が求められる場面は、その後の個体の成長過程でも続く。乳離れをして群れに加入し放牧に向かうようになると、どのカテゴリーの牛に対しても、牧童は放牧中に名前を呼んで、みずからの意図を伝えようとする。さらに泌乳期の牝牛は、今度は母の立場に立って、搾乳時に名前を呼ばれ、わが子と出会い、授乳する。新生子期の名前呼びへの正しい応答と、母牝からの授乳という初期記憶を基底にした原初的コミュニケーションに加えて、このような経験もまた、「自己」と「名前」の結びつきに対する認識を強化しているのではないだろうか。さらに、牧童や牧夫は、牡牛には麻縄を編んだ首輪や鐘鈴をつけて飾り、放牧中にその横に立ち、その名前を詩中に含む歌を詠唱する。また、種牛と去勢牛は、群れの先頭に立って他のメンバーを率いるので、牡は放牧中に名前を呼ばれることが多い。虫下し

表15　牛における名前呼びへの応答的反応*

牛の名前	ステータス	焦点個体 **	他個体 ***
Amwai	経産牝	17/17	10/172
Kimait	経産牝	8/11	5/106
Yelel	経産牝	12/14	4/128
Lukpira	経産牝	17/18	5/203
Koliwongor	経産牝	11/18	11/185
Riongo	未経産牝	11/18	6/176
Ngolenyang	去勢牡	17/19	6/183
Kwabong	去勢牡	17/18	9/182

*「あなたたちは家畜が自分の名前を知っていると言う。あなたに牛の名前を呼んでもらい、彼らが本当に応答するのか調べたいので、未経産牛、経産牛、去勢牛の名前を 1 頭ずつ呼んでほしい。かならず応答することを確かめたいから、この名前を呼ぶ試みは、1 頭に対して何度もくりかえしてほしい」と牧童に依頼した。そして、彼が名前を呼んで 5 秒以内に、顔を呼び手のほうへ向ける、歩み寄ってくる、呼び返す、といった応答的な反応行動が見られるかを調べた。

**「焦点個体」の欄における各セルの右側の数字は焦点個体が名前を呼ばれた回数、左側の数字は自分の名前を呼ばれた時に応答した回数、を表す。

***「他個体」とは焦点個体が名前を呼ばれた時、焦点個体の 5 メートル以内にいた個体を指す。各セルの右側の数字は焦点個体が名前を呼ばれた時にその 5 メートル以内に他個体がいた回数、左側の数字は焦点個体が呼ばれにもかかわらず（他個体が）反応した回数を表す。

や胸やけに有効とされる塩性の土を与えるための呼び寄せの場合も含め、相互行為の記憶は、すべてのカテゴリーの牛の名前呼びに対する正しい応答を導き出しているのだろう。

家畜と人間の相互行為に関する先行研究は、人間による威嚇を利用したコントロール・モデルを下敷きにしてきた。鞭や杖、殴打といった物理的刺激と痛みの記憶を使って、人間の意のままに動物を操るという理解である。しかし、威嚇によって誘発された逃避行動を利用するというモデルでは、音声の音源としての牧民へのアプローチをうながす音声はもちろん、呼びかけられた個体の周りにいる背景の個体は行動による反応を示さず、蚊帳の外の者として振る舞い続けるという、音声介入の「地」の効果についてさえも理解することはできないだろう。群れの統合性を高め、進行を方向づけるという牧童の意図どおりの反応は、呼びかけられた当該個体、群れの他個体、呼びかける牧民という三者関係を背景に、放牧や搾乳といった牧畜生活の文脈に関する理解を参与者のすべてが共有していることではじめて実現されるからである。

3　共振しあう相互性

カリモジョン―ドドスは、人間と動物の個々の個体には還元できない性質にもとづくやり方で、牧畜家畜の社会性に関わっている。牧童という特定の人物が特定の家畜個体と音声を交わす相互行為を例にとろう。牛群が採食地で頭を下げて草を食んでいると、満ち足りた種牛と去勢牛が頭を上げ「ブォー」と発声することがある。これは「喉の渇きによる鳴き（*arwore kotere akure*）」と呼ばれ、これを耳にした牧童は「渇きが彼を苦しめている（*ayam akure ingeth*）」と言って、群れを水場に連れて行く。これは牧童の姿が牛群の中にあるときだけに上げる声である。牛群の採食中、牧童が居眠りをして群れから離れたり、ノウサギやホロホロチョウを狩るために採食地から遠い藪に分け入ったときには、牧童が牛群に戻ってきて初めて牛は、特に種牛と去勢牛がこの声を発する。したがって「『喉の渇きによる鳴き』は、渇きに苛まれる牛が水を乞う言葉である」と牧童は説明する。牛は日

⑴　頭を下げて草を食んでいる（中央がコリウォンゴル）。右端の去勢牛は牧童の存在にすでに気づいており、牧童のいるこちらに目線を向ける。(00:00-00:03)

⑵　牧童が「コリウォンゴル」と４回くりかえして名前を呼ぶと、すこし頭をあげて、横目でこちらを見る。(00:04-00:05)

⑶　続けて「コリウォンゴル」と４回くりかえして名前を呼ぶと、完全に頭を草からあげて、こちらを正視する。(00:06-00:08)

⑷　さらに「コリウォンゴル」と４回くりかえして名前を呼ぶと、うなり声をあげて呼びかえす。(00:09)

写真17　牛の名前呼びへの反応例―コリウォンゴル（Koliwongor、経産牝、4才）の場合

⑴　牧童が「アムワイ」と5回連続して名前を呼ぶと、二頭の向こうにいたアムワイが顔を上げて、こちらの音源を見る。(00:00-00:02)

⑵「アムワイ」とさらに5回連続して呼び続けると、耳を音源の方へ傾け、2歩近づいてくる。(00:03-00:04)

⑶　眼前にいた経産牝の後ろに回り込む。牧童が3回連続して名前を呼ぶ。(00:05-00:06)

⑷　アプローチを続けながら顔をあげ、耳を音源に傾ける。(00:07-00:08)

⑸　さらにアプローチを続け、音源に近い位置に体をいれる。(00:09)

⑹「アムワイ」と1回呼ぶと、うなり声を1回あげる。(00:10)

写真18　牛の名前呼びへの反応例―アムワイ（Amwai、経産牝、3才）の場合

帰り放牧の出発のときや、放牧が終わり集落に戻ってくるときに盛んに声をあげる。牧地では、群れの外側にいる個体、群れから外れた個体が声をあげる。群れの一部の個体が深い藪に分け入り、相互の存在が視覚的に確認できない場合には、あちこちから発声が聞こえてくる。ところが、牛群の内部では呼び交わしはほとんど聞かれない。牛の発声の多くは、特定の個体に対して向けられたものではないのである。たとえば、放牧の経験が浅い若い個体や、群れに新しく合流した個体があげた声に応答する個体は皆無に等しい。相手を特定しない発声行動には、音声のうえでの明確なコミュニケーション機能を認めることはできない。人間の名前呼びに対して一頭だけが応答し、発声をとおして人間に給水を求める牛の振る舞いは、種の特性を越え出て実行されており、人間―牧畜家畜に固有な混成言語的コミュニケーションが創発していると考えられるのである。

牧畜世界における家畜は、共鳴しあう身体を備えた存在として共在しており、その位相での家畜は、文化的に構築された仮想現実の中で自己完結的な表象として操られるものではなく、感覚する力を備え、自律的に活動する存在として現実の生活世界に参加しているのだ。この点において、牧畜民にとって動物的他者と関わることと、人間的他者と関わることとのあいだには、絶対的な隔たりは存在しないことになる。カリモジョン―ドドスにおいても、小さな子どもでさえ巨大な牛たちに対して対等にわたりあうことができる。子どもたちは角を持ったり、アカンボウを抱え上げたり、モノを投げて遊び半分に群れを方向づけるなどして、家畜を統制しようと試みる。搾乳の時に、母牛から授乳させるために囲いから子牛を連れてきたり、授乳が終わりアカンボウ用の囲いに戻す仕事は、牧童になる以前の子どもの作業である。成牛が放牧に出ているあいだ、子牛が集落からあまりに遠く離れた場所へ行かないように見張ることも、主に子どもの責任である。家畜の幼獣は人間に対して非常によくなついており、人びとの後を追う。子どもと子牛は双方とも相互社会化しながら成長し、子どもは幼少のころから家畜の群れにとってのリーダーとして、家畜を方向づけられるようになるのである。

とりわけ注目に値するのは、人間による個体識別ではなく、家畜による人間の個体識別である。その一端は牧童のトレーニング（*akitatam*）方法に見られる。牧童が放牧の手ほどきを受ける際、家畜の認知に刻印づけようとしているのは、まさに「この」牧童がわれわれの牧童であるという個体レベルでの識別なのである。牧童になる少年がはじめて幼い山羊の短距離放牧に出るとき、彼は兄や父など年長の男性に付き添われ、群れの先頭に立つことと、群れを水場へ導くよう指導を受ける。家畜たちは移動する先に牧童の姿を捕らえながら足元の草を食べることによって、群れ全体の移動の方向と速度、そして群れの活動をコントロールするリーダーとして牧童を認識するようになるというのである。また水場では、年長者が実演してみせる両唇吸着音をまねして、牧童は「ポチュ、ポチュ」と響く音をくちびるの先から放つ。水を渇望する山羊にとって、水場を教示する存在として「この」牧童は個体としての認知を受け、放牧において「この」牧童は道行をともにする対象となるのである（写真19）。このように家畜によって個体識別された牧童を、家畜の社会構造の中に包含することによって、密接な相互行為はなめらかに流れるようになる。たとえば、わたしが牝牛から搾乳する作業を手伝いはじめた頃、ある牧童は牝牛の行動についてこう教えてくれた。「牝牛は肉を食べた体の匂いを好まない。牝牛は光る色を嫌う。彼女たちは牧童の一枚布を好む」。その理由は、「牧童は身にまとっている一枚布をめったに洗わないから、家族と群れの乳の匂いが浸みこんでいるからだ」と言うのである。牝牛は人にとりあつかわれるときに深く息を吸い込み、認識できない人の匂いを嗅ぎつけるとすぐに逃走しようと試みたり、深くて低い声を出すのである。また、初産の牝牛は「乳房が敏感である」ため授乳を拒む傾向が強いが、牧童は牝牛の側面に立って体

写真19　水桶（*atuba*）に注がれた水を牧童とおなじ目線で牛が飲む

を接触させながら、「ヘー」や「ケック」という音声を出し、あるいは歌いかけることによって自分が共在していることへ牛の意識を向けさせる。共在意識によって、アカンボウが乳房を吸う皮膚感覚が弱まり、母牝としての仕事を受け入れやすくなると説明される。

搾乳を終えて、乳管に残るわずかな乳をアカンボウに与える母牝は、群れの母系の血縁で結ばれる個体や、同時期に生まれ育ち、囲いの中で強く近接しあう個体と寄り添いながら、子に乳を吸わせることを好む。搾乳のときに自身との共在を意識させることによってアカンボウを受容させる牧童は、母牝にとって親密な同種の牝個体と類似した関係役割をもって、家畜の社会関係の中に統合されているのではないだろうか。そうであるならば、カリモジョン―ドドスは、牧畜家畜の社会構造を構成することを許された要素となり、家畜自身の社会的な境界の内部で仕事をしていると言うことができよう。

家畜自身による個体識別を印象づける事例をもうひとつ挙げよう。牛、山羊、羊は、視覚的なディスプレイや身体接触、発声、社会的な匂いといった異なる感覚レベルで多様なコミュニケーションに取り組んでいる。カリモジョン―ドドスの牧畜民は、家畜の感覚や知覚が人間とは異なっており、それらのいくつかは人間の領域を超えていると認識している。そして、異なる感覚で感知される多元的な自然の中で動物もまた人間とおなじように、それぞれが意図、動機、感覚を備えた主体として世界を構成すると考えている。以下の事例は、牛が人間を超える匂いへの繊細な感覚を有していること、そしてその匂いによって牛たちの記憶と感情が呼び起こされたという解釈が引き出されたことを雄弁に物語っている。

【事例】（二〇〇三年三月、ドドスにて）
ある朝、放牧前の家畜囲いの中で私が住み込んでいるロニャの家族の山羊や牛を確認していると、その外側をロニャの友人男性の群れが通り過ぎようとしていた。そこから一頭の去勢牛（Kolikau という名前）がやってきて、イネ科草本に覆われた地面に鼻を近づけている。草の根元の地面には、四日前に平和を呼び込むための儀礼「白の屠殺」で死んだロニャの去勢牛（Ikwabong）の消化器内の未消化の内容物（*ngikujit*）がわずかに残っていた。それは、飢え、略奪集団、病いなどの「敵」から防衛するために、数十人の男性たちが自身の身体にすり込み、塗布したとき、彼らの皮膚を伝って地面に落ちて乾いた欠片であった。Kolikauはやがて顔をあげ、「ドワッドワッドワッ」と、低くて短い声を一〇秒ほど続けた。ロニャの息子たち四人が、「アアーイ」、「スス―イ」という音声を発しながら、土塊をひろってこの去勢牛に向かって投げつけ、走り寄って牧杖を振り上げた。この音声には、「やめろ」「前方へ移動しろ」という意味が含まれている。一人の青年が一方の手で角を、他方の手で下顎をつかみ、もう一人の青年が片手で尻尾を上向きに引っ張り上げ、もう片方の手を脇腹において前方へ押し、丘の向こうへ連れて行く。そのあいだ、囲いの中の去勢牡たちが一斉に地響きを立てて暴走し始めた。二〇〇頭がひしめく群れのあちこちで、若牡、種牡、去勢牡たちが角を突き合わせて、その動きで全体が大きく揺れ動く。周囲の牝牛は押しのけられ、逃げ惑い、恐慌を来している。全体を環状に囲っている柵はへし折られ、押し倒される。囲いの中に一緒にいた牧童が緊張して、「ここは危険だ、逃げよう」と言う。

柵のあちこちをなぎ倒しながら騒乱は五分前後続いた。やがて群れが落ち着きを取り戻すと、「囲いの外を通過していた去勢牛の*akidoor*に反応したのだ」と、牧童は騒乱の理由を説明した。「牛は、ともに生きてきた牛や山羊・羊の死んだ個体の匂いを嗅ぐことで、声をあげて泣く。そして、その声を聞いた他の個体たちは角を突き合わせる。これは、人間の世界で他者の死を嘆き悲しみ、みずから命を断つ行為とおなじだ」と説明した。Kolikauは四カ月前までロニャの牛群のメンバーであり、ロニャの四人の妻の畑を耕す二頭引きの犂を牽引するパートナーとしてIkwabongとともに働き、耕起の時期を終えた後、放牧中も常にIkwabongと身を寄せ合って行動していた。四カ月前にKolikauはロニャの友人に贈与され、群れにはIkwabongが残されていた。「Kolikauは、かつて自分が所属していた群れとIkwabongを思い出したのだ」と彼はわたしに語った。その後、わたしはドドスで*akidoor*と呼ばれるこの発声行動が、カリモジョンでは*awanikin*と呼ばれており、悲しみの慟哭と自己の身体を捨て去る行動の伝染という点で、おなじコミュニケーション機能を持つと説明されることを知った。

この去勢牡の行動や*ngikujit*の匂いに対する感度についての説明と、そして、彼が生誕の場所だけではなく、彼が育った群れのメンバーの記憶が呼び覚まされたという説明にわたしは驚いた。それに対してもちろん牧夫の側にはまったく驚いた様子はなかっただけでなく、種牛の行動を別の個体の死に対する悲しみの感情に原因があるものと躊躇なく説明し、種牛はこの感情を「泣くこと」によって示していると言うのだった。

カリモジョン―ドドスにおける家畜の個体性には単に他との違いを体現する実体であることを越えて、実体的差異には完全に回収しきれない〈かけがえのない個〉という感覚の基礎が内包されている。そして、牧民と家畜がともに牧畜生活での関心を共有し、生身の存在として共振しあう相互性こそは、そのような個体の置換不可能性を産出する基盤となりうるだろう。カリモジョン―ドドスにおいて牧畜家畜が個であり「人格」的であると思えるのは、まさに牧民の声による呼びかけや身体での働きかけに対して呼応し、牧童の目線の先に進んだり、そちらを見、家畜が「われわれ」の枠組みとして人間自身の声と身ぶりを組み込むという、身体をもつ者としての人間と家畜のこだまする（per sonare）日常の関係があるのではないだろうか。

家畜が牧民の身体に共鳴的に働きかけてくる主体である限り、動物的他者と関わることと、人間的他者と関わることとの間には、絶対的な隔たりは存在しない。インゴールドは、現象学的社会学者であるアルフレッド・シュッツの「社会性は、わたしが他者を自分自身に向き合う人格として理解しながら他者と向き合い、両者がこの事実を知っているというコミュニケーション行為によって構成されている」[Schutz 1970] という言を引用した。そして、「他者」の部分に動物を、「わたし」の部分に動物と向き合う人間を代入することによって、人間と動物の社会性を定義できると考えている [Ingold 2000]。わたしはこの「他者」の部分に家畜を、「わたし」の部分に家畜と共生する牧民を当てはめることによって、これまで蔑されてきた牧畜世界の社会性を定義できると思う。つまり、その社会性は、牧民が家畜を自分自身に向きあう人格として理解しながら家畜と向きあい、両者がこの事実を知っているというコミュニケーション行為によって構成されているということである。こうして東アフリカにおける牧畜の日常生活は、それをまなざす外部主体自身の孕む暴力性を映し出す鏡として、支配―従属と優劣に抵抗するパースペクティブをわれわれに開いていると言えるのではないだろうか。

第4章　牧歌——詩としての日常生活

1　東アフリカ牧畜社会における牧歌と去勢牛

北東アフリカの人びとが、自分の最愛の牛を讃美し、自己と牛との特異的な結合を祝福する歌を作詞作曲し、詠唱し、ダンスをすることは、これまでに多くの研究者によって記述されてきた［Evans-Pritchard 1956; Gourlay 1972; Deng 1973; Ohta 1987］。これらの実践は、民族学者のチャールズ・セリグマンら［Seligman and Seligman 1932］やエヴァンズ＝プリチャード［Evans-Pritchard 1956］による規定にもとづき、人間と去勢牛との「同一視（identification）」として知られる行動の一部であると解釈されてきた[1]。たとえば、東アフリカ牧畜民に特有の、垂直に高く跳躍するダンスの輪の中で演じられる音楽的なパフォーマンスの場で、自分の最愛の去勢牛（beloved ox ないし favorite ox）と自己を同一視する歌い手の意識変容と身ぶりに、研究者たちの強い関心が向けられてきた。また、歌詞内容の主体は歌い手自身なのか、それとも彼の最愛の去勢牛なのか判別できない状態にする言語

1——エヴァンズ＝プリチャードは、牛と人間が未分化なものとしてとりあつかわれる現象を、同一視（identification）と呼んだ［Evans-Pritchard 1956: 248-271］。文化人類学者のシャロン・ハッチンソンはエヴァンズ＝プリチャードの先行研究などを参照しながら、一九八〇年代のヌエル社会においてみられる、牛と人間が連続的で一様である存在として認識されとりあつかわれるさまを「一体性（oneness）」と呼んでいる［Hutchinson 1996: 60］。

的な現象が記述のおもな対象となってきた。去勢牛の歌を朗々と歌いあげることによって忘我状態を引き起こすパフォーマンスは、スーダンのヌエル［Evans-Pritchard 1956］やディンカ［Lienhardt 1961］について報告されている。二〇世紀初頭に北東ウガンダを探検し、象牙交易に深く関わったウォルター・ベル［Bell 1949］も、カリモジョンがダンスの場で去勢牛を模倣して表現したパフォーマンスについて記している。

去勢牛が同一視の対象として選択される理由については、いくつかの説明が提示されている。東アフリカ牧畜民の成人男性の儀礼実践や名づけにおいてみられる自己同一視の対象は、子を授けうる種牛ではなく、リプロダクション・サイクルから外された去勢牛である。社会人類学者トーマス・バイデルマン［Beidelman 1966］は、表面的には不整合にみえる慣習に関する理由づけを、肉体的な形質と社会的な行動の違いにしぼって展開している。すなわち、東アフリカ牧畜社会において、象徴的には理想的な男性のアナロジーは種牛ではなく、去勢牛である。去勢牛は、身体サイズ、強靭さ、美しさ、社会性という徳を体現し、それは、針金のような、痩せた素行不良の種牛とは正反対であるというものである。そのうえ、牡でありながら牡ではないという性的な多義性により、去勢牛は超自然的で神秘的な世界と霊的にコミュニケートするためのメディアとして機能することができるのである［Beidelman 1966; Hutchinson 1980］。去勢牛が霊的な交信のメディアとしてふさわしいということは、去勢牛と男性を同一存在としてとりあつかう文化現象が、宗教的な信念と深く関連しているという仮説を導く［Evans-Pritchard 1956］。そして、東アフリカ牧畜社会では、去勢牛が、社会の、とくに成人男性の美徳を表現し、その同一視との関連から歌とパフォーマンスは分析され、意味づけられてきた。つまり、研究者たちの問題意識は、人間と去勢牛の同一視というイデオロギーに支えられ、去勢という文化的行為をめぐり、近代西洋における家父長制からの心理学的意味づけを東アフリカ牧畜社会一般に投影しつつ普遍化させた可能性は高い。しかし、カリモジョン―ドドスでは、歌は宗教的な儀礼の場面で歌われるだけではなく、家畜をベッギングする（ねだる）ときや、放牧中に牧童が家畜に向かって歌いかけるなど、日常生活のあらゆる局面でその歌声は聞かれる（写真20）。しかも、その個体名が歌いこまれる家畜には、牛だけでなく、山羊や羊も含まれるし、去勢牡だけでなく、種牡も含まれていた。さらに、十歳に満たない牧童が自作の山羊の歌をダンス・パーティの場で高らかに歌いあげるように、性や婚姻をめぐる父親世代との葛藤が先鋭化しているとは言いがたい少年期においてさえ、作詞作曲と詠唱はポピュラーな実践となっている。では、カリモジョンの日常生活の中で、歌はどのように作られ、その歌はどのような意味をもつのであろうか。

2　歌のカテゴリーと社会的文脈

カリモジョン語で「歌」をあらわす *eoth* という語は、歌う行為を意味する *aeo* から派生している。それはエエテ（*eete*）とエモン（*emong*）という下位カテゴリーに二分されている。エエテは、作者不詳の歌であり、社会の成員に広く共有されている。それは年齢組、世代組、地域集団、出自集団など、特定の人間の集団と特別な関係をもつ動植物や、そのほかのトーテムへの言及を含んでいる。他方、「去勢牛（*emong*）」を原義とするエモンは、作者以外の者が公の場で歌うことをつつしむ歌であり、カリモジョンでは去勢牛だけに限らず、作者が所有するある特定の家畜個体について歌の中で言及される。しかし、前述したように、去勢牛への歌詞中の言及箇所は、歌全体のわずかな断片にすぎない。ほかの大部分は、牧畜という日々の生業活動に従事する歌い手が身をおく、生活の場景を描写する詩のことばから構成されている。牧童や牧夫は状況が許すのであれば、常

写真20　カウベルを鳴らして移動する牛たちに「ログラテバ（牛の名）よ、ムナジロカラス（＝ログラテバ）よ、私は友人ロウチョとともに川で狩猟（＝略奪）した」と歌いかける牧童

にエモンを歌うことを好む。エモンを歌う者は、歌詞の中の家畜個体の角型を両腕で形作って垂直に跳躍し、またその個体の声や歩行のしかた、牡牛同士の闘争といった家畜の行動を自分の歌声と身ぶりの中に織り込むなど、みずからの身体で家畜を表現する努力を惜しまない。

エエテやエモンが歌われる場面は、娯楽活動場面、生業活動場面、儀礼活動場面の三つに分類できる。娯楽活動場面とは、未婚の若者たちが集う歌と踊りの場エドガ（*edonga*）[2]、未婚の娘たちが小屋に集まって歌う歌会アボリア（*abolia*）[3]、同性の友人や親族、姻族を招いて開かれる酒宴ンガグウェ（*ngagwe*）[4]などである。生業活動場面とは、作物の収穫、石臼での粉挽き、牛耕といった農耕[5]、家畜の放牧、他人が所有する家畜個体のベッギング、野生植物の採集といった場面である。他人が所有する家畜を欲望し、それをねだる者は、その家畜の容姿を称賛する歌を新しく作詞作曲する。そして、家畜所有者のもとへ数週間から数ヵ月通いつめ、その対象個体を囲む木柵の外に立ち、歌を詠唱するのである。儀礼活動には、求婚、結婚式、世代組や年齢組の関連儀礼、精神疾患へのローカルな対処としての治療行為などの場面が含まれる。世代組や年齢組の開始儀礼では、ダンスを踊り、それとともにトーテムを指向したエエテを歌うだけでなく、男性の通過儀礼の部分として去勢牛を屠殺する際にエモンを歌う。

「歌う」行為と他者たちの存在の関係をエドガから考察してみる。エドガでは一曲ずつ個人のエモンが歌われ、一曲が終わると別の男性が自分のエモンを歌うという形で持続する。一つ一つの歌はまず歌の持ち主の独唱により開始される。その際、その歌を放牧のときに耳にして記憶している数人の牧童仲間が唱和する。少しすると、その場で歌を耳にして覚えた他の者たちの声も歌声に合流してきて、やがて一本の厚い声の流れができる。女たちはそれに共鳴するハイ・トーンの声で応じて跳躍する。このような合唱が生じると、輪を作る男性たちは胸の前で一拍ずつ手拍子を強く打ち、それに合わせて前方へ屈伸して息を一気に吐き出しながら「ハァッ、ハァッ」と発声する一方、歌の持ち主が輪の中心に歩み出てきて、自身の群れの個体の角型を両腕の全体で表現しながら跳躍する。このとき彼は、豊富な牧草によって満足した放牧中の牛たちが「歓喜して」跳躍するさまを想像しているという。6

この「重複する声」の相において、歌の持ち主自身は歌うことによってではなく、牛をなぞる身ぶりによってエドガの輪に加わっている。歌の流れは、輪を作っている「周囲の人びと」の声が作り出している。つまりここで、歌の意味内容である持ち主個人の経験は、周囲の人びとの声によって表現されている。エモンの歌詞によって表現される生活世界には兄弟や友人といった親しい人びとが登場するが、歌詞の意味内容において他者をともなうだけでなく、それがエドガの場で歌われる声においても、その場にともに存在する他者が重要な構成要素となっている。他者はこのとき、歌の持ち主個人の生活実感という外界の流れに引き込まれ、あるいは能動的に同調している。「わたし」がどのように生きてきたのかということを歌う歌の中へ人びとが引き込まれることによって、個人の生の在り方とともに、それを表現する「歌う」行為が肯定的に引き取られているのである。牧畜民が自身のエモンを歌うことによって「一個人としての満足感」が得られるのであれば、それは、彼ら一人ひとり

2—雨季の終わり、ほかの季節と比較して食料が豊富にあり、近隣集団との関係も平和である時期の月夜の晩、青年たちはおなじ世代のメンバーに向けてエモンを歌う。エエテではユニゾン（斉唱）が基調となり、エモンでは独唱パートが、それとは異なる旋律で歌われるコーラスと手拍子を背景にして、高く張りのある声で同時的に発声される。山羊の牧童をつとめる少年たちのエモンは軽くてリズミカルだが、声に重々しい響きを含める青年のエモンをともなうエドガは「真実の」エドガであり、少年たちのそれは「遊びの」エドガだと青年たちは語る。

3—歌い手たちが小屋の中で地面に腰をおろして、ひざを伸ばして円座になってひしめきあいながら、エエテがユニゾンで歌われる。

4—家長が半定住集落で来客をもてなしながら、男性たちが真夜中まで彼らのエモンを集落中に響きわたる声で朗々と歌いあげる。

5—農作業などの集団作業の際に歌うエエテのリズムは、モロコシの穂先をナイフで切断し、集積する身体の動きのアクセントになっており、労働歌として機能している。

6—そのようなクライマックスのときに突然、娘たちは輪から外れて駆け出す。お気にいりの娘から離れたくない青年が、全力で彼女を追う。エドガの交歓的な相互行為の終結は、このような明確な仕方でもたらされる。なお、カリモジョンでは「流星」は *ekilengapesuru* と呼ばれる。これは文字どおりの意味では「青年—娘（*ekile-ngapesuru*）」となる。エドガで疾走する男女の月光に照らしだされた姿は、光の尾を引きながら流れる星の様子と似ているからだという。

を包む他者たちの存在によって可能になっているのではないだろうか。

3　家畜とともに生きる民のアイデンティティ

▼牧童に「おとずれる」牧歌

一九九八年にカリモジョンで調査を始めた時、わたしはまず、ある群れを構成する山羊を個体識別し、群れの構造を調べると同時に、牧童と山羊の相互行為をくわしく記述しようと日帰り放牧に同行した。その日そのときの牧草地で放牧中、牧童たちは独自に作詞作曲した歌を歌った。そして、カリモジョンの牧夫や牧童の一人ひとりが持ち歌を有していることを知った。放牧群を任されて間もない、一〇歳前後の少年が歌う歌でさえすでに、家畜の名前を歌詞に加えるという基本形式を正確にふまえている。持ち歌の作詞作曲と歌唱は生涯続けられ、反復して歌われることにより、これらの歌は記憶され蓄積されていく[7]。

カリモジョンは、「歌を作る（作詞作曲する）」と表現しない。彼らの表現では、牧歌は「想起する（*atamun*）」ものである。旋律と詩はふつうなんの前触れもなく、しかも断片的にではなく一曲の全体が一度に牧童を「おとずれる」。いったん想起された牧歌は、くりかえして口ずさまれることによって記憶され、ふさわしい場面で歌うことができるまで定着する。

牧歌の多くは、牛・山羊・羊の群れを前にして牧草地に一人で立ち、あるいは歩いているときに詩を口ずさむことで作曲される[8]。家畜が移動し、採食する姿を見ていると、歌を「パッと（*atipei*）思いつく（*atamun*）」と説明する[9]。放牧中、それまで目線を群れに向けていた牧童がふと歌い始め、やがて「歌を思い出した」とわたしに教えることがしばしばあった。

【事例】（一九九九年一月二八日）

午後三時、平坦な牧草地に散らばっている山羊・羊を、少年期の牧童が立って見守っていた。群れのあるものは草を、あるものは木の葉を食べ、また、地面に横たわって反芻するものもあった。一頭の種山羊が牧童の前方に近づいてきて、牧童のほうへ頭を向けて木の葉を食べていた。その直後、この牡山羊の名前を含む、かすかな旋律を帯びた声が、少年の口から漏れ聞こえてきた。最初はとても短く、とてもかすかに、やがてしだいにはっきりと長い歌声になった。最後には三分間ほど、"*epuki akim tomacaretei Lolingatulya*"[10]という旋律が反復された。

歌の作り方を教えてくれと頼むわたしに、「おまえは放牧にきて家畜と一緒にいるのだから、『なにを歌ってもいい』と思い、自由になれ」と言った。作詞作曲の技術的な方法ではなく、牛や山羊、牧草地といった身体をもって関わった場景に対して、感覚をまっすぐに向き合わせ、想起することをうながした。カリモジョンでは、女性はエモンを歌わず、エエテだけを歌う。個人的な持ち歌であるエモンを作詞作曲するのが男性だけにほぼ限定されるのは、エモンのモチーフと実践は家畜の放牧経験にあり、放牧は男性によってのみ遂行されるからである。

7——カリモジョンの三三人の男性がもつ七四五曲の牧歌を転記し、翻訳した。これらは相互に歌詞のオーバーラップはみとめられない、一曲一曲が独立した曲である。個人差は大きいが、一人あたりの平均持ち歌数は二〇曲以上である。八歳の少年がすでに五曲作詞作曲しており、五四歳の長老の持ち歌数は一五八曲と最多であった。

8——放牧中の牧夫や牧童は、牛群や山羊・羊群の中で、ほかの人間が不在中にも歌う。ある牧童はわたしに、歌いかけられることによって家畜は牧童の声を聞き、リラックスして、ゆっくりと採食に励むようになると説明した。一九五〇年代にカリモジョンを調査したダイソン＝ハドソンは、カリモジョンには造形美術はないし、楽器が使われることもないが、彼らは彼らの創造的な努力を、放牧しているときに歌を作ることに捧げていると書いている。そして、牛をめぐって歌が作られていることが、作詞における主要な関心を明らかにしていると述べている。「男性たちは彼らの群れを見つめているときに作曲し、家畜を彼らとおなじように幸福にするために歌うので、牛はしばしば歌の主題であるとともに、聴衆である」[Dyson-Hudson 1966: 99]。

9——大人の場合の少数例をのぞいて、数日もかけて作詞作曲することは「気が遠くなること」であり、その場合でもせいぜい三日が最長である。

10——「火に風が送りこまれている」。ロリンガトゥリャ（種山羊の名前）が焼印を押されている」と翻訳できるこの歌は、この牧童が初めて作詞作曲した歌である。彼は前夜、年長者の男性三人とともにロリンガトゥリャを横だおしにして焼印を入れた。

二〇歳のある青年に「あなたのエモンを歌ってくれないか」と頼んだとき、彼は「放牧したことがないので、ぼくには歌がない」と答えた。ディスペンサリーに勤務する父と、近隣の農耕民であるテソ出身の母をもつこの青年は、幼少の頃から学校に通いつめており、牧童として家畜を放牧した経験をもたない。エモンをもつことと放牧は不可分な関係にあるのだ。

エモンの詩において家畜個体の名前が重要であることは、わたしが収集した七四五曲全体で六四五曲に牛の名前が出現していることからも明らかである。名前が言及されるのは、去勢牛、去勢山羊、種牛、種山羊（およびごく少数だが、牝牛、羊）であり、最多は去勢牛である。異なる曲にまたがって、おなじ一頭の牛が言及されることがあり、重複を除くと三〇四個の名前が歌われていた。エモンを歌う者（作者）と、歌の中で言及される家畜個体の関係は、⑴作者は家畜とは区別されており、同一視されていない、⑵作者は家畜の「父」である、⑶作者は家畜と同一視されているというように大別できる。カリモジョンの大半の歌において明白なのは、作者と家畜が明確に区別されている点である。もっとも一般的な作者と家畜の関係は、家畜とその所有者という単刀直入な関係である。エヴァンズ＝プリチャード［Evans-Pritchard 1934］の「語られているのが去勢牛なのか男性なのか、人はしばしば不確かになる」という言明は、カリモジョンの例からは支持されない。おなじ名前が両者に対して使用されるが、言及されているのはどちらなのかは文脈から多くの曲において明らかである。逆に表現すれば、同一視を語ることができるのは疑問の余地がない。なぜならば、「これは人間の男性」「これは去勢牛にまちがいない」と分けられる中で、「これは作者自身と家畜が一つになっている」と断言されるからである。以下は、去勢牛と作者との同一視の例である。

わたしの去勢牛ロヤパレムが日中、咆哮していた。満たされないままに、咆哮している。アトコット（戦友）、わたしたち（略奪者集団）は太陽が冷たいうちからやる（攻撃する）。わたしたちは太陽が冷たいうちからやる。そして太陽は熱くなった（戦闘があった）。それは湖の西で刺し貫いた（銃弾が貫いた）。アトコット、わたしたちは太陽が冷たいうちから動き始めた。西の湖は銃で熱いのだ。

aruki ekesionia ekamong Loyapalemua[1]*, arukineiechaya, arukiniechaya, ngajoreya kitipokisi akolongo, kitidiposi akolong emwana oeropua alo to anamia, Atokoto*[2] *kitidipokisi, akolong akolongo emwana iyo alo to anamia*

1　牛の個体名：体高のある無角（*lem*）
2　友人の個人名

この去勢牛の咆哮は、作者を含む略奪者たちが居留していた家畜キャンプで放牧されていたロヤパレムのもので、この去勢牛は作者である男性の最愛の青灰色を体色にしており、作者と同一視されている。去勢牛の名がこの略奪の歌の中で呼ばれている理由は、曲が進行してゆくうちに明らかになるように、牛の欠乏が、略奪を動機づけている人間の欠乏と等価であるためである。すなわち、草や水を求めて不満気にうなり声をあげている作者のお気にいりの去勢牛と、牛に飢えている作者自身とが重ね合わされることによって、つまり、渇望という交点によって、存在論的なゆらぎが詩の効果として生みだされている。

▼詩的想像の源泉としての日常生活

エモンの特徴は、歌い手が身をおく日々の牧畜生活が歌の中で描写されることにある。つまり、特定の家畜個体のライフ・ヒストリーと、歌い手自身が実際に経験した日常的な出来事に関する記憶が歌の中に投影されている。[11] 歌詞の構成を抽象的に理解すると、一般的なその傾向は、家畜個体の名前とともに、作者と他者たちの協働に触れるという構成である。歌詞を構成する要素について、家畜、人間、場所という個別要素を取り出して比較

牛皮のカーペットであおいでおこした風を焚き火に送りこんで赤く熱っした焼ごてを当てられたロリンガトゥリャがもがいて叫んでいたのを、いま目の前で黙々と採食する姿から想起するとともに、前日までは真っ白であったその体表に「わたしたちのクランの標（*emacar*）」が刻印されているのが目を引いた。このような新鮮な驚きが、牧童の初めての詩作を導いたのだった。

すると、家畜に言及する曲数が突出して多かった。しかし、圧倒的多数の曲は、家畜と人間、あるいは家畜と人間と場所をともに、同時に歌っている。つまり、個々の家畜は、放牧地などの特定の場所、特定の人びとの中に位置づけられている。

さまざまなトピックを歌詞とするカリモジョンのエモンだが、それらのトピックに世代的な偏りがみられるなど、それは牧畜民として生きる人びとの現実のライフ・サイクルともぴったりと一致しているように思われる。カリモジョンの歌の歌詞の一部を取り上げて、牧畜民のアイデンティティと深く関わりながら牧歌が歌われる様相をみてみよう。

牧歌の主題としてもっとも好まれるのは、日々の活動である放牧である。とりわけ、一〇歳前後の牧童の歌では、放牧に関する歌が年長男性とくらべてずっと頻繁に歌われる（表16）。その歌には、年少の牧童たちがその放牧を担い、一日の大半をともに過ごす山羊が登場することが多い。これはカリモジョンの個人の成長段階が、牧畜生活の中に埋め込まれていることをよく反映している。牧夫としての経歴は、山羊・羊群に付き添うことにはじまり、そのあと成長してから牛放牧を担うようになるのである。下の歌は、去勢山羊のナトゥリャンギロ（*Natulyangiro*）に対して、サンダルを履いた牧童が日帰り放牧への出発を呼びかけている歌である。

ナトゥリャンギロよ、若者についていけ。おまえにはロキルがサンダルを

表16　年齢別の歌のトピックの傾向

歌のトピック	作者の年齢 10才未満 (曲) 40	100%	10代 (曲) 87	100%	20代 (曲) 260	100%	30代 (曲) 72	100%	40代 (曲) 79	100%	50才以上 (曲) 207	100%	計 (曲) 745	100%
「放牧」	27	67.5%	60	69.0%	118	45.4%	21	29.2%	28	35.4%	41	19.8%	295	39.6%
「家畜の所有」	4	10.0%	15	17.2%	82	31.5%	41	56.9%	36	45.6%	102	49.3%	280	37.6%
「家畜の外貌」	7	17.5%	7	8.0%	39	15.0%	6	8.3%	9	11.4%	38	18.4%	106	14.2%
「家畜の使用」	2	5.0%	3	3.4%	5	1.9%	4	5.6%	2	2.5%	19	9.2%	35	4.7%
「人間の活動」	0	0.0%	2	2.3%	16	6.2%	0	0.0%	4	5.1%	7	3.4%	29	3.9%

手にしているのが見えているか？

Natulyangiro[1] *kiwapa ngilewa, Iteba iyong Lokiru*[2] *a alemu ngamuk*

1　山羊の個体名：白から黒へ移行するグラデーション（*ngiro*）の斑点が側頭部にある（*tulya*）
2　友人の牧童の個人名

デンゲルの ロリンガピラよ、わたしが放牧へ連れていった。長くて大きなコブが立っている。

Lolingapira[1] *a Dengele*[2]*, eramiramaki, towo nyakiliri*

1　去勢牛の個体名：小さなリング状の斑点（*epira*）が、白を背景として、首や胸のまわり（*elinga*）に散らばっている
2　イトコの個人名

この歌では、牧童が去勢牛へ呼びかけ、その牛が良好な栄養状態にあることを示すゼブ牛（*Bos primigenius indicus*）特有の巨大な背のコブのさまを歌っている。干ばつが厳しく、飢えが深刻になると、脂の貯蔵庫であるコブは低く目立たないものとなるが、この歌の牛は満足のゆく採食を続けていることを示している。

家畜の略奪をめぐる歌は、牛の長距離放牧を担う二十代から四十代の男性たちによって、もっとも頻繁に歌われる。家畜の略奪に関する持ち歌の割合が高いのは、彼らがまさに今、他の牧畜集団の家畜を略奪するメンバーに加わったり、逆に略奪される危険にもさらされているという状況のただ中を生きているからである。下の歌は、隣接する牧畜民ポコットに対し、略奪をしかけた（「火を燃やす」→発砲する）事例を歌っている。

11——わたしが収集したすべてのエモンの中で、もっとも遠い過去にさかのぼる歌は、四六年前の出来事に関する記憶に基づいていた。

おまえはニェメリアクワンガンと呼ばれている。おお、ハゲワシが集まった。ハゲワシはウペで集まった。男たちは彼らの妻の名を呼んだ。

おお、わたしもまた泌乳牛とともにいたわたしの去勢牛の名前を呼ぶ。ナンゴリは彼の恋人の名を呼んだ。ナンゴリ、夜に火を燃やすもの。

おお、わたしもまた泌乳牛とともにいたわたしの去勢牛の名前を呼ぶ。ロクワンは彼の恋人の名を呼んだ。ロクワン、夜に火を燃やすもの。

ikinyaritae Nyemeriakwangania[1], *oiyo*[2], *arimata ngataruku, Arimata*[3] *na Upe*[4], *enyarito ngikilioko ngakeceberu*
oo, nyara dang nyekamong, emoriki ka ngalepono, enyariti Nangoli[5] *akepese, Nangoli angina inoki akim nakware*
oo, nyara dang nyekamong, emoriki ka ngalepono, enyariti Lokwang[6] *akepese, Lokwang ngolo inoki akim nakware*

1 去勢牛の個体名：細かい斑点（*meri*）が白い（*akwang*）体に散らばっている
2 *oiyo*：歌の中で歌い手が使う感嘆詞。それ自体として意味をもたない。*aa*、*aiyeya* も、歌中の感嘆詞として一般的である。*eiyo* は歌の中で、歌い手自身が参加した牛略奪の戦いの雰囲気を表現するために、戦いが開始され、あるいは終了する場面を描写する際によく用いられる
3 *ariamata*（← *akirim*：周遊する、群れる、円を描く）：ウペでハゲワシが群れている。"*ariamata*" の行為の主体は人間や鳥などの動物である。地上の行為でも、空中の行為でも、描写することできる。曲中では、ハゲワシは戦闘があった場所で死体を食べるために群れている。カリモジョンは、「ハゲワシの感覚はするどく、空から薮の中の略奪集団の動きを監視している。わたしたちが戦ったあとに手に入る食物を期待して、空でも群れを作る」と、この曲を説明した
4 地名：ポコットの地
5 友人Ａの名前
6 友人Ｂの名前

いまや長老たちと話すのがよい。略奪者たちはすでに成長した。ロトゥワラトゥワラメリを追い立てた。ロクワンよ、父たちのことばを理解せよ、父たちの、マクックよ。マンガットの父は「敵の場所から牛を略奪せよ」と言った。

アンゴリよ、略奪者たちのことばを理解せよ。ロミロの略奪者たちは「走っているあいだ中、敵に向けて発砲しよう」と語っている。

ejoko kona akirworo a ngikakasikou, aramu nyakirebe epolo Lotwalatwalameri[1]
Lokwanga[2] *topupi ngakiro ata papa, ata papa Makuk*[3]*, ebala papa a Mangate*[4] *taramu ngaatuk anariyiete, Angolia*[5]
topupi ngakiro anajore, anajore ata Lomilio[6] *abasi inyakete oguma ngimoe kibinoko*

1　去勢牛の個体名：細かな斑点模様（*meri*）
2　友人Aの名前
3　友人Bの名前
4　弟の名前
5　姻族の名前
6　友人Aの名前

この歌では、略奪者五人の名前が歌われている。彼らは攻撃に旅立つ前、年長者に敵から略奪すべきであるとの教えを受けて、攻撃中の行動を確認し合っているのである。歌の作者と仲間たちは、自分の群れの去勢牛の名前や人名を次々と呼ぶことによって体を熱くし、戦闘モードに入っていく。

わたしは額に白い斑点のある去勢牛をねだりにいこう。アブラよ、お互いに与え合おうではないか。わたしはわたしの友、ナコル・ナチョドに与えたことがある。
わたしはロトメの人びとにねだりにいこう。アブラよ、お互いに与え合おうではないか。わたしの友、トゥケイよ、
わたしのためによろしく伝えておくれ。

amin elipu ngikiliok ngolo ti, kamong ngole[1]*, omianakinos Abura*[2]*, inakinae Nakoru Nacodo*[3] *ekakone, amini elipu*
Ngitome, omianakinos Abura, kimalakinae Tukei[4] *ekakone*

1 額に白い斑点のある模様
2 友人Aの名前
3 友人Aの名前（アブラの別名）
4 友人Bの名前（アブラの集落へ行こうとしている）

ああ、牛への飢えは決して満たされることはないだろう。ロセウンはわたしにロシリトゥワラトゥワラを与えた。さあ、別の一頭をロコキにねだろう。わたしは牛がたくさんになると考えていたが、そうではなかった。牛はとても少なかった。わたしは別の一頭をロクワカン・ロップトにねだった。牛はとても少なかった。わたしは牛がたくさんになると考えていたが、そうではなかった。牛はとても少なかった。わたしは別の一頭をレダロット・ロンゴル・ナブルにねだった。わたしは牛がたくさんになると考えていたが、そうではなかった。牛はとても少なかった。

aah, ngimwonene nyakook ngaatuk
akameki Loseuni[1] *Losilitwalatwala*[2]*, eliputu Lokoki*[3] *ece mong, abu otema kori ca alata ngaatuk, ikwa emam ikwa ekidioko*
elip Lokwakan Loput[4] *ece mong, abu otema kori ca alata ngaatuk, ikwa emam ikwa ekidioko*
elipu Redarot Longor Nabur[5] *ece mong, abu otema kori ca alata ngaatuk, ikwa emam ikwa ekidioko*

1 友人Aの名前
2 去勢牛の個体名：背中から腹にかけての白抜きの縦の細いライン（*sil*）の模様がある
3 友人Aの名前（ロセウンの別名）
4 友人Bの名前
5 友人Cの名前

この二曲のようなねだりの歌は、五十代以上の男性に一般的である。カリモジョンの男性はそれぞれ自分のお気にいりの家畜の毛皮（正確には、家畜の毛皮の色や模様）というものをもっている。「わたしの毛皮である」ことを根拠にして、他人が所有する家畜を自分のものにしたいという欲望やそれをねだることは、社会的に当然遂行すべき行為として承認されている。このようなベッギングは、人生経験を積んだ長老になってはじめて巧みに実行しうるのだろう。この意味で、ねだりは単なるむき出しにされた欲望ではなく、実践するためにはその前にやり口を習得しておかねばならない文化的な活動である。歌はその不可欠の部分となっている。

ねだりの一般的なやり方はこうである。ねだる者は、自分の群れの中からお気にいりの毛皮の個体をすべて集め、それらを引き連れて、ねだり対象の個体の所有者の囲いに行き、「これはわたしの色である。なぜわたしはこれまで、おまえ（ねだり対象の個体）に草を食べさせず、水を与えることをしなかったのだろうか。なぜあなた（個体の所有者）は、わたしにこいつを与えないのか。わたしに与えよ。あなたは別の個体を手に入れるだろう。そして暮らしはうまくいくだろう」と言ってねだる。あたかも与えるのは当然といわんばかりの口上を述べる自信に満ちた態度が際立っているので、この相互行為はねだりというより、与えることを迫る行為と表現するのがふさわしいほどである。次に、ねだる者は対象個体のいる囲いの中へ入り、お気にいりの毛皮の色や模様を表現する歌を夜どおし歌う。所有者の囲いを訪問し、ねだり、歌うことを一ヵ月から半年、長ければ一年のあいだ、毎日とは言わないまでもかなりの頻度で反復する。そして、やがていったん贈与がなされると、家畜の与え手と受け手はお互いを自宅に招いて、食物を分かちあう。このような贈与交換による相互的な友人関係は「友の絆（*aiyan ngina akone nu*）」と表現され、彼らはお互いを、*ekone*・*epwai*（いずれも「友人」という意味）という呼称を使って呼び交しあう。この友人関係が成立すると、二人は何度もお互いを訪問しあい、ねだりをつうじた家畜の贈与をくりかえす。そしてこの関係はお互いを強く結びつけあうので、あたかも相互の家族成員が外婚の基本的な単位であるクランの成員であるかのように婚姻関係を結ぶのを禁じるのである。

一つ目の歌では、作者は額に白い斑点のある毛皮（*ngole*）をお気にいりにしているのだが、その去勢牛はロトメに住む友人のものである。そこでこれからロトメを訪問するという別の友人の男性に、*ngole* の毛皮の去勢牛を作者がねだっていることを、所有者に思い出させてくれるよう依頼している。二つ目の歌では、作者は過去に三人の男性からねだったことがあるのだが、このようなねだりがエンドレスに反復されるのは、牛への満たすことのできない欲望にとらわれているためであると説いている。他者の所有するお気にいりの個体をねだることが、文化的な行為としてきわめて誇らしげに遂行される彼らの社会においては、家畜を求める「飢え」は自然と、ねだりという形式での他者との対面的な相互行為をもたらし、贈与を介して社会的ネットワークの形成をうながしている。

4　家畜から受け取るビジョン

家畜と共存して営まれる生活の場面は、歌の中でどのような視覚的イメージによって相互につなぎ合わされているか、そして、その詩を創造するイマジネーションの源泉としての視覚経験が、どのようにして家畜の体色や視覚認識と関連しているのだろうか（写真21）。

七四五曲の歌の録音と歌詞の転記と翻訳をした結果、カリモジョンの歌は家畜の個体名（つまり、色彩語彙や模様語彙[12]）の出現頻度が高く、それらをつうじて家畜からその他のものへ移行するという歌詞展開のパターンをもつ歌が存在するということが確認された。さらに、地と図の反転現象や物体間の距離の自在な縮尺変化、錯視によっておこる視覚的イメージの変化が積極的に歌われるなど、色彩・視覚の転位によって生じる「見え」が、詩のモチーフを構成していることがわかった。

斑点がシリエの背中に流れ込んだ。おお、斑点。斑点がロシリンゴロッコに、その背中に流れ込んだ。斑点がロメリンゴロッコに、その背中に流れ込んだ。

abukokini ngameriyeki[1] *nyakaua nyakaua a Siliye*[2], *o ngameriki, abukokini ngameriyeki Losilingoroko*[3] *nyakawua, abukokini ngameriyeki Lomeringoroko*[4] *nyakawua, abukokini ngameriyeki Lokolingoroko*[5] *nyakawua.*

1　細かい斑点の模様（*meri*）
2　去勢牛の個体名：背中から腹にかけての白抜きの縦の細いライン（*sil*）の模様がある
3　去勢牛の個体名：背中から腹にかけての白抜きの縦の細いライン（*sil*）の模様があり、白黒の大きい斑点の模様をもつ（*ngorok*）
4　去勢牛の個体名：細かい斑点（*meri*）と白黒の大きい斑点の模様をもつ（*ngorok*）
5　去勢牛の個体名：前肢のつけ根から脇腹をとおって後肢のつけ根にかけて（*koli*）白黒の大きな斑点がある（*ngorok*）

この歌の中の*abukoki*という語は、こぼれた液体がその表面積を広げてゆくことを意味する動詞である。降り始めの雨粒は、空中や地面、そしてふだんほこりっぽい牧童の身体だけではなく、家畜の体表にも斑点を作るものだと、この歌の作者は説明した。牛たちの毛皮の斑点模様が、あたか

12——トゥルカナ［太田 1987c］、マサイ［Galaty 1989］、キプシギス［小馬 1990］、ボラナ（Boran）［田川 2011］では、家畜個体にその入手の経緯や特別な行動習性などに由来する名前をつける。カリモジョン—ドドスの場合、家畜の個体名、すなわち、放牧中に呼びかけられる名前は、家畜の「毛皮」がその構成要素のほとんどすべてを占めている（第2章参照）。それに付け加えられる形で、耳型、角型に由来する語の要素がわずかに用いられる。家畜個体の名前は、それぞれの毛皮の色彩の特徴から構成される。

写真21　放牧地の赤土を巻き上げるつむじ風。牧童は旋風から*areng*（赤）の体色を連想する

も液体でもあるかのように、また散乱してゆく流体であるかのように描写されている。

また、毛皮の模様はしばしば身体装飾にも関連づけられる。たとえば、次の歌では、牛の体に伸びる白線の模様は、革のアンクレット（*epokoi*）や少女がまとう前面にビーズ細工をほどこした皮のエプロン（*etele*）にたとえられている。

白い毛皮のロクワンとともにいるわたしたちの去勢牛には片面にラインがある。革のアンクレット、ロシケのロレンゲシル、ロレンゲンゴロッコの体は、少女たちが踊りの場でまとうビーズ細工のエプロンのようだ。

ekoliyana[1] *epewoe ekosimong ata Lokwanga*[2] *etokwanga, ngakepokoya*[3]*, Lorengesili*[4] *a Losike*[5]*, Lorengengorok*[6] *ikoni akuwana nyatele itakitae enapito ngidwe kanakero*

1 前肢のつけ根からわき腹をとおり後肢のつけ根にかけて黒いラインがある模様（*koli*）
2 去勢牛の個体名：白い（*akwang*）
3 革のアンクレット
4 去勢牛の個体名：背中から腹にかけての白抜きの縦の細いライン（*sil*）の模様があり赤い（*arengan*）
5 友人の名前
6 去勢牛の個体名：白黒の大きい斑点（*ngorok*）をもち赤い（*arengan*）

次の歌の作者は黒い去勢牛を見て、タイヤを素材にした黒いサンダル（*ngamuku a Kenya*：ケニア製のサンダル）から、黒いダチョウ（*Erionokales*）、黒い綿の布（*nganangikae a lorenta*）、雲の陰（*aribo*）と影（*etolim*）を連想した。

サンダルのように黒い、エリオノカレス。わたしは黒い更紗のトーガのシーツを手に入れた。わたしは、エリボロマムンゴレを手に入れた。わたしはエトリミリオノを手に入れた。わたしは夕方、彼をロルヨと一緒に連れていった。

iriono ikoni ngamuku a Kenya[1] *Erionokales*[2]*, ariamu ngangikae a lorenta*[3]*, ariamu Eribolomamungole*[4]*, ariamu Etolimirionoe*[5] *ebong, ikiramuni a Loruyo*[6] *ebong*

1 ケニア製の黒いタイヤサンダル
2 去勢牛の個体名：ダチョウ（*ekales*）の羽のように黒い
3 黒い更紗のトーガ
4 去勢牛の個体名：頭に白い斑点のある（*ngole*）雲の陰（*aribo*）のように黒い
5 去勢牛の個体名：影（*etolim*）のように黒い
6 友人の名前

エカレス、高台の牧草地、空に砂塵が舞い、光が散乱している。物、深く掘られた黒い穴。黒い去勢牛。

Ekalees[1]*, lokitela akwap ngina anginya, akuj eyai apuwa ecayeete iyeliyelasi, ibore ngini ikiboki akipany ngina kiryonon*[2]*, emong ngolo kiryon*

1 去勢牛の個体名：ダチョウの羽のように黒い
2 色彩語彙：黒（*kiryon*）

この歌は、カリモジョンが「白い季節」と呼ぶ乾燥が深まる乾季、強い陽光が特徴的な一月に、牧童をおとずれた詩想である。作者には高台にいる黒い去勢牛が、広大でまぶしく光る青空の中の黒い空間として、つまり地と図が反転して見えているのだ。このようなものの見方は、日帰り放牧での日々の行動の中でもくりかえされる。灌木林で家畜を放牧しているときに家畜個体を探したり、略奪をねらって身を潜めている敵を見いだすために、彼らは普段視界の中で図と見なされる枝葉それ自体ではなく、それが存在しない空間、つまり枝葉と枝葉のあいだに焦点を合わせる。地と図を裏返すこの目の使いかたは、放牧にとって不可欠な技法なので、年少の牧童に対する初期のトレーニングの中で年長者が放牧地に同行して手ほどきをする。わたしと一緒に放牧していたあるカリモジョンの牧童は、深い茂みの藪の枝葉のすきまを指さして、「群れの中に迷子になった家畜がいることに気づいたときや、敵に襲撃される危険性が高い地域にいるときには、何もないように見えるところを見なければならない。それらがあなたの視界から逃げることを許してはいけない」と言った。[13]

わたしはちょうど名づけた。「ロンゴロック・ロトドンゴレ」と。わたしは名を与えた—「カンムリヅル」と。コインの中に立つもの。コインの中に立つもの。わたしはレムコルの友であり、名を与えた—「うつくしい鳥」と。「ヒメヤマセミ」と。水たまりに立つもの。湖に立つもの。

alimokin ca ekiro Longorok Lotodongole[1]*, alimok ekeekiro awala*[2]*, ngini euwoi alo siling, ngini euwoi alo siling, alimok nyekone a Lemukol, ikenyit kebusan nacokakipi*[3]*, ngini euwoi alo kipwor, ngini euwoi a nanam*

1 去勢牛の個体名：一角（*todo*）であり、白黒の模様（*ngorok*）で、頭の中央に小さい白い斑点がある（*todongole*）
2 ホオジロカンムリヅル（*Balearica regulorum*）
3 ヒメヤマセミ（*Ceryle rudis*）

物体間の自在な縮尺変化とは、大小や遠近に関わる尺度が固定化されないことで、連想によって二つの対象が関係づけられ、さらに次の連想への移行が可能になるというものである。色それ自体、模様それ自体の印象というよりはむしろ、目線の角度や視点の動きを体感できるのが、詩の効果のうえでの特徴となっている。この歌の名づけ対象のロンゴロック・ロトドンゴレは、乾季の沼沢地に立っている。それは歌の進行とともに、ウガンダ・シリングの貨幣に型どられたウガンダの国鳥ホオジロカンムリヅルに変化する。黒地に白い頭部の対象個体は、その配色の点でホオジロカンムリヅルと同一だが、それがわざわざ「色のない」コインに浮き彫りにされた像と描写されるのは、対象個体がその一部であるような場景（湖の銀に光る背景）との関連性を有しているからである。冷たく硬いコインの反射は、去勢牛が立つ湖の光輝と等価である。それらは互いに、対の存在のコンテクストである存在の輪郭をその内に消し去る強い光の場景を構成しあっている。個体の体色の意味は、ヒメヤマセミによってふたたび焦点化される。ヒメヤマセミは、ホバリングから太陽を背に、獲物となる魚にとって逆光となる角度で水中に飛び込む水鳥である。[14]体色は白と黒、頭部に白い模様がある。去勢牛、ホオジロカンムリヅル、ヒメヤマセミはともに、白黒模様の体表で、頭部に白い斑点があり、コインや水たまりや湖の中に、つまり、反照される光の中に存在するものたちである。

この歌のような視法は、カリモジョン－ドドスで実践されている、供犠獣の身体から内臓の全体を取り出し、それを読む「腸占い」とつながっていると考えることができる（写真22）。腸占いでは、腸がカリモジョンや

13——光や明暗、イメージの重なりなど、視界の中の現象が、異なる見え方を示すことを楽しむアディーキン（*adiikin*）と呼ばれる牧童の遊びがある。一方の目を閉じて、手の平で覆い、他方の目には指を内側に折りこんだ筒状の手の平を第一指と第二指の側から押し当てて、そこから覗く。アディーキンによる視覚の変化は次のように説明される—「目を細めて見れば、家畜の毛皮の斑点は小さくなり、目を大きく見開くと斑点も大きくなる」「腹部の白い毛皮はとても白くなる。アディーキンをやめると、汚れが目立ち、暗い白になる。アディーキンをすると、それは洗ったかのようにとてもきれいになる。しかしいったん目を開けると、それは汚れて見える」「アディーキンによって毛皮の茶色はより暗くなり、白い色はより明るくなる。黄色は白くなり、赤は黒くなる。灰色はより完全な灰色になる。黒い部分をみると、太陽の光があたっている部分が黄色になる」「太陽が白い部分にあたると、そこから光線が出てくる」「白と黒の小さな斑点（*meri*）を見ると、対照がとても強くなり、とてもはっきりした *meri* になる」「小さな斑点はたくさんの斑点になり、大きな斑点は小さくなる」「白い部分にはストライプがかかる」

わたしには、アディーキンという目の遊びは、視覚的なイメージのあらわれ

写真22　腸を読む

ドドスの居住域に関する「地図」を表現している。腸や腸間膜の表面の血滴やガスの空洞の粒などが「異常」とされ、それらの「地図」上での位置によって、これから起きるであろう出来事や、その発生場所が示めされる。これらは、攻撃や戦闘を表示する「火」や「敵」、次回以降の儀礼で屠るべき動物種やその毛皮の色を表示する「供犠獣」、そして降雨を表示する「水」などとして解釈される。そして、この内臓の地図が表現する地理空間は自在に拡大されたり、縮小されたりする。「腸読み」を開始したばかりのときには、一つの内臓がカリモジョンの居住圏の全体をあらわす（写真23）。特定の未来の出来事が読まれた後、次の「異常」の発生場所を特定するときには、ある地域集団の家畜キャンプ地をあらわすのである。その他、日帰り放牧のルートや特定の出来事が起きる水場や牧草地の周辺だけが「映し出される」のである。腸間膜の血滴や空洞のあいだの距離が伸縮するように、歌の中での家畜の体表の斑点や模様のサイズもまた自在に伸縮し、別の事象への連想を引き出すのである。

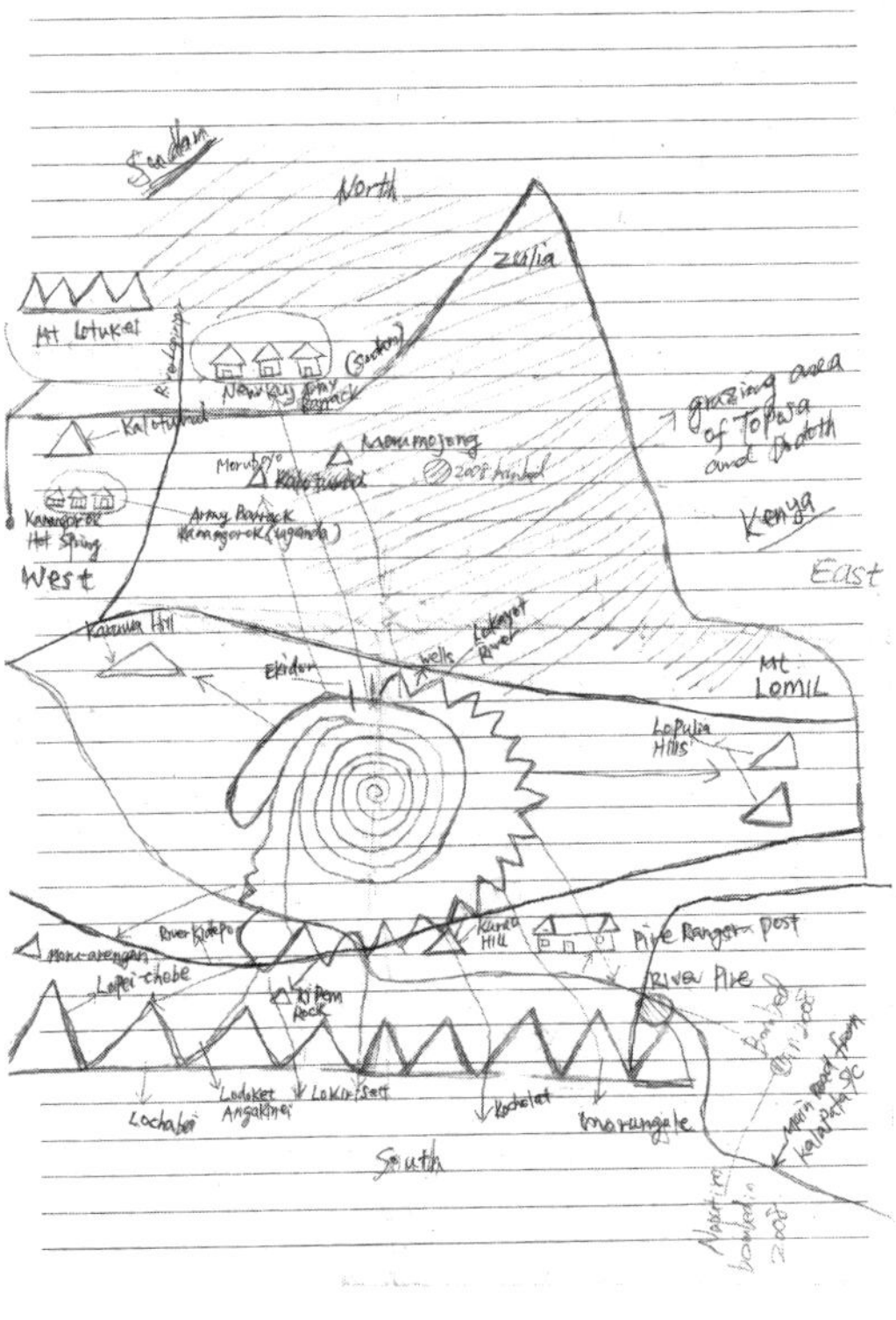

写真23　地図としての腸：腸（中央に描かれている渦巻き）は、現在位置を中心にして拡がる世界を縮小表現する（フィールドノートからの抜粋）

霧雨が降る、まるで空のように。ああ、ベイェ。霧雨が降る、まるで空のように。
星に似ている。タマリンドの空。星が近づいてくるのをわたしは見た。わたしは冷たい火の中にいる。

elimi kikoki nyakuju[1]*-a, aa, Nyebeye*[2]*, elimi kikoki nyakuju-a, emoli ka ngitopono-o, akuju-a alopeduru-a*[3]*, abu ayong oanywa ngitopon epotete, ayai tooma akim ngina elilim*

1　神、青い空（*akuj*）
2　去勢牛の個体名：卵（*abeye*）のような白い斑点をもつ
3　タマリンドの木（*Tamarindus indica*）

この歌が着想されたとき、わたしは作者である一四歳の牧童とともに牛の放牧をしていた。北緯二度の強烈な陽射しから逃れ、乾いた地面に深い影を落とす日中のタマリンドの巨樹の下に腰を下ろしたとき、牧童が口ずさんだ歌である。下から見上げた無数の葉が彼の視界の全体を覆い、葉と葉のあいだから差し込む日光のきらめきが、霧雨や星空の印象を残したこと歌っている。この歌の世界は、斑点のある彼の去勢牛とまだら模様の野鳥の卵の類似性や、霧雨や風で飛ばされてきた雨があらわれるときの空と光への注目、日中の大樹の葉のすきまからもれる日光と夜空の星々に対する意識によって展開する。視点を変えずに星空を凝視すると、最初は暗くてなにも見えなかった宇宙に光があらわれ、最初から光っていた部分は輝度を強めるといった目の錯覚が生じる。こうして拡大された星の光は、人に星や星空の全体がこちらに近づいてくる感覚を与える。このようにして牧童は自分が「冷たい火＝星」の中にいる感覚を得たのだろう。

が多様であること、ある光景には別の見え方が含まれていることを、牧童が再確認しながら楽しんでいるように思われた。そして、普段なにげなく見ている物の潜在する側を主とするという、地と図を裏返す見方もまた、このような視界を使った遊びと深く関連していると思われる。

14——河川や湖に生息し、その種名はカリモジョン語で *nacokakipi* と言い、*kipi* という語幹を「水（*ngakipi*）」と共有する。

次に、旋律（メロディ）の特徴をみてみよう。カリモジョンの牧歌のメロディは、拍子や音程の変化が詩の展開と連動していることが確認できる。中でもそれが牡牛の声や放牧群の動きと明確に同調していることは容易に直覚できる。牛のエモンの流れは遅く、低音のきいた声が長く引き伸ばされる感じで発声されるが、山羊のエモンの流れはアップテンポであり、短い音が詰め込まれ、軽快な印象になる。ある男性が約三〇年前に作ったという山羊のエモンをわたしに歌ってくれたことがある。この時、彼は片手を水平に前に伸ばし、下に向けた手の平を上下させた。彼は歌い終わった後に、この身ぶりについて「ターターター」という擬態語で表現して、再度手の動きを歌に重ねて軽快なテンポを可視化させ、そして「山羊のエモンが速いのは、放牧での山羊の動きが速いからだ」と述べた。牛の放牧に同行して作られる歌と、山羊の放牧に同行して作られる歌の流れの違いは、群れそれ自体の動きの違いを反映するのであろう。通常、牛群は方向づけられた角度を維持して、扇形に広がり、直線的に移動する。そして牛は頭を下げてゆっくりと草を食む。一方、山羊は新しい牧草地を自身で探索する能力に長けており、あちこちの木を採食するために動きが速い。[15] そのため、群れからさまよい出る個体が牛群よりも多くなり、牧童は音声や身体を用いた統率行動で頻繁に介入する必要がある。牛と山羊の行動の違いは、目で確認されるものだけでなく、群れに付き添うことで身体の動きとして感じ取られる。そして牛や山羊とともに移動し、身体に刻まれた記憶は牧歌の旋律にもあらわれている。

一般に一つの歌は、リズムや旋律の短いまとまりが何度も反復して構成される。譜例1の歌は、ロニャンガリオンガという去勢牛が、ナプイエン（地名）で草を食べたことを歌にしている。

旋律全体の流れが遅く、ところどころに地響きの声がまじえられる。“*ANYAMA NGINYA*（「草を食べた」）”と、“*NGINYA ANAPUYANIA*（「ナプイエンの草を」）”、そして“*LONYANGARIONGA*”という三つの小単位からなる一つのフレーズが、四回反復されている。それぞれをA、B、Cとした場合、四回目のAで“*ANYAMA NYEKOUMA*（「アリ塚（みたいなコブをもつ牛）が食べた」）”に変更されている。一回目を基に、二回目はAの歌詞のときに一オクターブ下がる。また、三回目のAのときに新しいメロディが登場し、三回目以降Bのときには一オクタ

（譜例1　デンゲル・ナコヤ作）

15—カリモジョン—ドドスの山羊の群れは、牛群とくらべて、牧童からの方向づけをよく受けるし、じっと見守られている。し

（譜例2　デンゲル・ナコヤ作）

（譜例3　ロメール・イクワナブオ作）

ーブ下がるなどの変化がつけられている。牛の歌では、小節のはじまりの単語を発声する直前に、声門ないし咽頭の摩擦音が特徴的に多用される。これは聞く者に牛の声、正確には *akitusa* と呼ばれる、牛の鼻孔からの呼気（*auco*）を思い起こさせる。これは、牛が一心に草を食むとき、舌を時計回りに動かして草を巻きとる際、地面に向けられた口や鼻孔から洩れる呼気や、牡牛が他群の牡牛と出会い、近くを通過するとき地面に角をこすりつけて研磨し、頭で大きな弧を描きながら、砂を巻き上げるときに上げる呼気である。この呼気の模倣は、三回目・四回目のBのはじまりの部分でひときわ強調される。

譜例2の牛の歌では、同音がふんだんに使用されている。“*ETECELE NYEKITET LOPULO NYEMONG KA LORITA*（「ロリタの去勢牛、ロプロがカウベルを鳴らしていた」）”という短いフレーズが、イ長調で三回反復される。二ターン目における“*NYEKITET*（「カウベル」）”と、“*LOPULO*”における音程の変化をのぞけば、平板とも言える音程表現を特徴とするこの曲は、しかし、可変拍子で歌唱されリズムが非常に複雑である。第一フレーズでは四、三、三拍子、第二フレーズでは五、三、三拍子、第三フレーズでは五、二、四拍子と推移する。可変拍子で表現される不規則な時間性は、放牧中に草を食むロプロが鳴らすカウベルの音を反映している。人びとの説明を使うと、「歌い手の喉はカウベルの音の流れを思い出している」のである。

譜例3は、「わたしはおまえを見守っているよ、ロリンガコリ。エキテラに草を食べに行け」と訳しうる山羊

かし、彼らはそれでもなお、しばしば異なる牧草地へ自立的に移動して、さまざまな植生を食べ、さらなる新しい植生を探すことに積極的であり、移動も速い。山羊のこのような行動特性は、カリモジョンの表現では、エロトコ（*elotoko*）と称される。羊は、山羊よりも落ち着いている。新しい牧草地に到着すると、彼らはすぐにそこに留まって、近くにある草を食べるのを好み、休息しはじめる。一方、山羊はとても賢く、活発で、外部の刺激に対して敏感であると同時に、勇気がある。そのため、たとえば、新芽が芽吹くとともに、山羊は群れの中にとどめておくのが難しくなってくる。急な斜面のやわらかい花や新芽を探索することに入れ込んでしまうからだ。彼らは上手に後足で立ち上がり、低木や藪を採食する。彼らは生まれたときから、羊とともに異種混群を形成している。そのため、追随性が強い羊をよい牧草地へ先に立って導く役割も果たしている。

の歌である。拍子は四分の四拍子と規則的で速い。歌い終わりにおける牡山羊のロリンガコリについての言及は、一つの単語の内部で一オクターブの跳躍によって表現される。歌い手は家畜個体への直接的な呼びかけを音楽的な工夫によって際立たせている。カリモジョンの歌では、歌詞のレベルにおけるのと同様に、旋律のレベルにおいても、群れという集合的な行動特徴とともに、お気にいりの家畜個体という個別的な生への注目が折り込まれている。

5 個我を包むアイデンティティの実感装置

北東ウガンダをフィールドにして重厚な民族音楽学的研究を完成させたケネス・ゴーレイは、カリモジョンの歌の作者たちは牧歌の中で個人の出来事を歌い、歌い手の個人的な欲求（personal need）は、そのような持ち歌を歌うことによって満たされると指摘した［Gourlay 1971］。これは妥当な特徴づけである。歌が、作者個人の現実に経験した事象にまつわるものだからである。ただし、「集団」や「社会」といった領域と「個人」の領域は相互に排他的ではない点に注意をうながしておきたい。詩によって描写されている世界は、レイディングや放牧において作者と協働し、あるいは作者から家畜をねだられ、作者への贈与を承諾する他者によって構成されている。特定の色や模様の体表へのあらわれでさえ、牧畜民である作者が身をおき、目撃してきた場景のあり様と地続きになっている。この意味で、カリモジョンにおける家畜個体は「物的に現在化された過去」なのである[16]。家畜の中には個人や友人、家族の活動と出来事の記憶が編み込まれ、人びとは家畜を介して広がりのある時空の中で地域の社会と生態の中につなぎとめられている。つまり、牧畜民なら誰もが経験する、家畜を媒介にした行為の記憶を歌い直すことで「個人的な欲求」は満たされている。言い換えれば、特定の家畜個体に深く関連する日常の牧畜生活を歌い、その個我を包むアイデンティティを実感することで、内的な充足に立ち至るのである。

歌い手としての個人の生のストーリーは、歌とダンスの場（エドガ）において、ダイナミックな歌声となって響き渡る。その堂々たる態度と圧倒的な存在感からは、歌い手自身が「わたしはこれまでこのようにして生きてきた」ということを誇る気分が伝わってくるかのようである。作者個人のそのような歌の流れは、彼とともに一つの輪を作る他者たちの声が折り重なってゆき、次第に太くなっていく。歌い手が歌う牧野の経験は外から眺められるのではなく、合唱されることによって歌い手自身とおなじ目線から追体験されるのである。この歌声と目線の共有こそは、歌い手自身を含む場全体のクライマックスへと飛躍する通路となっている。自己肯定の情動を解放し、「個人」の生のストーリーを公に強く押しだす実践は、「わたし」を包む他者によって同調されることによって高められているのである。

16——レヴィ＝ストロースは、オーストラリアのアボリジニーが、祖先の身体をあらわす木片や石（チューリンガとよばれる）に触れ、時間と世代を超えてつながるおなじ共同体の成員としてのアイデンティティを手にすると述べている［レヴィ＝ストロース 1976: 260-293］。

第５章　現代の牧野のランドスケープ

ウガンダ・南スーダン・ケニア三国国境地域に位置するカラモジャ地域では、国境を越えて遊動するカリモジョン、ジエ、ドドス、トゥルカナ、ポコット、トポサなど生業牧畜に強く依存した集団が、敵対と同盟をくりかえしてきた。一九七〇年代以降、隣国の破綻国家である旧スーダンと、独裁軍事政権崩壊後のウガンダ中央政府軍から、略奪と交換をつうじて大量の自動ライフル銃がこの地域に流入した。現在、この地域の牧畜民集団のあいだでは、これらの自動ライフル銃をもちいて家畜の略奪をねらう襲撃（レイディング）が頻発している。ウガンダ政府は、このようなレイディングの日常化に対して、八〇年代からカラモジャ地域に政府軍を派遣して牧畜民の武装解除政策を実施してきたが、外部介入のインパクトは新たな紛争の火種ともなってきた。

本章では、カリモジョンとドドスが当事者となって引き起こされるレイディングに焦点をあて、日常化した紛争を人びとがどのように経験してきたのかを、彼らが記憶している出来事暦と語りから明らかにする（資料２）。東アフリカ牧畜社会の武力紛争を研究するときは、おなじ地域、おなじ時代をとりあつかっているものであっても、その破壊性が強まっているかどうかという基本的な問いにおいてさえ、研究者のあいだで見解が分かれている。本章では、まず、自動ライフル銃によってエスニックな暴力紛争が深刻化しているという議論を批判的に検討し、レイディングと集団の武装暴力を記述するうえでの本書の立場を明らかにし、次に、家畜略奪をめぐる武装紛争の動機と手段について記述する。そして最後に、〈カテゴリカルな他者〉と〈かけがえのない個〉の整理を導きの糸としながら、物理的な暴力をもって対峙しあう主体間の関係に分け入ることにする。

1　家畜群の消長とレイディング

▼東アフリカ牧畜社会の武装紛争をめぐる議論

東アフリカ牧畜社会で研究を実施した初期の人類学者たちは、牛略奪を一定のかぎられた便益を社会の内部にもたらす紛争と理解していた[Eaton 2008]。初期の民族誌が注意を向けていた便益とは、民族アイデンティティの維持や、若者による連帯、年長者による制裁や民族内部での略奪の禁止など、共同体内部の略奪紛争の機能や規律正しさなどである。家畜略奪の企図が個人的な獲得や他集団の征服とは直結していない実像を提示した功績があるとは言え、このような相対主義的な文化・社会観は、マクロな影響を受けて流動するダイナミックな社会とは相容れない。一九八〇年代以降には、発表された文献の多くが、この古典的な共同体主義への不満と反省を踏まえ、東アフリカ牧畜社会における紛争理解の刷新を画策した。集合的暴力をもエレガントに統合する前植民地期アフリカの社会秩序に対する賛美は、商業化や自動ライフル銃の普及による伝統的秩序の解体と、暴走する武装暴力を正面からえぐりだして見せる研究者と、彼らの仕事を下敷きにしてより応用的な実践をもとめる開発援助の関連組織の声によってとってかわられたのである。

タンザニアとケニア国境でのレイディングを主題としたマイケル・フライシャーによる一連の研究は、このような東アフリカ牧畜社会における「転換」をはっきりと意識して実施された代表的な例である。それによると、植民地期以前のタンザニア北部のクリア（Kuria）社会では、牛略奪は「戦士の徳」を顕示し、家族の群れを拡大する役割を担う行為とされていた。クリアの若者が実行するレイディングは社会内部のメンバーに「我々が敢行すべき価値ある行為」とされていたのである。ところがその後、不法かつ暴力的で、現金経済への強い志向をおびた企図へと大きく変化したというのである。この「無秩序」は、植民地経済、資本主義の浸透、独立後の国家による圧力がクリア社会に及んだことの帰結であると考えられる［Fleisher 1999, 2000, 2002］[2]。

カリモジョン―ドドスでの暴力紛争をめぐっては、まず、一九五〇年代に、文化生態学的な関心をもってカリモジョンでフィールドワークをしたダイソン＝ハドソン［Dyson-Hudson 1966］の議論がある。彼は、民族内での家畜の窃盗には厳格な禁令が課せられている点を強調しながら、カリモジョンによる「他の部族」に対する牛略奪が、政治的な決断をつうじて、厳しい生態環境への適応として実行されると述べている。だが、カリモジョンを対象にしてきた研究者たちは、その後、他の東アフリカ牧畜民の略奪紛争を語る研究者とおなじ論調を採用するようになる［Mkutu 2008］[3]。内発的な抑制装置の備わった平和な前植民地期アフリカは、近代世界との出会い、とりわけ資本主義と自動ライフル銃との出会いにより引き起こされたアノミーに直面し、現代のカラモジャの人びとにとって、「他者」は自己の目的を達成するために取り除くべき障害であり、利用すべき手段となったとい

1―牧畜社会での略奪では、牛以外の牧畜家畜も対象となりうる。たとえば、カリモジョン―ドドスでは、山羊・羊群や、ラクダ群が略奪される。牛は、ほかの牧畜家畜とくらべ、格段に人間の統率によく従うし、歩行速度がはやい。ほかの牧畜家畜ではなく、牛が略奪対象として選好される理由に関して略奪経験者に質問して得られる答えは、「ほかの家畜では逃げきることがむずかしい」というものである。

2―ミカエル・ボーリッヒ［Bollig 1990］もまた、東アフリカの国家主体の軍事化や、銃の不法取引の広域化によって、近代武器の入手が容易になったことを、民族間紛争の激化の主因であると述べたうえで、武器の所持にかかるコストが、略奪の必要性をつくると指摘している。

3―『リフトバレーにおける銃とガヴァナンス（*Guns and Governance in the Rift Valley: Pastoralist Conflict and Small Arms*）』の著者ケネディ・アガデ・ムクトゥ［Mkutu 2008］によると、東アフリカ牧畜民の集団間紛争の動機はかつて、牧草地や水など稀少な生態資源をめぐる競合だったという。敵への攻撃は年長者の統制下にあり、戦士は槍を使用していたため、犠牲は小さかった。しかし、二〇世紀初頭に中央政府による近代西欧に由来する統治手法が持ち込まれると、植民地期から現代にいたるあいだに、伝統的な生活は激変した。具体的には、外部からの行政システムの導入により、年長者の権威は弱体化し、抑制に屈しないようになった若者は、略奪行為に自由に参加するようになった。そして、レイディングを起点とする民族間関係の悪化しているまさにそのときに、最悪のタイミングで、自動ライフル銃が地域へ流入し、紛争被害は深刻なものになった。さらに、近年では商人や元軍人が牛略奪に加わり、集団間紛争は組織化された犯罪ネットワークへ包摂されつつある、というものである。

う論調である。

たとえば、政治学者のルディ・ドゥームとコーエン・ブラッセンルート［Doom and Vlassenroot 1999］の指摘によると、カラモジャ地域の牧畜民に隣接する県に定住している西ナイル系農耕民アチョリ（Acholi）は、カリモジョンやジエ、ドドスにより攻撃を受け、しばしば国内避難民化してきたという。彼らの社会にとって、牧畜民によってくりかえされる略奪は、国家が暴力を独占するという統治の鉄則を崩すものであると認識されている。さらに、ドゥームとブラッセンルートは、現代の辺境地域の紛争を、反目と略奪により特徴づけられているとみなすことに反対する。そして、カラモジャ牧畜社会の現代の武装化された略奪が、国家の軍隊の組織と戦略を模倣する、新しい軍事技術と発想によって強化されていると述べている。また、ムスタファ・ミルツェラーとクロフォード・ヤング［Mirzeler and Young 2000］は、一九八〇年代からの自動ライフル銃の一般化が人的犠牲を増大させた点を指摘し、年長者を中心とした、合意にもとづく政治システムを機能不全に陥らせたと論じている。

牧畜社会の武器使用をともなう紛争と略奪を記述・分析する、このようなアカデミズムにおける視点の転換は、客観的な現実の世界の転換に即したものなのかどうか。これに回答することはとてもむずかしい。しかし、集合的な武装暴力を考察するにあたっては、分析者の世界観が影響することに注意しよう。こういうことだ。東アフリカ、そしてカラモジャにおける略奪と暴力紛争をめぐる研究者たちの観点が変化した時期は、ちょうど一九八〇年代に経済・社会的アノミーを基軸としてアフリカ悲観論［Anderson 1986］が台頭してきた時期と重なっている。また、一九八〇年代後半以降の牧畜研究の焦点が、特定の環境条件の内部での牧畜の成立機構から、政治経済的な変化と、政府や開発組織による牧畜民の対処へと移行した［Mullin 1999］時期とも、重なっている。奇妙なことに、東アフリカ牧畜社会に対するペシミズムへの転換点が、より大きな社会動態論の枠組みの変化と同期しているのである。当時の思潮の中で、「自動ライフル銃の普及は、牧畜社会を無秩序化する」という、東アフリカ牧畜社会の紛争へのまなざしは概して受け入れられやすいものであったに違いない。

確実に言えることは、自動ライフル銃の普及が被害を拡大させたという見解については、いまなお、検証の余地が大いに残されているということである。わたしたちの予想を裏切って、銃の一般化がかならずしも暴力の一般化にはつながらないことを示している実証例が報告されている。牧畜民サンブルが居住するケニアのマルサビット（Marsabit）では、略奪に伴う暴力を直接の原因とする死亡者数が一九四〇年代にピークに達し、近年にいたってはむしろ減少しているという事実が指摘されている［Dietz et al. 2005］。さらに、その西隣に暮らすトゥルカナにおいて、一九二九年から一九八三年のあいだにおこった略奪による犠牲は、死亡者の数からみるかぎり深刻化していないことが確認されている［Oba 1992］。銃をもつことによって、他者を攻撃することを控えるという選択が出てくる可能性もある。たとえば、エチオピア西南部のダサネッチ（Daasanetch）とニャンガトムにおける、一九八〇年代から一九九〇年代にかけての民族間関係の動態に関する研究［佐川 2011］によると、敵対者による攻撃にさいなまれていた丸腰の人びとが、銃の獲得によって反撃に打って出るようになると、やがて双方が傷つくのを避けるようになり、戦いを自制する気分を共有するに至っている。これらは、自動ライフル銃の普及が、後戻りのきかない形で牛略奪を残虐化していくという見解に対する、説得力のある反証となっている。

北東ウガンダの牧畜社会についてはどうか。カリモジョンにおける自動ライフル銃の普及と死亡率の変化の前後関係に注目した生態人類学者のサンドラ・グレイたちは、自動ライフル銃が、カリモジョンから困難な環境に対処する生物行動学的な適応力（biobehavioral adaptability）を奪い、牧畜集団は絶滅に向かっているという結論を導き出した［Gray et al. 2003］。千人以上もの経産婦からの、出生と死亡に関する系統だった聞きとりにもとづくその人口学的アプローチは、カリモジョンの破滅という主張を完璧な証拠によって裏づけているように見える。しかし、注意深く見れば、論拠となっているメイン・データにはその主張と齟齬をきたしている事実が含まれている。たとえば、インフォーマントの女性たちが共通して報告した死因は、感染症や栄養失調に関連するものである。また、乳幼児死亡率は紛争下の社会において暴力の影響をもっとも敏感に反映する指標とされるが、ボコラにおける乳幼児死亡率は一九七〇年代から一九九〇年代にかけて三分の一にまで減少している。そして、レイディングでの攻撃による成人男性の死亡率を見ると、自動ライフル銃が一般化した一九八〇年代と一九九〇年代は、一九七〇年代よりもわずかながら減少している。仮にグレイたちのデータがじゅうぶん信頼できるにしても、それは彼女たちの主張とは逆の解釈を導き出すものになっている。つまりそれは、牧畜集団が絶滅には向かっていないこと、あるいは人口学的に言って、ウガンダ北東部における自動ライフル銃の所持と使用の一般化によって、牛略奪に伴う集合的な暴力が人びとの生命に直接的にも間接的にも負の影響を及ぼすようになったとは言えないことを示しているのである。

自動ライフル銃の普及にしても、またそのほかの要因にしても、紛争の生起を特定の「根本原因」に単純化してとらえる思考には危険があることに留意しておきたい。紛争の解決をミッションにすえる幾多の開発援助組織が、その真摯な努力にもかかわらず、紛争の「根本原因」の同定と、その除去を追い求める発想と実践を続けているために、挫折をくりかえしている。曽我亨［2007］は、ソマリア・ナショナリズムを脱政治化したイギリス国営放送（ＢＢＣ）をめぐる研究を著しているが、そこでは、マスメディアによる紛争発生要因に関するステレオ・タイプの再生産過程がえぐりだされている。また、文化人類学者ビリンダ・ストレイト［Straight 2009］は、サンブルに関して、「牛略奪紛争で落命する、銃を手にした牧畜文化集団である」という文化的ステレオ・タイプを流布するメディアによる表象が、日々くりかえされる低強度紛争から時間性や政治性を脱色していること、地元出身の国会議員や地方政治家などの政治エリートの過失や、経済的・政治的権益を覆い隠し、社会の周縁化を促進してしまうことを指摘している。アフリカにおける民族紛争の動態を、資源紛争との関連から考察し、資源の稀少性を紛争の根本原因におく現代紛争イデオロギーの席捲を見抜いている藤本武［2010］は、きまり文句的な紛争説明は、紛争の解決や予防への努力をミスリードするだけでなく、あらたな紛争の火種となる危険さえ含んでいると指摘している。

本章の視点は、これらの疑義の声に呼応して、紛争の発生原因を「資源の稀少性」や「文化的な固有性」、そして「自動ライフル銃の一般化」などに還元する思潮に対しては、批判的な立場に立つものである。なぜならば、医師であり医療人類学者であるポール・ファーマー［2011］の言うように、集団間の文化的敵意や自然資源の経済的競合などに、紛争の根本原因を本質化させてとらえてしまうと、歴史的・経済的な状況によって重層的に規定されるソーシャル・サファリングが覆い隠されてしまう危険が出てくるからだ。

以下では、紛争をめぐる議論の歴史的な変化に寄りかかって「分析」を進めるのではなく、また、新しい根本原因や、すでに指摘されてきた原因の相互的な配列を検討するのでもない。むしろ、カリモジョン―ドドスの人びとの日常的な生活の感覚や論理に分け入ることを重視してゆく。そして、そのために必要な具体的な作業として、銃がどのような歴史過程で、どこから流入してきたのか、そして、現在、人びとは銃にどのような価値を付与しながら利用しているのかを記述してゆこう。

▼自動ライフル銃の普及

ケニア、ウガンダ、南スーダン、エチオピアに居住する東ナイル系民族のカリモジョン、ジエ、ドドス、トポサ、トゥルカナ、ニャンガトムなどによって、銃は、アトム（*atom*）という語で呼ばれる。それは、銃の流入の初期の記憶を正確に刻印している。この語は、エトム（*etom*）、すなわち、「象」と語幹を共有する。ウガンダでは、一八九四年に英国保護領となったあと、カラモジャの象牙をめざして象牙商人が進出し、このときにエチオピア人、イギリス人、アメリカ人、アラブ人、スワヒリ人から銃がもたらされた［Mamdani et al. 1992］。現地住民は、象牙狩りに加わり、報酬として牛を受け取ったが、やがて、象の生息数の世界的な減少により、象牙価格が高騰し、商人間の競争は厳しくなった。カラモジャの牧畜民に銃が与えられたのは、ちょうどこの時代である。銃は、象牙のために象を狩猟する道具として、あるいはまた、狩猟への支払いとしての牛の代替となる、価値ある報酬として与えられたのである。カリモジョンの地域集団の一つであるンギトメ（*Ngitome*）は、「象の人びと」という意味であるが、彼らの居住地ロトメの中心地にもっとも近い集落に居住する長老は、「ロトメの牛のはじまりは象牙である。ケニアのバリンゴで象牙を渡し、牛を受け取った。象牙は、バリンゴからアジスアベバに運ばれた。ロトメの名前の由来は、『象牙を狩るための場所』という意味だ」と語る。[4]

カリモジョンとドドスのオーラルヒストリーによると、銃、とくに自動ライフル銃の流入以前、カラモジャの暴力紛争で使用される武器は、ウガンダ国内に居住する西ナイル系の近隣農耕民ランゴ（Lango）や、旧スーダンのローディンに居住するアチョリが精錬した、鉄製の諸刃の穂を先端にとりつけた槍を主体としていた。ウガンダ首相官邸が防衛省の協力を得て二〇〇七年に改訂した報告書『カラモジャの人間の安全保障と回復の推進のための基盤整備二〇〇七／二〇〇八—二〇〇九／二〇一〇』［Office of the Prime Minister 2007］によると、一九六一年から六二年に植民地政府が、ウガンダの多数民族であるバンツー系農耕民のガンダ（Ganda）を主力にした特別準憲兵部隊を組織して、最初の武装解除を実施した。これは、カリモジョン—ドドスの人びとに、「槍の年（*ekaru a mukuki*）」[5]と呼ばれる。押収の対象が槍であったからである。

一九七〇年代以前は、カラモジャで使用されていたのは、*amicir*（pl. *ngamiciro*）と呼ばれる細長い砲身が特徴の火縄式の銃であった。火縄式の銃は一回発砲すると、槍を手に逆襲してくる敵から逃げながら次の弾を装填しなければならない点で、遊撃戦には不向きである。そのため、カラモジャにおける銃の使用が一般化するまでには至らなかった。

一九七〇年代後半以降、自動ライフル銃はまず、カラモジャに隣接する旧スーダン南部から交換をつうじて流入し始めた。以下の事例は、ドドスの男性が、第一次内戦を経た旧スーダン南部の集落において、その住民である東ナイル系牧畜民トポサから自動ライフル銃を得た例である。

【事例】

ロニャは、一九七六年五月に、カウワラコル地区のナポティポットに構えていた家畜キャンプで、トポサによって約二〇〇頭の牛を略奪され、クラン・メンバーである友人のケイヨ、そして、東スーダン語派スルマ系の牧畜民ディディンガである友人のガピトとロクトとともに、旧スーダン南部のカポエタへ奪還の旅に出た。カポエタ行きを提案したのは、ディディンガの二人だった。カポエタは、多くのトポサが居住する町であり、二人にはカポエタにトポサの友人がいたからだ。

カポエタでは、ガピトとロクトの導きをつうじて、チーフをつとめるトポサのイイコと会い、彼が現地の警察にひきあわせた。警察はロニャの家畜を盗んだ人間の住む集落を探り当て、ロニャはすべての家畜を取り戻すことができた。ロニャは去勢牛をイイコに一頭与えた。そして、イイコの紹介で出会ったアニピニャンと意気投合し、ロニャは彼の集落に暮らした。

滞在中に、アニピニャンはロニャに、「銃を手に入れ、家畜と交換するとよい。ドドスは銃をもっていないので、略奪から守るためにも、また略奪するにもよい」と言った。ロニャは、アニピニャンからトポサの人びとを紹介してもらい、一丁あたり牛一一頭から一三頭の交換で、合計七丁の銃を入手した。帰郷したあと、そのうち四丁を、カーボンとカラパタに居住するドドスの四人の男性に一丁ずつ、一丁あたり牛一五頭から二〇頭で交換した。残りの三丁の銃はそれぞれ、合同で放牧群を作っていた第二夫人の兄、異母兄弟、ロニャの牛を放牧していた牧夫に与えた。

ロニャにとっては最初で最後のこの銃取引は、カラパタでの自動ライフル銃の流通の開始であると、現在カラパタに居住する長老たちは語る。ドドスの隣接集団間関係を分析した河合香吏［2004, 2009］がくりかえし指摘するように、カリモジョン―ドドスを含む東ナイル系の牧畜諸社会においては、テリトリーと境界の概念があいまいであるのみならず、異なる集団のあいだで高揚した緊張は、それを顧慮しない個人間の往来や贈与によって解きほぐされ、近代戦ではおなじみの全面対決の様相を呈しにくい［Hazama 2010］。カリモジョン―ドドスに自動ライフル銃が普及し始めた時点では、この事例に見られるように、個人的な紐帯をつうじて、敵対集団から銃が

4――カラモジャでの銃は、植民地期の象牙狩りに源流があり、その後、一九七〇年以降、内戦下の旧スーダンから流入している。一九五〇年代に、ケニアの独立をめざす武装闘争勢力や、北部辺境地区の分離独立派から、多数の銃が流入してきたとの指摘がなされることがある［たとえば、Mburu 2003］が、現存する銃に占める割合はとても小さい。むしろ、一九八〇年以降の自動ライフル銃の普及が顕著である。これは、一九七九年に内戦で敗北したアミンの軍隊が放棄した軍事基地から、銃が持ち出された事件の直後である（本節で後述）。

5――一九五五年に、カリモジョンは、近隣農耕民のテソを攻撃して、二二人を殺害し、二〇〇〇頭の牛を略奪したあと、いくつかの大規模な攻撃を国境を越えて実行した。これが、「槍の年」のきっかけとなった［Office of the Prime Minister 2007］。

供給された。

銃が一般の人びとに日常的に所持され、カリモジョン―ドドスの全域の牧畜生活にとって不可欠の道具になるのは、一九七〇年代後半、モロトの軍事基地にあった武器庫から銃が大量に略奪された出来事以降のことである。モロトの武器庫の銃は、イディ・アミン政権において、「領国土内の辺縁地域を平定する、国家的努力の最終標的」[Mamdani et al. 1992] としてのカラモジャに対して用いるために、暴力の道具としてもちこまれ、保管されていたものであった。一九七八年のタンザニア侵攻の失敗のあと、七九年にアミン政権が打倒され、モロト山の北西麓に配置された国軍軍事基地が放棄されると、カリモジョンの三大地域集団の一つ、マセニコが銃を持ち出した。北ピアンに住むカリモジョンの年長男性は、このときロバの背に積まれて運ばれる銃の束が薪の束に見えたと回想している。

二〇〇八年七月に、モロト県ボコラ郡でわたしが実施した、郡内の半定住集落に居住する成人男性によって所持されている全二一四丁の銃の種類と、それを獲得した年に関するアドリブ・サンプリングによると、一九七九年以前に獲得した銃の数が、一年あたり〇・六丁なのに対して、八〇年代以降は六・五丁へと上昇し、とくにAK47とG3といった自動ライフル銃の獲得が顕著であることがわかった（図16）。八〇年以降に獲得した銃の数の増加は、先述した一九七九年のマセニコによる武器庫から略奪された銃が、隣接する地域集団ボコラへ流入したことを示唆しているとみなしうる [Hazama 2009]。

カリモジョン―ドドスの人びとは、一九七〇年代以降自動ライフル銃を近隣集団から入手し、放牧群の防衛やレイディングの実行のために使用してきたが、一九九〇年から二〇〇七年にボコラの人びとが入手した銃は、ジエ、マセニコ、ピアン、ポコットなど相互にレイディングを実行しあう近隣集団の知人や友人を介して家畜との交換や贈与をつうじて得られたものである（図17）。銃の主要な供給者は地域集団や民族集団といった集団帰属のレベルで「敵」とカテゴライズされうる他者である。

近年の銃の獲得方法の特徴として、さらに二点指摘できる。第一に、カリモジョン―ドドスでは、家畜を介した銃の獲得がもっとも一般的であり、現金による購入はきわめてまれである。[6] たとえば、カリモジョンのロトメで一九九九年二月と二〇〇五年二月に聞きとった、三四丁の銃の入手経緯によると、一六丁は家畜との交換により獲得したものである。銃の購入には一般に牝牛を使用し、まれに去勢牛や小型家畜を付加していた。[7] 現金を介して購入されたのは一丁のみであり、それは牝牛一頭に現金（一万五千ウガンダシリング）をくみあわせた支払いであった。[8] 第二に多かったのは、治安維持のために国が配備した部隊などから与えられた銃である。具体的には、陸軍特殊部隊である反家畜窃盗部隊（Anti-Stock-Theft-Unit：ASTU）や、地域歩兵隊（Local Defence Unit：

6——西南部エチオピアに居住する、オモ系農牧民バンナ（Banna）における銃の獲得での支払いは、かつては牛などの家畜でなされていたが、現在は現金による購入が主流となっている［増田 2001］。

7——これらの購入された銃はすべて、ボコラ南部のピアンとの無人の境界地域の草地に建てられた草葺の小屋の中で、銃取引に特化した二人組の商人から入手していた。銃弾は、二〇〇二年から二〇〇六年にかけて、AK47の銃弾一個あたり五〇〇シリングであった。モロコシやトウジンビエなどの雑穀醸造酒一杯（約二リットル）と弾丸との取引は、給与支払いが滞りがちで現金をもたない中央政府に雇用された兵士と、地酒を売る地元の既婚女性とのあいだでふつうに見ることができた。女性が所有する穀倉庫（エドゥラ）の中には、穀物の粒（穂を脱穀して、風選したあとに残る種子）や、紙幣、貨幣とともに、大人の中指ほどの銃弾が数発ずつ入っていた。醸造酒という「飲物」だけではなく、製粉されたモロコシやトウジンビエの粉、牛や山羊のミルク、屠殺された家畜の肉などの食物を銃弾との交換で購入したり、病気やけがの治療費として、手あてをしてくれた伝統医（*emuron*）に支払ったり、物乞いへの喜捨として贈与するやりとりも見られた。

サハラ以南のアフリカにおける多くの社会で武器を保持することには、重要な文化的意味があり、若い男性の成人儀礼などのさまざまな社会的儀礼の中に織り込まれている。そのような社会では、女性の本来の役割は、武器の所有を支えるというものである。銃の所持の一般化における、女性の文化的役割はめったに言及されることがないが、カリモジョン社会では、男性が戦闘へ旅立つときに祝福し、出産によって兵力を増強する役割を担う女性は、戦争準備のための不可欠の部分であるとみなされている。また、略奪の成功は、家族集団の経済事情を好転させるため、男性に銃を使ってレイディングに加わるよう奨励することに、女性はたいへん熱心である。女性による略奪の奨励が、銃の獲得を間接的にうながしたと考えることはできる。しかし同時に、略奪には、家族の男性成員の死亡というリスクをともなう。とくに男性は、父系親族とともに略奪を実行することが多く、同一親族集団の複数の男性成員を同時に失いかねない。

8——銃の種類に応じた変異や時間的変動はあるが、一九九九年から二〇〇八年までは、三頭の牝牛に対して、カラシニコフ銃一丁という交換レートは、ほぼ安定していた。

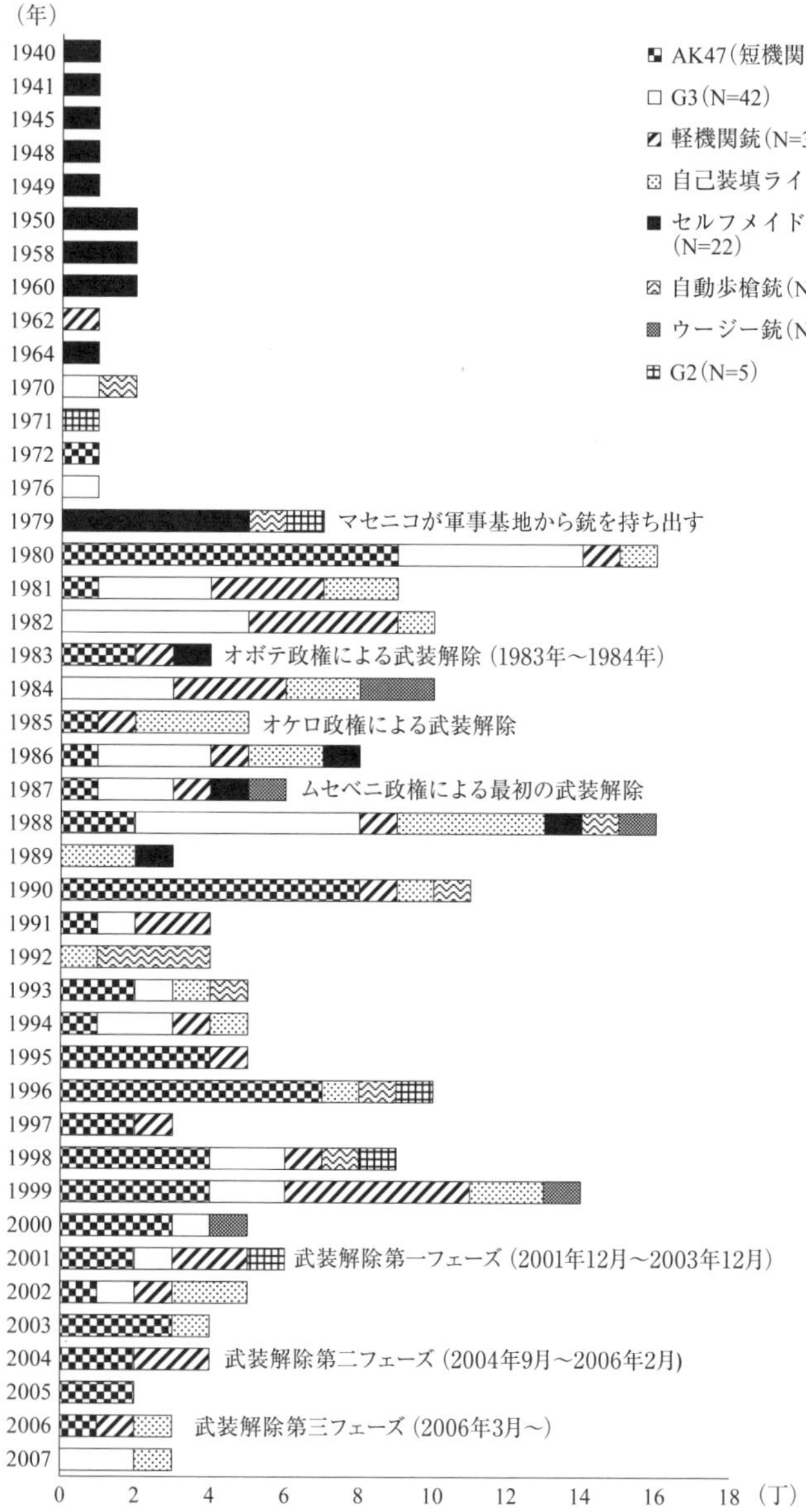

図16 カリモジョンの居住地モロト県ボコラ郡で確認された銃214丁の獲得年とその種類

LDU）といった治安部隊から、支払いの遅延する給料のかわりとして、また防衛手段として支給されたもの（一〇丁）だった。賃金未払いや暴力的な軍事規律により入隊者の多くが離脱してしまい、隊員の補充が困難になっていたため、隊員を引き止めるための銃の支払いが常態化していた。[9]

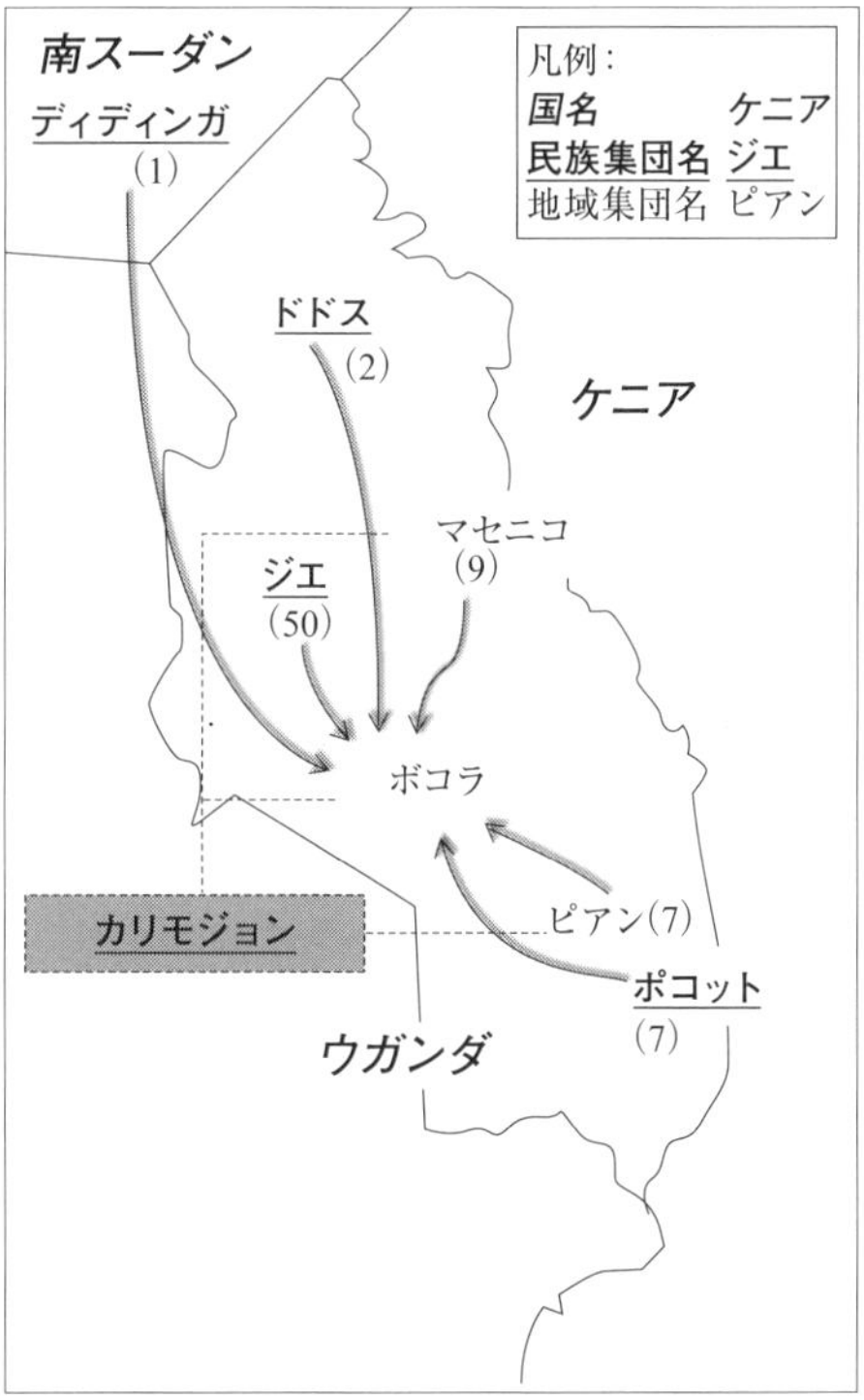

図17　銃の流入（1990年～2007年）

【事例】

二〇〇三年にASTUのキャンプ地で一ヵ月の訓練を受けたアパーロウニャは、防衛のためのAK47を指揮官から受け取った。一年後にウガンダ国軍（ウガンダ人民防衛軍）に加入することをすすめられたが、予定された駐屯地は故郷から非常に遠いように思えたし、また給料の支払いが頻繁に遅延することへの不満もあって、「昇進」の打診には魅力を感じなかった。その日の深夜、キャンプを抜け出し、一週間かけて徒歩でロトメに戻ってきた。「みんながそうする」ように、銃は持って帰ってきた。[10]

9――本文に記した家畜との交換（一六丁）や、軍からの支給（一〇丁）以外の獲得方法としては、贈与（六丁）、父親からの移譲（一丁）、殺害した敵からの略奪（一丁）があった。贈与の内訳は、母方オジから（二丁）、兄弟から（二丁：兄から一丁、弟から一丁）、母方従兄から（二丁）となっている。贈与の背景を聞きとりえた四丁のうち、二丁は銃の授与者自身が所有している家畜群の放牧を担当している牧夫に対し、その家畜群を守るために与えたものである。さらに、すでにレイディングで殺害した敵から奪った銃を、すでに別の銃をもっていた弟が兄に与えたもの、そして、反家畜窃盗部隊から支給された男性が、その銃を部隊から集落に戻った直後に甥に与えたものが、それぞれ一丁ずつとなっている。

未払い賃金の補完としてであっても、それは法的な正当性を欠いて付与された銃である。現地に駐屯する軍の指揮官は慣例的に黙認する場合が多いが、つねに黙認するわけではない。通報がなされ、銃を取り戻すための軍事行動が起こされることもありうる。たとえば、二〇〇五年一月、わたしはロトメで、白い山羊皮が大樹(*edurukoit: Acacia albida* Del.)に巻きつけられているのを見た。これは、その大樹の樹冠が北で接する集落に住む二十代の男性が、前年四月に陸軍の駐屯地から銃一丁を持ち帰ってきたことに対し、在留国軍が包囲捜索強襲をかけてくるのを防ぐための結界であると説明され、サンダル占いの結果として占い師が指定した敵の撃退方法とのことであった。このように、合法的に銃を所持していることを示す公文書が存在しないため、供与された銃もまた、武装解除政策の下では、政府の意向次第でいつでも「違法銃」と定義づけられ、徴発対象になる。結界としての山羊皮は、気まぐれな暴力への恐怖の表徴と解釈できる。[11]

トーマス[Thomas 1965]、ダイソン=ハドソン[Dyson-Hudson 1966]、ゴーレイ[Gourlay 1971]、ノベリ[Novelli 1988]、ベン・ナイトン[Knighton 2005]など、一九五〇年代から二〇〇〇年代にかけて、カラモジャで現地調査を実施してきた人類学者や宗教学者は、人びとの牧畜生活の大半が、領域内で入手した資源を利用して成立しており、彼らが伝統的な社会、政治、文化規範を固守してきたと述べている。たしかに、カリモジョン—ドドスの人びとは、辺境地域に居住し、自給自足的な生活を営んできた。しかしながら、彼らは、銃に関しては外部から、略奪や支給、そして贈与をつうじて入手してきた。正確には、隣国および自国の国家的統治の消失時点において、自己に対してときに暴力的に敵対する主体、すなわち、隣接する他の集団や国家が、自動ライフル銃の主要な供給者として立ち現れてくるのであった。

▼レイディングという家畜の獲得方法

現代のカラモジャの牧畜民にとって、レイディングは家畜を獲得する主要な方法となっている。そして、レイディングにおける攻撃も防衛も、銃の存在によってはじめて可能となる。

自動ライフル銃が一般化する直前には、強力な銃を手にもつ者がレイディングに参加することによって、大きな牛群を手に入れることができた。一人で多数の相手を攻撃できる自動ライフル銃の存在によって、略奪集団を構成する人数が少なくても、槍でレイディングを仕掛けていた頃とおなじサイズの牛群を勝ちとることができ、略奪集団内部で一人当たりに分配される個体数が多くなるからである。

【ドドスのある老牧夫の語り】
銃が一般化する以前は、大人数によるレイディングが多く、昼間に相手を襲っていたものだ。しかし現在は、少人数で夜襲をかけるという形態に変わった。現在は、一〇〇人でも多いと感じる。少人数によるレイディングが頻繁になったのは、家畜が分散しているためである。大きな家畜群や家畜キャンプを襲えば分配ができるが、たとえば一〇〇〇人で一〇〇頭の群れを襲っても、家畜の分配はできない。そのために、略奪者集団は少人数で作られるようになった。自動ライフル銃なら、一人で多数の銃弾を発砲できる。

対抗できる防衛力を備えていない家畜キャンプは、略奪者たちにねらわれやすいので、銃の一般化の前後には、家畜キャンプを構成する群れのサイズは小さくなった。それと同時に、略奪集団のサイズも小さくした。群れサイズは、管理にわりあてられる人びとの数と連動していると考えられるので、一回のレイディングで対決する人

10―レイディングの統制は、ASTUに任されていた。それは、二〇〇四年までは、略奪集団からの防衛のために支給されていた銃で、武装した自警団とともに活動していたが、それ以降は、LDUとして再編され、陸軍の統制下におかれた。ただし、創設にかかわる法的な根拠があいまいで、誰が責任を負っているのかが不明確であるLDUの存在それ自体が、武器問題を悪化させていた。ASTUの隊員に対しては、警察、軍、長老のすべてが指示を出すことができた。しかし、カリモジョンやドドスの男性たちは、家長や地域集団のリーダーなど、日常生活をともにし、密接に連絡をとりあっている人びとの意思に対して迅速に反応することには慣れているが、忠誠心を抱いていない抽象的な指揮系統の連鎖をおりてくる命令を待つといったことには不慣れであった。そのため、彼らはしばしば防衛だけでなく、銃や銃弾を略奪するための攻撃にも参加した。

11―包囲捜索強襲（cordon-and-search）は基本的な反乱鎮圧作戦であり、特定の地域に非常線を張って、武器や「反乱者」を捜査する軍事作戦である。

びとのサイズは、攻撃と防衛する側とで同時に縮小した。つまり、レイディングが人びとを略奪集団として一つにまとめることは、槍の時代とはちがって、とてもまれになったと考えられる。

レイディングをすることが、カリモジョン—ドドスにとって重要なことであるのは、自己の牛群を大きくすることに関与するからだけではない。レイディングをつうじて獲得した家畜は、略奪者集団の内部で一次的に分配された後、それぞれの集落に戻ったあとで、二次的な分配の対象になり、獲得者と関係づけられる人びとに分配される。次の事例は、二〇〇五年一月に、ロンゴリアコウ（ボコラ、三十代男性）に、「もっともよく覚えている過去のレイディングの詳細を教えてほしい」と言って聞きとったものである。

【事例】

「マセニコが半定住地にやってきたとき（一九九八年乾季）、彼らはポコットやトゥルカナと一緒になって、わたしたちのすべての牛と山羊を略奪していった。すべてが消え去った。すべての人びとがすべてを失い、苦悩（*ngican*）の中で生きた。ロープを手にとって自殺しようとする女性を止めた。自分の心臓を槍で貫こうとする長老の男性や、銃で自分を撃とうとする男性を止めた。わたしたちは失った牛を嘆いて一ヵ月を過ごしたあと、涙とともにトゥルカナにレイディングにいった。牛だけが涙を忘れさせる。レイディングに参加したのは、二三人だ（ロンゴリアコウは二三人全員の名前をあげた）。この他にも、レイディングの戦闘で殺された者がいる。レイディングは、カクワヤラに家畜キャンプを作っていたトゥルカナに対して、空が真っ暗になったばかりの時刻にしかけた。リーダーのンゴリアは、『銃弾を飲む』たいへん強力な自動ライフル銃をもっていた（表17を参照）。略奪が成功したあとの分配で、ンゴリアは約一〇〇頭の牛、わたし自身は約七〇頭の牛の分配を受けた。他の者も一人当たり約三〇頭を受けとった。」（それから、ロンゴリアコウはわたしの求めに応じて、分配を受けた牛約七〇頭の一頭一頭について、その性・成長段階と体色に言及しただけではなく、その分配先に関する情報をも独自につけ加えて答えた）「わたしがそのとき実行したレイディングで得た牛は七二頭だったが、そのうち、自分の手元に残したのは一七頭だ。あとは二人の妻の婚資の支払いと、二人の友人に与えた。」

手元に残した一七頭以外は、第二夫人とその異母兄弟、第三夫人とその父に、婚資の支払いとして差し出され、さらに、母、（同母および異母）兄弟と姉妹、妻方の親族、友人、隣人に対して、見返りを期待しない贈与として差し出されている。贈与の対象は、親子や姻戚の関係でつながる人びとに加えて、略奪によって家畜群を奪われた友人や隣人が含まれていた。たとえば、「分娩間近の、細かな赤い斑点のある体色をしている、のどに肉ダレのある経産牝」は、略奪で家畜を失い、三頭しか牛がいないというロクワンという男性の友人に与えられた。また、「頭に大きな斑点があって赤い体色をしており、妊娠初期の経産牝」は、アクランギモエという隣人の男性に与えられた。彼はそのとき、略奪によって生活の窮状に陥っており、山羊さえもたず、ロンゴリアコウにベッギングしてきたのだった。二次分配は、家畜群をレイディングによって奪われた者への救済という文脈でも機能している。

わたしは、ドドスの家族Ａと家族Ｂの二家族から、所有している家畜群の入手方法に関して聞きとりをおこなった。表18より、家族Ａの家畜群では、略奪への直接参加で得た個体の数は、牛・山羊ともに、出生で得られた個体数に次いで多く、家族Ｂの家畜群では、家族Ａと同様に群れの内部で生まれた個体が最多となっているが、略奪により獲得した個体数は、婚資として贈与された個体に次いで多いことがわかる[12]。

略奪して数年が経過してもなお、その略奪した個体を群れの内部にとどめる傾向は、牛略奪ビジネスに数十年にわたって関与し、牛の売却をとおしての現金獲得に略奪目的を限定しているタンザニア北部のクリアの実践とは明瞭な差異をなしている［Fleisher 1999: 241］。カラモジャの牛略奪は、共同体の活動から、商業的な利益を得る個人的な活動へ変化したと言われる［Knutsson 1985; Ocan 1994; Mirzeler and Young 2000; Sundal 2002; Stites et al.

12——家族Ａの牛群のうち、五三頭はジエとトゥルカナから奪ってきたもので、一九九九年三月、二〇〇二年七月の二回の略奪でジエから三一頭を獲得し、トゥルカナからは一九九六年一〇月、二〇〇一年三月、二〇〇一年七月、二〇〇二年八月の四回の略奪で六頭を得ている。この他、ジエから四頭とトゥルカナから十二頭の略奪個体が含まれているが、それらの略奪時期は不明である。三五頭の山羊は、二〇〇二年二月にトゥルカナに対して実行した一回の略奪で得たものである。また、家族Ｂの牛群に含まれる個体一二頭は、二〇〇一年から二〇〇二年にかけて、ジエに対する三回の略奪をつうじて獲得したものである。

表17　カリモジョンの居住地モロト県ボコラ郡で確認された銃の種類

種類	現地名	確認数（丁）	特徴	下位区分
セルフメイドガン（火縄銃）	*amatida*	22	*amatida*と呼ばれる水道管などの金属パイプを加工して製造し、火薬を使用したショットガン方式をとる最古の銃である。照準を欠く*logelegel*は、より古いタイプとされる。	*abicil*（←*ebicil*「細口の」） *logelegel*（←*akigel*「一つずつ送る」）
AK47（短機関銃）	*amakana*	65	アフトマート・カラシニコフ（*Avtomat Kalashinikov*）ないしその複製は*amakana*と呼ばれる。次発装填・排莢が発射の反動で自動的（semi-automatic）になされる。調査では10種の下位区分を確認した。長持ちするうえに、キックバックによる揺れが少なく、弾丸がまっすぐに飛ぶため人気が高い。	*aceger*（←「痩せこけた」） *akeju-asuulu*（←*akeju*「足」+*asuulu*「鉄の棒」）、ないし *akeju-batat*（←*akeju*「足」+*abata*「アヒル」） *asili-reng*（←*esil*「白ぬきの縦の細いライン」+*areng*「赤」） *apas*（←「鉄」）　鉄のように「腹」部分の色が銀白色。ユーゴスラビア製。 *ameri-keju*（←*emeri*「小さな斑点」+*akeju*「足」）小さなドットが全体に施されている。上とは色が異なる。 *ayese-ngor*（←*ese*「ストライプ」+*ngor*「灰色」）　木製の部分（「足」と「ハンドル」部分）が灰色のストライプ。 *Nakasongola*（←「ナカソンゴラ」　中央ウガンダの県名で、銃の製造工場がある）　摩擦熱により「首」（銃身）部分が溶けるため、連射の利かない粗悪品とされる。木製ハンドル。 *atodobok-akilegit*（←*todo*「牛の角の形の一種」+*bok*「薄茶色」+*ekileng*「ナイフ」）　照準が円環であり、木製の銃床の色はベージュである。銃剣の取り付けが可能。 *akwapenek*（←*akwang*「白い」+*epenek*「あごひげ」）同上。銃剣を取り付けた形。白いあごひげのように見える。 *ariamakor*（←*akiriamakin*「閉じる」+*akor*「集落の外側のフェンス」）　照準が閉じている。

種類	現地名	確認数（丁）	特徴	下位区分
G3	*aliba*（←「緑色のハタオリドリ」）	42	ケニアの警察官が典型的に使用するタイプの銃であり、ドイツ製、フランス製、イスラエル製などがある。	
G2	*eleponbong*	5	銃名の部分*lep*に「搾乳する（*akilep*）」の語幹をとる語の構成は、「牝牛の乳房から乳がでてくるようになめらかに銃弾が飛び出してくる」さまへ注目している。スタンドがあり、銃弾がとても大きくて強力。	
ウージー銃（短機関銃）	*eitabui*	6	コンパクトな箱型の外貌が特徴的なウージー銃は、1980年東アフリカ一帯をおそった大干ばつ時に、援助物資として配給された3リットルオイル缶*eitabui*とおなじ名前で呼ばれる。射撃音がとても大きく、高音（近くの小屋の子供が小便をもらすほど）。「首」が太くて短い。	*acaca*（←*ecaicai*「水をまく」）　ハンドル部分が金属製の網になっていて、向こうが透けて見える（*ecaicai*）。
				loringiring（←*akiringiring*「太る」）　ハンドルは太いが、「首」がとても細い。「首」の根元がリングのように円形。
軽機関銃	*acoronga*（←*ecoroget*「ニワトリの足指、蹴爪」）	35	スタンドを持つ。	
	narikot（← *erikot*「鎖」）		瞬時のうちに「弾丸の鎖を飲み込む」と評される。	
自己装填ライフル	*epian*（*ngipian*「←雷（のような音）」）	29	発射音が雷鳴に類似する。	*epian-locicuwa*（← *ngipian*「雷（のような音）」＋*akici*「二つに分かれる」）　銃身の先端部分、側面に隙間があいており（枝別れしており）、そこから銃弾が飛び出すのが見える。
				epian-lokiryon（← *ngipian*「雷（のような音）」＋*kiryon*「黒」）　黒く、「首」が長い、四角のマシンガン。
				epian-nato（←*ngipian*「雷（のような音）」＋*nato*「カリモジョンの名前ではないが、‘制作者の名前’」）

種類	現地名	確認数（丁）	特徴	下位区分
自己装填ライフル	*epian*（*ngipian*「←雷（のような音）」）	29	発射音が雷鳴に類似する。	*epian-akosowan*（← *ngipian*「雷（のような音）」＋ *ekosowan*「バッファロー」）
				epian-elekejen（← *ngipian*「雷（のような音）」＋ *ngakejen*「足」）自動で動く。
自動歩槍銃	*apeledeng*	10		*acaineeth*（←「中国の」） ウガンダ人民防衛軍が祭典時に行進するときに使用する。銃口が「中国人の目のように」小さいのでそう呼ばれる。古い銃である。
				agurigur（← *eguritoi*「曲がりくねった」）「足」の部分が曲線を描く。ヘリコプターを襲撃できる。弾が遠くまでとぶ。
				agorogoro（←「ゴロゴロ」という擬音語） 一発撃つごとに薬きょうを除去する（その時に音がゴロゴロなる）。
				aparipar（←「輝く」） ナイフが付いており、それが「反射している（*aparipar*）」。

2007]。しかし、ドドスの人びとは、政府や軍による捜索がなされなければ、自分たちが略奪した個体も、なるべく売らずに手元に残しておきたいという希望をもっており[13]、実際の所有家畜群は、財産を家畜という形で保持する欲求を反映した構造をとっている[14]。ドドスでは、略奪した家畜を売却することによって「商業的な利益を得る活動」は、商品交換の原理が支配的な家畜市に近接することによって自動的に開始されるものではない。それはむしろ、国家が遂行する法執行活動と間合いをはかりながらなされている。武力の行使をともなう略奪行為の取り締まりが強化され、包囲捜索強襲のリスクが存在する状況でのみ、略奪個体は売られ、あるいは軍駐屯地から遠く離れた友人に預託されるのである。

カラモジャにおける銃は、モノとしてのゆるぎない有益さを帯びている。

毎日実行される日帰り放牧では、銃の守護によって、略奪と死のリスクを軽減することができる。その意味では、現代のカラモジャの牧地において銃は不可欠である。それだけではない。家畜を略奪されたあとでも、銃による略奪を完遂することによって放牧群を補てんし、生存することができる。さらに、略奪された家畜は、家族や友人、隣人に分け与えられ

13——ドドスの居住する県都のカーボンでは、毎週一日開かれる家畜市があり、人びとはそこで牛・山羊・羊を売却することができる。

14——湖中真哉［2004］は、サンブルの男性が、隣接する異民族トゥルカナからの略奪の危機感が高まったとき、去勢牛を売却して得た現金を銀行に預金することによって、略奪を回避した事例を報告している。二〇〇三年にわたしが調査を実施したときには、中心地のカーボンを含め、ドドスの居住地には、預金可能な銀行は存在しなかった（その後、二〇一一年に、南アフリカ資本の国際銀行 Stanbic Bank がカーボンに支店を作った）。

表18　ドドスの二家族が管理する家畜群の入手方法（2003年3月時点）

入手方法	家族A 牛群（頭）		家族A 山羊群（頭）		家族B 牛群（頭）	
出生（*apeitun*）	81	39.1%	128	64.6%	56	48.3%
略奪（*arem*）*	53	25.6%	35	17.7%	12	10.3%
信託（*akijok*）**	24	11.6%	2	1.0%	18	15.5%
購入（*agyelun*）	16	7.7%	4	2.0%	0	0.0%
婚資の贈与（*akuutun*）	13	6.3%	4	2.0%	18	15.5%
債務の支払い（*akitac*）	7	3.4%	11	5.6%	5	4.3%
贈与（*amekin*）	6	2.9%	10	5.1%	1	0.9%
交換（*akisiec*）	5	2.4%	0	0.0%	6	5.2%
迷子の捕獲（*akirapun*）	2	1.0%	3	1.5%	0	0.0%
略奪の分配（*akidier*）	0	0.0%	1	0.5%	0	0.0%
計	207	100.0%	198	100.0%	116	100.0%

＊略奪という手段で家畜を得るには、みずから参与した略奪で得た個体を略奪者集団（*ngikaracuna*）のあいだで分配して受け取る場合と、自分は集落にとどまっていたが帰還した略奪者から分配を受ける場合とがある。ドドスはこれらを明確に区別しており、前者を *arem*、後者を *akidier* と呼びわけている。*akidier* は親しい友人や親族のほか、略奪の成功や敵の調伏を祈念して聖なる土（*emunyen*）を略奪者の身体に塗布し祝福を与え、戦いの最中にも祈りを続ける長老や占い師も分配の重要な対象者である。

＊＊信託している個体に対して、受託側は所有権をもたない。

る。カリモジョン―ドドスでは、植民地政府によって槍を対象にした武装解除が始められ、八〇年代以降には自国の政権によって、銃を対象にした過酷な武装解除がくりかえし試みられてきた（二〇〇一年から三期にわたって実施されている現在の武装解除については、後述する）。長期にわたる、外部社会からの武装解除の要求にもかかわらず、カリモジョン―ドドスにおいて銃が所持され、使用される背景は以上のようなものである。

2　安全と武装をめぐる外部社会との関係

▼家畜の防衛

銃や銃弾の積極的価値は、略奪と交換をめぐって表出する。銃所持者が語る、もっとも一般的な銃の所持理由は、敵からの「家畜ないし人間の防衛」のためである。牛略奪の暴力は、家畜の喪失による、自己や自己につらなる他者を喪失する脅威、アイデンティティへの脅威である。ブロッホ＝デューは、個人の家畜を喪失することは絶滅することとおなじことであり、人間であることの喪失であり、アイデンティティの喪失でもあると述べている［Broch-Due 1999］。その意味で、レイディングによって家畜を失うことは「完全な喪失」である。そして、家畜を略奪された人びとは、奪われた感覚よりも、喪失の感覚を強く表現し、「敵」は、放牧に関与する人びとに警戒心と対策を共有させる場面で、過去の喪失をもたらした略奪者として表象される。

写真24　アキダミダム

銃は、射撃のダンス（*akidamidam*：（銃などを）水平に構える）でも使用される（写真24）。これは、自身の家畜群に対する略奪リスクが高いと思われるとき、とくに、放牧に出発する直前に、長老の演説を中核とする、青年たちの士気を鼓舞する集会（*eperit*）のあとに実演される。長老の演説は、略奪から群れを守るための放牧のしかたを指示するとともに、過去の群れの喪失の経験を思い起こさせることで、警戒への集中を惹起する内容となっている（写真25）。例をあげよう。二〇〇三年六月末のある日午前二時、ドドスの家畜キャンプで略奪が生じた。家畜キャンプは三〇前後の家族の家畜群によって構成されていた。略奪は当初囲いから牛を連れ出す形で実行されたのだが、牛によるアラーム・コールを聞いて目覚めた家族と略奪者とのあいだで交戦となり、牧童の少年が腕を撃たれ、略奪者一人が撃たれて死亡した。死んだ男性の身元と十数人と予測された略奪者集団が残した足跡から、トゥルカナによる企てと判断された。

早朝、このキャンプ地の牛群を守る男性たちが集まり、その全体を代表して、ある牛群の家長の男性によって演説が始められた。それは、「おまえたちはこれまで家畜を失ってきた。牛は人間によって守られるべきだ。われわれは牛とともにいなければならない。子どもに（牛群より）先回りしてパトロールするように命じるときには、われわれは群れとともにいて、そして群れの後方から牛を追わねばならない。子どもたちは群れの前方でトゥルカナに対処する」という内容で始まる。約七分間の演説の中で、トゥルカナという名称はここで一回言及されただけであった。そして、この

写真25　防衛強化を訴える長老の演説

名称は、まさにいまわれわれに近づいて牛群をねらっている存在を指し示すことによって、レイディングの発生リスクが高い場所での放牧に関与する人びとに、防衛の人的な役割配置を徹底して遂行するうえでの警戒心と対策の必要性を強く認識させた。

続いて、「牛をロキテラアレガンの二の舞にはするなよ」と述べ、トゥルカナの他、ジエ、カリモジョンの連合軍が、ロキテラアレガンというキャンプ地でドドスの牛群に壊滅的な損害を生じさせたレイディングが想起されている。トゥルカナというラベルは、われわれの牛群の喪失をもたらす数々の他者を指し示すラベルのうちの一つである。この「敵」は、干ばつや牛疫を始めとする人間以外の自然現象や身体現象を含むカテゴリーである。その後も、「牛を閉めよ（牛群を人の輪ですきまなく取り囲め）」「銃をもつ者は牛と寝て、これを守るべきである」「われわれは一〇～二〇人でいなければならない。昼間に敵がやってきて、対峙した時、一方の人びとは走り、そして発砲せよ。他方の人びとは牛を追って連れ戻せ」といったように、放牧中の牧童の陣形と人数、夜の警戒、攻撃と守備の役割分担など、現実的な対策項目が確認されて演説は終わった。そこでは、特定の「敵」への憎悪や復讐心を高揚させる内容や、われわれという民族集団としての統合性を強調する発話はあらわれなかったのである。

射撃のダンスでは、胸に銃を抱いた青年たちが速足で、“*dam*”という擬音語であらわされる足音を立て、蛇行をくりかえしながら円を描いて歩く。二～三人ずつ、蛇行の途中で静止しては、銃口を実際にはいない敵へ向けて照準を定め、発砲する。そのあいだ、男たちは歌を合唱し続ける。射撃のダンスのあと、おこりうる不幸や守りを固めるべき場所と、次回の儀礼で屠殺されるべき家畜の体色などが予示される「腸占い」を実施する。占いに続いて、屠殺された家畜の肉が共食される。そのあと、家畜群は放牧へ出かけるのだが、長老の演説から肉の共食までのプロセスの全体が、敵を撃退するために決行される儀礼である。銃を所持していること自体ないしそれをディスプレイすることにも意味がある。放牧に銃を携行して家畜群に付き添い、群れから一部の個体をかすめとろうとねらう敵の実行を抑止する。その結果として、牧童は、敵が襲撃してきても応戦することができるという安心のもとに、群れを管理できることになる。[15]

前章で述べたように、カリモジョンの人びとは、自分が放牧で付き添う家畜の名前をもりこんだ歌（エモン）をつくるが、銃は、このような持ち歌の作者に一般的なモチーフをも与えている［Hazama 2012］。一例をあげよう。放牧のランドスケープをきわめて素朴に描写している、一九九八年二月、当時一二歳の牧童が作った歌がある。それは、エモンの基本的な歌詞の構造を正しく踏まえて、場所（「ロムリアコリ」）、去勢牛（「黄色い奴」）、そして歌い手の兄（「ロキル」）に言及している――

【歌】（ロメール・イクワナヴォ作、一九九八年一二月聞きとり）
行って草を食め、ロムリアコリで／いつもロキルの銃がある／行って草を食め、ロムリアコリで／ロキルの銃がある／行って草を食め、ロムリアコリで／黄色い奴は太ってきた／いつもロキルの銃がある

「太陽がわたしたちをロムリアコリでまぜあわせる」とカリモジョンが言うように、通常の放牧で使用されるサバンナが干ばつに見舞われたときでさえ、豊かな牧草と水に恵まれるキョーガ湖水域内の放牧地ロムリアコリは、とりわけ乾燥の厳しい季節に、カラモジャ全域からやってきた牛群の家畜キャンプが集中的に設営される場所であり、それゆえ、家畜をめぐる略奪と暴力のアリーナとなっている。

この曲は、「兄」の携行する「銃」が、「黄色い去勢牛」とたえず道行きをともにする潜在的な戦場から着想を得ている。今日の放牧地の心象には、牛と同行者と銃が含まれ、それらの存在によってはじめて、最乾季の家畜の生存を保障する牧草のある放牧地で牛の肥育が可能となる。聞き手は、「草を食む（*adaka*）」と「銃（*atom*）」という反復される声をとおして、そのような認識を歌い手と共有することになる。

15――銃には、敵との戦いで使用するほかにも、多様な使途がある。ホロホロチョウ（*atapem*）やディクディク（*esiro*）を対象とした銃猟や、結婚式や饗宴での祝砲、そして青年たちが跳躍のダンス・パーティに銃を携行するのは、男らしさ（*ekileenu*）の標徴としてである。

銃をもつことの安心、銃をもたないことの不安は、「正しい」現実認識にもとづく。銃をもつことは、たしかに実効的な防衛手段となるのだ。この牧童の歌の三年後、二〇〇一年からはじまった武装解除では、銃を提出して防衛手段を失った特定の集団が、武器を手放さなかった集団に襲撃されるという、武装の不均衡がまねいた問題が現実化した。二〇〇二年三月、神の抵抗軍（Lord's Resistance Army）[16]の南進がウガンダ中部におよんだことから、国軍の再配置が開始され、カラモジャに残された部隊の戦力は激減した。このとき、武装の不均衡にもとづくレイディングが度重なり、かろうじて難を逃れた家畜は、狭隘な枯れ谷に隠された。たとえば、ドドスにおいては、大きな家畜キャンプを作って、多数の銃と人手によって家畜を略奪から防衛するというかつての戦術を放棄し、かわりに、二〜三の家畜所有集団からなる小規模な家畜キャンプを狭隘な谷地に作り、「敵」に居所を知られないうちに別のキャンプ地へひんぱんに移動するという手を打つようになった。武装した青年男性だけでなく、この作戦の中で生存への不安と恐怖を募らせた女性たちもまた、子どもをともなって、モロト山、ナパック山、トロール丘陵、ロティム山、モルンゴレ山に身を隠したのである。このために、多くの人口を抱える平野部の半定住集落では、ミルクへのアクセスを失って、深刻な飢餓がおこり、カリモジョンの人びとは、首都のカンパラ、ウガンダ第二の工業都市ジンジャ、ケニア国境の町ブシアや大商業地ムバレへの転地を余儀なくされ、その多くは路上生活者となったのである。

▼武装解除政策のもとでの銃を使った交換

武装解除政策下では「国家の安全確保のため」に、銃所持の情報収集に関する専門的な訓練をつんだ官憲が半定住集落ごとに配置された。そして彼らは、軍や地方自治体、中央政府が、現地に先に送り込んでいたセキュリティ監視官や諜報員と結託して、積極的に内探し、包囲捜索強襲をしかけるべき集落を駐屯部隊に密告した。二〇〇八年一一月時点で、モロト県とナカピリピリット県には少なくとも、バラック、デタッチメント、ブリゲード、ディビジョンと四区分された、規模の異なる軍駐屯地（カリモジョン語およびドドス語では、*ngikeyain*

もしくは*mabus*）が、二四ヵ所で構築されているのが確認できた。もっとも規模の小さいバラックにはそれぞれ五〇～一〇〇人の兵士が駐屯し、駐屯地は現地住民の半定住集落が集まる地域にまんべんなく配置されていた（写真26）。

包囲捜索強襲は、夜明け前に、管轄陸軍が集落を包囲することから開始される。次に、内部の住民すべてを集落の外へ連れ出し、銃所持の容疑者を捕らえるとともに、一軒ずつ家宅捜索する。住民は、男女別に列を作り、男性は「身体検査」の対象となる。そのあいだ、集落内では、兵士が戸別に銃や銃弾、兵士を殺害した証拠と見なされている軍服、軍帽などを捜査し、回収する。銃以外のものが発見されれば、所持者は軍駐屯地に連行され、銃の所在に関する自白を求められる。また、「伝統的戦士」が身につけるもの（色鮮やかな木綿のトーガや羽根つき帽子など）も、強制連行に口実を与える「証拠物」とされていた。

人びとは、収容所の内部の劣悪な生活条件を伝え聞くだけでなく、女性

16——神の抵抗軍（LRA）は、みずから霊媒を名乗るジョゼフ・コニーに率いられた、キリスト教原理主義集団であり、一九八七年からウガンダ北部で、反国家的な活動を展開した。その活動の動機や、背景の解釈はさまざまだが、代表的なものとしては、狂人による無目的な暴力と恐怖の組織的な運動、北部に居住するアチョリの人びとによる中央政府に対する不満の正当な表現、旧スーダンとウガンダの国家間の競合の産物とするものなどがある。九〇年代は、LRAと政府のあいだで消耗戦が繰り広げられ、二万人以上の子どもが拉致され、最多時には一九〇万人に上る人びとが難民化した。

写真26　牛群と、それを見下ろすアーミーバラック

のみ面談の許可される、一三時の無言の短い食事の差し入れの際に、収容者の生傷や憔悴を目にすることによって、収容生活の過酷を知る。[17] そのため、友人や親族が捕まりバラックに連行されると、あらゆる手段を講じて収容者の解放を試みるが、その一つの手段として、人びとは新規に入手した銃を提出する。

【事例】

アチア・ロプステバは銃をもっていなかった。だが、二〇〇七年六月、軍帽を保管していたために連行され、モルリンガ・デタッチメントに収容された。彼の兄は、ボコラにある銃の店（本章第一節の注7を参照）で、二頭の牝牛と一頭の去勢牛でカラシニコフ銃を購入し、定住地集落の長にこの銃を渡した。集落長は、デタッチメントの司令官にそれを提出し、アチアは解放された。

収容者を解放するために提供された銃はふつう、友人や家族のあいだで交わされる「返礼の期待されない贈与」としてとりあつかわれる。以下の事例において、収容者の解放のために提出された銃は、生物学的父親[18]（genitor）が、収容者の妹が身ごもっている児にとっての社会学的父親（pator）となるための支払い（*ekicul*）として、収容者側親族に差し出されたと語られた。

【事例】

二〇〇七年四月、ンゴレメリはロトメバラックに連行された。そこで、「銃はない」と五日間主張し続けたが、拷問がひどく、彼の母は朝に食物を差し入れたときに、彼がとても消耗しているのを見た。さらに、バラックの兵士は、モロトの軍事基地への移送に言及した。プタンというンゴレメリの妹はアパーキリオンと暮らし、妊娠していたが、プタンへの婚資の牛群の支払いは未済であった。アパーキリオンは、妊娠に際しての支払いとして、アフトマート・カラシニコフ銃を出すと、ンゴレメリの母に伝えた。これにより、児をジェニター側父系親族に帰属させるための、「出産を剥がす（*akitakauri*）」と呼ばれる儀礼は完了したものと見なされ、ンゴレメリの父とアパーキリオンは、小郡議長に銃を提出した。そして、ンゴレメリは解放された。

表19からわかるように、収容者が解放された四九事例のうち、銃が提出されたのは二七事例だが、そのうち、収容者自身が所有していた銃を提出したのは一六事例であり、残りの一一事例では別人の銃、すなわち、収容者の兄弟、友人、夫、妻、姻族がもつ銃（解放のために新たに購入された銃を含む）が提出された。

3　レイディングにおける他者関係

民族学者であるギュンター・シュレー［Schlee 1989］は、北ケニアのガブラ、サクイエ（Sakuye）、レンディーレ、ボラナなどの牧畜社会におけるクラン原理を検討した著書『浮遊するアイデンティティ（*Identities on the Move: Clanship and Pastoralism in Northern Kenya*）』の中で、共通の父系のクランが複数のフラトリーにまたが

17——収容経験者の語りから、軍駐屯地では定型化した拷問方法がとられていることがわかる。すなわち、⑴兵士は地面に掘られた「拷問の穴」（*ekucot ngolo akidic*）に収容者を立位で胸まで埋めて、上から杖で殴りつける。⑵司令官の小屋を建設するための石材運び、水くみ、薪集め、草葺のための草集め、駐屯地内の草とりなどからなる労働を強制する。⑶収容者が一日の大半の時間を過ごすのは、直径二～三メートル、高さ一・五メートル程度の、トタン板の小屋（*ejaara*）である。二〇人前後が押し込まれて、横になることはおろか、腰を下ろすのもむずかしいため、彼らは灼熱した小屋の内部でひざまづく姿勢をとり続けなければならないのである。

強制的に連行された者に対する拷問をともなう取調べのプロセスで、身体的な苦痛によって、銃を所持していたという虚偽の自白をする収容者もまれではない。いったん自白がなされると、その日の拷問はそれ以上続行されないが、翌日から銃提出がなされるまで、毎日拷問がおこなわれる。

18——*ekicul* は、第一子の誕生後に支払われる。支払われる家畜の数は、交渉によって決められ、山羊一〇頭～二〇頭とともに、牛二～四頭が支払われる。「子が生まれたという事実」に対して支払われるものであり、第二子以降の子に対しては支払い義務は生じない。

り、あるいは複数の民族集団にまたがって存在していることに焦点をあてている。人びとは、このような共有された出自集団をつうじて、他の民族集団にいるおなじ人びとと直接につながっているという感覚をもつだけでなく、その他の人びととも、婚姻や友人関係をつうじて間接的につながっているという横断的な紐帯の感覚をもつことになる。ポイントは、フラトリーや民族より、クランのほうが上位の区分となっているというように、上位の集団の境界が、それより下位の集団間の横断的な接触によってぼやけてくるということ、そして、階層構造の上下の関係が逆転しうるということである。

東クシ系牧畜民ダサネッチを中心にした民族間関係を研究した佐川徹［2011］は、民族境界を越えた紐帯が交易や友人関係をつうじて作られていることを見いだしている。このような横断的紐帯は、一部の有力者だけの関係ではなく、制度化された友好的関係でもなく、個人の相互往来とネットワーク形成への意思をつうじて作られるものであり、その意味で「個人主義的」なものである。民族間の敵対と友好の関係の移行は、ダサネッチ内部での集合的な表象を越え、「敵」からの働きかけに対して対面的行為によって応じることから生じるダイナミズムであり、そのような行為による他者への応答こそが、「われわれ」と「彼ら」を分かつ境界の永続的な固定化を阻む原動力で

表19　収容者の消息

	男性					小計	女性			小計	計
	10代	20代	30代	40代	60代		20代	30代	40代		
解放：銃の提出	7	10	8			25	1	1		2	27
解放：他者の証言	1	10	2		1	14				0	14
解放：現金支払い	3	2		1		6				0	6
解放：証明書の提示＊			1			1			1	1	2
未釈放		1	2			3				0	3
不明	1					1				0	1
計	12	23	13	1	1	50	1	1	1	3	53

＊自発的に提出した銃と引き換えに発行される証明書は、証明書保持者を強制収容の対象から外す効力がある。

ある［佐川 2011］。

東アフリカ牧畜社会においては、水や牧草といった生態資源の慢性的な欠乏に直面したときに、特定の緑地や水場に家畜を連れてやってきた異なる牧畜集団の者が共住して、生態資源を共同で管理、保護することをつうじ、場所性に根ざしたアイデンティティを共有することがある。二〇一〇年にトゥルカナの共同体が、遠くに居住しているほかのトゥルカナの敵対行為からサンブルの隣人たちを防衛したという事実は、民族間の連帯をめぐってトゥルカナとサンブルが相互に同盟を受容しうることを物語っており、暴力的な紛争の原因を民族間対立だけに求める説明が表面的であり的を外していることを示している［Pike et al. 2010］。

牧畜民集団の文化的アイデンティティの閉鎖性を認識の前提に置いた語りは、現実的で暴力的な抑圧を生起させる。たとえばカリモジョン―ドドスが一方の当事者となって引き起こされる武力紛争は、「近隣集団への敵意」によって動機づけられていると、外部社会の者たちは想像する。カリモジョン―ドドスへの武装解除介入が政府内で計画されているとき、ムルリ・ムカサ国家保安大臣は、「武装したカリモジョンが、隣人（アチョリやテソなどの隣県に居住する農耕民）に対してテロ攻撃を加えることを阻止し…（そして）カラモジャ内部でのクラン間のテロリズムをストップする」と、計画の目標を語った[19]。この発言にみられる、カラモジャの牛略奪紛争と、北部ウガンダを拠点とする神の抵抗軍による聖霊―政治的暴力主義との同一視は、北東ウガンダ東ナイル系牧畜民によるレイディングが国家の軍隊の組織と戦略を模倣する、新しい軍事技術と発想によって強化されているると分析している政治学の論文の中にも確認しうる［Doom and Vlassenroot 1999］。また、ムカサの発言が集約的に表現する本質主義的予見は、東ナイル・マァ系牧畜民に特徴的な年齢組としての「戦士」階梯（モラン）を想像している点と、出自集団（「クラン」）間の関係は固定的な敵対性をはらんでいると想像している点に見いだし

19―The opening of a Workshop on: 'Feasible, participatory, peaceful and sustainable disarmament of the Karimojong', organized by Action for Development of Local Communities (ADOL), in conjunction with USAID, held in Kotido, November 2000 ［Muhereza 2001］。

うる。このように想像された架空の悪意は、対象の特定できない浮遊する悪意という不気味なイメージを付与することに貢献する。

このイメージは、カリモジョン—ドドスの実相からかけ離れている。カリモジョン—ドドスのレイディングは、民族集団間において生じているが、民族内部での紛争がみられるカリモジョンにおいては、マセニコ、ピアン、ボコラといった地域集団間でも生じていた[20]。父系クランを対立軸とするレイディングは存在せず、むしろおなじクランの成員でありながら、異なる地域集団に帰属する者同士がときに略奪しあう関係にある。顔なじみのない者を一つにまとめる民族集団レベルでの同一性を越えて、空間的な近接や共住の経験を分かち持つことが、同盟関係の基礎になる場合もある。以下の「マタクルの年」と名づけられた歴史上の出来事は、カリモジョンという民族の内部で、ボコラとマセニコが分裂した状態で対立を深めた決定的な契機として語られる。そこでは、ジエとボコラの連合が、トゥルカナとマセニコの連合によってしかけられた略奪に協同で対処し、その撃退に成功している。

【事例】

一九八八年は、雨季でさえ降雨がまったくない干ばつの年だった。ジエとボコラは、境界地域であるニャクワエ山の東のすそ野、ナセペラエに合同家畜キャンプを作っていた。ジエ側はアパロプスという男、ボコラ側はアリンガという男が、それぞれのキャンプでリーダーの役を務めていた。キャンプはふつう、リーダーの名をとって呼ばれるが、このキャンプの成員たちは、それぞれのリーダーの個人名でキャンプを呼ぶことを嫌い、「ジエとボコラの混群」と呼ぶことにしていた。「どこを見ても牛がいる」大きな家畜群が、一つの外周で囲われた。両集団のクラスターが構成されないよう、内部は、ジエとボコラの群れがまんべんなく配置され、男たちはおなじ火を囲んで眠った。

九月のある日、トゥルカナとマセニコが連合して、夜明け前に攻撃をしかけ、すべての家畜が連れ出された。レイディングの知らせは、ジエの中心地であるコティドと、ボコラの中心地であるカンゴーレに、昼前に届けられた。マセニコとトゥルカナはそれぞれの居住地へ逃亡する途中で、マタクルという「自分の尿を飲むぐらい水に飢える場所」を意味する地名をもつ、木陰をつくる高木のない暑く乾いた岩がちな平原を横切らなければならない。マタクルを南東へ渡りきったところに、アタパルカキネイという水場がある。コティドとカンゴーレから駆けつけた援軍が加わり、ジエとボコラはここで、渇きに苦しむ敵を待ち伏せし、北と南から包囲した。戦闘はこの場所で、二日間続いた。トゥルカナとマセニコは、数人から構成された小グループを作って、戦いの前線に立つ者と、後方で休息をとる者とに分かれ、交代で応戦したが、やがて敗北した。四〇〇〇頭ともいわれる牛が、「ジエとボコラの混群」に戻され、一つの群れにも満たないわずかな牛と、少数のトゥルカナとマセニコだけが、東に逃げのびることができた。

異人や他所者を囲い込んだり、排除してしまう近代西洋的思考になじんだ人びとには、常に、「彼ら」の全体は「われわれ」全体に対する敵対者ととらえられていると想像されやすい。[21] 隣県に対する、そして、クラン間における「テロ攻撃」に言及した先のムカサの政治的発言も、ドゥームとブラッセンルートの社会科学的分析も、この連続線上にあると言ってよい。松田素二［1998］は、アフリカにおいて、同時に複数の民族アイデンティティを保持することがゆるされず、排他的で閉鎖的な民族境界をもつ均質化されたホモジニアスな民族（部族）が、ヨーロッパの植民地支配の開始以降に誕生したことを明らかにしている。それによると、東アフリカで間接統治をおこなったイギリス人たちは、「未開な部族社会」のイメージにあわせて、リネージから「部族」にいたる階層構造をもつ原始国家を制作していった。一九五〇年代に、文化生態学的な関心をもってカリモジョンの政治に

20——ここでカリモジョンを「民族」とみなす根拠は、彼らがジエやドドス、トゥルカナといった近隣の東ナイル系牧畜民からは独立して、共通のアキリケットを有しており、そこでもっとも大きな文化的イベントである世代組儀礼が、一同が集合する形で実行されるということにある［Dyson-Hudson 1966; Gray et al. 2003］。

21——松田［1998］は、近代ヨーロッパの民族対立においては、アフリカとは異なり、一枚岩となった民族集団同士が全面的に対決するという特徴的な構図が作り上げられると指摘している。

関するフィールド研究を実施したダイソン＝ハドソン［Dyson-Hudson 1966］によれば、カリモジョンにおいては、社会を構造化するうえで、分節リネージ体系が果たしている役割はとても小さく、社会の全体はむしろ脱中心化（decentralized）されている。この知見は、植民地支配に正当性と統治のテクノロジーを供給してきた分節リネージ体系の概念に対する、実証的な批判としてとても重要である。

ウガンダでは、南部のガンダ社会における、王から大臣、そして評議会へというハイアラーキーな権力構造をそなえた首長制が、統治モデルとして見いだされた。カリモジョン―ドドスが居住する北東部カラモジャに対しては、パラマウントチーフを頂点にすえるチーフダムシップがしつらえられて、そのもとにかしづくチーフたち、各チーフの統治する領地（カウンティ）が設定されていった［Dyson-Hudson1966: 8-10］。ダイソン＝ハドソンの指摘は、「部族」社会を階層にまとめあげるシステムの要諦とされていた分節リネージ体系は、カリモジョン―ドドス社会においては、植民地主義的な空想が作り出したものであることを示している。そして、そのかわりに、彼が描出したカリモジョンの政治共同体は、日常的な生活空間を共有することで、顔の見える関係が結ばれてゆく、居住の隣接関係に応じて形成される社会関係、つまり、地縁的な小単位に基礎づけられたものであった。

唯一で絶対のアイデンティティに支配される発想とのあいだに距離をおくカリモジョン―ドドスの人びとにとっては、互いに顔を知らない者同士が民族やクランとして一体化し、別個にまとめられた他のカテゴリカルな他者集団と全面的に対決するということは不合理であり、非現実的である。ジエとボコラが今まさに共住しているという目の前の文脈から離れて、同盟や敵対の関係行動を超越的に決定する形で、カリモジョンという民族のカテゴリーが作動していないことがこの事例のポイントである。カリモジョン―ドドスの人びとには、「われわれ」だけを祝福された内部に位置づけ、その外部には悪意に満ちた「彼ら」が存在しているという発想はない。同盟と敵対の関係性は、個々の具体的な経験を含む状況に応じて柔軟にくみかえられ、同盟関係は空間的な近接や共住経験の共有によって基礎づけられるのだ。

河合［2004］は、ドドスとトゥルカナでのレイディングが焦点になった紛争と、交換や贈与といった友好の集団間関係を分析した論考を著している。ここでの議論に関係する要点を提示しよう。

(1) 集団間関係は、個人の行為を決めるうえで、制限要因になっているが決定要因ではない。度重なる略奪によって集団間の緊張が強いときでも、個人のレベルでは、集団間にまたがって家畜を交換する行為が継続されている。たとえば、種牛を求めてロバと交換するドドスの男性は、トゥルカナに対する敵意を意識する必要はない。略奪は、見返りや贈与の要求とおなじように、家畜を入手するオプションの一つである。また、ドドスの牧草地をトゥルカナが使うのを許されているのは、テリトリーや過去の敵対に対して、相互に無関心であることを示している。二つの民族集団は、共有された特定の現在という文脈から独立して、互いを性格づけるということをしない。

(2) ドドスとトゥルカナが、略奪を応酬してきた歴史は長いが、同時に、互いが敵対や友好という固定的な属性に対して無関心であるという信頼を共有している。彼らの略奪を理解することができるのは、このような基礎的なコミュニケーションの態度によってである［北村 2002］。略奪、贈与、交換は、個々人の状況と集団間の関係が、すりあわされて決まってくる。それらは、いずれの形も可能であるような状況の中で、相互行為の過程にしたがって生じる、基本的な生活実践である。

東ナイル系牧畜社会では家畜略奪者と家畜喪失者について、「正邪の判断」の準拠する道徳的信念がもともと存在していない。たとえば、ドドスにおいて、被害者とならないための唯一の策は防衛を固めることであり、不幸にも略奪を受けて家畜群を喪失した者が不十分な対策しかとらなかった怠慢を咎められることはあっても、略奪を社会的に否認された不当な行為として裁くことはおろか、被害者の側にさえその非倫理性を訴える発想は存在しないようなのである。略奪被害者の内で、喪失した群れの回復への欲求が、加害者やその集団に対してではなく、回復のための略奪が成功裏に運ぶ期待が高い対象を標的とする傾向があり、加害者への報復感情は見られない（あるいはきわめて薄い）ことも、略奪の不当性感覚の不在という観点から理解できるのではないだろうか。尽きることのない、家畜を求める渇望（「家畜への胃」「家畜への飢え」）にしたがって、他者の所有している、自己のお気にいりの個体をねだることが社会的に承認された「自然」な行為である（第4章を参照）ように、略奪においても、家畜への欲望は牧畜民としての自明の情動としてあらかじめ肯定されているのである。

カリモジョン—ドドス両社会では、略奪を応酬してきた歴史は長く、悲痛な記憶が含まれる。あらゆる時代、あらゆる地域において、なにものにも代え難い人間の生や家畜をレイディングで失うことに人びとは苦しんできたし、また、そのような他者の受苦に対して、人びとは互いに強く共鳴し、ときに援助としての家畜を差し出してきた。にもかかわらず、それが、救済行動を引き出すことはあっても、「敵」と「仲間」のあいだに、復讐と敵意にもとづく集合的な対決を基礎づけることはなかった。

カテゴリカルな他者集団の中に、それを構成する要素の差異にもとづいて個別化し、〈かけがえのない個へのアテンション〉にもとづいて、自己の他者への態度を決めてゆく。超文脈的な集団の枠組みにしばられることなく、「わたし」と「あなた」という個人間の特有の関係の現在を参照しながら、相互的な生活実践は方向づけられてゆく。〈かけがえのない個へのアテンション〉をとおして、他者も自己も、具体的な一つ一つの顔へと個別化されることで、「敵」と「仲間」という形で他者と自己を絶対化して切り離し、集合的で均質なカテゴリーが形作られることは未然に抑止されている。

集団間の全面戦争は、対象を一つの全体としてとりあつかい、そこに敵性が含まれるときに発生する。一人ひとりの顔を区別することのうえに立って関係行動をとるとき、ある集団と別の集団が互いの全体を「敵」と位置づける他者認識は発達しない。このような他者との個別具体的な関係の文脈に立脚する視座からは、別の集団が今まさに牧草地やキャンプ地を共有しているという目の前の文脈から個人を引きはがして、「敵」の民族カテゴリーに組み込むことは、まったく非合理的な実践に他ならないものとして映るだろう。カリモジョン—ドドス社会において、牧畜家畜と人間は、そのカテゴリーの内部で個別に異なっており、存在のそれぞれが、〈かけがえのない個へのアテンション〉をひきつける源である。この水準において、人間と非・人間である動物をみる見方はおなじ構造をとっていると言ってよい。

第６章　種を越える個体主義

1　ハイブリッドなアイデンティティ

――ロープで縛られ、ことばを話す者（囚人）たちの中で眠っていた。おお、ロカワ、Lomerikongu を見よ。わたしたちの娘、ナチュガエの母に伝えてくれ、「収容所には戻ってくるな」と。服を着ている者（陸軍兵士）が見ている、君の Lomerikongu を、銃を持って。おお、ロチュラ、二度と収容所へやってきてはならぬ。わたしの年老いた母、ロミロの母に伝えてくれ、「収容所には戻ってくるな」と。

これは、第４章でも記述したエモン（*emong*）と呼ばれる牧歌の詩篇である。ここで興味深いのは、Lomerikongu（「斑点のある目」）という名前が指示する内容である。一回目の「Lomerikongu を見よ」は、明らかに牡牛、武装解除政策の軍事介入のもとで所有者が軍駐屯地の収容所に拘禁されている不在期間中に、世話を必要としている牡牛への言及である。ここで強制収容された作者は、自分に代わって、友人ロカワに放牧をしてくれるよう依頼する意思を歌っている。一方、二回目の使用例、銃を持った兵士が監視している Lomerikongu とは、自動ライフル銃の不法所持を疑われ、拘束されている歌い手自身である。家畜の特定個体が人間の特定個人と重ね合わされているところにわたしは関心をもった。

同位的に集合体を構成しあう人間と非・人間たちのそれぞれを対称的に注視することを、ブルーノ・ラトゥールは、近代の命運を問う〈非近代の人類学者〉に対して求めた［ラトゥール 2008］。非・人間的自然と人間社会との相互関係を解きほぐし、複数のアクターたちの共在をハイブリッドな絡みあいとしてとらえる。異種である哺乳類がともに世界内存在としてありつつ、行為し、一部が意味あるものとして拾いあげられ、応答しあう、相互的な関心と働きかけという対他関係の基底のうえに成り立つことに注目する本書の理論的な立場は、このような科学人類学のアクター・ネットワークの理論と通底する。

ただそこで、人間と同位的な非・人間たちは、同一カテゴリーの内部のほかのモノとの差異を問われることはほとんどなかったことには注意したい。あるおなじ一つのカテゴリーに属するモノは、「人間」というカテゴリーに帰属する存在に対して均一化されたしかたで働きかけるといったように、ラトゥールの科学人類学では、人間的主体と非・人間である客体の側のそれぞれの「個性」は問われないように思われる[1]。そうであれば、牧畜が営まれているところではお馴染みとなっている、家畜と人間のその相互関係と対比した場合の一つの重要な差異がここにあると言えるのではないだろうか。以下では、これまでの記述から明らかになったカリモジョン—ドドスの人びとと牧畜家畜との社会的な共生関係から、家畜の「個体性」について掘り下げてみよう。

▼〈かけがえのない個〉へ連なる関係性

生物には種と個体のレベルがあるが、それらの認識は文化によって異なっており、個体についての人間側での認識は、動物が家畜になることによって発達する［Douglas 1957］。なるほど、狩猟民は時間と経験の蓄積をつうじて、狩猟対象となる動物種の一般的行動パターンには精通してくるものの、しかし、個としての動物に対する関与は浅いままにとどまる。対照的に、家畜化の過程では、相互の生活圏の間隔が短縮されるに従って濃密に近接する条件が整い、そのことによって不可逆的に人間と牧畜家畜のあいだでの個体レベルにおける親密性は深まり、相互認知は精緻化される［Knight (ed.) 2005］。牧畜家畜の場合、性・成長段階に応じて泌乳牝や未去勢の若牲など類別的なカテゴリーへ分類され、搾乳や去勢などの各カテゴリーに応じた特定のケアや操作をもって処遇される。家畜の各個体は、このような類別的な分類体系にもとづくさまざまな属性を集約する存在であり、「類」としての側面をもつと同時に、さらに微細に、一個体として感知される独自性を具現している。全頭の個体が欠員なしでそろっているかを確認する時に活用される個体ごとの記憶や、また、個体に名前を付与するといった慣行は、個体を認知するうえでの顕著な入力シグナルの束（salience）が、家畜の個々の身体において表現されていることによって支えられているだろう。その意味で、人びとの認識と実践の世界における群れの内部構造は、まず特定の家畜種の群れとして集団的生管理を、そして生のサイクルに応じて選択的な屠殺や去勢、搾乳などの類別的な人為介入を受け、さらに個別名称の付与と個体識別という個別的なアテンションを傾注されるといったように、重層体として構成されているのである。

人間と動物的な他者との認知的、実践的関与の在り方に関して、牧畜家畜の「種」、「類」、「全体性」、「集団的生」、「類別的生」という概念で指示されてきた、ある範囲の内部で共有された同一性によってまとめうる〈集合的な存在様式への関与〉と、そして、「個性」、「単一個体」、「個別的生」、「個体性」という、それ以上は分割できない〈単独の統一体としての在り方への関与〉の重層性は、家畜認識の人間社会への転用におけるメタファーの源泉として機能してきた。たとえば、種と個体、多様性と単一性、類と個を、生物―文化的分類体系や名称付

1――動物行動学者のドミニク・レステルら［Lestel et al. 2006］は、「エソ・エスノロジーとエスノ・エソロジー（Etho-Ethnology and Ethno-Ethology）」と題された論文の中で、人間、非・人間が共有する、生や種間の社会学的な連合を解釈するために、人間とそのほかの動物から構成されるハイブリッドな共同体を研究する領野を提唱している。そこでいうエスノ・エソロジーは、人間と非・人間の生物体を関係的な存在とみなし、「文化」現象をめぐり相互行為する主体ととらえる学的な営みであり［Lestel et al. 2006: 168］、エソ・エスノロジーは、人間と動物がどのように、意味や関心、情動を共有するハイブリッドな共同体においてともに生きているかを生態学的、歴史的な視点において「個」のレベルから記述し、理解しようとするものである［Lestel et al. 2006: 168, 173］。ここでいわれている「個」もまた、種や集団を構成するほかと置換可能な要素としての「個」である。

与の観点から分析したクロード・レヴィ＝ストロースは、人間が生物を分類するうえでは、種間の差異が、つまり、種に属している個体たちによって斉しく共有される特質こそが、もっとも直接的に知覚にあらわれるものであると考えている［レヴィ＝ストロース 1976: 160-191］。そして、種という類的同一性が、「客観的」で「究極的な」自然に内在することを強調する一方で、彼は、その内部の個の存在を考察する。それは、人間が彼らの帰属する集団の中の個でありながら、他集団に対してはその差異において集団の全体性を表現する存在であることとおなじ形であるというのだ。[2]

また谷は、地中海地域における牧畜的な群れ管理の中に、征服された群れに対するある種の人間的支配と、「人間には動植物を管理する価値がある」という、西欧の人間・自然観を規定した旧約聖書に記述された、垂直的なヒエラルキー構造を見いだしている［谷 1976, 1997, 2010］。つまり、家畜個体は、思考の材料としての独自の有用性をもつというのだ。群れの家畜は、〈集合的な存在様式への関与〉から〈単独の統一体としての在り方への関与〉まで階層化された生管理を受ける。それゆえ、「古代オリエント世界での〈牧畜的思考〉のもとでの家畜個体は、まさに支配的管理者（牧夫）との関与のもとで、さまざまなレベルで支配管理される人民集団を記述するのに有用な思考の材料を提供することになった」と書いている［谷 2010: 222］。さらにミシェル・フーコーは、エジプトやアッシリアにおける、人民を王や首長、聖職者を羊飼いと同一視する権力観が、ヘブライ人によって増幅され、洗練されていったことを論じている［Foucault 1979］[3]。そこでフーコーは、人民の羊飼い・モーゼによる、群れのメンバーの成長段階に応じた採食計画と個体識別にもとづく放牧群管理にみられる「牧人的権力」が、近代社会において個人を対象とし、個人を継続的、恒常的に支配するための政治の技術を発展させる基礎になったと分析している。

こうした谷やフーコーの分析では、宦官や奴隷制度、自己の監視といった、人びとが政治的に管理されてゆく統治のテクニックには、去勢や放牧といった牧畜社会で一般的な管理がまず日常的な実践として基盤にあり、そこから着想を得て、対人間の統治技術が開発・援用されてきたと解釈される。そして、アフリカ地域社会における牧畜研究の系統においては、家畜を見る目線の在り方が人間を見る目線の在り方へとメタフォリカルに転用されているという牧畜文化研究の視座をとることによって、タンザニア北部のダトーガの親族体系［梅棹 1990b］、東アフリカ牧畜民独立症候群［Goldschmidt 1971b; Edgerton 1971］、フルベ文化とパーソナリティにおける攻撃性

2──レヴィ＝ストロースは、西洋社会において、人間一人ひとり自分の個性をトーテムとする、トーテミズムの内在化がおきていることを指摘している。

「生物学的観点から見るならば、同一人種（人種という用語が明確な意味をもつと仮定して）に属する人間たちは、おなじ一本の木のうえに芽ぐみ、開花し、しぼむ個々の花に較べられる。その花はいずれも一品種の標本である。同様に、種ホモ・サピエンスの成員はすべて、論理的には任意の動植物の種の成員に較べられることになる。ところが、個性という観念が出てくれば、もはや一品種の標本という考えかたはあてはまらない。それは、おそらく自然界には存在しない品種もしくは種の一タイプである。（熱帯地方には、ときにそのきざしになるものがあるけれども。）個性とは、いわば「単一個体的」観念である。ある個人が死ぬとき消滅する個性とは何かと言えば、それはいろいろの考えかたと行動の一つの綜合体であって、まったく独自でかけがえのないものである。その点で、ある一種の花が、化学的にはすべての植物種と同じ元素からできてはいても、他の種とは異なる独自の綜合体をなしているのと同じである。それゆえ、近親者が死んだり、政治家とか作家とか芸術家とかの公人が死んで、われわれが悲しむとき、それは、仮想ではあるがたとえば *Rosa centifolia* が絶滅して、もはやその香りをかぐことができなくなり取りかえしのつけようもない場合の悲しみと同じである」［レヴィ＝ストロース 1976：257-258］。

ただし、非西洋社会においても、おなじように個性を内在させた個人、人間化・個人化されたトーテミズムをもって、社会的事実を記述することが妥当であるのかどうか。その点への疑問に答えるには、別の検討が必要である。

3──フーコーによると、ギリシア人が彼らの首長を舵取りに喩える時、船を暗礁に乗りあげる危険から回避させるという、自然への対処能力が強調された。それに対して、牧野での個別化された慈愛は、牧人が自分のすべての羊が一頭残らず満腹し、救われるようにと努めることや、牧人が自分の群れを離れ、一頭の迷える羊を探しに出て行くこと、夜の寝ずの番をする献身などによって特徴づけられる。「出エジプト記」に関するラビの注釈では、群れの一頭一頭のメンバーへの個別的な配慮を前提とした牧人的権力のありかたが、牧人モーゼによる放牧をつうじて例示されている。「牧人は、羊を一頭一頭、順番に草を食ませるために送り出していきました。まず、もっとも若い羊を出してもっともやわらかい木の葉を食べさせます。つぎに、より年をとった羊を、そして最後には、どんなにかたい草だって食べることができる、もっとも老練の羊を送り出していったのです」［Foucault 1979: 230］。

［Lott and Hart 1977, 1979］、エチオピア西南部のボディの色彩認識とシンボリズム［福井 1991］、ケニア北西部のトゥルカナにおける個人主義［太田 1987d］の生成機序が考察されてきた。これらの研究群が共有しているのは、自然と人間が関わり合うときに、それが社会生活の日常実感に密着したものであるがゆえに、人間同士の関わり合いにおいて人間が思考するうえでの材料を提供することがあるということである。

一般に、家畜にとっての野生の祖先種は、選抜的な繁殖の過程をつうじて「野生」性が縮減されてゆく一方、個体が密集して暮らす社会環境や遊動域を限定する、身体的な束縛や制約に対する耐性（家畜の「性能」は、あまりにもしばしば、「運動や感覚の消失」や「鈍感」、「知覚の麻痺」として脱動物化（de-animalize）されて表象される）を獲得してゆくものと理解される。そのうえ、家畜たちは一般に、人間に対して、その生涯の初期段階で「社会化され」、幼若体期および成体期にさらに「慣れさせられ」てゆくというように、能動性を剥奪された客体として把握される［たとえば、Lott and Hart 1977］[4]。ところが、カリモジョン―ドドス社会における牧畜家畜と人間の関係は、家畜や群れの基本構造を大規模に改変することによって成り立つものではない。カリモジョン―ドドスの家畜は、たとえば、成長とともに母牝から離れ、ホームレンジの重複する他個体とともにパーティを形成し、かなり流動的であるとは言え、順位によって構造化された社会秩序をそなえているといったように、祖先である種やそれの近縁種、あるいは再野生化したそれらのあいだでも見いだされる社会構造をとどめている。さらに、人間との言語的・非言語的なコミュニケーションの成立もまた、異種的な存在を含む他者と社会性を確立できるポテンシャルによって基礎づけられている。したがって、牧畜は、人びとが牧畜家畜の継承された社会性を活用して、みずからをその中に埋め込むという形を基本にすることによって支えられていると言ってよい。

具体的に述べよう。群居集団を形成する動物の子は、集団内で成長する過程で、構成員についての情報、つまり、その顔ぶれとともにその構造的な位置を学習する［ダイアモンド 2000: 257-260］。カリモジョン―ドドスの牧畜家畜も自己の所属する群れのメンバーを識別しつつ、（第3章で述べたように）そのクラスを二重化させて認識している。さらには個体間の親密な関係の表現は放牧の文脈に応じて変化する。この他者をめぐる複雑な把握が、同種関係の内部に限定されなければならない理由はない。たとえば、（人間の）幼い子どもでも、搾乳しているときに牝牛のそばで横たわる巨大な種牛の尻に触ったり、杖を振るジェスチャーと掛け声により初産で気の立っている母牛を動かすことができることには、人間との共生関係や社会行為の文脈を学ぶ有蹄類に広く見られる力が基礎になっていると思われる。つまり、家畜は、出産時ケアと新生子期の共在、および母子邂逅サポートなどをつうじて、人間によって育てられることで、その存在を群れの構造に内在化させているとみなしうるのである。

牧畜家畜にとって、自分自身の居留地の内部であり、人の居留地でもある場所は、その外部に広がる広大な放牧地とは異質な、親密圏として焦点化されている。第3章で述べたように、カリモジョン―ドドスでは、放牧中、特別な近接はみとめられない母子関係で繋がる複数世代の個体が、囲いの中では隣に寄り添う。また、母子でなくても、舌や首そして足や頭といったように全身を使った身体接触に没入するほか、異性のあいだでは交尾が見られるなど、遊びといった高度な相互行為がさまざまなダイアドで試みられるのである。生誕の初期からライフ・サイクルの全体をつうじて、人間と家畜が相互行為する中核として機能している彼らの居留地は、それぞれの社会性の獲得を促進するとともに、社会的な個体としてのアイデンティティを確立する場所となっている。人間と家畜の居留地が相互に重畳しあっていることは、それぞれの主体において異種混淆的にアイデンティティが構築されることを可能にしている。

支配と従属、優位と劣位という個体間関係によって構造化された順位制（dominance hierarchy）は、個体識別を前提としている。しかし、最も単純に考えて、単線的な順位制によって完璧に秩序化された社会を例にとるならば、そこにおける最優位の個体における他者認識は、自分よりも「弱い」という単一の個体定位で足りる。牢

4——「脱動物化（de-animalize）」という用語は、ヴィヴェイロス・デ・カストロ［Viveiros de Castro 1998: 480］にもとづく。

獄や強制収容所などの、支配と統制の貫徹する全制的施設では、収容者は個々の差異を捨象され、画一的にとりあつかわれることを思い起こすとよい［ゴッフマン 1984］。あるいはまた、古代ローマにおける奴隷は名前を持たず、「人のカテゴリー」から除外されていたという事実は、支配―従属関係のもとでは個体性が消失することを示唆していよう［モース 1976］。支配の構造における他者認識は〈かけがえのない個〉という感覚の基礎とならない。それは〈カテゴリー的な個体識別〉というべきものである［真木 1993: 121-125］。牧畜民の家畜に対する個体識別のあり方は、もちろん、そのようなカテゴリカルなものではない。群れの内部における性・成長段階、個体の姿形はもちろん、構造化された系譜記憶の中での固有の布置、性と繁殖、群れ行動に関連する特性は、カリモジョン―ドドスにおける牧畜家畜の多元化された〈個体性〉の基礎となっている。

さらに考察を続ければ、n次元上の個体定位は、どこまでいってもカテゴリー的な個体識別にとどまるものであって、他者の「個」としてのあり方（個体性）の素地になることができない［真木 1993］。個体性とはむしろ、他との差異を体現する実体であることにくわえて、そのような実体的な差異には完全に還元することのできない〈かけがえのなさ〉を内包した存在のあり方にほかならない。「個性とは、いわば『単一個体的』観念である。ある個人が死ぬとき消滅する個性とは何かと言えば、それはいろいろの考えかたと行動の一つの綜合体であって、まったく独自でかけがえのないものである。その点で、ある一種の花が、化学的にはすべての植物種と同じ元素からできてはいても、他の種とは異なる独自の綜合体をなしているのと同じである」［レヴィ＝ストロース 1976：257-258］。

牧歌を作り、歌うとき、人びとは、「わたしたちは家畜とともに生きる者である」というアイデンティティを深める。牧畜民は、彼ら自身が経験した具体的な出来事や現象を介して、創造的なビジョンを受けとり、それを牧歌として想起するとともに、家畜個体をよりしろにして、みずから、そしてしばしば他者とともに身をおいた社会的な時空が自在につなぎあわされる。人びとが個々の家畜を、個体性をそなえた「綜合体」として共感的に認識できるということには、親密な他者とともに、まさにこの個体と関わり合ったという関係の土台がある。ある個人にとって家畜を喪失することは、自己が（他者とともに）社会的存在として生存してきた具現性の喪失であるように思われる。

▼共生という文脈の共有

さらに、牧畜民と家畜がともに特定の文脈を受け入れ、支持しあうことによって成し遂げられる、異種混淆的な社会的相互行為の場面への共参加も、〈かけがえのなさ〉の感覚を産出する重要な機会であると考えられる。つまり、家畜の、ほかの存在とは置換不可能な個体性は、日常生活での相互行為の文脈の共有経験、生身の存在として共振しあう相互関与性を基礎としていると考えてよい。カリモジョン―ドドスは、牧畜家畜の社会性に関与しながら、動物と人間との協同で放牧を実行している。カリモジョン―ドドスの社会の中での牧畜家畜は、それ自身、感覚する力をもつ。山羊は牧童の呼び声に反応し、牛は牧童に移動をうながす声をあげ、牡は牝を求める。牧畜家畜は、自律的な活動をおくる生物体である。そして、毎日のありふれた関わりの過程でその存在を知るようになる、特有のセンシビリティをそなえた「この」世界に共在する行為主体である。

レヴィ＝ストロース［1976］は、トーテム化された動物について「食べることよりも考えるのにふさわしい」と述べ、その存在の形而上学的な意味を、物象世界の分割された単位を代表する働きに求めた。それは第一に、人間と動物の差異と同一性とを思考するのに、一定の機能をもつことを指し示した言明である。そして同時に、他種の存在意義を、人間のための物質的な有益性に還元する思潮からの、きっぱりとした決別を告げる言明であった。日常の生の実感に密接に結びついているものであるがために、人びとが関わり合う状況において、他者を意識化するうえで有用な思考の材料を動物から提供されるというわけである。当然のことながら、牧畜民の生活世界における家畜は、文化的に構築された仮想現実の中で自己完結的な表象として操作される対象を越えた存在である。レヴィ＝ストロースの言明に対して、ダナ・ハラウェイは、動物が「考えるためだけに存在しているのではなく、それとともに生きるために存在している」と述べている［Haraway 2003］。動物との関係性を、意味の領域と身体の領域に分割する思考を乗り越えることをうながすこの言明の意味において、カリモジョン―ドドスの牧畜家畜は、象徴的な意味ないし物質的価値を符号化された客体ではなく、〈いまここ〉において直接、牧畜民の身体に共鳴的に働きかけてくる主体にほかならない。

カリモジョン―ドドスにとって、牧畜家畜―人間関係は、それぞれが異なる経験の領域にうまれた存在の絡みあいとして認識し、人間も家畜もともに「主体」としてみなすことを含んでおり、信頼とラポールを引き出すしかたで、相互主観的な注意を向けあうことをともなうものである。カリモジョン―ドドスは、牧畜家畜が感覚や感情を表現できる他者であるという理解をしている。また、カリモジョン―ドドスの牧畜家畜は、客体ではなく、主体としてとりあつかわれ、相互的で自律的な尊敬と対等性にもとづく関係性を高めている。このような意味において、それぞれの個としての彼らによって、その身体のうえに、識別可能な特徴と明確な個性としての〈個体性〉が具有されている。

搾乳時に名前を呼ばれる母牝は、子との邂逅や授乳という社会的で生理的な動機に動かされており、その応答的な関係行動は、日々の搾乳行為の中で条件づけられ、自動化されている。その呼び声は、子との出会いをうながす母性を刺激するという意味で、いわば子の声の擬制ということもできる。他方、牡に対して呼びかけられる声は、かぎりなく母牝の声を擬制する響きを帯びていると言えるかもしれない。呼び寄せられた牡にとっての牧童とは食糧（牧草や塩土）、そして身体接触といった欲求を満たしうる存在だからである。牧畜家畜は、グルーミングという友好的ないし親和的な相互行為をする。成獣同士は首筋や顔をなめ、母牝は子の臀部をなめる。牧童もまた、生まれたての個体を抱き寄せて、なでつけるだけでなく、成獣になったあとも、焼印をなぞり、後足の腿をなで、内腿のつけ根に寄生しているダニをとってやるなど、ことあるごとに接触する。牧畜民と牧畜家畜のあいだの行為は、母子間の紐帯の強化に役立つ相互行為だけでなく、親しい成獣間にみられる相互行為と類似した行為も含んでいる。興味深いことに牧畜家畜の側もまた、牧童に接近してくるし、彼をなめるのである。

牛群を例にとれば、優位な種牛（そして、大きくて重い去勢牛）でも、小さく幼い子どもに対してさえ、牧杖の一振りでその意向にすなおに従う。種牛もカリモジョン―ドドスのすべての牧畜家畜と同様、生まれたときから人間によってとりあつかわれている。幼年期には、一年の長期にわたって朝夕、子牛囲いから解き放たれ、母牝からミルクを吸い、そのあとたくみにあやつられて囲いに戻る。これは牛が成獣になる発達期に牧畜民の発声や身ぶりを理解し、人間の存在に慣れるようになるということを意味している。

牧童は優位者であると同時に、地形や植生、水源をわきまえており、捕食者から守る役割を果たすリーダーでもある。牧童はしばしば、牧畜家畜がリーダーに追随する行動傾向を使い、群れの先頭に立って音声を発して群れの注意をひきつけ、群れは一列ないし二列になって、牧童のうしろをついて歩く。牛の社会組織では、リーダーと優位者が同一個体であることはたいへんまれである［Hafez et al. 1972］が、カリモジョン―ドドスの牧畜システムでは、一人の牧童がリーダーと優位者の役割を担っている。以上をまとめると、牧畜民は、牧畜家畜にとって擬制的な母牝として、哺乳子として、群れを一つにまとめる者として存在している。そのような多様な役割を負っている点で、牧畜社会での牧童は、牛の社会組織に組み入れられながらも、同時に、多義的役割を演じているユニークな存在である。牧童の役割表現は、文脈に依存して変化し、多義性を包含する。彼は、相手の家畜個体に自分が企図していることをコミュニケートするために、自分の能力の許すかぎりもっとも適切な表現を使って、高い関連性をもつ行為をとる。家畜個体の側では、放牧や搾乳などといった文脈と牧童の行為の相互調整をとおして、多義的な意味を帯びる存在（牧童）に関する一義化の課題が取り組まれ、そのことによって、〈いまここ〉での牧童の相互行為上の意味が決定される。

鹿野［1999］は、牧畜民サンブルの日帰り放牧の観察例から、山羊には、日々の牧童との相互行為を重ねることによって、放牧という抽象的な文脈を理解し、学習する能力が存在すると議論している。また、「牧民は管理技法を家畜に適用することによって家畜の行動の背景をなすコンテクストを設定しているのであり、家畜がそのコンテクストに主体的に対応する結果として、牧民の管理のありかたにすりあわせられた家畜の認知と行動の変容が生じる…仔山羊は成山羊群に入れられてから『放牧群』および『人間による誘導』という二重のコンテクストを与えられることになり、この二重のコンテクストへ対処する過程で、山羊は『人間による誘導』のコンテクストを学習し、『自分の群れ』という認知を獲得し、『自分の群れ』に追随するようになる」と述べている。この分析において、鹿野が依拠しているダブル・バインド理論［ベイトソン 2000］によると、試行錯誤を重ねながら環境の要求に応じる生物学的な学習プロセスは、当事者に個々の事柄への対応を了解させるだけでなく、その前提的なパターンを理解させ、当該の事柄が属するクラスの全体の解決を可能とさせるという、一段高い論理階型の創造的思考を含みながら進展する。[5] 名前呼びや放牧中の音声と身ぶりによるコミュニケーションも、それらが構成するクラスの全体を解決する一部となっているとするなら、牧畜家畜が理解している全体のクラスとは、放牧より高次の文脈、すなわち、牧畜民とともに共生的関係を結ぶという、もっとも高次の文脈であると言えるかもしれない。

2　種を越える個体主義の可能性

文化人類学者ウォルター・ゴールドシュミットが率いた民族学者、心理学者、地理学者からなる「東アフリカにおける文化と生態」プロジェクトの調査結果をまとめた本『文化適応における個人』［Edgerton 1971］は、集団間の仮説化された差異の測定を目的とした社会心理学的な道具を使った研究の好例といわれる［Mead 1975］。それは、遊動的な牧畜民と定住的な農耕民の社会心理学的な差異を検証している。すなわち、タンザニアのへへ（Hehe）、ケニアのポコットおよびカンバ（Kamba）、ウガンダのセベイ（Sebei）など、対象地域に関する知識をもっている研究グループの仮説は、牧畜社会は強く攻撃的であり、農耕民はより間接的な形で攻撃を表示し、意思決定は牧畜民が独立的に下す傾向があるのに対して、農耕社会では呪術がより一般的であり、直接的に他者と対峙する姿勢は牧畜社会で見いだされるだろうというものである。これらの仮説化された差異を測定するために、文化心理学者エジャートン［Edgerton 1971］は、ロールシャハ・テストや九一問からなる質問紙調査など、一連のテストをデザインした。テストの結果は仮説を支持するもので、牧畜民は「独立症候群（independent syndrome）」と指示される、仮説化された一群の差異を示した。さらに、その結果において、年齢、性、文化的適応の重要性は相対的に低く、生業活動において牧童に求められる高い移動性や休みしらずの意思決定、そして直接的な行動といった生態に関わる要因との関連が強いことが示唆された。牧畜民における「個人の独立性や人格の開放性」を醸成する生業生態的な要因との関連性は、具体的には以下のように説明される［Edgerton 1971］。

（1）牧畜家畜とともに継続的に遊動することが求められる牧畜社会では、人びとはとても自信に満ちて押しが強く、それに対して、他者と共住することで社会を作ってきた農耕民は、より間接的な形でしか主張しない。

（2）干ばつや家畜の感染症の発生といった不測の事態への対応を瞬時に判断することが要求される牧畜社会においては、他者への依存関係に陥ることがなく、意思決定は独自に下される。

（3）農耕民の社会では呪術がとても一般的であるのに対して、牧畜社会では、他者との対峙はより直接的なものとなっている。これは、それ自身の意思をもっている牧畜家畜の欲求に応答するという相互行為に起因している。

ゴールドシュミット［Goldschmidt 1971a］は、この研究結果報告を受けて、東アフリカ牧畜民の「他者」への態度のうち、農耕民とは異なる特色を五項目にまとめた。それは、Ⅰ情動を開放する態度、Ⅱ直接行動、Ⅲ旺盛な独立心、Ⅳ社会的団結、Ⅴ明確に定義された社会的価値観、というものである。

わたしが注目したいのは、ⅢとⅣの意味内容である、「独立心」と「社会的団結」とが、「独立心が旺盛である

5――ダブル・バインド（二重拘束）理論は、バートランド・ラッセルらによるパラドクスの論理学にもとづく。たとえば、わが子の自立を願う母親が「お母さんの言うことばかり聞くんじゃありません」と命じると、子どものうちには、この命令を無視すればいいのか、それともこの命令にしたがって母親に反抗すればいいのかというジレンマ、すなわち禁止命令のメッセージとメタ・メッセージが並存する。ダブル・バインド理論は、このように単一のメッセージが、論理階型の異なる水準で対立する意味を担うことで生じる行為決定の宙吊りに注目した。

にもかかわらず社会的団結を示す」というように、逆態接続の関係としてイメージされている点である。関与しあう主体の欲望が相互にせめぎあうかぎり、一方の〈個〉の解放は、他方の主体における欠乏を意味する。近代西洋的な個人を原型とする〈個〉の解放は、私的所有の欲望や疎外された労働形態に典型的に見られるように、複数の欲望の相克、あるいは〈個〉の解放と「社会」の抑圧という、互いに対立し、阻害しあう関係性を前提とする［マルクーゼ 1958］。

「個人の強い独立性」と「社会的に共有されたゴールへ向かって一致団結して協働すること」（「社会的団結」）とを順接の関係で結びつける、生業生態としての牧畜的要因とはどのようなものだろうか。牧畜家畜のドメスティケーションは、西洋社会において、自然界の支配者としての人間というセルフ・イメージを送りだす出どころになってきた。ところが、牧畜家畜と人間に、支配と従属という役割をわりふった関係の構図は、カリモジョン―ドドス社会の実際の牧畜の存立のしかたから大きくかけ離れていた。カリモジョン―ドドスの家畜と牧畜民は、その生誕から密接に共存しあい、人びとは日々ラポールを引き出すしかたで家畜に関わり、家畜が成長する条件を準備し、ケアリングを図っている。牧畜民の認識世界においては、自分自身ではたどりつけない草地や井戸へのアクセスを可能にし、群れと共在している状態を維持する人間に、家畜は厚い信頼を寄せている。家畜の側での人間をめぐる彼らの知が、人間との共在、群れの一員としての牧畜民との共在によって絶え間なく産出され、その知にもとづく行為が日々の放牧の中に表現され、さらに期待される応答が人間から返されるという、そのような循環によって、家畜に共在を持続させる動機が与えられているのではないだろうか。

カリモジョン―ドドスそしてトゥルカナを含む東ナイル系牧畜社会の日常性の基層となっている家畜と牧畜民の共生的関係（co-living）を基礎づけている、信頼にもとづいて養育するという牧畜民の欲望は、同種個体において母性および父性の欲求が充足される構造とちょうどおなじように、養育される他者の欲望の充足が、それ自体で、養育する自己の欲望の充足ともなるというように、互いに正のフィードバックとして働く同調の構造を形成している。そこで家畜と牧畜民は、互いの欲望の充足と生の歓喜の実現において、相互に媒介する関係にある。

そして、このような欲望と生の歓喜の相互に媒介的ないし相乗的な関係性のうちにおいては、〈個としての独立〉は、〈社会的に共有されたゴールへ向かって一致団結して協働すること〉とまさに順接の関係で結ばれうる。

ここに、複数の個が同一性に還元されることなく、〈個への視線〉をつうじて他者性が焦点化されることで、社会的に共有されたゴールを達成するために協働するうえでの結合（「社会的団結」）が付与されうるということを示唆する事例がある。それは、「トゥルカナ社会における婚資の交渉」という論文［太田 2004］に記されている。トゥルカナ社会は、食生活を畜産物にほぼ完全に収斂させている［Galvin and Little 1999］。このような社会での家畜の増減をめぐる婚資の交渉には、当然、家畜の授受に関係してくる人びとの生存の全体、あるいはそのかなりの部分が賭けられていると考えられる。そして実際、その交渉は、新婦側のふっかけ気味の要求と、新郎側の値切りの応酬を延々と反復する。相互の要求のあいだのギャップは大きく、歩み寄りの兆しもみられない。双方は、それぞれの立場から自己の要求を呈示するだけである。交渉は決裂するのではないかと感じられたと、二〇年以上もトゥルカナで調査を継続し、彼らの所作を知り抜いている太田は記している。だが、トゥルカナの人びとは交渉の過程で互いに、前触れもなく「恬淡として」しまう。新郎側はいつのまにか家畜を気前よく差し出すようになり、新婦側であれば要求することをふとやめてしまう。この同時的、相互的な「こころがわり」をどのように考えればよいのか。太田が婚資の交渉分析をつうじて明らかにしたトゥルカナたちの「合意」が示唆しているのは、徹底的に要求し、あるいはそれを徹底的に拒絶し、やがて、要求することと拒否することをともにそれぞれの自然なものとしてよしとする感覚と、このような感覚を相互に共有するという信頼によって開かれてゆくということにほかならない。そしてこのような社会的な交渉によって婚資を決定し、新しい家族を作り上げてゆくことは、カリモジョン―ドドス、ジエなどの東ナイル系牧畜民たちが共通して営んできた生活実践である。

カリモジョン―ドドスでは、敵対する民族集団の枠を横断する形で、個人のあいだで隣人を自民族から守り、ものを交換し、贈与し、相互訪問している。個人が属するカテゴリー間の輪郭は絶対化されず、その時々の個人間の便宜に応じて、相互的な働きかけのしかたが決まってくる。個人からみると、集団のカテゴリーはより下位であり、個人の枠組みこそが上位である。ドドス、トゥルカナ、ジエ、トポサ、カリモジョンの民族間関係においては、レイディングを仕掛ける個人の登場によって、平和がいともやすやすと破られてしまう一方で、「民族紛争」のただ中でさえ、「敵」と贈与しあう個人間の関係が息づいている事実が、家族レベルでの牛群動態史研究によって確認されている［河合 2004］。つまり、類や集団を束ねるカテゴリーの支配から自由な、シンプルな個があるということである。

哲学者のドゥルーズとガタリ［1994］は、遊動する生活者たち（ノマド）が、一定の状況の中に閉じ込められていない、自由な動きをすることができる精神（「脱領土化された精神」）によって満たされていると考察した。自由な動きとは、外在的目標に向かう方向づけからすり抜けることであり、局所で充溢する繊細な感受性を身に帯び、意外な方向に向かって、意外なものと交流し、結合することである。言葉をかえて表現すれば、ノマドの生の特質とは、表象の介在に依存することなく、直接的な関係に生きることにある。それは、カリモジョン―ドドスの牧畜生活と密接につながっている。彼らの人間―家畜関係の日常もまた、自己完結的な表象の介在なしに、直接的に対面して相互に行為する、順次的なコミュニケーションのプロセスと見なされるからである。つまり、そこでは〈自己〉の行為は、〈他者〉の応答の前提となっている。ここでいう応答とは、テクニックや計算に還元できるものではなく、それらからは独立して、コミュニケーションのさらなる基層を形作っているものであり、つながりを作っている主題がリアルであると了解しながら、お互いの「顔」をつきあわせて成り立ってゆく交流である。道徳律や託宣をつうじてではなく、また、黙殺やごまかしなどではなく、安易な迎合でもないしかたで、局在的な差異をつうじて意思決定がなされる、微分的な個体主義（individualism）という社会的気風は、このような意味においてまさしくカリモジョン―ドドス社会を含む東ナイル系牧畜社会の特徴である。

あとがき

近年のカラモジャでの紛争解決と共生をめぐる動向は、国民国家の枠組みの中でのカラモジャの苦境を含みながら、それに対する人びとの対応が牧畜の新しい可能性を開示する形で進展している。たとえば近年、家畜と家族を喪失した者を群れの所有者のもとに牧童として組み込むことで、失意の底から抜け出させ、生活させる方法が編み出されている。打ちひしがれて無反応になっている人にほかの牧夫が付き添って放牧し、家畜に水を飲ませ、ミルクを搾るというものだが、家畜を見分け、コミュニケーションをとり、放牧地を見ることで「心臓」が癒されるのだと人びとは説明する。

このように暴力に関連する民族的な病いの治療は、平和を強調するものとなっている。あるドドスの伝統医は、病者に対して、「思い悩むことはない。心臓を減らしなさい。人びとはともにいて、平和である。静けさが病いを癒す。平和は薬である」とアドバイスしている。また、当地域の牧畜社会では、地元の住民たちを主体とした平和会議がおこなわれている。たとえば、二〇一三年八月には、ドドス、カリモジョン、トゥルカナ、ジエの住民たちが、長老たち（彼らは、伝統医たちと、その同世代の友人や仲間からなる）のアドバイスを受け、行政やNGOとかけあって平和会議を仲介させ、広域的な共同放牧キャンプの設営と、家畜略奪と紛争の拡大を防ぐ連携・連絡会議の常置を実現させることに成功したケースがみられた。この八月の会議は、三人の県知事と、カラモジャの数万ともいわれる歩兵を統率する師団長、そして、ドドス、カリモジョン、トゥルカナ、ジエの家畜キャンプからNGOの調達した大型トラックの荷台に分乗して、各集団から一〇〇人以上ずつの牧夫が参加するという大規模な集会だった。会議では一人ずつ、ドドス、トゥルカナ、ジエの順番で立ち上がって意見を述べる形で進行したが、ドドス側とトゥルカナ側の牧夫たちは、現在と過去を比較して、近年では「失われる命」がぐっと減ったことと、異なる民族間の居留地が接近しあっていることを指摘した。そのうえで、カラモジャの人びとが武装していたときには、銃こそは「わたしたちが『ともに住む』ことに同意することを許さないもの」であったと確認しあった。この比較がなされた後、ジエ側から地域集団を代表する長老が演説をし、「ドドスが南にやってきて、(トゥルカナとジエとともに)近くにいるべきである。そうすれば、盗まれた家畜を追跡することは簡単である。誰が略奪したのかという犯人探しも、多くの人びとから協力を得ることができて容易になる」と述べた。それに対してトゥルカナの牧夫側からも賛同意見が述べられ、ドドスもこれに同意した。全体の合意は、ドドス、カリモジョン、トゥルカナ、ジエがそれぞれの居留地を民族ごとに分割するのではなく、「ともにいることがすばらしい」というものであった。

わたしが住み込み調査でお世話になったドドスの家族は、この平和会議を受けて、ジエとトゥルカナが合同でキャンプを作っている地域に隣接する土地(コプス)へ、近隣のドドスとともに家畜を移動させることを決めた(口絵1)。ドドスでは二〇〇七年から実施されている(強制的な)定住化政策以来、人びとは軍の許可なく家畜を伴って移動することを禁止されているが、平和会議に参加している師団長に直訴してその場で了承を得たのであった。ドドスたちがコプスへの移動を決断したのは、そこに塩性の草があること、現在の家畜キャンプがひどくぬかるんでいること、南スーダン南部の国境付近に依然として少数の武装したドドスがトゥルカナの家畜を奪い身を隠しているので、そこから「離れ」て軍に国境をパトロールしてもらうのがよいということ、UPDFからの命令を牧畜民たちは好まず、コプスに移ってジエ、トゥルカナと近接しあって平和を保つことでインセキュリティを理由とした軍による放牧スケジュールの強制から自由になることができること、などの牧夫たちの考えがあった。ドドス代表の男性は、「現在の(定住することを強いられている)『軍隊の家畜キャンプ』が構築されて以来、わたしたちの家畜はまったく移動しておらず、ぬかるみに苦しんでいる」と訴えた。そして「カラモジャの牧畜民が移動を希望する時には、県知事や軍に対して手紙で要請するように言われている。しかしそれは時間の無駄である。わたしたち牧夫こそ、良い草の在りかや家畜の欲求を最も深く理解する者なのだ。『家畜の民』であるあなたならわかるはずだ」と述べ、南カラモジャ、ピアン出身のカリモジョンである師団長の承諾を取りつけることができたのだった。

カラモジャの牧畜民たちが牧畜を介して他集団と関係づけられるとき、彼らは他者を家畜略奪や暴力の相手としてのみ理解し、敵対するわけではない。牧畜の日常生活を阻害する相克の関係を乗り越えるために、牧畜民たちは暴力に対する共同の抵抗によって相互に結びつけられるのである。実はこの八月の会議に先立って、一月にも北西ケニアのオロポイという国境の牧野で、トゥルカナとドドスのあいだで平和会議は開催されていたが、平和は長続きせず、二月、三月、七月とドドスによるトゥルカナの家畜に対する略奪が発生し、さらに七月には、家畜略奪をねらうトゥルカナにドドスが襲撃されて、六人が殺害された。八月の平和会議は、こうした紛争のエスカレートを止めるための平和会議を求める牧畜民の長老たちの強い要請を受けて、ドドスとジエ、トゥルカナの居住地の県知事とNGOが企画したものであった。牧畜には、その存続を願う人びとに、異なる民族集団間での共同生活や平和会議の共同開催をうながすポテンシャルがあるのだ。日常生活の実感に根ざした、他者との共生に向けた営みは、ともに現代世界を生きる戦略的な知恵として共感できるものになる。そこにこそ、東アフリカの牧畜民の日々の経験と柔軟な発想をいま学び直す意義があるだろう。

本書はたくさんの方々のご指導とご協力によって執筆することができた。

調査地では、わたしを迎え入れてくださったアレンガ夫妻やロニャ夫妻、調査助手としてまたわたしが一人前の牧夫になるための同行者として、いつも根気強く付き添ってくれたデンゲルやロペッチのおかげで、安心して生活し調査を遂行することができた。

本書のテーマは、カリモジョンとドドスの人びとに与えていただいた。カリモジョンの調査地で、集落にテントを張り、初めての夜が明けた朝のことだ。囲いの中で黙って牛の乳搾りを見ていると、牧童や搾乳している女性がわざわざわたしの手を引いてくれて牛のところに連れていき、一頭ずつその体色をあらわす単語を教え、家族の牛群の「紹介」をしてくれた。四年後にドドスの調査地にはじめて入ったときもまったくおなじことが起こった。「人は誰でも家畜の一頭ずつの違いに興味があるはずである、そして、子どもは生まれてきて、家畜一頭一頭の違いをことばで表現するところから育っていく」。スタートから今まで、牧畜社会ならではの「人間になる」プロセスに乗せてもらえる感激と驚きに浸りながら、現地での学びを進めさせていただいた。

京都大学大学院アジア・アフリカ地域研究研究科の太田至先生には、大学院に入学してこれまで、わたしが京都を離れナイロビや長崎で研究を続けているあいだも一貫してご指導いただいた。カリモジョンやドドスと密接な関係を保ち続けるトゥルカナで、長年にわたり調査を重ねてこられた太田先生には、現地調査の実施や考察、分析の方法などのご指導をはじめ、セミナーでのわたしの発表にたくさんのコメントをいただき、修士および博士論文や本書の執筆では、草稿に対して細部にわたる丁寧なご指導をいただいた。まだ物心がつくかつかないうちからずっと警戒心が強く、ちょっとしたことで投げやりで極端な言動をとってしまうわたしは、大学院に進んでからは、自分は研究や学問から縁遠いと、後ろ向き、内向きにひきこもる傾向をいっそう強めた。フラストレーションを募らせ、不安定に変動する気分のままに耽溺と逃避を行き来し、研究は進まなかった。自暴自棄に陥っていたわけだが、太田さん（いつもこう呼ばせていただいている）は、こちらが切羽詰っているほどなおさら落ち着いて接してくださった。研究者として当然という枠を超えて、自己犠牲的なぐらい、研究の相談にどこまでも付き合ってもらっただけでなく、わたしの家族の生活の面倒を含めて何から何までバックアップしてくださった。いまでも感謝を表現することができないでいるが、太田さん、ほんとうにすみません、ありがとうございます。

一九九八年にカリモジョンとドドスの地に最初に赴いたのは、太田さんと、先生が中心となっている「アフリカ牧畜研究会」に集う、北村光二先生と河合香吏先生とともにだった。二週間の予察サファリを終えた日、マケレレ大学のゲストハウスの一室での自主ゼミで調査計画案について発表させていただいた。そこで、北村さんは実現可能な調査をつうじて信頼できるデータを積み重ねる重要性を強調され、太田さんは「データをとることで理解するのではなく、人びとの生活に分け入ることでわかってくることを大切にしなさい」という言葉を残し、翌朝ケニア北西部のトゥルカナ・ランドに向け、赤いハイラックスで去られた。その後は河合さんが現地調査のために残り、カリモジョンやドドスの人びととの関わり方を、身をもってわたしに示してくださった。北村さんと太田さんの言葉のパラレルさと、河合さんのフィールドでの姿は、調査対象者の「顔」への目の曇りを取り払ううえで今も大切な役割を果たしている。

京都大学大学院アジア・アフリカ地域研究研究科の重田眞義先生、木村大治先生には、ご多忙のところ博士論文の副査をこころよく引き受けていただいた。アフリカをフィールドにしながらドメスティケーションとコミュニケーションというそれぞれの中心的な専門領域において、オリジナルで挑戦的なアプローチと、しなやかで根源的な考察をたたえた研究内容を著してこられ、畏怖と憧憬の対象としてきたお二人からご助言をたまわることができ、わたしは果報者だと思う。

同研究科の諸先生方や、院生のみなさんからは、自主ゼミや水曜ゼミの議論において示唆に富む批評をいただいた。同時期にウガンダをフィールドにして調査し、首都のカンパラや京都での調査・研究生活と甘苦をともにしてきた白石壮一郎氏と佐藤靖明氏には、ほんとうに大きな刺激と影響を受けてきた。アフリカの国々は、フィールド調査の対象国として数多くの研究者を集めながらも、その成果を発表する場としてはまったく無視されてきたと言ってよい。そのような理不尽な現状に与するわけにはいかないと、それぞれのフィールドワークの成果報告を、マケレレ大学での国際シンポジウム“Re-Contextualizing Self/Other Issues: Toward a Humanics in Africa”（「自己／他者の問題を再文脈化する——アフリカにおける人間学に向けて——」）に組み込む形で実現できたのも、情熱的でありながら、細部への配慮を忘れない創造性をたたえた彼らのアイデアと実行力に負っている。

現地調査にあたっては、マケレレ大学のエドワード・キルミラ先生に調査許可の取得などの面で多大なご支援をいただいた。わたしの手際が悪く、役所手続きでスタックしたときにはいつも、忙殺的なスケジュールの合間を縫い、芸術的な解決策で救済してくださった。先に述べたシンポジウムでは、キルミラ先生のプレゼンスに全面的に頼らせていただき、医療社会学、ジェンダー文学、現代視覚芸術論、社会開発研究を専門として活躍するアフリカ人研究者をはじめとして、カンファレンスホールが満員になり立ち見がでるぐらいたくさんの参加者に熱い議論を交わしていただくことができた。本書の内容（第1章）の一部は、このシンポジウムでマケレレ大学の女性研究者が、わたしの発表に対する質疑への応答として（わたしは答えに窮していたのだが）差し出してくれた意見から着想を得ている。キルミラ先生と、マケレレ大学のスタッフの方々に、ここに深く謝意をあらわしたい。

本書の出版は、京都大学学術出版会の編集長、鈴木哲也さんのお力添えなしには実現しなかった。タコ壺に入り込みがちなわたしに絶妙のタイミングで「牧畜研究に軸足をおきながらも、人類学、社会学はもちろん、畜産学、動物学などの多分野とも関心を共有できるように」という言外のメッセージを送って喝を入れながら、本書の計画立案から全体テーマの決定と原稿作成の進行までとりしきっていただいた。編集者である高垣重和さんは丁寧に原稿を読んだうえで修正のポイントを的確に指摘してくださった。そして、この思いがけない幸運も含めて本書の執筆と出版へのサポートを担っていただいたのは、京都大学大学院文学研究科の松田素二先生だった。これといった計画を立てられずいつも手探りの状態だったアフリカでのわたしの調査経験は、どんなに切望しても一冊の本としてまとめることはかなわない夢と思っていた。本書のもとになる博士論文を執筆する段階ではやくもフリーズするわたしに、「辛いこともあるでしょうが一喜一憂せず（諦めず）無念無想で続けてください」と松田さんはそっと背中を押してくださった。そのことばに励まされて、いまこの謝辞を執筆させていただいている。鈴木さん、高垣さん、松田さん、ありがとうございます。

なお、ウガンダでの現地調査には、科学研究費補助金基盤研究(A)(2)「変容するアフリカ牧畜社会の問題解決にみる内在的論理の人類学的研究」、研究拠点形成費補助金21世紀COEプログラム「世界を先導する総合的地域研究拠点の形成」、科学研究費補助金基盤研究(A)「アフリカ牧畜社会におけるローカル・プラクティスの復権／活用による開発研究の新地平」、科学研究費補助金若手研究(B)「アフリカにおける低強度紛争の動態理解と平和構築に関する人類学的研究」、学術研究助成基金助成金基盤研究(C)「ウガンダ―ケニア国境地帯における政治的暴力と身体表現の関係」から研究助成金をいただいた。

また、本書の出版は長崎大学高度化推進経費（公募プロジェクト経費）出版助成事業による助成を受けたものである。

みなさまにこの場を借りて深くお礼申しあげます。ほんとうにありがとうございました。

二〇一四年九月三日　長崎にて

波佐間逸博

資料1　ドドスの家族Aの山羊群の系統図（2003年3月時点）（その1）

凡例：△ 牡　○ 牝
死亡した（病気、事故などが原因で）
屠殺した（儀礼、病気治療のために）
交換した（家畜、弾丸などと）
信託された／している
略奪された
迷子になった
贈与した（レイディング後の分配も含む）
売った
婚資として支払った
負債の返済として支払った

贈与で入手した家系

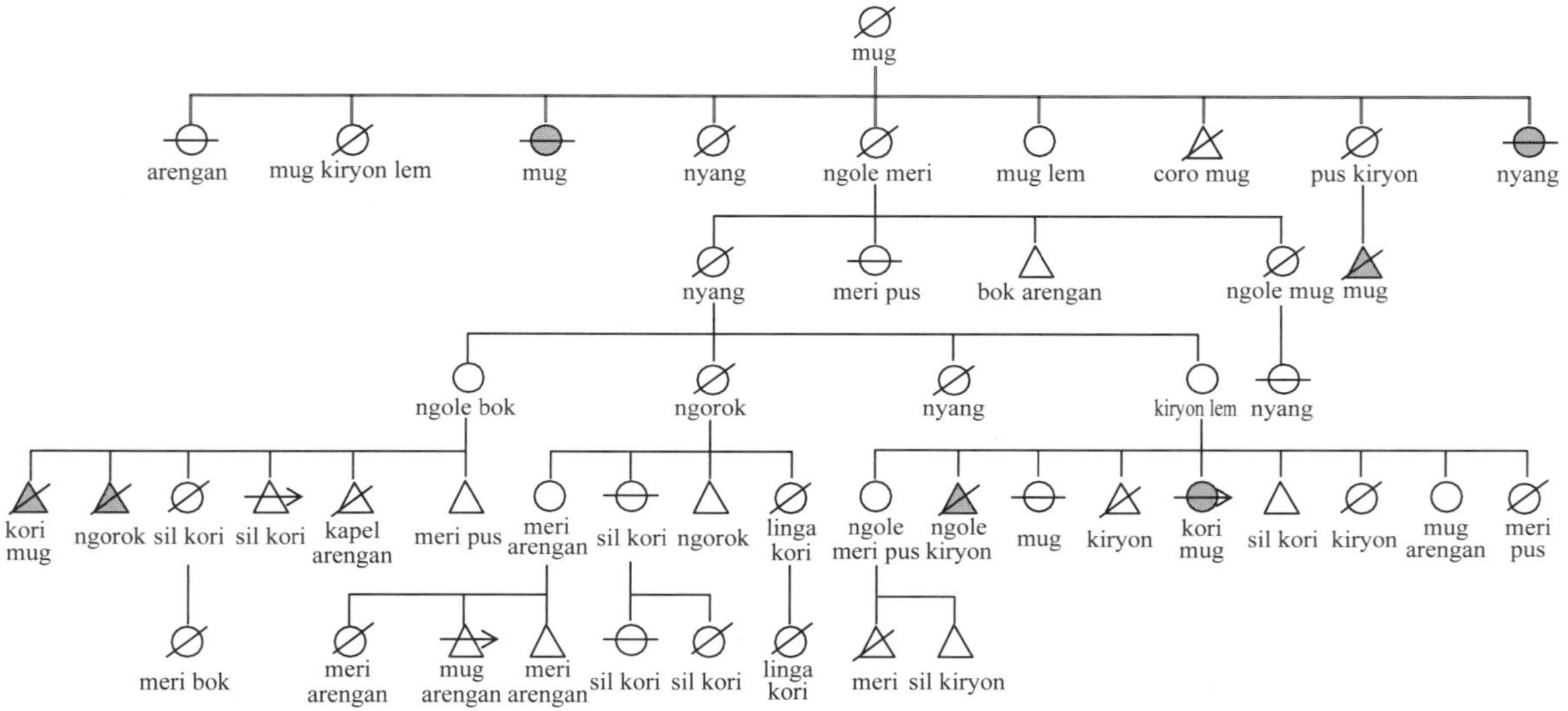

資料1　ドドスの家族Aの山羊群の系統図（2003年3月時点）（その2）

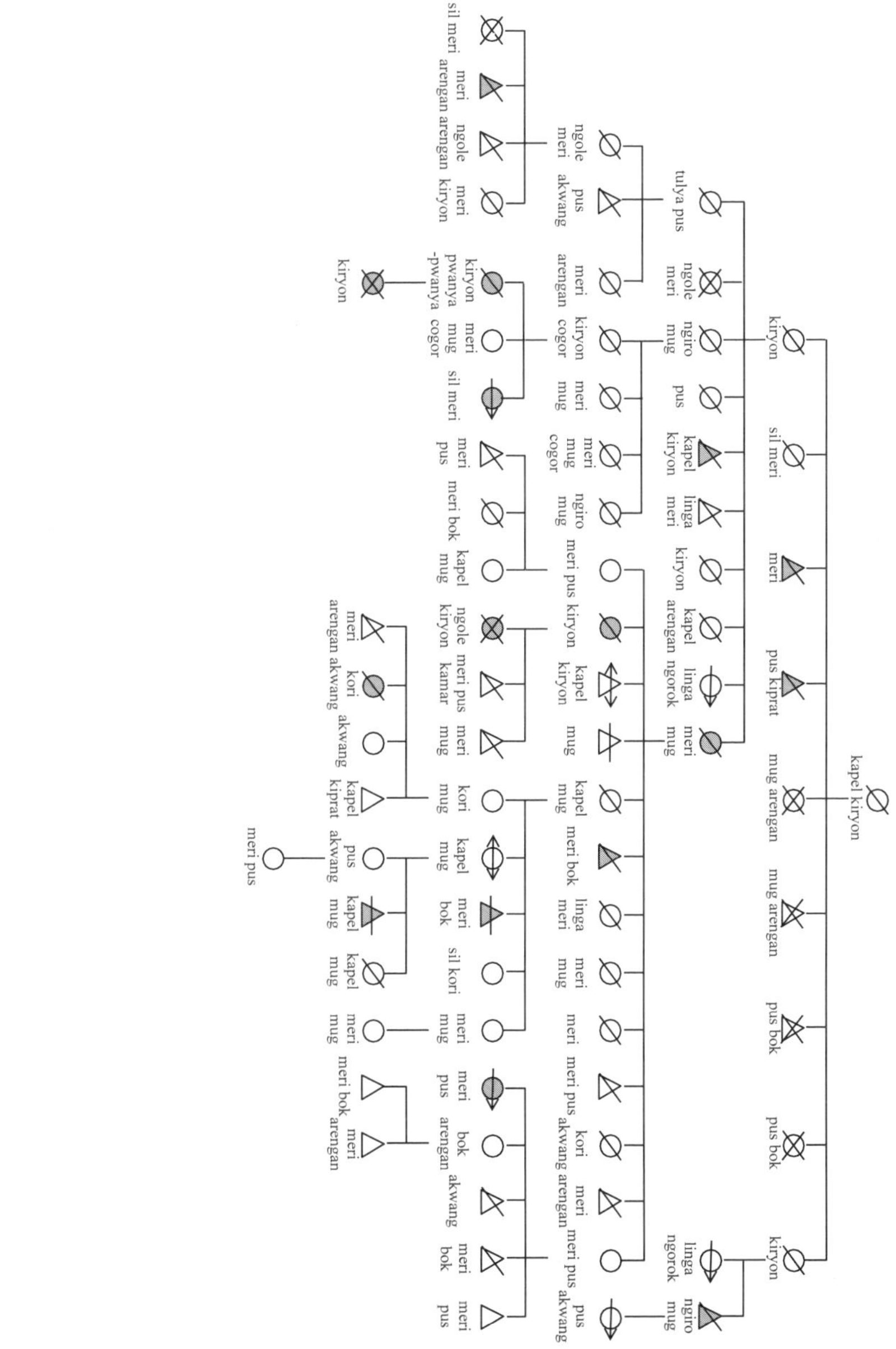

資料1　ドドスの家族Aの山羊群の系統図（2003年3月時点）　（その3）

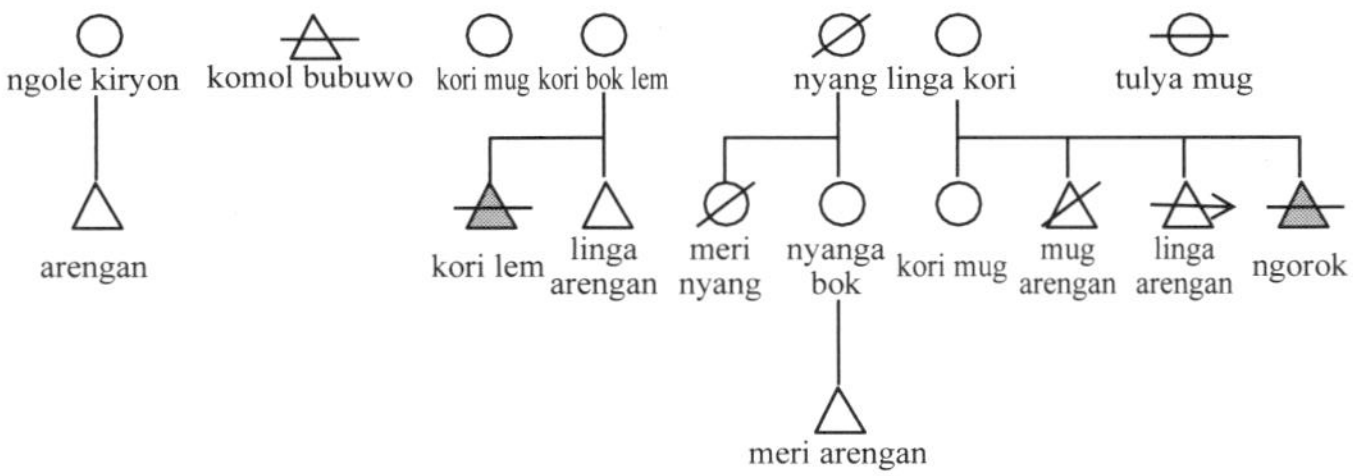

略奪（レイディング）で入手した家系

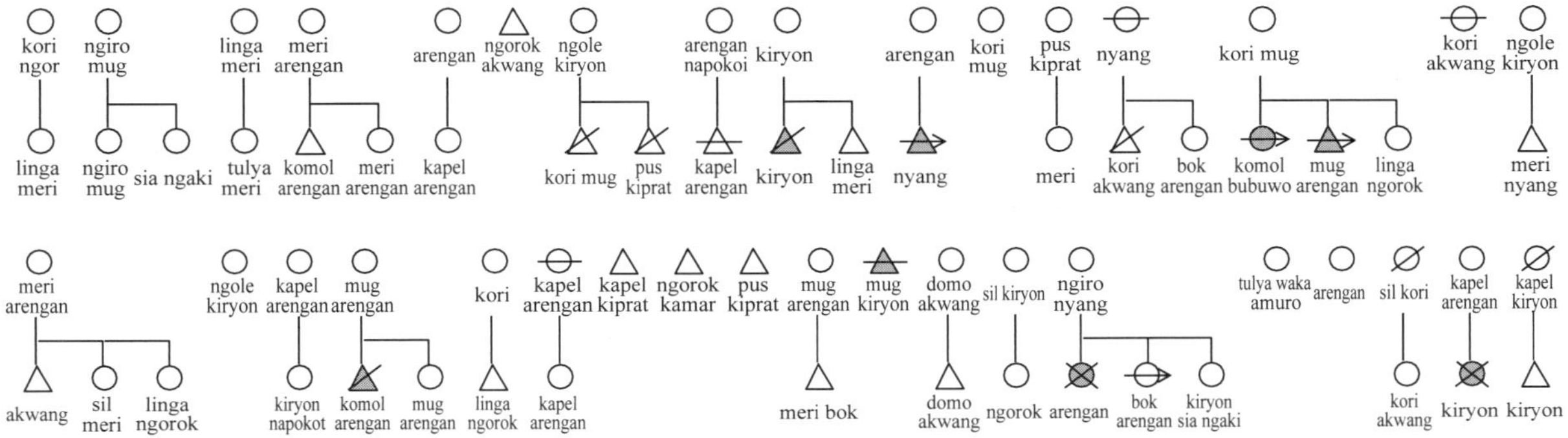

資料1　ドドスの家族Aの山羊群の系統図（2003年3月時点）　（その4）

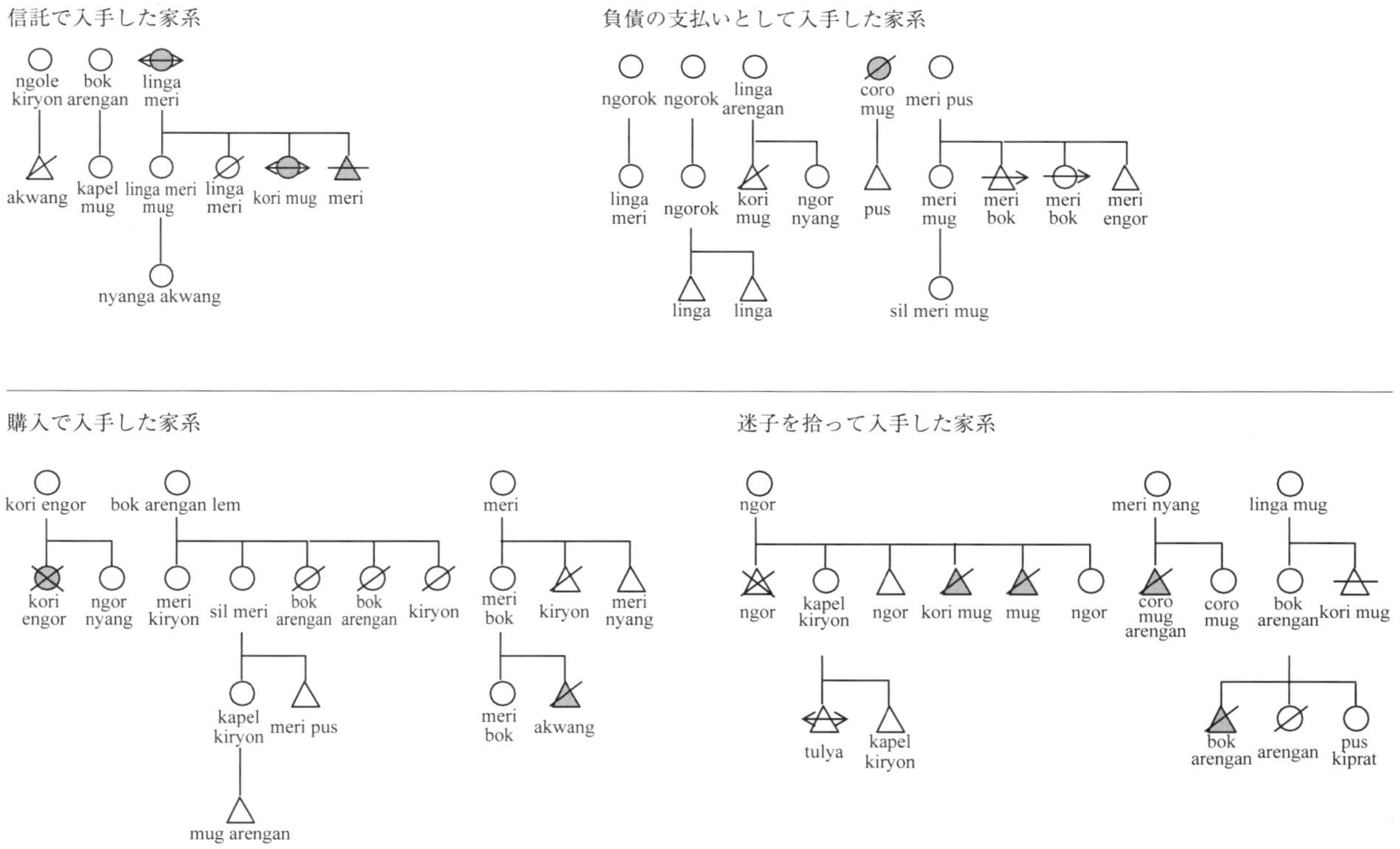

資料1　ドドスの家族Aの山羊群の系統図（2003年3月時点）（その5）

婚資として入手した家系

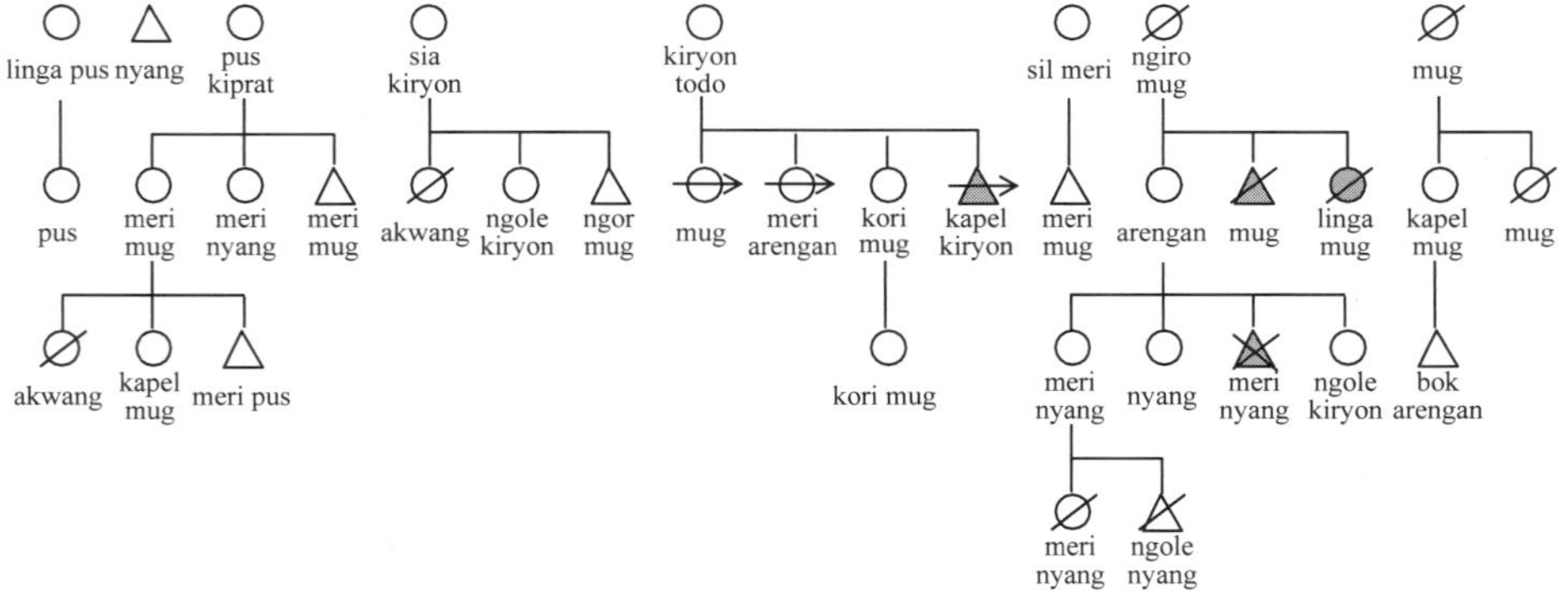

レイディング後の分配で入手した家系

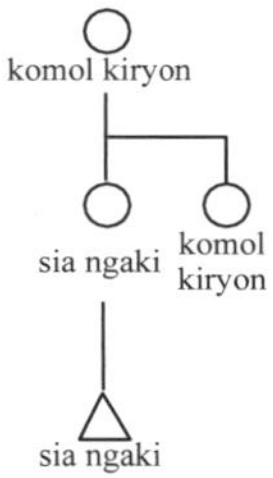

入手経路が不明だった家系

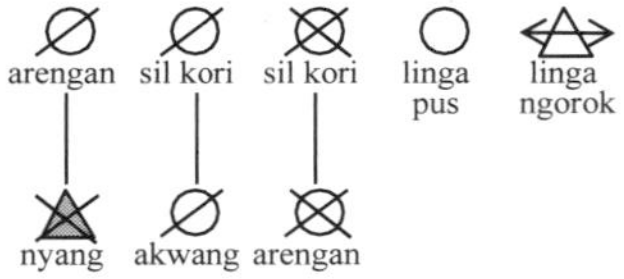

資料2 カリモジョンとドドスが記憶している「年（*ekaru*）」[1]

西暦	カリモジョンの出来事暦		ドドスの出来事暦	
	「年」の名前	内容	「年」の名前	内容
1914	*ekaru a ngalebei*	「女性労働者の年」。兵士と行政官のための草葺の小屋がモロトに建築された。女性が小屋葺き用の草を運んだ。このときカラモジャに初代県知事が配された。		
1920	Nasogolo *a* Lakalees	「ナソゴロとラカレスの年」。ポコットとピアンの間のナソゴロにて戦闘があり、その後、ラカレスにて、ポコット、カリモジョン、セベイ、トゥルカナの間で平和協定が結ばれた。		
1923	*ekaru ngolo arere a* Toto Kobok Achia	「トト・コボック・アチアが殺害された年」。小郡長のトト・コボック・アチアが、人頭税取立てのために警察を引き連れて人々の牛を奪ったため、ナビラトゥック（Nabilatuk）で殺された。		
1926	*ekaru a lomee*	「ロメーの年」。ロメーと呼ばれる疫病のため、多数の山羊が死んだ。		
	ekaru ngolo awaria akolong[2]	「太陽が暗くなった年」。日食。		
1927	*emorimor*	雨がまったく降り止まなかった。		
1928	*ekaru a lobil a ngitomei*	「象のロビルの年」。ロビルという病気で、多数の象が餓死した。	*ekaru a lokijuka*	「殺到の年」。飢えた人々が食べものを乞いにいくが、乞われる側もおなじように飢えていた。
	ekaru a ngimongo	「実の年」。エコレーテ（*Balanites aegyptiaca* (L.) Del.）が、たくさんの実をつけた。この実は熟して生食し、胚は茹でて食べる。		
1933	*ekaru ngolo emarere ngitunga*	「人々を数えた年」。人口センサスがピアンとポコットで実施された。		

西暦	カリモジョンの出来事暦		ドドスの出来事暦	
	「年」の名前	内容	「年」の名前	内容
1939	*ekaru a lokwakoit*	「白骨の年」。牧草不足により牛が大量死した。	*ejie a jiriman*	「ドイツの戦争の年」。第二次世界大戦でドイツの対抗者であるイギリスのために戦うべく、人々が徴兵された（～1945）。
			ekaru a Locim (*nyangia*)	「ロチムの年（黄色い葉の木）」。第二次世界大戦のために、ロバランギット（Lobalangit）のロチムで、ドドスやカリモジョンの人びとを連れていった。ロチムにはエピエ（*epye*）という黄色い（*nyang*）葉をもつ木がたくさんある。
1941	*ekaru ngolo abokeke ngataparin*	「井戸を掘った年」。植民地政府によって、ダムが建設された。		
1943	*ekaru ngolo ke euga a* Lote[2)]	「ポショの年」。飢餓が起こり、初めての食糧援助が入り、ポショ（とうもろこし粉 *euga*）が配給された。この年に生まれた子どもはみな、ナウガ（Nauga）と名づけられた。ロテは当時の小郡長の名前。	*ekaru arengelaga*[2)]	「赤い既婚者の首輪（*ngalag*）の年」。牝牛が皆無ないしはそれに近い状態で、十分なミルクがないため、結婚した女性が身につける首輪に塗るためのバターが得られず、首輪は錆びてしまった。
1945	*lorengelaga*	「赤い首輪の年」。深刻な飢餓のために、結婚した女性が首に巻く金属の首輪を、銀色に保つために塗るバターが不足したために、錆びて赤くなってしまった。		
1946	*lotekonyen*	「目の年」。干ばつが飢餓を引き起こした。食べるものは何もなく、乞うものも、乞われるものも何も食べるものを持たず、人々は互いにただ目を見合わせるだけだった。		
	Ngaduruko	成人女性組のひとつである「Ngaduruko」への加入儀礼が開始された。		
1951			*ekaru emaase*	「イナゴの年」。イナゴが地域に大量発生し、すべてのモロコシと木の実を食べつくした。

西暦	カリモジョンの出来事暦		ドドスの出来事暦	
	「年」の名前	内容	「年」の名前	内容
1952	*lotiira*[2)]	「ロティラ（珍しい大きな明るく輝く星が、空に長い間見えた）」。干ばつと飢饉が生じ、人と家畜が死んだ。		
1953	*ekaru ngolo arere ngiruwosi*	「政府高官が殺害された年」。コロモッチ（Koromoc）で、ウペ（ポコット）とピアンの戦士が衝突した。その結果、政府高官であったピアンのロリカ（Lorika）と、アポンゴレキット（Apongolekit）が殺害された。		
1954	*ekaru ngolo a longeu*	「すべての貯蔵庫がもろこしでいっぱいになった年」。たくさんの収穫に恵まれた。		
1956	Apule	「アプレ（カリモジョンとテソの起源の地としてみなされ、儀式のために使われる名誉ある場所）」。アプレで、男性による年長者世代組から年少者世代組へ権威が移行した。		
1958	*asapan a* Ngigetei	ンギゲテイ（Ngigetei）という世代組の最初の年齢組が加入儀礼を受けた。		
1959			*ekaru kakimaro*	「数えた年」。最初の人口センサスが実施された。
1960	*ekaru ngolo emeleku ka ngakan*	「手（*akan*）の鍬（*emeleku*）の年」。最初の議会のキャンペーンが始まった。行政官たちが兵士とともに牛を捕らえ、強制的に食肉工場へ連れていった。	*ekaru ngolo emeleku ka ngakan*	「手の犂の年」。手の犂とはンガクタイ（*ngakutai*）と呼ばれる木製の掘り棒のこと。牧畜民たちが牛耕をはじめた年。
			ekaru atwania emusugut a Naurat[2)]	「白人がナウラット（Naurat）で死んだ年」。白人がドドスの地で初めて死んだ（トゥルカナに殺害された）。ドドスの人々は白人は死なないと考えていた。
1961	*locuu*	「ロチュー」。飢餓。力を失いやがて動くことができなって最後に死ぬ病いに冒された。	*ekaru a* Loyoro	「ロヨロの年」。飢餓。巨大な牛群の所有者として高名な牛持ちロヨロでさえ餓死した飢餓。

西暦	カリモジョンの出来事暦		ドドスの出来事暦	
	「年」の名前	内容	「年」の名前	内容
1961	*lolibakipi*	「緑の水の年」。雨が降り続いて、例年であれば干上がる窪地や畑地から水がなくならずに緑色に変色した。収穫前のモロコシの穂が水にぬれたままとなって、発芽してしまった。さらに多雨の影響で緑に変色した水により牛疫が流行した。		
		政府が任命したボコラのチーフであるペド・アパニャンギニャン（Pedo Apanyanginyang）がロケレ（Lokere）で敵により殺害された。		
1962	*ekaru kobote*	「オボテの年」。ウガンダ独立にともない、オボテが大統領になった。	*ekaru auru*	「独立の年」。ウガンダ独立。
	mukuki	「槍の年」。*mukuki* は、スワヒリ語で槍の意味である。この年、カリモジョンに対して武装解除が実施された。対象は槍であり、武装解除にあたった軍人たちは、軍の公用語であるスワヒリ語で口々に「槍をだせ」とせまった。また、この年、マセニコとテペスは、モロトにあったイギリス人たちの居住地を包囲して、槍で攻撃した。		
	ekaru a Namongo	「ナモンゴの年」。病気の蔓延がおき、人々は有名な伝統医のナモンゴのところへ治療を受けにいった。		
	ekaru a lolibikipi	「緑の水の年」。多雨のせいで、収穫したモロコシなどが水浸しになってしまった。		
1963	*ekaru ngolo a nagilgil* (*alo* Pian)	「（ピアンからの）ヘリコプターの年」。ペド・アパニャンギニャンの殺害に関連して牛の徴発が実施された。	*ekaru a lolibikipi*	「緑の水の年」。多雨の影響で緑に変色した水により牛疫が流行した。
			ekaru anagiliigil	「ヘリコプターの年」。ドドスに初めてヘリコプターが現れた。

西暦	カリモジョンの出来事暦		ドドスの出来事暦	
	「年」の名前	内容	「年」の名前	内容
1964			*aremun* Ngididinga Uganda	「ディディンガがウガンダに逃げてきた年」。たくさんのディディンガが、ドドスの地をとおって、スーダンからウガンダに避難民としてやってきた。背景には第一次スーダン内戦の激化があった。
1965	*ekaru ngolo lomoroko*	「彗星の年」。	*ekaru a lodiri*	「ロディリの年」。彗星。ロディリは星の名前。
			ekaru a looyamorok logum	「ロヤモロックの年」。激しい干ばつに見舞われ、人々は山腹に生育するエオヤモロックという野生植物を食べた。
			ekaru ka Adungo Alichan	「アドゥンゴ・アリチャンの年」。雑貨店を経営しているアドゥンゴ・アリチャンが、農業普及策の一環として農作物の種を配給した。
1966	*ekaru adwarakile*	「苦いミルクの年」。ボコラがピアンを略奪した年。ボコラが略奪しにきていると気づいたピアンが、ミルクに毒を混ぜて、ボコラに飲ませた。多くが死んだ。		
1966-67	*ekaru ngolo acakinori agilgil* Kwarikwar	「ヘリコプターがクワリクワル（Kwarikwar）に着陸した年」。ヘリコプターがマセニコのクワリクワルに着陸した。		
1967	*ekaru ngolo keetom*	「象の年」。ペド・アパニャンギニャンの息子で、行政官であるアンジェラ（Angella）がマセニコで象を斃した。		
	Cepsekunya	チェプセクニャという場所で、カリモジョンがセベイに対して大規模な牛略奪をおこなった。軍隊が介入したため、双方に多くの死者がでた。		
1968	*ekaru ngolo lopetun*	「拡散の年」。ボコラで牛疫が流行し、牛群は壊滅した。		

西暦	カリモジョンの出来事暦		ドドスの出来事暦	
	「年」の名前	内容	「年」の名前	内容
1969	*ekaru ka akimaro a ngitunga*	「人々を数えた年」。2 回目の人口センサス。	*ekaru ngolo kakimaro*	「数えた年」。2 回目の人口センサスの実施。
1971	*ekaru ngolo alaca* Amin *ngitunga*	「アミンが人々を裸にした年」。イディ・アミンの軍隊が人びとを裸にした。	*kikama* Amin *apukan*	「アミンが政権を取った年」。イディ・アミンがミルトン・オボテの後、3 代目大統領となる。
		コレラが流行した。[2)]	*akilac ngitunga*	「人々を裸にした年」。アミンの軍隊がドドスのナオコシヤイ（Nawokosiyai）で、人々から皮製の衣服を剥ぎ取った。
1972			*kirita* Amin *Ngimiidi*	アミンがアジア人を追い出した。
1973	*ekaru ngolo atwana akolong*[2)]	「太陽が死んだ年」。日食。	*ekaru atwania akolong (ecapio)*[2)]	「除草しているときに太陽が死んだ年」。日食。
		アミン政権が強制する服装規定に反対したボコラの人びとが、ナワイコロット（Nawaikorot）で軍隊により大量銃殺された。		
1974	*ekaru ngolo angolia* Apalosiel *ngitunga*	「アパロシエルが人びとを殺した年」。行政官のアパロシエルが、ボコラとロトメで牛の略奪者を処刑した。ロトメではイチジクの木の下で処刑が行われた。	*ekaru ka* block farm	「ブロックファームの年」。広い土地での耕作がはじまった。
1976			*ekaru alobolei*	「ヒョウタン（*ngabolei*）の年」。ヒョウタンが豊作で、たくさんのヒョウタン製品が作られて、売られた。
1978			*ekaru anawokoupal*	「盾（*aupal*）をはこんだ場所の年」。ドドスがジエの人びとが住む西の土地で、ランギ（Langi）から牛を大規模にレイディングした。ランギが抵抗することはなかったので、盾だけで、多くの牛を得ることができた。

西暦	カリモジョンの出来事暦		ドドスの出来事暦	
	「年」の名前	内容	「年」の名前	内容
1979	*ekaru ngolo eritare* Amin	「アミンが追い払われた年」。アミン政権が倒れた。	*kirit* Obote Amin	「オボテがアミンを追い払った年」。オボテがアミンを追い払い、オボテ第二期政権となった。
	ekaru ngolo abwangunita Ngimatheniko *ngatomian*	「マセニコが銃を捕まえた年」。マセニコがアミンが放棄した兵舎を攻撃して銃を入手した。		
1980	*ekaru ngolo ka akoro*	「空腹の年」。飢餓。	*ekaru kakimaro*	「数えた年」。3回目の人口センサスが実施された。
	ekaru ngolo kebuta	「黒穂病の年」。モロコシが黒穂病にかかり、収穫が乏しかった。穂はでたけれども、穂を覆う皮がひらくことなく、収穫することができなかった。	*ekaru a lopiar*	「一掃の年」。多くの人々が飢餓によって一掃された。飢餓にくわえてコレラも発生し、多くの人が死んだ。トゥルカナとディディンガに牛を略奪された。
	ekaru ngolo a ngikolya	「魚の年」。食糧援助としてトウモロコシやビスケットとともに、干し魚が配給された。	*ekaru a* Elia	「エリアの年」。コンボニ・ミッショナリーの司祭のエリアが、人々に黄色いトウモロコシの種を配給した。黄色いトウモロコシはそのため現在でも *elia* と呼ばれる。
1981			*ekaru akitanai*	「食べ物を与えた年」。NGOのセーブザチルドレンがやってきて、多数の栄養失調の子どもに食事を与えた。
			ekaru ngolo anya mere nyicolubei	「ネズミを食べた年」。深刻な飢餓で、人びとは野ネズミ（*icolube*）を狩り、食べた。スーダン人とトゥルカナに牛を略奪された。病気も蔓延した。人びとは野ねずみだけを食べた。
1982	*ekaru ngolo arere* Apaloris	「アパロリスが殺された年」。マセニコ出身のアパロリスは名のとおったクラールリーダーであり、カラモジャ全体でも知られていた。カタクイ（Katakwi）とソロチ（Soroti）県の間に位置するウェラ（Wera）でカリモジョンとテソのあいだで平和会議が開催されたが、その途中でテソの軍人に射殺された。	*ekaru ewokere ngimomwa* Turkan	「穀物をトゥルカナに運んでいった年」。豊作でたくさんの穀物が実り、牛の少ない人々が穀物との交換でトゥルカナから牛を得た。

西暦	カリモジョンの出来事暦		ドドスの出来事暦	
	「年」の名前	内容	「年」の名前	内容
1983	*ekaru ngolo ecunya arieng* Matany *ka* Kangole	「軍がマタニとカンゴーレを焼いた年」。12月28日、29日に軍がマタニとカンゴーレを「罰」として爆撃した。	*ekaru angarere* Lopedo	「ロペドを開いた年」。ロペドの金山が開かれた。多数の人々が働きに出て行った。
1984	*ekaru ngolo amica*	「兵隊の年」。軍事作戦（オペレーション）をおこなうための軍隊が、ナカピリピリット(Nakapiripirit)に派兵された。	*ekaru a lorengepelu*	「赤い土地の年」。人々はたくさん耕したが、まったく雨が降らず、耕した部分には発芽した様子もなく赤い土だけが残った。飢餓が起こり、人々はウィルソンという白人による食糧配給がおこなわれているナカンビ（Nakambi）キャンプに行く者と、金を掘って銃や牛の購入するために金山のあるロペドに行く者との二グループに分かれた。
	ekaru a akooko	「盗みの年」。政府のヘリコプターがホームステッドを爆撃し、牛を徴発し、カラモジャのすべての主要な牛市場や交易中心地に火を放った。		
1985	*ekaru ngolo* Nakichumet	「ナキチュメットの年」。イリリ（Iriri）とマタニのあいだのナキチュメットで盗賊が車両を狙った。	*kikama* Tito Okello *apukan*	ティト・オケロが政権をとった。
			ekaru a Loumo	「ロウモの年」。ティト・オケロとムセベニの間での政治抗争やクーデターがあった。カーボン（Kaabong）にロウモという大佐がやってきて、かれはティト・オケロ側を強化するために人びとを集めて連れて行った。
1986	*ekaru ngolo ekamaria* Museveni *apukan*	「ムセベニが政権をとった年」。ムセベニがティト・オケロから権力を引き継いだ。	*kikama* Museveni *apukan*	ムセベニが政権についた。
	ekaru ngolo ayenere ngitunga angamuguwae	「人びとがロープで縛られた年」。スーツを着た男たちが県に姿をあらわした。ムセベニの兵士は武器を徴発するために県にやってきた。銃の提出を拒むと、膝と肘を結びつけた状態で、木やポールに吊るし上げられた。	*siripis*	「スリーピース」。ムセベニが政権につくとすぐ武装解除をはじめ、人々は虐待された。銃所持しているもの、あるいはその疑いのあるものは両手を縛られ、両足を縛られ、そして手と足を一緒に縛られた。

西暦	カリモジョンの出来事暦		ドドスの出来事暦	
	「年」の名前	内容	「年」の名前	内容
1986	*lorionokoriot*	「黒い地面」。耕して種をまいた地面から、芽が出なかったため、何も生えていない地面のままであった。		
1987	*ekaru ngolo kemoogo*	「キャッサバ（*emoogo*）の年」。収穫が貧しく、その結果、ボコラの人びとはカタクウィ県のウスク（Usuk）郡のマーケットへいき、山羊でキャッサバを入手した。	Namusali	武装解除が失敗し、ムセベニ政府軍はアチョリランドから撤退した後、ナムサリで大規模な略奪をおこなった。
			atowanare ka Apaloluk *ka* Lochoro *ngikacimma*	コンボニ・ミッショナリー司祭のアパロルクとその妻ロチョロが、トゥルカナによって略奪を受け、野生のラッカセイ（*ngikacimma*）が育つ水場の近くで殺害された。
1988	*ekaru ngolo amunyarere* Ngimatheniko *alo* Matakul	「マタクルでマセニコを殺した年」。ジエがレイディングした家畜を追跡してきたマセニコを、マタクルでボコラが待ち伏せし攻撃した。		
1989		RC（抵抗評議会）をはじめて選挙で選んだ。RCは現在のLC（地方評議会）と呼ばれる。	*tarau* Marwas MP *a* Dodoth	パウリノ・マルワス（Paulino Marwas）が、ドドス初の国会議員（MP）となった。
1990	*ekaru ngolo ka awi ka* Alinga	「アリンガの家畜キャンプの年」。ボコラの高名な人物、アリンガが家畜キャンプにいた家畜をマセニコに略奪された。	*eryangiryang*	地震。
			ekaru a lomongin	「去勢牛を売った年」。飢餓が襲い、人々は去勢牛を売った。
			ekaru ateregege	「髄膜炎の年」。たくさんの人が髄膜炎で死に、ワクチン接種キャンペーンが行われた。
1991	*ekaru ngolo ateregege*	「髄膜炎の年」。髄膜炎が流行して、ワクチン接種キャンペーンが行われた。	*ekaru kakimaro angitunga*	「人々を数えた年」。4回目の人口センサス。
1992	*ekaru ka* Apuno	「アプノの年」。ルパ出身のアプノがロトメで殺害された。	*ekaru ngolo aramareta* Nyidodoso *ngaitu a* Lokongikile	「ドドスがロコンギキレの牛を略奪した年」。ジエがドドスの牛を略奪した後におこなわれていた平和会議のときに、ドドスがジエの長老のロコンギキレの牛を略奪した。

西暦	カリモジョンの出来事暦		ドドスの出来事暦	
	「年」の名前	内容	「年」の名前	内容
1993	*ekaru ngolo a* Natoo	「ナトーの年」。ルパの北を流れるナトー川に、マセニコが家畜キャンプを設営した。		
1994			*ekaru ngolo aloto ngitunga* Loding (Turkan)	「人びとがディディンガ（やトゥルカナ）へいった年」。飢餓の年で人びとは生き延びるために、牛がいるディディンガや援助食糧のメイズがあるトゥルカナへ行った。
1994-95	*ekaru ngolo ka akiriket arengepuwa*	「アレンゲプワの儀礼の年」。アレンゲプワの儀礼がおこなわれた。		
1996			*asere ata* Museveni	「ムセベニの選挙の年」。ムセベニが再選された。
1997			*ekaru ngolo alokimul*	「唾の年」。モロコシにたくさんの唾（種子の粒）がついた。豊作。
			ekaru ngolo agiligil	「ヘリコプターの年」。ドドスにヘリコプターが現れた。
			ekaru arere Limangiro	「リマンギロが殺された年」。長老が殺害された。
1997-98	*ekaru a kolera*	「コレラの年」。コレラが流行した。		
1998			*ekaru a gialanarere ngimongin*	「去勢牛を売った年」。飢餓が襲い、人々はモロコシとトウモロコシを求めて去勢牛を売った。
1999				カリモジョンのボコラがガンシップで爆撃された。

西暦	カリモジョンの出来事暦		ドドスの出来事暦	
	「年」の名前	内容	「年」の名前	内容
2000	*ekaru ngolo aarere* Ekone a Kamilyo	「エコネアカミリョが殺害された年」。エコネアカミリョ（陸軍第三師団長グチ・アンドリュー（Guti Andrew）の父）はテソの土地で放牧をしていたが、その帰路にテソによって殺害された。ボコラとテソのあいだの緊張が高まり、ボコラはテソに対して大規模なレイディングをおこなった。多くの人が殺され、住む場所を失った。政府は、テソから得た家畜でエコネアカミリョへの補償をすることによって、紛争を解決しようと試みた。	*ekaru ka abass kakuri*	「バスとハトの年」。バスは「Movement」のシンボルであり、ハトは多党制のシンボルであり、複数政党制導入の国民投票が行われた。
			ekaru ngolo aramareta Ngijie *ngaituk a* Lokitela Arengan	「ジエがロキテラアレンガンで略奪をした年」。ドドスの巨大な牛群を、ロキテラアレンガンでジエ（とトゥルカナ、マセニコ、ボコラ、ポコットの連合）が略奪した。
	ekaru ngolo acuna ariang Lokopo	「軍隊がロコポを燃やした年」。軍隊がロコポを爆撃した。		
2001	*ekaru ngolo aremyoto* Ngipian Loroo	「ピアンがロローを略奪した年」。6月に5千人のピアンがやってきて、ボコラのロプー（Lopuu）やアペムギョト（Apemugyot）で、深夜から翌朝にかけて大規模略奪をおこなった。	*asere a* Museveni *ka* Lodou	「ムセベニとロドウの選挙の年」。大統領選挙でムセベニが勝ち、ロドウがドドスから国会議員に選出された。
				トゥルカナ、ジエ、マセニコが牛群を略奪した。
	ekaru ngolo ejaaria apukan Ngikarimojong *ngatomian*	「政府がカリモジョンを武装解除した年」。		
2002	*ekaru ngolo aremyoto* Ngiupe *awi a* Ngibokora *a* Namanit	「ポコットがナミニットにあったボコラの家畜キャンプを略奪した年」。ポコットがナミニットのボコラの家畜キャンプを略奪した。約5千頭の牛が盗まれた。	*ekaru ngolo enyakarya ariang ngatomian*	「兵が銃を返却した年」。沿道での車への襲撃や、テソ、アチョリ、セベイへの略奪など、凶悪な殺害が横行した。これらが口火となって武装解除が始まった。

1) この出来事暦は、カリモジョンで2005年に、ドドスで2003年の調査で聞きとった語りをもとに、筆者が作成したものである。
2) これらの出来事は、ケニアのトゥルカナの歴史 [Erukudi 1985] の内容と一致している。

引用文献

日本語文献

伊谷純一郎 2009『伊谷純一郎著作集〈第5巻〉遊牧社会の自然誌』平凡社
今西錦司 1948『遊牧論そのほか』秋田屋
今西錦司 1949『生物社会の論理』毎日新聞社
今西錦司 1951『人間以前の社会』岩波書店
今西錦司 1972『動物の社会』思索社
梅棹忠夫 1990a『梅棹忠夫著作集〈第2巻〉モンゴル研究』中央公論社
梅棹忠夫 1990b『梅棹忠夫著作集〈第8巻〉アフリカ研究』中央公論社
太田至 1982「牧畜民による家畜放牧の成立機構——トゥルカナ族のヤギ放牧の事例より」『季刊人類学』13(4): 18-56
太田至 1987a「トゥルカナ族の家畜分類とそれにともなうハズバンドリーの諸相」和田正平編『アフリカ——民族学的研究』同朋舎 731-769
太田至 1987b「牧畜民による家畜群の構造的把握法——北ケニアのトゥルカナ族の事例より」和田正平編『アフリカ——民族学的研究』同朋舎 771-786

太田至 1987c「家畜の個体名はいかに付与されるか――北ケニアの牧畜民トゥルカナ族の事例より」和田正平編『アフリカ――民族学的研究』同朋舎 787-816
太田至 1987d「家畜の「個体性」の認知、およびその意味についての試論」和田正平編『アフリカ――民族学的研究』同朋舎 817-827
太田至 1995「家畜の群れ管理における「自然」と「文化」の接点」福井勝義編『自然と人間の共生――遺伝と文化の共進化』（講座 地球に生きる 4）雄山閣 193-223
太田至 2004「トゥルカナ社会における婚資の交渉」田中二郎・佐藤俊・菅原和孝・太田至編『遊動民（ノマッド）――アフリカの原野に生きる』昭和堂 363-392
河合香吏 2004「ドドスにおける家畜の略奪と隣接集団間の関係」田中二郎・佐藤俊・菅原和孝・太田至編『遊動民（ノマッド）――アフリカの原野に生きる』昭和堂 542-566
河合香吏 2009「徒党を組む：牧畜民のレイディングと「共同の実践」」河合香吏編『集団：人類社会の進化』京都大学学術出版会 149-170
河合雅雄 1992『森林がサルを生んだ――原罪の自然誌』朝日新聞社
北村光二 2002「牧畜民の認識論的特異性――北ケニア牧畜民トゥルカナにおける「生存の技法」」佐藤俊編『遊牧民の世界』（講座・生態人類学 4）京都大学学術出版会 87-125
木村大治 1991「投擲的発話――ボンガンドの「相手を特定しない大声の発話」について」田中二郎・掛谷誠編『ヒトの自然誌』平凡社 165-189
木村大治 1997「相互行為における「打ち切りのストラテジー」」谷泰編『コミュニケーションの自然誌』新曜社 414-444
木村大治 2003『共在感覚――アフリカの二つの社会における言語的相互行為から』京都大学学術出版会
ゴッフマン、アーヴィング 1984「アサイラム――施設被収容者の日常世界」（石黒毅訳）『ゴッフマンの社会学

3』誠信書房［Goffman, I. 1961. *Asylums: Essays on the Social Situation of Mental Patients and Other Inmates.* New York: Doubleday, Anchor］

湖中真哉 2004「牧畜民による市場の利用方法——ケニア中北部サンブルの家畜市の事例」田中二郎・佐藤俊・菅原和孝・太田至編『遊動民（ノマッド）——アフリカの原野に生きる』昭和堂 650-686

小馬徹 1990「キプシギスの家畜の分類と個体識別についての覚書」『国立民族学博物館研究報告別冊』12: 49-88

佐川徹 2011『暴力と歓待の民族誌——東アフリカ牧畜社会の戦争と平和』昭和堂

佐藤俊 1984「東アフリカ牧畜民の生態と社会」『アフリカ研究』24: 54-79

シートン、アーネスト 1998『シートン動物誌9　バッファローの大移動』（今泉吉晴訳）紀伊国屋書店［Seton, E.T. 1929. *Hoofed Animals. Lives of Game Animals, 3.* New York: Doubleday, Doran and Co.］

鹿野一厚 1982「小笠原の野生化ヤギの社会学的研究」京都大学大学院理学研究科修士論文

鹿野一厚 1999「人間と家畜との相互作用からみた日帰り放牧の成立機構——北ケニアの牧畜民サンブルにおけるヤギ放牧の事例から」『民族学研究』64(1): 58-75

鹿野一厚 印刷中「ヤギの牧群の成立機構——サンブルの家畜ヤギと小笠原の野生化ヤギの群れ構造の比較から」

重田眞義 2009「ヒト——植物関係としてのドメスティケーション」山本紀夫編『ドメスティケーション——その民族生物学的研究』国立民族学博物館調査報告 84: 71-96

曽我亨 2007「〈稀少資源〉をめぐる競合という神話——資源をめぐる民族関係の複雑性をめぐって」松井健編『自然の資源化』（資源人類学 第6巻）弘文堂 205-249

ダイアモンド、ジャレド 2000『銃・病原菌・鉄〈上巻〉——一万三〇〇〇年にわたる人類史の謎』（倉骨彰訳）草思社［Diamond, J. 1997. *Guns, Germs, and Steel: The Fates of Human Societies.* New York: W. W. Norton & Company, Inc.］

高崎浩幸 1981「キリシマミドリシジミはランダムに産卵するか」『SATSUMA』30(85): 131-137

田川玄 2011「ウシの名を呼ぶ――南部エチオピアの牧畜社会ボラナにおける人と家畜の駆け引き」奥野克巳編『人と動物、駆け引きの民族誌』はる書房 205-234
谷泰 1976「牧畜文化考――牧夫―牧畜家畜関係行動とそのメタファー」『人文学報』42: 1-58
谷泰 1982「コメント1（太田至 1982「牧畜民による家畜放牧の成立機構――トゥルカナ族のヤギ放牧の事例より」）」『季刊人類学』13(4): 56-60
谷泰 1992「家畜と家僕――去勢牡誘導羊の地理的分布とその意味」『人文學報』71: 53-96
谷泰 1997『神・人・家畜――牧畜文化と聖書世界』平凡社
谷泰 1999「中近東におけるヤギ・ヒツジ家畜化の初期過程再考――母子関係への二つの介助技法の開始期とその意味」『民族學研究』64(1): 96-113
谷泰 2010『牧夫の誕生――羊・山羊の家畜化の開始とその展開』岩波書店
丹野正 2009「種社会の単位集団から原初の人間社会のバンド（居住集団）と家族への進化」『弘前大学大学院地域社会研究科年報』6: 3-30
チクセントミハイ、ミハイル 2001『楽しみの社会学』（今村浩明訳）新思索社［Chikszentmihalyi, Mihaly. 1975. *Beyond Boredom and Anxiety*. San Francisco: Jossey-Bass］
トーマス、エリザベス・マーシャル 1979『遊牧の戦士たち』（田中二郎・向井元子訳）思索社［Thomas, E. M. 1965. *Warrior Herdsmen*. New York: Alfred A. Knopf Inc.］
ドゥルーズ、ジル／フェリックス・ガタリ 1994『千のプラトー――資本主義と分裂症』（宇野邦一・小沢秋広・田中敏彦・豊崎光一・宮林寛・守中高明訳）河出書房新社［Deleuze, G. and F. Guattari. 1980. *Mile Plateaux: Capitalisme et schizophrénie*. Paris: Les Editions de Minuit］
波佐間逸博 2002「家畜ヤギが形成する「輪郭のある群れ」と放牧管理――ウガンダ北東部のカリモジョン社会の事例から」『動物考古学』19: 73-91

波佐間逸博 2012「ウガンダ北東部カラモジャにおける武装解除の実施シークエンス」『アジア・アフリカ地域研究』12(1): 26-60

服部志帆 2007「狩猟採集民バカの植物名と利用法に関する知識の個人差」『アフリカ研究』71: 21-40

ファーマー、ポール 2011「人々の「苦しみ」と構造的暴力——底辺から見えるもの」A・クラインマン／J・クラインマン／V・ダス／P・ファーマー／M・ロック／E・V・ダニエル／T・アサド『他者の苦しみへの責任：ソーシャル・サファリングを知る』（坂川雅子訳）みすず書房 69-101［Farmer, P. 1997. On Suffering and Structural Violence: A View from Below. In A. Kleinman, V. Das and M. Lock (eds.), *Social Suffering*. Berkeley: University of California Press］

福井勝義 1991『認識と文化——色と模様の民族誌』東京大学出版会

藤本武 2010「アフリカにおける牧畜民・農耕民紛争——エチオピア西南部の事例分析」『文化人類学』75(3): 347-370

ベイトソン、グレゴリー 2000『精神の生態学』（佐藤良明訳）新思索社［Bateson, G. 1972. *Steps to an Ecology of Mind*. New York: Harper & Row, Publishers Inc.］

ホワイト、リン 1999『機械と神——生態学的危機の歴史的根源』（青木靖三訳）みすず書房［White, Jr. L. 1968. *Machina ex Deo: Essays in the Dynamism of Western Culture*. Massachusetts: The MIT Press］

真木悠介 1993『自我の起原——愛とエゴイズムの動物社会学』岩波書店

増田研 2001「武装する周辺——エチオピア南部における銃・国家・民族間関係」『民族學研究』65(4): 313-340

松井健 1989『セミ・ドメスティケーション——遊牧と農耕の起源再考』海鳴社

松田素二 1998「第一章　民族対立の社会理論——アフリカ的民族編成の可能性」武内進一編『現代アフリカの紛争を理解するために』アジア経済研究所 http://www.ide.go.jp/Japanese/Publish/Download/Report/pdf/report_1.pdf (Accessed 15 July 2009)

マルクーゼ、ハーバート 1958『エロス的文明』(南博訳) 紀伊国屋書店［Marcus, H. 1956. *Eros and Civilization: A Philosophical Inquiry into Freud*. London: The Beacon Press］

宮脇幸生 1999「エチオピア西南部クシ系農牧民ホールの家畜分類に関する覚え書き」『人間科学論集』(30): 67-119

モース、マルセル 1976『社会学と人類学２』(有地亨・山口俊夫訳) 弘文堂［Mauss, M. 1950. *Sociologie et Anthropologie*. Paris: Presses Universitaires de France］

ラトゥール、ブルーノ 2008『虚構の「近代」――科学人類学は警告する』(川村久美子訳) 新評論［Latour, B. 1997. *Nous N'avons Jamais été Modernes: Essai d'Athroplogie Symétrique*. Paris: La Découverte］

レヴィ＝ストロース、クロード 1976『野生の思考』(大橋保夫訳) みすず書房［Levi-Strauss, C. 1962. *La Pensée Sauvage*. Paris: Librairie Plon］

欧語文献

Ambrose, S. H. and N. E. Sikes. 1991. Soil Carbon Isotope Evidence for Holocene Habitat Change in the Kenya Rift Valley. *Science* 253: 1402-1405.

Anderson, D. G. 1986. Stock Theft and Moral Economy in Colonial Kenya. *Africa* 56(4): 399-416.

Basso, E. B. 1992. The Implications of a Progressive Theory of Dreaming. In B. Tedlock (ed.), *Dreaming: Anthropological and Psychological Interpretations*. Santa Fe, New Mexico: School of American Research Press, pp. 86-104.

Beidelman, T. O. 1966. The Ox and Nuer Sacrifice: Some Freudian Hypotheses about Nuer Symbolism. *Man* 1(4): 453-467.

Beja-Pereira, A., P. R. England, N. Ferrand, S. Jordan, A. O. Bakhiet, M. A. Abdalla, M. Mashkour, J. Jordana, P. Taberlet and G. Luikart. 2004. African Origins of the Domestic Donkey. *Science* 304: 1781.

Bell, W. D. M. 1949. *Karamojo Safari*. London: Victor Gollancz.

Boivin, X. and B. O. Braastad. 1996. Effects of Handling during Temporary Isolation after Early Weaning on Goat Kids' Later Response to Humans. *Applied Animal Behaviour Science* 48(1-2): 61-71.

Bollig, M. 1990. Ethnic Conflict in North-West Kenya: Pokot-Turkana Raiding 1969-1984. *Zeitschrift für Ethnologie* 115: 73-90.

Broch-Due, V. 1999 Remembered Cattle, Forgotten People: The Morality of Exchange and the Exclusion of the Turkana Poor. In D. M. Anderson and V. Broch-Due (eds.), *The Poor Are Not Us : Poverty and Pastoralism in Eastern Africa*. Oxford: James Currey, pp. 50-88.

Broch-Due, V. 2000. The Fertility of Houses and Herds: Producing Kinship and Gender Among Turkana Pastoralists. In D. L. Hodgson (ed.), *Rethinking Pastoralism in Africa*. Oxford: James Curry, pp. 165-185.

Bulliet, R.W. 1975. *The Camel and the Wheel*. Cambridge: Harvard University Press.

Butzer, K. W., G. L. Isaac, J. L. Richardson and C. Washbourn-Kamau. 1972. Radiocarbon Dating of East African Lake Levels. *Science* 175: 1069-1076.

Clutton-Brock, J. 1987. *A Natural History of Domesticated Mammals*. London: Cambridge University Press.

Clutton-Brock, J. 2012. *Animals as Domesticates: A World View through History*. East Lansing: Michigan State University Press.

Clutton-Brock, T. H., F. E. Guinness and S. D. Albon. 1982. *Red Deer: Behavior and Ecology of Two Sexes*. Chicago: The University of Chicago Press.

Conklin, H. 1955. Hanunóo Color Categories. *Southwestern Journal of Anthropology* 11(4): 339-344.

Coote, J. 1992. 'Marvels of Everyday Vision': The Anthropology of Aesthetics and the Cattle-Keeping Nilotes. In J. Coote and A. Shelton (eds.), *Anthropology, Art and Aesthetics*. Oxford: Clarendon Press, pp. 245-273.

Darwin, C. 2011. *Journal of Researches into the Natural History and Geology of the Countries Visited during the Voyage of*

HMS Beagle round the World, under the Command of Capt. Fitz Roy, R.N. Cambridge University Press.

Deng, F. 1973.*The Dinka and Their Songs*. Oxford: Clarendon Press.

Dietz, T., W. Adano and K. Witsenburg. 2005. Natural Resources and Conflict: Theoretical Flaws and Empirical Evidence from Northern Kenya. Paper prepared for the keynote address at the Moi University First Annual Conference, held 14-16 February 2005 Eldoret Kenya.

Doom, R., and K. Vlassenroot. 1999. Kony's Message: A New *Koine*? The Lord's Resistance Army in Northern Uganda. *African Affairs* 98(390): 5-36.

Douglas, M. 1957. Animals in Lele Religious Symbolism. *Africa* 27(1): 46-58.

Dyson-Hudson, N. 1966. *Karimojong Politics*. Oxford: Clarendon Press.

Eaton, D. 2008. The Business of Peace: Raiding and Peace Work along the Kenya-Uganda Border (Part I). *African Affairs* 107(426): 89-110.

Edgerton, R. B. 1971. *The Individual in Cultural Adaptation: A Study of Four East African Peoples*. Berkeley: University of California Press.

Ehret, C. 2010. *History and the Testimony of Language*. Berkeley and Los Angeles: University of California Press.

Epstein, H. 1971. *The Origin of the Domestic Animals of Africa*, Vol. 2. New York: Africana Publishing Corporation.

Evans-Pritchard, E. E. 1934. Imagery in Nġok Dinka Cattle-Names. *Bulletin of the School of Oriental and African Studies* 7: 623-628.

Evans-Pritchard, E. E. 1940. *The Nuer: A Description of the Modes of Livelihood and Political Institutions of a Nilotic People*. Oxford: Clarendon Press.

Evans-Pritchard, E. E. 1956. *Nuer Religion*. Oxford: Clarendon Press.

Finch, V. A., and D. Western. 1977. Cattle Colors in Pastoral Herds: Natural Selection or Social Preference? *Ecology* 58:

1384-1392.

Fleisher, M. L. 1999. Cattle Raiding and Household Demography among the Kuria of Tanzania. *Africa: Journal of the International African Institute* 69(2): 238-255.

Fleisher, M. L. 2000. Kuria Cattle Raiding: Capitalist Transformation, Commoditization, and Crime Formation among an East African Agro-Pastoral People. *Comparative Studies in Society and History* 42(4): 745-769.

Fleisher, M. L. 2002. 'War is Good for Thieving!' The Symbiosis of Crime and Warfare among the Kuria of Tanzania. *Africa: Journal of the International African Institute* 72(1): 131-149.

Foucault, M. 1979. *Omnes et Singulatim: Towards a Criticism of 'Political Reason'*. The Tanner Lectures On Human Values. Delivered at Stanford University October 10 and 16, 1979. http://tannerlectures.utah.edu/lectures/documents/foucault81.pdf (Accessed 10 May 2012)

Fukui, K. 1979. Cattle Colour Symbolism and Inter-Tribal Homicide among the Bodi. In K. Fukui and D. Turton (eds.), *Warfare among East African Herders*. Osaka: National Museum of Ethnology, pp. 147-177.

Galaty, J. 1989. Cattle and Cognition: Aspects of Maasai Practical Reasoning. In J. Clutton-Brock (ed.), *The Walking Larder: Patterns of Domestication, Pastoralism, and Predation*. London: Unwin Hyman, pp. 215-230.

Galaty, J. 2014. Animal Spirits and Mimetic Affinities: The Semiotics of Intimacy in African Human/Animal Identities. *Critique of Anthropology* 34(1): 30-47.

Galvin, K. A., and M. A. Little. 1999. Dietary Intake and Nutritional Status. In M. A. Little and P. W. Leslie (eds.), *Turkana Herders of the Dry Savanna: Ecology and Biobehavioral Response of Nomads to an Uncertain Environment*. New York: Oxford University Press, pp. 125-145.

Gifford-Gonzalez, D. 1998. Early Pastoralists in East Africa: Ecological and Social Dimensions. *Journal of Anthropological Archaeology* 17(2): 166-200.

Gifford-Gonzalez, D. 2000. Animal Disease Challenges to the Emergence of Pastoralism in Sub-Saharan Africa. *African Archaeological Review* 17(3) : 95-139.

Goldschmidt, W. 1971a. Epilogue: the Relation of Intrapsychic Events to Ecological Adaptation. In R. Edgerton (ed.), *The Individual in Cultural Adaptation: A Study of Four East African Peoples*. Berkeley & Los Angeles: University of California Press, pp. 295-303.

Goldschmidt, W. 1971b. Independence as an Element in Pastoral Social Systems. *Anthropological Quarterly* 44: 132-142.

Gourlay, K. A. 1971. *Studies in Karimojong Musical Culture*. A thesis submitted for the Degree of Doctor of Philosophy. Kampala: University of East Africa.

Gourlay, K. A. 1972. The Ox and Identification. *Man* 7(2): 244-254.

Gray, S. J., M. Sundal, B. Wiebusch, M. A. Little, P. W. Leslie and I. L. Pike. 2003. Cattle Raiding, Cultural Survival, and Adaptability of East African Pastoralists. *Current Anthropology* 44 (supplement): 3-30.

Hafez, M., A. A. Abdel-Malek and S. S. Guirgis. 1972. The Subgenus *Persicargas* (Ixodidae, Argasidae, *Argas*). 14. Biological Studies on the Adult Stage of *A*. (*P*.) *arboreus* Kaiser, Hoogstraal and Kohls in Egypt. *Journal of Medical Entomology* 9(1): 19-29.

Haraway, D. 2003. *The Companion Species Manifesto: Dogs, People, and Significant Otherness*. Chicago: Prickly Paradigm Press.

Haudricourt, A. 1969. Domestication of Animals, Cultivation of Plants and Human Relations. *Social Science Information* 8(3): 163-172.

Hazama, I. 2009. New Usage of Guns under the Third Phase of Disarmament Programme in Karamoja. *A Journal of the Institute of Anthropology, Gender and African Studies MILA* 10 Special Issue: 112-135.

Hazama, I. 2010. A Review of Kaori Kawai's Works on Dodoth and Raiding. *Nomadic Peoples* 14(2): 164-167.

Hazama, I. 2012. Daily Life as Poetry: The Meaning of the Pastoral Songs of the Karimojong in Northeastern Uganda. *Nilo-Ethiopian Studies* 17: 27-49.

Homewood, K. M. 2008. *Ecology of African Pastoralist Societies*. Oxford: James Currey.

Hutchinson, S. 1980. Relations between the Sexes among the Nuer: 1930. *Africa* 50: 371-388.

Hutchinson, S. 1996. *Nuer Dilemmas: Coping with Money, War, and the State*. Berkeley: University of California Press.

Imai, I. 1982. Small Stock Management and the Goat Naming System of the Pastoral Gabra. *African Study Monographs Supplementary Issue* 1: 43-62.

Ingold, T. 1994. From Trust to Domination: An Alternative History of Human-Animal Relations. In A. Manning and J. Serpell (eds.), *Animals and Human Society: Changing Perspectives*. New York: Routledge, pp. 1-22.

Ingold, T. 2000. *The Perception of the Environment: Essays on Livelihood, Dwelling and Skill*. London: Routledge.

Istomin, K. V., and M. J. Dwyer. 2010. Dynamic Mutual Adaptation: Human-Animal Interaction in Reindeer Herding Pastoralism. *Human Ecology* 38(5): 613-623.

Jewell, P. A. 1997. Survival and Behaviour of Castrated Soay Sheep (*Ovis Aries*) in a Feral Island Population on Hirta, St. Kilda, Scotland. *Journal of Zoology* 243: 623-636.

Jewell, P. A., C. Milner and J. M. Boyd. 1974. *Island Survivors. The Ecology of the Soay Sheep of St Kilda*. London: Athlone Press.

Kaminski, J., J. Riedel, J. Call and M. Tomasello. 2005. Domestic Goats, *Capra hircus*, Follow Gaze Direction and Use Social Cues in an Object Choice Task. *Animal Behaviour* 69(1): 11-18.

Kawai, K. 1989. The Flexible Grouping and Behavioral Character of a Flock of Suffolk Ewes (*Ovis aries*), *Journal of Ethology* 7: 41-51.

Khazanov, A. M. 1994. *Nomads and the Outside World*. translated by J. Crookenden. Wisconsin: University of Wisconsin

Press.

Kimura, D., and H. Ihobe. 1985. Feral Cattle (*Bos taurus*) on Kuchinoshima Island, Southwestern Japan: Their Stable Ranging and Unstable Grouping, *Journal of Ethology* 3: 39-47.

Kleppe, E. J. 1984. *Village Life in the Upper White Nile Region over a Period of 3500 Years*. Paper presented at 2nd Dymaczewo Conference on the Nile Basin and the Sahara, Poznan, Poland.

Knight, J. (ed.), 2005. *Animals in Person: Cultural Perspectives on Human-Animal Intimacies*. Oxford: Berg.

Knighton, B. 2005. *The Vitality of Karamojong Religion: Dying Tradition or Living Faith?* Burlington: Ashgate.

Knutsson, K. E. 1985. Preparedness for Disaster Operations. In C. P. Dodge and P. D. Wiebe (eds.), *Crisis in Uganda: The Breakdown of Health Service*. Oxford: Pergamon Press, pp. 183-189.

Kohn, E. 2007. How Dogs Dream: Amazonian Natures and the Politics of Transspecies Engagement. *American Ethnologist* 34(1): 3-24.

Kuper, R., and H. Riemer. 2013. Herders before Pastoralism: Prehistoric Prelude in the Eastern Sahara. In M. Bollig, M. Schnegg and H-P. Wotzka (eds.), *Pastoralism in Africa: Past, Present and Future*. Oxford: Berghahn Books, pp. 31-65.

Lagercrantz, S. 1950. *Contribution to the Ethnography of Africa* (*Studia Ethnographica Upsaliensia* 1). Lund: Håkan Ohlssons.

Lambrecht, F. L. 1964. Aspects of Evolution and Ecology of Tsetse Flies and Trypanosomiasis in Prehistoric African Environments. *The Journal of African History* 5(1): 1–24.

Lamphear, J. 1994. The Evolution of Ateker 'New Model' Armies: Jie and Turkana. In K. Fukui and J. Markakis (eds.), *Ethnicity and Conflict in the Horn of Africa*. London: James Currey, pp. 63-92.

Landais, E. 2001. The Marking of Livestock in Traditional Pastoral Societies. *Revue scientifique et technique* 20(2): 445-479.

Landar, H. J., S. M. Erwin and A. E. Horowitz. 1960. Navaho Color Categories. *Language* 36(3): 368-382.

Lane, P. J. 2013. Trajectories to Pastoralism in Northern and Central Kenya: An Overview of the Archaeological and Environmental Evidence. In M. Bollig, M. Schnegg and H-P. Wotzka (eds.),*Pastoralism in Africa: Past, Present and Future*. Oxford: Berghahn Books, pp. 104-144.

Lestel, D., F. Brunois and F. Gaunet. 2006. Etho-Ethnology and Ethno-Ethology. *Social Science Information* 45(2): 155-177.

Levinson, S. C. 2001. Yélî Dnye and the Theory of Basic Color Terms. *Journal of Linguistic Anthropology* 10(1): 3-55.

Lienhardt, G. 1961. *Divinity and Experience: The Religion of the Dinka*. Oxford: Clarendon Press.

Linseele, V. 2010. Did Specialized Pastoralism Develop Differently in Africa than in the Near East? An Example from the West African Sahel. *Journal of World Prehistory* 23(2): 43-77.

Little, M. L., and P. W. Leslie. (eds.), 1999. *Turkana Herders of the Dry Savanna: Ecology and Behavioral Response of Nomads to an Uncertain Environment*. New York: Oxford University Press.

Loftus, R., and P. Cunningham. 2000. Molecular Genetic Analysis of African Zeboid Populations. In R. M. Blench and K. C MacDonald (eds.), *The Origins and Development of African Livestock: Archaeology, Genetics, Linguistics and Ethnography*. London: UCL Press, pp. 251-258.

Loor, J. 1976. *Karimojong-English Dictionary*. Kampala: Consolidated Printers Ltd.

Lott, D. F., and B. L. Hart. 1977. Aggressive Domination of Cattle by Fulani Herdsmen and its Relation to Aggression in Fulani Culture and Personality. *Ethos* 5(2): 174-186.

Lott, D. F., and B. L. Hart. 1979. Applied Ethology in a Nomadic Cattle Culture. *Applied Animal Ethology* 5(4): 309-319.

Lynos, D. M., and E. O. Price. 1987. Relationships between Heart Rates and Behavior of Goats in Encounters with People. *Applied Animal Behaviour Science* 18: 363-369.

Maitima, J. M. 1991. Vegetation Response to Climatic Change in Central Rift Valley, Kenya. *Quaternary Research* 35: 234-

245.

Mamdani, M., P. M. B. Kasoma., and A. B. Katende. 1992. Karamoja: Ecology and History. *Centre for Basic Research Working Paper* 22. Kampala: Centre for Basic Research.

Marshall, F. 1990. Origins of Specialized Pastoral Production in East Africa. *American Anthropologist* 92(4): 873-894.

Marshall, F. 2000. The Origins and Spread of Domestic Animals in East Africa. In R. M. Blench and K. C. MacDonald (eds.), *The Origins and Development of African Livestock: Archaeology, Genetics, Linguistics and Ethnography*. London and New York: Routledge, pp. 191-221.

Marshall, F., and E. Hildebrand. 2002. Cattle before Crops: The Beginnings of Food Production in Africa. *Journal of World Prehistory* 16(2): 99-143.

Mburu, N. 2003. Delimitation of the Elastic Ilemi Triangle: Pastoral Conflicts and Official Indifference in the Horn of Africa. *African Studies Quarterly* 7(1): 15-37.

Mead, M. 1975. Reveiw: The Individual in Cultural Adaptation: A Study of Four East African Peoples. Robert B. Edgerton. *American Anthropologist* 77(3): 638-639.

Migongo-Bake, W., and R. M. Hansen. 1987. Seasonal Diets of Camels, Cattle, Sheep, and Goats in a Common Range in Eastern Africa. *Journal of Range Management* 40(1): 76–79.

Mirzeler, M., and C. Young. 2000. Pastoral Politics in the Northeast Periphery in Uganda: AK-47 as Change Agent. *The Journal of Modern African Studies* 38(3): 407-429.

Mkutu, K. A. 2008. *Guns and Governance in the Rift Valley: Pastoralist Conflict and Small Arms*. Oxford: James Curry.

Moritz, M. 2008. A Critical Examination of Honor Cultures and Herding Societies in Africa. *African Studies Review* 51(2): 99-117.

Muhereza E. F. 2001. *Conflict Prevention, Management and Resolution: Capacity Assessment study for the IGAD sub-*

region, phase 2 – Implementation, report by National expert Uganda, by Conflict, Disaster and Development group, Centre for Development Studies, University of Leeds, UK, prepared for the IGAD Secretariat Djibouti, July 2001.

Mullin, M. H. 1999. Mirrors and Windows: Sociocultural Studies of Human-Animal Relationships. *Annual Review of Anthropology* 28: 201-224.

Novelli, B. 1985. *A Grammar of the Karimojong Language*. Berlin: Dietrich Reimer Verlag.

Novelli, B. 1988. *Aspects of Karimojong Ethnosociology*. Museum Combonianum 44. Kampala: Verona.

Oba, G. 1992. Ecological Factors in Land Use Conflicts, Land Administration and Food Insecurity in Turkana, Kenya. *Pastoral Development Network Paper* 33a. London: Overseas Development Institute.

O'Brien, P. H. 1984. Feral Goat Home Range: Influence of Social Class and Environmental Variables. *Applied Animal Behaviour Science* 12: 373-385.

Ocan, C. 1994. Pastoral Crisis and Social Change in Karamoja. In M. Mamdani and J. Oloka-Onyango, (eds.), *Uganda: Studies in Living Conditions, Popular Movements and Constitutionalism*. Kampala: Centre for Basic Research.

Office of the Prime Minister. 2007. *Karamoja Integrated Disarmament and Development Programme: Creating Conditions for Promoting Human Security and Recovery in Karamoja, 2007/2008-2009/2010*. Kampala: Republic of Uganda.

Ohta, I. 1987. Livestock Individual Identification among the Turkana: The Animal Classification and Naming in the Pastoral Livestock Management. *African Study Monographs* 8(1): 1-69.

Phillipson, D. W. 1993. *African Archaeology*, 2nd ed. Cambridge: Cambridge University Press.

Pike, I. L., B. Straight, M. Oesterle, C. Hilton and A. Lanyasunya. 2010. Documenting the Health Consequences of Endemic Warfare in Three Pastoralist Communities of Northern Kenya: A Conceptual Framework. *Social Science and Medicine* 70(1): 45-52.

Plumwood, V. 2004. Animals and Ecology: Towards a Better Integration.

https://digitalcollections.anu.edu.au/bitstream/1885/41767/3/Vegpap6%20%20.pdf (Accessed 24 March 2011)

Richardson, J. L. and A. E. Richardson. 1972. History of an African Rift Lake and its Climatic Implications. *Ecological Monographs* 42(4): 499-534.

Schaller, G. B. 1977. *Mountain Monarchs: Wild Sheep and Goats of the Himalaya*. Chicago: University of Chicago Press.

Schlee, G. 1989. *Identities on the Move: Clanship and Pastoralism in Northern Kenya.* Manchester: Manchester University Press for the International African Institute.

Schutz, A. 1970. *Alfred Schutz on Phenomenology and Social Relations*. edited by H. Wagner, Chicago: University of Chicago Press.

Seligman, C. G., and B. Z. Seligman. 1932. *Pagan Tribes of the Nilotic Sudan*. London: Routledge & Kegan Paul.

Sherwood, J. H. 1948. Upper Nile Province. In J. D. Tothill (ed.), *Agriculture in the Sudan*. Oxford: Oxford University Press, pp. 810-826.

Shikano, K. 1984. On the Stability of the Goat Herd in the Pastoral Samburu. *African Study Monographs,* Supplementary Issue 3: 59-69.

Shikano, K. 1990. A Comparative Study of the Herd Structure between the Feral Ogasawara Goats and the Domestic Samburu Goats. *African Study Monographs,* Supplementary Issue 12: 1-33.

Smith, A. B. 2005. *African Herders: Emergence of Pastoral Traditions*. Walnut Creek: Altamira Press.

Stites, E., D. Akabwai, D. Mazurana and P. Ateyo. 2007. *Angering Akuju: Survival and Suffering in Karamoja. A Report on Livelihoods and Human Security in the Karamoja Region of Uganda*. Medford: Feinstein International Center.

Straight, B. 2009. Making Sense of Violence in the "Badlands" of Kenya. *Anthropology and Humanism* 34(1): 21-30.

Sundal, M. B. 2002. *Mortality and Causes of Death among Karimojong Agropastoralists of Northeast Uganda, 1940-1999*. M.A. Thesis in Anthropology. Lawrence: University of Kansas.

Tani, Y. 1996. Domestic Animal as Serf-Ideologies of Nature in the Mediterranean and the Middle East. In R. F. Ellen and K. Fukui, (eds.), *Redefining Nature: Ecology, Culture and Domestication.* Oxford: Berg, pp. 387-415.

Thomas, E. M. 1965. *Warrior Herdsmen: The Absorbing Chronicle of an Expedition to the Tribesmen of Northern Uganda.* New York: Alfred A. Knopf.

Tornay, S. 1973. Langage et Perception: La Denomination des Couleurs chez les Nyangatom du Sud-Ouest Ethiopien. *L' Homme* 13(4): 66-94.

Turton, D. 1980. There's No Such Beast: Cattle and Colour Naming Among the Mursi. *Man* 15(2): 320-338.

Uganda Bureau of Statistics. *2002 Uganda Population and Housing Census*.
http://www.ubos.org/index.php?st=pagerelations2&id=16&p=related pages 2: 2002Census Results
(Accessed 2 June 2011)

Viveiros de Castro, E. 1998. Cosmological Deixis and Amerindian Perspectivism. *The Journal of the Royal Anthropological Institute* 4(3): 469-488.

Walther, F. R. 1991. On Herding Behaviour. *Applied Animal Behaviour Science* 29: 5-13.

図表等一覧

出所の明記がない図表等は、すべて筆者が収集したデータをもとに筆者が作成した。

【図】

【表】

【口絵と写真】

写真5　瀉血した患部から吸引するための、牛の角を材料とした道具
写真6　牛の皮で作ったサンダルは占いに使用する
写真7　雨季、牛たちは新鮮な牧草をいっせいに食べる
写真8　アキリケットに立つイチジクの木
写真9　子牛を引っ張り出す牧童
写真10　牛の右体表に焼印を入れる
写真11　*teba* の耳型を持つ牡牛
写真12　角を突き合って遊ぶ子牛
写真13　朝、放牧に出発する山羊群から離乳前の子山羊を連れ戻す
写真14　子牛とミルクを分かち合う牧童
写真15　山羊囲いの内部。牧童はすべての個体を識別、記憶している
写真16　囲いから子牛を連れ出す役の少年
写真17　牛の名前呼びへの反応例――コリウォンゴル（Koliwongor、経産牝、四才）の場合
写真18　牛の名前呼びへの反応例――アムワイ（Amwai、経産牝、三才）の場合
写真19　水桶（*atuba*）に注がれた水を牧童とおなじ目線で牛が飲む
写真20　カウベルを鳴らして移動する牛たちに「ログラテバ（牛の名）よ、ムナジロカラス（＝ログラテバ）よ、私は友人ロウチョとともに川で狩猟（＝略奪）した」と歌いかける牧童
写真21　放牧地の赤土を巻き上げるつむじ風。牧童は旋風から *areng*（赤）の体色を連想する
写真22　腸を読む
写真23　地図としての腸：腸（中央に描かれている渦巻き）は、現在位置を中心にして拡がる世界を縮小表現する（フィールドノートからの抜粋）

【資料】

■や行

■ら行

■さ行

■た行

■な行

■は行

■ま行

■わ行

人名索引

■あ行

■か行

■ま行

■や行

■ら行

■な行

■は行

■た行

■さ行

索　引

索　引

事項索引

■あ行

■か行

波佐間　逸博（はざま　いつひろ）
1971年　東京生まれ。
1995年　早稲田大学商学部卒。
2003年　京都大学大学院人間・環境学研究科博士課程研究指導認定退学。京都大学大学院アジア・アフリカ地域研究研究科博士課程研究指導認定退学。長崎大学大学院国際健康開発研究科助教を経て、
現　在　長崎大学多文化社会学部准教授。京都大学博士（地域研究）。
研究テーマ　東アフリカ牧畜文化の人類学的研究。
主要著書　『動物と出会うⅡ：心と社会の構成』（2015年 共著）ナカニシヤ出版。
『ウガンダを知るための53章』（2012年 共著）明石書店。
『ケニアを知るための55章』（2012年 共著）明石書店。

牧畜世界の共生論理
――カリモジョンとドドスの民族誌

2015年3月17日　初版第一刷発行

著　者　波　佐　間　逸　博
発行者　檜　山　爲　次　郎
発行所　京都大学学術出版会
京都市左京区吉田近衛町69
京都大学吉田南構内(606-8315)
電　話　075 - 761 - 6182
FAX　075 - 761 - 6190
http://www.kyoto-up.or.jp/
振　替　01000 - 8 - 64677
印刷・製本　株式会社 太洋社

ISBN978-4-87698-318-6　定価はカバーに表示してあります
Printed in Japan　©I. Hazama 2015

本書のコピー，スキャン，デジタル化等の無断複製は著作権法上での例外を除き禁じられています。本書を代行業者等の第三者に依頼してスキャンやデジタル化することは，たとえ個人や家庭内での利用でも著作権法違反です。